U0492568

前 言 / Preface

本书以中国上市公司为研究对象，使用 2007～2017 年中国国泰安数据库（CSMAR）和中国数据研究平台数据，分别从企业内部的薪酬水平、薪酬差距、薪酬结构、股权激励和外部政策冲击等多个方面全面系统地考察企业内部薪酬分配对企业效益的影响。本书第一章为绪论，主要包括本书的研究背景和研究意义、研究思路和研究方法，以及本书的结构和可能的创新点。第二章为相关文献评述，通过大量研读文献，系统地回顾和梳理了企业内部薪酬分配变动对企业效益影响等相关研究。第三章是企业内部收入分配对企业效益影响的理论模型，将薪酬水平、薪酬差距、股权激励和薪酬结构等企业内部薪酬分配问题纳入统一分析框架，通过理论推导刻画了薪酬分配对企业效益的作用结果。第四章～第九章是本书的核心内容，其中第四章全面考察了薪酬水平与企业效益间的相关关系。本章通过联立方程模型论证了员工薪酬水平与企业效益间相互促进的协同效应关系，对比分析了企业内部不同群体薪酬水平与企业效益关系的差异性。第五章考察了企业内部薪酬差距与企业效益的变动关系。本章利用 2007～2017 年中国上市公司的微观数据对两者间的关系进行了实证检验；另外，书中分别选取企业平均薪酬水平、管理者薪酬水平和普通员工薪酬水平作为门槛变量，更加精准地考察薪酬差距对企业效益产生的影响结果。第六章是从固定薪酬和可变薪酬的角度考察企业薪酬结构对企业效益的影响。首先，利用面板固定效用模型论证了固定薪酬和可变薪酬与企业效益的相关关系；其次，采用中介效应模型检验了固定薪酬和可变薪酬对企业效益的影响机制；最后，进一步检验了管理层持股对企业效益的影响结果。第七章和第八章则分别从实证研究和案例分析的视角分析了股权对企业效益的激励效应。第九章是从薪酬分配的角度考察了政策冲击对企业效益的影响。本章考察了"限薪令"政策对企业效益的影响结果，并且将管理者薪酬水平、普通员工薪酬水平和管理者持股作为机制变量检验了政策冲击对企业效益影响的作用机制，最后书中给出了政策冲击对企业效益影响的动态效应和异质性影响结果。第十章为本书的研究结论、对策建议和进一步的研究展望，本章对全书的研究结论进行了系统的归纳和总结，然后得到相应的对策建议并且给出研究展望。

　　企业是社会的经济细胞，合理的薪酬分配关系到企业的竞争力，有助于提高劳动报酬在初次分配的比重，改善收入和财富分配格局，也是推动改革发展成果更多、更公平地惠及全体人民，推动共同富裕取得更为明显的实质性进展的必然要求。

　　本书集合了周云波教授科研团队成员的最新研究成果，旨在为产业结构调整升级、竞争机制的机会均等、收入分配制度改革和企业高质量发展路径选择提供新的参考。团队成员具体分工如下：周云波教授负责全书整体框架和内容的设计，第一、第二、第三、第十章内容来自王晓云与张敬文的博士论文；第四、第五、第六、第九章关于企业薪酬水平、薪酬差距、薪酬结构和"限薪令"影响企业效益问题的内容来自王晓云的博士论文；第七、第八章关于股权激励问题的内容来自张敬文的博士论文。本书文字、公式整理校对工作由李梦娜、朱琳、张小鹿和王晓云共同完成，参考文献内容由李梦娜同学整理完成。本书使用的国泰安数据库（CSMAR）的数据为王晓云、兰婷、高郡共同整理完成；理论分析章节陈岑师姐给予了耐心的指导；实证部分使用的计量方法由许家云副教授给出了细致的指导。最后，本书的研究团队一直得到陈宗胜教授的鼓励和支持，并在研究中借鉴和学习了他的许多相关思想。这里我们一并向他和所有贡献者表示感谢。本书为周云波教授主持的国家自然科学基金面上项目"我国企业的收入分配对企业效益影响的定量研究"（71672086）的最终成果，感谢国家自然科学基金委的支持，同时该书的出版也得到了中国特色社会主义经济建设协同创新中心的资助，同时，非常感谢中国财经出版传媒集团副总经理吕萍女士、经济科学出版社的宋涛编辑，感谢他们为这部著作的出版所做的努力。

王晓云　周云波　张敬文
2021 年 7 月 30 日

经济发展中的收入分配与贫困系列丛书　　主编/陈宗胜　周云波

中国特色社会主义经济建设协同创新中心资助成果
南开大学政治经济学研究中心系列成果
国家自然科学基金面上项目（项目号：71672086）的最终成果

财智睿读

中国企业内部薪酬分配
对企业效益影响的定量研究

A Quantitative Research on the Impact of Enterprise Internal Salary Distribution on the Benefits of Chinese Enterprises

王晓云　周云波　张敬文 ◎ 著

中国财经出版传媒集团
经济科学出版社
Economic Science Press

图书在版编目（CIP）数据

中国企业内部薪酬分配对企业效益影响的定量研究/王晓云，周云波，张敬文著 . —北京：经济科学出版社，2021.11

（经济发展中的收入分配与贫困系列丛书）

ISBN 978 - 7 - 5218 - 3254 - 9

Ⅰ. ①中… Ⅱ. ①王…②周…③张… Ⅲ. ①企业管理 - 工资管理 - 影响 - 企业绩效 - 定量分析 - 中国 Ⅳ. ①F279.23

中国版本图书馆 CIP 数据核字（2021）第 250750 号

责任编辑：李一心
责任校对：靳玉环
责任印制：范　艳

中国企业内部薪酬分配对企业效益影响的定量研究
王晓云　周云波　张敬文　著
经济科学出版社出版、发行　新华书店经销
社址：北京市海淀区阜成路甲 28 号　邮编：100142
总编部电话：010 - 88191217　发行部电话：010 - 88191522
网址：www.esp.com.cn
电子邮箱：esp@esp.com.cn
天猫网店：经济科学出版社旗舰店
网址：http://jjkxcbs.tmall.com
北京季蜂印刷有限公司印装
710×1000　16 开　19 印张　370000 字
2022 年 4 月第 1 版　2022 年 4 月第 1 次印刷
ISBN 978 - 7 - 5218 - 3254 - 9　定价：79.00 元
(图书出现印装问题，本社负责调换。电话：010 - 88191510)
(版权所有　侵权必究　打击盗版　举报热线：010 - 88191661
QQ：2242791300　营销中心电话：010 - 88191537
电子邮箱：dbts@esp.com.cn)

丛 书 总 序

经济发展中的收入分配和贫困历来是经济学研究的重点和热点问题,也是政府和社会公众关心的焦点。经济发展涉及的是如何把蛋糕做大,收入分配研究的是如何适当地分配蛋糕,贫困则更多地关注社会弱势群体。

改革开放四十多年来,中国在经济发展方面取得了举世瞩目的成就,同时在收入分配与贫困领域也存在一些值得关注的现象:一方面,收入分配差距近年来已经越过最高点,出现了下降的趋势,但总体上差别程度仍然较大,中国目前依然是世界上收入差距较大的国家之一;另一方面,中国在减贫方面取得了令世界瞩目的成就,是世界上减贫最成功的国家。但是,如果按国际通行的更高标准,中国仍然存在大量相对贫困人口。因此,未来如何在经济发展中改善收入分配、减少贫困人口、保持经济持续增长是摆在社会各界的重大课题。

国内外学术界近年来就经济发展中的收入分配与贫困问题,进行了大量富有成效的研究。南开大学经济学科也做出了积极的探索和贡献。南开经济学科自20世纪初创立后,就形成了利用现代经济理论分析解决中国现实问题的特色和传统。改革开放以后,南开经济学科持续开展对中国经济理论与现实问题的深入研究,取得了一系列产生重大影响的学术成果,其中关于公有主体混合经济理论、商品经济价值规律理论、按要素贡献分配理论、公有经济收入分配倒U理论、经济体制市场化程度测度等,对中国改革开放实践的推进发挥了重要指导作用,提出的很多建议写入了中央文件,变成了指导我国经济发展与体制改革的政策方针。

我们编辑这套《经济发展中的收入分配与贫困系列丛书》,主要目的就是汇集国内外学者关于经济发展中的收入分配及贫困治理方面的重要研究成果,包括最新的理论和研究方法等,呈现给国内同行以供研究借鉴和参考。

陈宗胜　周云波
2019年1月16日

目 录 / Contents

第一章　绪论 ··· 1
　　第一节　本书的研究背景和意义 ·································· 1
　　第二节　本书的研究思路和方法 ·································· 9
　　第三节　本书的结构和边际贡献 ································· 12

第二章　相关文献评述 ··· 16
　　第一节　相关概念界定 ·· 16
　　第二节　企业薪酬水平和结构对企业效益影响的研究 ········· 19
　　第三节　企业内部薪酬差距对企业效益影响的研究 ··········· 29
　　第四节　股权激励与企业经营绩效的关系研究 ················· 36

第三章　企业内部收入分配对企业效益影响的理论分析 ······ 44
　　第一节　企业内部薪酬分配对企业效益影响的理论分析 ······ 44
　　第二节　股权激励对企业效益影响的理论分析 ················· 50

第四章　企业薪酬水平对企业效益影响的实证研究 ············ 56
　　第一节　计量模型的设计与数据来源 ··························· 56
　　第二节　薪酬水平与企业效益间协同效应的估计结果及分析 ·· 63
　　第三节　企业内部不同群体薪酬水平与企业效益间协同效应的比较 ····· 69

第五章　企业内部薪酬差距对企业效益影响的实证研究 ······ 78
　　第一节　计量模型的设计与典型事实分析 ······················ 78
　　第二节　估计结果及分析 ··· 84
　　第三节　企业薪酬差距对企业效益影响的异质性特征 ········· 96
　　第四节　拓展性分析：管理者内部薪酬差距对企业效益的影响 ········· 108

第六章　企业薪酬结构对企业效益影响的实证研究 ············· 114
第一节　固定薪酬对企业效益影响的实证分析 ················ 114
第二节　可变薪酬对企业效益影响的实证分析 ················ 124

第七章　股权激励对企业效益影响的实证研究 ················· 135
第一节　方法与样本变量 ································· 135
第二节　实证分析 ······································· 141
第三节　经理人股权激励计划的作用机制 ···················· 152
第四节　股权激励效应的实证分析：基于上市公司数据的检验 ······ 168

第八章　股权激励效应的案例分析 ··························· 179
第一节　国内外案例综述 ································· 179
第二节　万科股权激励案例分析 ···························· 195

第九章　"限薪令"对企业效益影响的研究 ···················· 207
第一节　政策背景 ······································· 207
第二节　"限薪令"对企业效益影响的理论分析 ················ 211
第三节　实证模型的构建及变量的描述性统计 ·················· 213
第四节　实证估计结果及分析 ····························· 220
第五节　"限薪令"影响企业效益的机制分析 ·················· 228
第六节　"限薪令"影响企业效益的异质性分析 ················ 235

第十章　研究结论与政策建议 ······························· 241
第一节　本书的研究结论 ································· 241
第二节　政策启示 ······································· 246

参考文献 ·· 251
附录 ··· 273

第一章 绪 论

企业内部收入分配对企业效益的影响问题一直是发展经济学和劳动经济学关注的学术热点之一。历经70年的改革与发展，面对内忧外患的经济发展困境，我国企业走出了一条具有中国特色的发展之路。进入新时期后，为应对新冠疫情带来的全球经济增长停滞、中美贸易摩擦，以及我国进入新常态后经济增速下滑，中国企业亟须通过进一步改革释放活力，提高企业的劳动生产率和资产效益，最终成为具有国际竞争力的世界一流企业。本书基于上述背景，从企业内部收入分配的角度展开深入探究。

第一节 本书的研究背景和意义

一、本书的研究背景

改革开放40多年来，我国经济持续高速发展，取得了举世瞩目的伟大成就，成为仅次于美国的全球第二大经济体。然而，我国在经济快速发展的同时，一方面，居民收入差距不断拉大，对经济社会的可持续发展带来了严重损害，不仅制约了经济的快速发展，而且严重妨碍了社会公平正义的实现，收入差距问题持续成为社会各界广泛关注的热点问题。另一方面，随着我国社会主义市场经济体制改革深入推进，企业规模不断发展壮大，现代企业制度逐步建立和完善，无论是国有企业还是民营企业，所有权与经营权相分离成为发展趋势，职业经理人在我国逐渐发展起来，对企业经理人的多种激励模式一直在探索中。

据国家统计局数据显示，2019年全国居民收入基尼系数为0.465。[①] 我国基尼系数自2009年以来连续下降，但仍超过国际公认的基尼系数为0.4的贫富差

---

① 资料来源：《中国统计年鉴2020》，同步更新于国家统计局官方网站，http://www.stats.gov.cn/tjsj/ndsj/2020/indexch.htm。

距警戒线。在收入差距扩大过程中，较多的研究结果表明，企业员工收入分配差距的扩大尤为明显，暴露出与宏观经济增长相悖的资本所有者和高管收入畸高、高管薪酬与业绩倒挂、高管与普通员工薪酬差距过大等不公平现象，引起公众对企业高管"限薪"和公平分配的呼声日益高涨。此外，根据企业史学家钱德勒的研究，新技术的出现及企业投资规模的不断扩大，使得现代企业变成了多部门、多层次的复杂经营综合体，导致了企业内部组织结构出现重大变革。这表现为囿于经营管理的专业化，由所有者直接经营企业转变为聘请支薪经理阶层负责具体经营活动，企业的所有权和经营权出现了分离。

就企业而言，一方面，提升员工收入必须以效益提高为前提和动力，而如何合理地在企业员工间进行收入分配则是实现员工激励、提升企业效益的关键环节。另一方面，职业经理人是现代企业经营管理的关键力量。关于职业经理人，最早可以追溯到19世纪50年代的美国。在所有权和经营权相分离的情况下，企业所有者和职业经理人因目标、利益的不完全一致，以及他们各自掌握的信息不够对称和平衡，产生了一系列委托代理问题，职业经理人可能会利用公司资源实现个人利益最大化而不是股东利益最大化，于是通过什么样的方式和机制实现企业所有者与职业经理人的利益、目标一致性和调动职业经理人提升经营绩效成了企业界和学术界关注的核心问题。

在经济全球化浪潮的推动下，中国企业亟须转变经济增长方式，协调内部各方利益关系，积极参与到国际市场和国内市场激烈的竞争中去，发挥其在全球价值链的竞争优势。具体来说，整本书主要是基于以下几个方面的背景展开研究。

（1）在全球经济即将进入衰退期，中国经济增速下滑的背景下展开研究。2008年美国次贷危机引发了自20世纪30年代以来最为严重的全球性经济危机，这使得国内很多企业面临严峻的生存危机。研究显示，自2008年金融危机全面爆发以来，我国的经济特别是对外贸易受到了巨大的冲击，尤其是2012年以后，我国经济进入增长速度换挡期，由以前的高速增长变为中高速增长状态，并且具有一定的稳定性和可持续性，逐步从2010年的10.5%下滑到2015年的6.9%，经济增长乏力的困境难以得到有效缓解，特别在当前全球经济低增长、低通胀和高负债的大背景下，由于去产能、去杠杆、去库存的任务艰巨，我国经济仍面临较大的下行压力。2019年底，新冠肺炎疫情的突然暴发给疲软的全球经济雪上加霜。我们从图1-1所描绘2007年5月~2021年5月制造业PMI指数的变动趋势可以很清楚地看到这一事实。

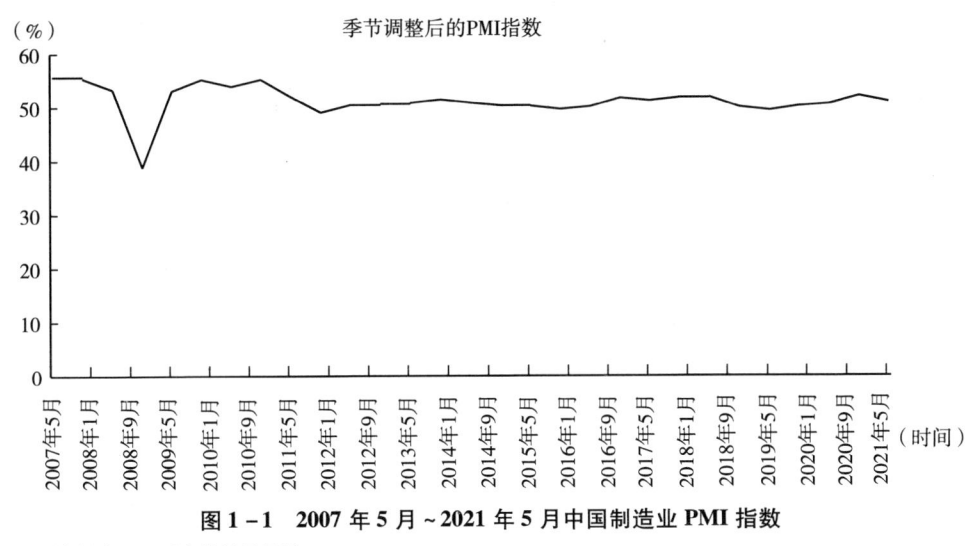

图 1-1　2007年5月~2021年5月中国制造业PMI指数

资料来源：国家统计局网站。

图1-1中的数据显示，2008年以前，我国制造业PMI指数基本上处于55%以上，但是随着金融危机的爆发及波及范围不断扩大，2008年1月开始PMI指数迅速下滑，2008年11月跌至38.8%。因此，有研究预测，此次经济危机对我国经济增长造成了实质性的影响，中国将彻底告别两位数增长的时代。此后，由于经济增长乏力，PMI指数一直处于波动状态，从2012年开始，PMI指数持续徘徊在50%左右，2015年甚至有7个月的PMI指数低于50%，2019年底新冠肺炎疫情的暴发加剧了经济波动，PMI指数在50%左右波动。新冠肺炎疫情的负面影响导致经济增长疲软，全球范围的蔓延将造成更为严重的经济冲击和社会影响。

（2）中国经济发展到了需要跨越"中等收入陷阱"阶段。根据世界银行的划分标准[1]，2019年中国的人均居民收入（GNI）为8223美元[2]，中国已经步入中等偏上收入的国家行列。近年来经济下行的压力导致中国经济亟须跨越"中

---

[1] 世界银行是按人均国民总收入（GNI）对世界各国的经济发展水平进行收入分组。通常分成四组，即低收入国家、中等偏下收入国家、中等偏上收入国家和高收入国家。中等偏上收入国家和中等偏下收入国家统称中等收入国家。以上分组标准是伴随经济发展持续地进行调整，而非固定不变。按世界银行最新公布的数据，2018年的最新收入分组标准为：人均国民总收入（GNI）低于995美元为低收入国家，在996~3895美元为中等偏下收入国家，在3896~12055美元为中等偏上收入国家，高于12055美元为高收入国家。https://www.worldbank.org/。

[2] 世界银行数据库给出的最新数据，https://data.worldbank.org.cn/indicator/NY.GNP.PCAP.KD?locations=CN。

收入陷阱"①。成功跨越"中等收入陷阱"的关键在于产业结构转型升级后企业竞争力的提高。以成功跨越"中等收入陷阱"的国家和陷入"中等收入陷阱"的国家作为参照物，经济发展转型是中国避免这一问题的必然选择（郑秉文，2011）。除了创造适宜的发展环境和政府提高治理能力之外，还需重点关注企业主体的发展问题。企业作为市场活动主体之一，释放企业的生产活力（张军扩等，2019），提升创新能力，调和企业内部不同主体的矛盾，才是助力企业平稳发展的重要内容。

（3）中国的收入分配差距目前依旧过大。近些年，收入差距扩大、收入分配不公等问题持续成为社会各界广泛关注的热点。其中，企业员工收入分配差距过大和收入分配不公问题尤为明显，主要暴露出资本所有者和企业高管收入畸高、高管薪酬与业绩倒挂、高管与普通员工薪酬差距过大等不公平现象，引起公众对企业高管"限薪"和公平分配的呼声日益高涨。统计资料显示，2012~2019年，我国居民劳动报酬占初次分配比重由59.23%降至50.63%，这远低于同期发达国家和一些发展中国家的平均水平。居民劳动报酬在初次分配中占比的持续走低，一方面导致收入分配不均等不断恶化；另一方面抑制了居民的消费需求，进一步加剧了宏观经济结构的扭曲，阻碍了我国经济增长方式转型。为此，中央十九届五中全会中明确指出，要坚持按劳分配为主体、多种分配方式并存，提高劳动报酬在初次分配中的比重，完善再分配机制，发挥第三次分配作用，改善收入和财富分配格局。据此，我们必须坚持居民收入增长和经济增长同步、劳动报酬提高和劳动生产率提高同步，调整国民收入分配格局，规范初次分配，加大再分配调节力度，健全科学的工资水平决定机制、正常增长机制、支付保障机制，推行企业工资集体协商制度，完善最低工资增长机制，完善市场评价要素贡献并按贡献分配的机制。

（4）自美国首次实施股权激励计划以来，股权激励作为一种激励职业经理人的机制设计和制度安排获得了足够的重视，特别是随着以美国硅谷为代表的互联网经济和创业经济的兴起，这些初创企业由于缺乏足够的现金流，无法给予人才充分的现金薪酬激励，因此才开始不断推行股权激励计划，并且把股权激励计划作为整体薪酬激励的重要部分来吸引、保留大量的优秀人才，强化人才与企业的命运共同体和利益共同体的构建，推动初创企业快速发展。我国自20世纪90年代初期才开始有上市公司施行对经理人的股权激励方案②，2005

---

① 中等收入陷阱这一概念于2006年由世界银行发行的《东亚经济发展报告》首次提出并进行定义，是指某经济体的人均收入达到世界平均收入的中等水平（人均国内生产总值约为4000~12700美元变动区间），而后经济发展出现长期停滞甚至是经济衰退的经济现象。

② 中国第一批获得股权激励实施批准的代表性公司就是深圳万科股份有限公司，该公司于1993年实施了中国第一个股权激励方案。在1993~2001年施行第一次员工持股权激励计划，激励全体员工持股，使其三年后可以通过股票进行上市交易，但是后期由于法规不完善，计划被证监会叫停。

年我国上市企业才开始陆续开展股权激励分置改革,再后来我国证监会等国家相关部门陆续发布了一些与企业股权激励相关的政策文件,放松了对股权激励的制度约束,大大增强了企业进行经理人股权激励的动机(闫俊伊,2019)。国家在政策层面的支持使得股权激励实施条件变得更加宽松,更多的企业加入了股权激励的队伍中。

总而言之,在宏观经济极度不景气的背景下,企业面临着多方面压力:一是基于成本考虑,企业在现实环境下难以提升普通员工收入,同时由于"尺蠖效应"无法降低高级管理者收入,从而导致企业内部收入差距不断扩大的压力;二是如何在不同层级的员工之间进行收入分配,才能实现最优的工作激励,从而提升企业效益的压力;三是外部经济不景气,外需不足可能导致企业经济效益下滑的压力;四是职业经理人与企业所有者目标及利益的不一致性,出现寻租动机的压力。在这种多重压力下,企业如何科学合理地通过改善企业内部薪资分配和设置长期激励机制来提升企业效益,必将对企业的长期发展产生重要影响。

面对错综复杂的国际形势、艰巨繁重的国内改革发展稳定任务特别是新冠肺炎疫情的严重冲击,十九届五中全会通过的《中共中央关于制定国民经济和社会发展第十四个五年规划和二〇三五年远景目标的建议》(以下简称《建议》)中提出,要提高人民收入水平,实现居民收入增长和经济增长基本同步,分配结构明显改善,扎实推进共同富裕。居民收入增长、分配结构改善和共同富裕离不开企业员工的收入增长和分配调整。企业员工收入分配是联结宏观上经济发展、微观上企业效益增长和居民收入提高的关键之一。为了在新时期同时实现居民收入增加、企业效益提升和宏观经济可持续增长的目标,并更好地实现社会公平正义,我们需要从全新的视角审视企业收入分配对企业效益的影响,并为建立系统、完整、合理的企业收入分配与企业效益互动体系提供政策建议。此外,职业经理人股权激励使职业经理人与企业所有者具有了相同的目标与利益诉求,形成了共同分享利润并承担风险的一种长期激励机制。通过股权激励的实施,将职业经理人的利益与企业原有股东的利益、经理人的发展目标和企业的发展目标统一起来,将二者的利益绑定起来,充分调动职业经理人经营的积极性与主动性,减少寻租动机,努力提升经营绩效。通过股权激励计划增强职业经理人等核心人才干事创业的动力与积极性,从机制层面减少了委托代理成本,不断促进和实现企业经营绩效的改善和增长。

二、本书的研究意义

改革开放以来,我国的经济发展取得了巨大成就,然而经济繁荣也隐蔽了不少问题。一方面，劳动报酬占 GDP 比重连续多年下降与企业高管收入居高不下之间的矛盾，凸显企业员工收入分配存在着结构性缺陷，企业效益增长与员工收入合理分配之间未形成良性互动机制；另一方面，新技术的出现及企业投资规模的不断扩大，使得现代企业变成了多部门、多层次的复杂经营综合体，导致了企业内部组织结构出现重大变革。首先，2020 年召开的党的十九届五中全会指出"要实现居民收入增长和经济增长基本同步，提高劳动报酬在初次分配中的比重，完善工资制度，健全工资合理增长机制，着力提高低收入群体收入，扩大中等收入群体。完善按要素分配政策制度，健全各类生产要素由市场决定报酬的机制，探索通过土地、资本等要素使用权、收益权增加中低收入群体要素收入。多渠道增加城乡居民财产性收入。完善再分配机制，合理调节过高收入。发挥第三次分配作用，改善收入和财富分配格局"。这表明中央对经济增长与收入分配之间的关系有了全新认知，而目前以企业效益与员工收入分配作为上述问题的微观基础，国内对于二者之间关系的研究尚未形成系统性认识。因此，运用收入分配、公司治理等方面的理论与方法，对中国企业效益与员工收入分配之间的关系进行定量的、精确的和全面的分析是夯实我国宏观经济增长微观基础，解决收入分配领域存在的诸多问题，推进企业效益和居民收入长期可持续增长的重要前提，具有重要的理论和现实意义。其次，本书还围绕经理人股权激励计划进行分析，研究了经理人股权激励理论基础、我国经理人股权激励计划的案例，分析了我国企业经理人股权激励计划对企业绩效的影响。从目前学术界来看，大量研究文献都将研究重点放在了经理人的股权激励问题，而对职业经理人股权激励与企业经营绩效之间的关系研究的相对较少，主要局限在某些特定行业、年份和领域。综合现有研究成果来看，鉴于中国特殊的监管政策、经济制度、资本市场环境、企业背景及数据等不同因素，对企业也包括上市公司实施职业经理人股权激励与公司经营业绩的相关关系到底呈现怎样的结果并没有一致、统一的结论。

（一）现实意义

首先，有助于推动企业实现从粗放式增长转变为高质量增长。进入中国特色社会主义的新时代，中国经济面临机遇与挑战并存的局面。过去由要素驱动的经济增长模式为企业发展提供重要动力，尤其是低成本的劳动力为中国企业争取了较大的比较成本优势。在现实问题日益凸显的情况下，企业必须转换其增长动力，一方面，深化劳动力市场改革，落实按劳分配为主，完善按要素分配的体制机制，将初次分配与再分配的调节方式相结合，规范收入分配秩序、保证收入分配格局合理有序。另一方面，企业层面的薪酬分配公平合理是激发员工努力工作的重要因素，提高劳动报酬占比，实现劳动报酬与企业的劳动生产率协同增长成为必然选择。本书在研究薪酬分配问题中，旨在分别通过薪酬水平、薪酬差距和薪酬结构与企业效益关系的研究，探讨怎样的薪酬分配格局能有利于整体经济和个体企业的良性发展，这为企业寻求高质量发展路径提供了可供借鉴的选择。

其次，有助于完善中国收入分配格局，缩小收入差距。近些年来，随着收入分配制度改革不断推进，全国整体收入差距扩大的趋势受到了一定程度的抑制，基尼系数有所回落。但是，中国收入分配差距依然较大，公正合理的收入分配秩序依然没有完全建立起来。因此，本书研究企业层面的薪酬分配对企业效益的影响具有重要的现实意义。具体来说，国内外学者针对各个国家地区的经济发展情况，评估了其所在地区的企业薪酬分配与企业效益的相关关系，得出了不同的研究结论。这大体是与不同地区的经济发展阶段、历史因素、风土民情、文化信仰等许多因素有关。上市公司的数据样本具有一定的代表性，本书将利用中国上市公司的数据研究企业内部薪酬分配会对企业效益产生怎样的影响。据此，得出能够有效地缩小收入差距、规范薪酬分配格局和提升企业效益的途径和方法，提出具有价值、可执行的政策建议。

再次，有助于促进企业实现价值稳健、持续增长。企业发展，关键在人，关键在经理人，这一点已是全球共识。但如何调动人特别是经理人的积极性和主动性，是理论界和企业界都十分关注的问题。从功能定位上看，经理人处于企业人才的顶端，他们是企业战略的制定者或参与者，是企业的具体经营管理者，对企业发展起着至关重要的作用。按照马斯洛的需求理论，经理人既有追求个人名誉、社会地位和事业平台等方面的需要，也有稳定的生活条件和相对满意收入的需要。但从目前企业对经理人需求的满足来看，特别是在收入方面，薪酬结构比较单一、固定，行业差距大，经理人的激励性不足，经理人的需要和股东利益缺乏长期一致性。因而，本书通过深入分析和研究，探索经理人股权激励这一长期激励方式对于提升企业经营绩效的有效性，为企业加强对经理人的有效激励，实现企业价值稳健、持续增长提供参考和行动借鉴。

最后，有助于构建目标一致的公司治理机制。在所有权和经营权相分离的情况下，企业所有者和职业经理人因目标、利益的不完全一致以及他们各自掌握的信息不够对称和平衡，产生了一系列委托代理问题，职业经理人可能会利用公司资源实现个人利益最大化而不是股东利益最大化。在这种多重压力下，企业如何科学合理地通过改善企业收入分配和设置长期激励机制来提升企业效益，必将对企业的长期发展产生重要影响。公司治理机制是现代企业制度的关键。形成分工合理、权责清晰、相互制衡的公司治理机制是东西方企业公司治理建设的重要目标。通过开展职业经理人股权激励，构建了经理人与股东一致的企业发展目标和利益关系，减少了经营和决策的信息不对称性等问题，降低了委托代理成本，有利于建设和形成利益和目标一致的公司治理机制。同时，也有利于加强对公司大股东的监督，避免大股东侵占小股东利益的可能，使得其他股东和经理人拥有更多的动机性行为（或表达性行为）参与企业的治理管理，从而形成制衡有效、利益一致的公司治理机制。因而，本书通过深入分析和研究，探索经理人股权激励这一长期激励方式对企业经营绩效的影响，提出具有价值、可执行的政策建议。

(二) 理论意义

第一，构建了一个统一的理论分析框架。本书在已有研究的基础上构建了统一的理论分析框架，刻画了企业内部薪酬水平、薪酬差距、薪酬结构和股权激励对企业效益影响的作用过程及结果。大量的研究从不同的研究视角论证了薪酬水平对企业效益的影响，也有学者研究了薪酬差距可能会对企业效益产生的不同影响，还有学者从薪酬结构的研究视角分析了固定薪酬、可变薪酬会对企业效益的影响，也有学者从股权激励角度出发分析了股权激励机制对企业经营绩效的影响。但是，整体来说，目前缺乏统一的理论分析框架研究企业内部不同的收入分配形式与企业效益的关系。因此，一方面，本书试图系统地阐述企业内部薪酬分配会对企业效益产生怎样的影响，这将在一定程度上丰富了企业薪酬分配对企业效益影响的理论研究。另一方面，梳理了经理人股权激励对公司业绩具有激励作用的相关文献及理论，并基于此提出了经理人股权激励对我国上市公司经营业绩有提升作用的假说，以及经理人股权激励是通过机构投资者增持、监督管理层以及约束大股东三大途径来影响公司经营业绩的假说。除此之外，还基于委托代理理论建立理论模型，对经理人股权激励的效果进行了数理分析。

第二，从实证分析出发，采用了更加科学的计量方法，另外增加了机制分析，弥补了以往计量分析的缺陷。本书的实证研究中大量使用现代计量分析方法用于得出更加精确、可靠的研究结论。在进行企业薪酬分配、股权激励与企业效益相关关系的实证研究过程中，本书使用各种适合研究主题的计量分析方法匹配不同的研究内容。首先，本书分别使用联立方程模型、门槛模型、双向固定效应模型、双重差分法和"渐进性"双重差分法研究企业内部薪酬分配、经理人股权激励的实施对企业效益的影响。其次，实证研究中还加入了机制检验，试图更加精准地研究企业内部薪酬分配变化对企业效益影响的内部作用机理，这将弥补以往研究中缺乏机制分析的缺陷。再次，从多个角度证明了经理人股权激励的实施对于我国上市公司的经营业绩的提升作用，既从企业经营绩效的"量"上来看，也从企业经营绩效的"质"上来看，也比较了不同激励工具（限制性股票、股票期权）之间的区别，同时也从经理人股权激励对不同所有权性质（国企、非国企）的角度进行了分析比较。最后，从机构投资者增持、监督管理层以及约束大股东三个角度分析了经理人股权激励产生作用的机制，本书的实证结果也为公司采取经理人股权激励计划改善公司治理结构、提升绩效提供了建议和参考。

第二节 本书的研究思路和方法

一、本书的研究思路

本书选用定性分析与定量分析相结合、理论研究与实证研究相结合的研究思路。首先，本书在系统梳理大量文献的基础上，遵循企业内部薪酬分配、经理人股权激励与企业效益关系的理论传导机制，提出企业内部薪酬分配、经理人股权激励对企业效益影响的理论模型。其次，利用联立方程模型研究员工薪酬水平与企业效益间的相关关系，利用门槛模型研究企业内部薪酬差距与企业效益的相关关系，以及面板固定效应模型分析内部薪酬结构与企业效益的相关关系，利用"渐进性"双重差分分析股权激励与企业经营绩效的相关关系，据此估计出企业的薪酬分配、经理人股权激励会对企业效益产生怎样的影响。再次，本书还利用了中介效应模型分别检验薪酬水平、薪酬差距和薪酬结构对企业效益产生的间接影响，以检验薪酬分配对企业效益的内部作用机理，并估计出政策冲击基于不同所有制结构、不同经济地域和不同行业对企业效益影响的异质性特征，估测出薪酬分配的中介影响的动态效应。最后，从多个角度证明了经理人股权激励的实施对于我国上市公司的经营业绩的提升作用，既从企业经营绩效的"量"上来看，也从企业经营绩效的"质"上来看，还比较了不同激励工具（限制性股票、股票期权）之间的区别，从机构投资者增持、监督管理层以及约束大股东三个角度分析了经理人股权激励产生作用的机制，同时也从经理人股权激励对不同所有权性质（国企、非国企）的角度进行了分析比较。详细的技术路线如图 1-2 所示。

二、本书的研究方法

本书研究薪酬水平、薪酬差距、薪酬结构和经理人股权激励对企业效益的微观影响。为了增强研究结论的可置信度，本书将从不同研究视角进行系统的分析，书中使用的研究方法主要包括以下几个方面：

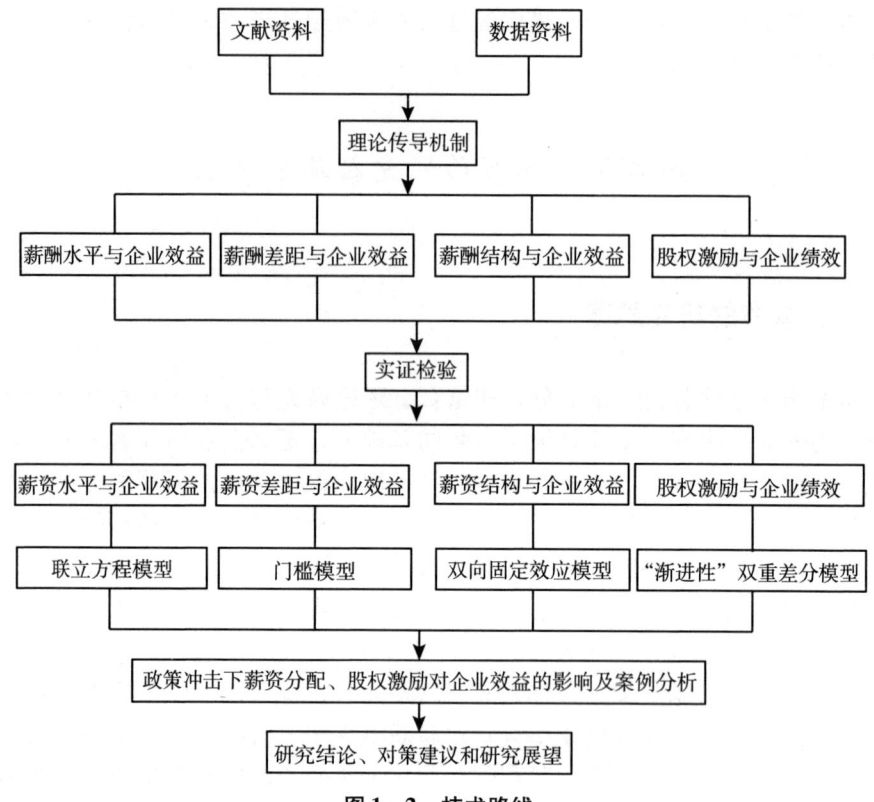

```
                    ┌──────────┐      ┌──────────┐
                    │ 文献资料 │      │ 数据资料 │
                    └────┬─────┘      └────┬─────┘
                         └─────────┬───────┘
                              ┌────▼────────┐
                              │ 理论传导机制 │
                              └────┬────────┘
        ┌────────────────┬─────────┼─────────┬────────────────┐
┌───────▼──────┐ ┌───────▼──────┐ ┌▼─────────────┐ ┌──────────▼──────┐
│薪酬水平与企业效益│ │薪酬差距与企业效益│ │薪酬结构与企业效益│ │股权激励与企业绩效│
└───────┬──────┘ └───────┬──────┘ └───────┬──────┘ └──────────┬──────┘
        └────────────────┴────┬────┴─────────────────────────┘
                         ┌────▼────┐
                         │ 实证检验 │
                         └────┬────┘
        ┌────────────────┬────┴─────┬────────────────┐
┌───────▼──────┐ ┌───────▼──────┐ ┌▼─────────────┐ ┌──────────▼──────┐
│薪资水平与企业效益│ │薪资差距与企业效益│ │薪资结构与企业效益│ │股权激励与企业绩效│
├──────────────┤ ├──────────────┤ ├──────────────┤ ├─────────────────┤
│ 联立方程模型 │ │  门槛模型   │ │双向固定效应模型│ │"渐进性"双重差分模型│
└──────────────┘ └──────────────┘ └──────────────┘ └─────────────────┘
                         ┌────▼──────────────────────────────────┐
                         │政策冲击下薪资分配、股权激励对企业效益的影响及案例分析│
                         └────┬──────────────────────────────────┘
                         ┌────▼──────────────────┐
                         │ 研究结论、对策建议和研究展望 │
                         └───────────────────────┘
```

图 1-2　技术路线

资料来源：笔者根据研究内容绘制。

（一）理论分析与实证研究相结合

理论分析强调在经验事实的基础上归纳出经济事物内部的逻辑关系，而实证研究则是对研究结论的证实或证伪。书中采用理论分析与实证分析相结合的研究方法，分析企业内部薪酬分配、经理人股权激励对企业效益的影响过程。其中，理论分析部分在大量梳理文献的基础上提出研究假说，归纳演绎出企业内部薪酬分配、经理人股权激励与企业效益的逻辑关系；而实证分析部分则分别采用数理推导和计量模型等不同方式论证了薪酬分配、经理人股权激励与企业效益间的相关关系，给出相应的研究结论。

（二）一般均衡法和局部均衡法相结合

简单来说，一般均衡法主要考察各个行为主体相互交织、错综复杂的关系，各个变量之间的关系构成了严谨且全面的内部逻辑系统；而局部均衡法则重点分析单个经济变量的变化对其他经济变量的影响结果、作用机理。本书中的实证研究部分，主要采用局部均衡法考察了企业内部收入分配的不同变量与企业经济效益间的关系。而在理论推导部分，则使用一般均衡法的研究思路综合考虑企业内部不同主体间的互动可能会对企业效益的影响。

（三）定性分析与定量分析相结合

在本书的研究过程中，使用定性研究方法主要体现为以下几个方面：利用各种图表和曲线考察企业内部收入分配与企业效益间的关系，采用归纳演绎法阐释不同经济事物内部的逻辑关系。另外，本书还大量使用定量分析的研究方法考察企业内部收入分配与企业效益的相关关系。例如，书中使用数理分析方法构建了理论模型刻画出企业内部收入分配变动与企业效益间的逻辑关系；书中还采用了诸如联立方程模型、门槛模型、双向固定效应模型和基于倾向得分匹配的双重差分模型（PSM-DID）等前沿的实证分析方法检验了企业内部收入分配变动与企业效益的变动关系。此外，为了考察研究结果的稳健性，书中还综合使用更改研究方法和替换变量等方法考察研究结论的可置信度。因此，联合使用定性分析法和定量分析法，可以更为系统全面地考察收入分配对企业效益的影响。

（四）文献综述法

本书对马克思主义理论、马斯洛的需求层次理论、薪酬分配及股权激励相关文献展开了总结。在文献综述的基础上对薪资分配、经理人股权激励计划的作用机制进行分类梳理和总结，对薪资分配、经理人股权激励与企业经营绩效之间的关系做出初步的判断，也为后面的实证研究和案例分析提供理论基础。文献研究法使得本书具有坚实的理论基础并帮助本书提出研究假设。

（五）案例分析法

本书通过对我国上市公司股权激励的代表性公司——万科集团 2010 实施的经理人股权激励进行案例分析。具体而言，本书通过分析万科集团企业特征、股权激励实施安排、具体实施方式以及股权激励前后企业绩效变化对比等方式展开讨论了万科集团 2010 实施的经理人股权激励的成功之处。案例分析法有助于科学地对股权激励的作用进行分析，对企业开展经理人股权激励设计提供借鉴。

第三节 本书的结构和边际贡献

一、本书的结构

本书以政治经济学、发展经济学、劳动经济学和管理学等学科阐述的经济规律和学术观点作为理论指导，在大量研读国内外文献的基础上，坚持定量分析与定性分析相结合的研究方法，围绕企业内部收入分配对企业效益影响的研究主题展开详尽的评估与检验，能够得出可信服的研究结论和对策建议。

第一章是绪论，本章主要是阐述选题背景和选题意义，梳理本书的研究思路和研究方法，最后给出本书的主要内容、结构和可能存在的创新点。

第二章是相关文献评述。本章就企业内部薪酬分配、经理人股权激励对企业效益影响的相关研究展开文献述评。首先，就本书中涉及的基本概念如薪酬分配、薪酬水平、薪酬差距、薪酬结构、企业效益、职业经理人等概念进行阐释，并且梳理企业内部薪酬分配、经理人股权激励对企业效益的影响因素。其次，学术界关于企业内部薪酬分配、经理人股权激励对企业效益影响的研究集中在以下几个方面：一是薪酬水平与企业效益的相关关系；二是薪酬差距对企业效益作用的经济后果；三是薪酬结构对企业效益的影响方向；四是股权激励对企业经营绩效的影响；五是政策冲击下企业效益的经济后果。通过对已有文献的系统性梳理，本书发现这一研究主题中可能存在的研究不足，为接下来系统地研究薪酬分配、股权激励对企业效益的影响找到切入点。

第三章是企业内部收入分配对企业效益影响的理论分析。一方面，通过权衡生产问题和人力资本引致的劳动成本问题构建理论模型，本书从不同的维度考察，当把薪酬水平、薪酬差距、薪酬结构和政策冲击等变量加入理论模型后，企业效益会出现怎样的变动，就此刻画了企业层面的薪酬分配问题对企业效益影响的经济后果。另一方面，建立了经理人股权激励与企业效益间的理论模型并提出了理论假说。先从理论上梳理了职业经理人股权激励影响企业经营绩效的内在逻辑过程，接着从实践上比较了不同的职业经理人股权激励模式，然后根据实践情况提出了本书的理论模型，并从经理人股权激励对企业经营绩效的作用效果及作用机制两个角度提出了本书的理论假说。

第四章是企业薪酬水平对企业效益影响的实证研究。首先，本书通过构建联立方程模型分析企业平均薪酬水平与企业效益的相关关系，全面准确地刻画企业薪酬水平与企业效益间的协同效应。其次，在前面研究的基础上，本书从不同群体角度出发，探究管理者和普通员工的薪酬收入对企业效益的影响，对比分析管理者薪酬收入和普通员工收入与企业效益间相关关系的异同点。

第五章是企业内部薪酬差距对企业效益影响的实证研究。在梳理已有文献的基础上，本书选用门槛模型的计量研究方法分析薪酬差距对企业效益的影响。基于门槛模型的估计结果，本书分别选取企业平均薪酬水平、管理者薪酬水平和普通员工薪酬水平分别作为门槛变量，更加精准地考察不同幅度的薪酬差距会对企业效益产生的影响结果。

第六章是企业薪酬结构对企业效益影响的实证研究。根据薪酬结构的组织形式，本书分别研究固定薪酬和可变薪酬对企业效益的影响。更进一步，本书还考察了固定薪酬和可变薪酬与企业效益变动关系的机制过程，分别从资本存量、人员数量和员工受教育程度三个机制变量检验了固定薪酬与可变薪酬对企业效益影响的内在机理和作用结果。

第七章是股权激励对企业效益影响的实证研究。本书实证部分从多个角度证明了经理人股权激励的实施对于我国上市公司的经营业绩的提升作用，既从企业经营绩效的"量"上来看，也从企业经营绩效的"质"上来看，还比较了不同激励工具（限制性股票、股票期权）之间的区别，同时也从经理人股权激励对不同所有权性质（国企、非国企）的角度进行了分析比较。在机制分析上，本书从机构投资者增持、监督管理层以及约束大股东三个角度分析，并证明了经理人股权激励产生作用的机制。另外，在已有研究的基础上，本书还将可变薪酬对企业效益影响的研究继续深化，分析了管理层持股比例对企业效益的影响，即管理者的股权激励效应。

第八章是股权激励效应的案例分析。本书首先分析了国内外股权激励的实践情况，然后选择万科集团2010年经理人股票期权激励计划进行代表性案例分析，从微观角度证明经理人股权激励的实施对于我国上市公司的经营业绩有一定的促进作用。

第九章是"限薪令"对企业效益影响的研究。首先，给出政策冲击对企业效益作用的理论推演过程。其次，为了消除样本的选择偏差，书中选用双重差分（DID）模型评估政策冲击下薪酬分配问题对企业效益的影响结果，并给出了稳健性检验结果。再次，考察了政策冲击对企业效益的机制检验结果，本书以薪酬结构作为中介变量，分别检验了薪酬水平、薪酬差距和薪酬结构各个变量对企业效益的中介作用结果，给出准确的研究结论。最后，本章还分别从企业的所有制结构、企业所处地域特征和行业特征分类的不同维度研究政策冲击对企业效益的异质性影响。

第十章是研究结论与政策建议。通过对前九章研究内容系统地归纳总结，得出重要的研究结论和相应的政策建议；并在此基础上，提出企业内部薪酬分配对企业效益研究的不足之处，也为公司采取经理人股权激励计划改善公司治理、提升绩效提供了建议。同时对今后进一步的研究工作进行展望，保证本研究主题可持续、有步骤地展开深入研究。

二、本书的边际贡献

本书存在的边际贡献之处主要体现在理论分析框架、实证分析方法和政策模拟检验等方面。具体如下：

（1）理论分析方面，本书构建了一个收入分配格局与企业效益的统一理论分析框架。首先，已有研究中关于薪酬分配影响企业效益的理论机制大多是从薪酬的激励效应或者劳动者的直接劳动成本两方面分开论述，尚未有研究将上述两种影响机制纳入统一的理论分析框架进行阐释。本书在严密的逻辑推演和数理模型构建的基础上提出待检验的研究假说，研究了员工的薪酬激励效应与企业的直接劳动成本对企业效益产生的影响，考察了薪酬分配对企业效益影响的内在机理，从而可以丰富和扩展关于企业收入分配与企业效益相关理论的研究视角。其次，本书还提出了经理人股权激励对我国上市公司经营业绩有提升作用以及经理人股权激励是通过机构投资者增持、监督管理层以及约束大股东三大途径来影响公司经营业绩的假说。

（2）在计量方法的选择方面，不同章节选用适合的现代计量分析方法得出更加精确的研究结论。首先，考虑到企业内部薪酬分配变动的内生性问题，本书在已有研究的基础上使用了联立方程法、门槛回归法、双向固定效应估计法和双重差分法，以纠正采用普通最小二乘法（OLS）进行分析所可能产生的偏差问题，进而可以提高本书研究结论的准确性。其次，利用"渐进性"双重差分法探究了我国经理人股权激励是否可以有效提升企业绩效，为公司长远经营和发展带来"质"的改善，弥补了静态模型分析的缺陷。另外，在实证分析中，本书通过使用更改研究方法、替换核心变量、增加相关控制变量等计量方法进行了稳健性检验，以期得到更加稳健的估计结果。

（3）对机制的实证分析上，使用中介效应检验法研究企业内部薪酬分配对企业效益影响的内在作用机理，得出更可靠的研究结论。已有研究大多注重企业的薪酬分配对企业效益的直接影响，较少关注薪酬分配问题对企业效益的间接影响。首先，本书在研究薪酬结构对企业效益的影响中分别选取了资本存量、员工受教育程度和员工人数三个中介变量检验了固定薪酬和可变薪酬对企业效益的中介效应，用以阐述企业薪酬结构的不同组成部分对企业效益影响的内部机制。其次，本书从机构投资者增持、监督管理层以及约束大股东三个角度分析和证明了经理人股权激励产生作用的机制。最后，在政策冲击对企业效益的影响研究中，本书分析了管理者薪酬水平的激励效应、普通员工薪酬水平的直接劳动成本效应和管理者的股权激励效应三个可能的影响路径，估测了企业效益的变动结果。

（4）通过对政策的模拟检验估计薪酬分配政策的经济后果。已有研究集中于研究薪酬政策的直接经济效果，但是事实上，政策实施是对整个经济系统产生冲击，而非对单个变量或单个个体产生影响。因此，本书重点分析了薪酬政策的间接影响，刻画出薪酬政策冲击下薪酬分配因素对企业效益的影响及其内部作用机理，方便进行政策评价。本书综合考虑了政策冲击的内生性问题，并尝试构建了薪酬管制政策的准自然实验，利用基于倾向得分匹配的双重差分模型（PSM - DID）估测了企业效益的变动情况，得出严谨可信的政策模拟检验结果，方便薪酬政策的持续推进和调整改进。

第二章 相关文献评述

当前我国进入中国特色社会主义新时代，以公有制为主体、多种所有制共同发展成为我国经济制度的基本特点，大力发展混合所有制经济是我国国有经济改革的重要目标。在新时代，我国探索、形成并逐步完善了中国特色社会主义思想理论体系，在分配领域，突出了劳动者的主体地位，肯定了劳动者的所有权和在价值创造中的作用。而且，针对马克思"个人所有制"的思想和理论也做了丰富和完善，充分肯定和鼓励采用股份制经济形式，对推动我国企业职业经理人股权激励也具有一定的理论借鉴和参考意义。本章将针对已有的相关文献进行梳理，便于后续章节的深入探究。

第一节 相关概念界定

一、企业薪酬的相关概念

薪酬分配含义广泛，根据本书的研究主题，其中提到的薪酬分配主要包括以下几个方面的内容：

首先，薪酬是指企业根据员工的努力程度为其支付的薪酬总额（Shapiro and Stiglitz，1984）。而薪酬水平则被定义为一定时期员工平均薪酬的高低程度（康士勇，1993）。

其次，薪酬差距的概念包括狭义的薪酬差距和广义的薪酬差距。狭义的薪酬差距是指管理层（高管）与非管理层（普通员工）之间的薪酬差距（张正堂，2007），并且这一概念又包含了绝对薪酬差距和相对薪酬差距。具体来说，绝对薪酬差距是指管理者与普通员工间薪酬的绝对差额（张正堂，2007；刘春和孙亮，2010）；而相对薪酬差距则是指管理者薪酬水平除以普通员工的薪酬水平（张正堂，2007；王怀明和史晓明，2009；赵睿，2012）。广义的薪酬差距不仅包括管理者与普通员工间的薪酬差距，还研究了管理者内部的薪酬差距（Jensen and Murphy，1990），比如林浚清等（2003）认为高管内部薪酬差距是指企业 CEO 薪酬水平与其他高级管理者之间的薪酬水平的差别，这反映了管理者通过内部竞争克服代理问题的意愿程度（鲁海帆，2007）。

最后，薪酬结构按照不同的分类标准可以将其划分为不同的薪酬形式。本书依据薪酬的功能性差别将薪酬结构分为固定薪酬和可变薪酬（周云波等，2014）。其中，固定薪酬主要是指基本的职务工资和社会保险（主要包括养老保险、医疗保险、失业保险和生育保险等）等，可变薪酬主要包括与企业效益直接相关的绩效薪酬、奖金和福利等。为了更好地激励员工投入生产活动，现代企业制度中衍生出多样化的可变薪酬形式，股权成为典型代表形式。

二、职业经理人的概念

我国现代意义上的职业经理人可追溯到 20 世纪 90 年代初期，党的十四大明确提出，我国经济体制改革的目标是"建立社会主义市场经济"，党的十四届三中全会提出要建立"产权清晰、权责明确、政企分开、管理科学的现代企业制度"，1993 年，我国颁布了《公司法》，对公司的治理结构、内部管理体制以及经理人员的产生方式和职权都做了明确的规定，职业经理人在我国逐渐发展起来，拥有了越来越广阔的成长空间和干事创业的舞台。党的十九届五中全会通过的《中共中央关于制定国民经济和社会发展第十四个五年规划和二〇三五年远景目标的建议》明确提出要推行经理层成员任期制和契约化管理，完善市场化薪酬分配机制，灵活开展多种形式的中长期激励。这从党和国家的政策层面为我国深入探索职业经理人发展之路提供了保障。

职业经理人（professional manager）是在社会分工下诞生的一种新的社会职业，现代职业经理人起源于 19 世纪 50 年代美国的铁路管理部门。美国企业史学家钱德勒（Chandler，1977）认为，职业经理人是"以管理作为其终生职业并已成为负责经营大型单位企业的人就是职业经理人"。职业经理人的概念在 20 世纪 90 年代中后期传入我国，厉以宁（2000）对职业经理人的定义是"伴随现代企业的诞生而出现，以从事企业经营管理活动为职业，视经营管理企业的成功为自己事业成功的专职管理人"。根据职业经理研究中心、北京师范大学心理学院、国务院发展研究中心企业研究所制定的术语标准，职业经理人是指"受雇于企业，担任不同层级的领导和管理职务，承担相应的义务和责任，从事企业经营管理活动，以此为职业的人才"。有的学者认为，应当存在一个职业经理人市场，且职业经理人必须得到市场的承认，才能称得上是真正的职业经理人，但目前国内还没有形成成熟的职业经理人市场。此外，朱福民（2010）认为，西方国家的职业经理人大部分是独立职业经理人（independent professional manager），而国内的职业经理人通常是由大股东聘请的，他们通常只关注如何为大股东谋求最高利益。

基于已有研究，可以归纳出职业经理人的核心特征，包括专业化、职业化、市场化。从专业化来看，职业经理人具备良好的管理领域的教育背景和工作经历，是企业经营管理方面的专家，属于企业人力资本的范畴；从职业化来看，职业经理人以经营企业为职业，拥有对企业的经营权和管理权，通过调动企业内外部资源，实现企业的经营目标，向企业所有者负责，获取薪水、股票期权等收入和报酬；从市场化来看，存在一个职业经理人市场，包括企业外部和内部职业经理人市场，职业经理人能够在这个市场中自由流动，由企业在这个市场中选聘。与职业经理人相对的概念是企业家，二者存在本质区别：职业经理人是企业的雇员，他们的知识和能力可以通过后天学习获得，但企业家通常是企业的创始人和所有者，且他们拥有的创新、冒险等特质通常是不能通过学校教育培养出来的（全毅，2002）。

国内学者对职业经理人的研究主要集中在两大领域：其一是职业经理人与企业家的关系问题，包括双方如何建立信任（张维迎，2003）、经理人市场失灵及职业经理人的道德问题（李新春，2003），且学者尤其关注到了家族企业和民营企业引入职业经理人的问题（李新春，2003；张建琦和汪凡，2003）。其二是职业经理人的薪酬激励问题，尤其是国有企业经理人的激励机制（李春琦，2002；熊胜绪，2003；李军林和张英杰，2009），以及职业经理人薪酬与企业绩效的关系（李锡元和倪艳，2007；周云波和张敬文，2020）。

三、企业效益的相关概念

企业效益概念则是指企业的经济效益，是经济效益在微观上的表现（汤建影和张赛，2001）。企业是现代市场经济的基本单位，作为独立从事经营活动的参与者，必须做到自负盈亏、自主经营，客观上有其独立的效益要求。关于企业效益的概念，有以下代表性的观点：有的学者认为企业效益表明了企业生产和再生产过程中的劳动成果与其劳动消耗和劳动占用的比值（沈仰东，1994）；也有学者认为企业效益就是投入的产出效率，即企业生产经营活动产出和投入的比值。本书中企业效益则是指反映企业总资产的盈利能力（何枫和陈荣，2008），即"利"（收益）与"本"（成本）之比（沈仰东和白礼常，1994），企业以本求利的水平或能力。具体来说，"利"表现为企业生产经营的综合经济结果，一般以企业的净利润或利润率指标呈现；"本"则是指企业以货币形态支付的消耗生产要素而付出的全部经济代价。从根本上可以将其概括为企业资源消耗的经济效益和资源占用的经济效益。具体来说，有的学者会选用企业的劳动生产率和产品质量反映企业的经济效益（Huselid，1995）；也有学者用企业财务指标衡量企业效益，例如总资产收益率（ROA）和净资产收益率（ROE）等（Haleblian and Finikelstein，1993）；还有学者在研究上市公司企业效益问题时，选取托宾 Q 值和边际利润率等指标研究企业效益的变化趋势及其影响因素（刘春和孙亮，2010；赵睿，2012）。

第二节 企业薪酬水平和结构对企业效益影响的研究

诸多学者从不同的角度阐述了企业薪酬水平与企业效益的相关关系，本节分别从员工薪酬水平对企业效益影响和管理者薪酬水平对企业效益的影响两个方面的内容梳理已有文献。

一、员工薪酬水平对企业效益影响的研究

已有研究详尽阐述了企业员工薪酬水平对企业效益影响的理论基础和实证检验结果。根据不同的研究内容，接下来将从效率工资理论、租金分享理论、最低工资理论和马克思的相关理论阐述两者间的关系。

（一）效率工资理论

20 世纪 70 年代提出的效率工资理论分析了员工薪酬水平对企业效益的影响（Akerlof，1984；Shapiro and Stiglitz，1984；Akerlof and Yellen，1990）。该理论认为，市场调节结果不是帕累托效率状态，企业与员工签订的劳动契约无法达到企业的边际收益等于员工付出劳动的边际成本（Lazear，2000）。因此劳动力市场由于严重的信息不对称会导致市场无法完全出清。首先，劳动力市场外部的信息不对称提高了企业聘用高匹配度员工的搜寻成本，而高保留工资[①]的员工往往具有较强的工作能力，因此企业会通过筛选机制选择高保留工资的员工以提高企业效益。其次，劳动力市场内部的信息不对称会让企业面临员工消极怠工的道德风险，但较高的薪酬水平会使员工偷懒的机会成本极高，偷懒约束机制（Alexopoulos，2006；Alexopoulos，2010）能够让企业吸纳高素质员工，显著地提升企业效益。据此，企业往往会选择提高员工的工资水平（提高跳槽的机会成本），进而提高企业的经济效益。

[①] 保留工资（reservation wage）：劳动力市场中劳动要素供给方所能接受的最低工资水平。如果劳动力需求方（企业）给出的薪酬水平低于保留工资，劳动者会选择"保留"本身劳动力放弃工作；反之，劳动者会积极参加工作。

但学术界对效率工资的作用看法不一，从不同角度给出了实证检验结果。部分学者支持效率工资理论，认为支付给员工高于市场出清水平的薪酬能够显著地提升企业效益。布朗等（Brown et al., 2004）通过随机实验探讨了劳动力市场中薪酬契约与市场主体间的互动性质，其结果支持了较高薪酬水平会带来更高企业效益的效率工资假说。维克福德（Wakeford, 2004）对南非制造业调研发现员工薪酬水平和企业劳动生产率有正向相关关系，薪酬水平每提高1%，企业生产率就会上升1.72%。阿西莫格鲁和芬克尔斯坦（Acemoglu and Finkelstein, 2008）研究发现1983年美国医疗保险改革导致医护人员薪酬水平的大幅提升，这将会降低医院的劳动要素投入，引致医院追加对新技术的投资，因此医院的劳动生产率得以提升。艾伦（Allen, 2014）通过对比分析18世纪英国、印度和法国的薪酬水平与生产率变动关系，研究发现英国企业为员工提供较高薪酬水平能够大幅度提升企业的劳动生产率，而同时期印度和法国企业提供的较低薪酬则抑制了企业技术进步。国内的学者也相继给出了实证分析结果，林青松和李实（1996）、杨瑞龙等（1998）的研究结果表明我国国有企业员工薪酬水平和企业效益之间存在同方向变化趋势。其中，林青松和李实（1996）利用1981~1990年中国企业的数据研究员工平均薪酬与企业利润率间的相关关系，实证结果显示了两者间存在正相关关系。而杨瑞龙等（1998）则从国有企业的治理结构具有双层分配合约的前提假设下检验了效率工资假说，研究结果表明第二层分配合约中员工的薪酬收入具有效率工资的特征，即支付给员工较高的薪酬能够使企业拥有更高的生产效率，这一结果支持了效率工资假说。陈冬华等（2010）对556家非上市公司进行调研，研究发现薪酬增长能够带动企业效益的提升。叶林祥等（2011a）利用第一次全国经济普查数据的研究结果表明，工业企业的员工薪酬与企业利润间存在因果关系。

也有学者对此给出相反的实证结论。吴（Goh, 2009）研究马来西亚的调查数据发现，尽管薪酬水平和生产率之间有正向变动趋势，但员工薪酬的增长速度远超生产率的增长速率，存在薪酬侵蚀利润的现实问题。梅斯特里（Maestri, 2012）认为效率工资与生产率的关系显著与否取决于员工掌握的信息情况，如果员工清晰掌握自己的努力程度、企业的监管程度、被辞退的概率和劳动力市场的失业率等，那么效率工资能够显著提升企业生产率，否则，效率工资制度将不能发挥有效作用。也有少数学者认为两者没有显著关系，如肖永（2005）通过改进原有效率工资模型，给出相应的实证结果：效率工资的增长率与企业的生产技术进步率没有直接关系。

（二）租金分享理论

租金分享理论认为员工参与企业租金（企业效益）分配，员工工资由企业效益决定，员工工资差异主要是由于劳动力市场中租金分享程度决定的（Williamson，1986；Hildreth and Oswald，1994，1998；Martins，2009；Martins and Yang，2015）。一方面，租金分享程度越高，表明员工极大比例地分享了企业在社会生产中的超额收益，可能会导致下期企业投资率下降，影响企业的长期增长，甚至会损害企业效益。另一方面，租金分享程度越低，将会导致员工的劳动收入过低，甚至可能出现员工投入劳动的边际成本低于其对应的边际贡献，这会剥夺了员工的个人利益，社会经济增长缺乏包容性。良性运行的经济社会应将租金分享比例控制在合理范围，才能使员工工资与企业效益之间协同发展（周云波等，2014）。另外，较高的租金分享比例会阻碍劳动力市场中企业间的劳动要素流动，经济周期中出现经济波动时，企业会选择降低资金分享比例应对外生冲击，进而导致劳动市场的非自愿失业现象（Martins，2009）。

实证研究显示劳动力市场中较高的工资水平（租金）可以减少其懈怠工作或离职行为，进而提高企业的生产效率以获得更多的超额利润。克鲁格和萨莫斯（Krueger and Summers，1988），以及豪伊特（Howitt，2002）的研究结果表明企业消极地与员工分享利润会导致员工偷懒，甚至离职，因此会对企业生产带来负面影响。希尔德雷思和奥斯瓦德（Hildreth and Oswald，1994）通过构建劳动力市场的租金分享模型论证企业利润对员工工资有积极作用，租金分享率最高的企业与租金分享率最低企业为员工支付的工资差额高达16%。在进一步解决内生性问题后，希尔德雷思和奥斯瓦德（Hildreth and Oswald，1998）发现技术研发期企业的租金分享效果最显著，能够使员工工资与企业效益同向变化。翁杰（2008）利用2004年浙江省经济普查数据进行实证分析，证明租金分享机制的存在，企业的盈利水平决定了制造业员工的工资水平。叶林祥等（2011b）则运用第一次全国经济普查工业企业数据论证了国有企业员工的高工资主要源自其垄断性行业因素获得的高额垄断利润。周维和齐建国（2014）对中国上市公司的租金分享程度进行估计，结果显示工资利润弹性为0.17，即中国上市公司员工的高工资是由于其较高的利润率所致。

（三）最低工资制度下薪酬水平对企业效益的影响研究

最低工资制度的出台被视为一种劳动力保护政策（Wascher，2004）。政府发挥市场监管职能，制定地区最低工资线，导致劳动力市场中政府、企业和个人多方力量共同博弈，影响了地区的工资水平和企业效益。

1. 最低工资政策对企业效益影响的理论机制

一方面，有的学者研究了企业劳动力成本的中介影响。最低工资制度会影响企业的劳动力成本，进而影响企业效益（Florian et al.，2018；孙楚仁等，2013）。企业用工成本主要受到员工工资水平和员工人数、职工结构等因素影响。

一般来说，劳资双方签订的薪酬契约具有黏性特征。当员工工资水平被强制提升时，企业层面的劳动成本会直接上升（刘贯春等，2017）。因此，最低工资制度导致的薪酬上涨会直接侵蚀企业利润，损害企业效益。另一方面，还有学者研究了员工个人努力程度的中介影响。最低工资制度会通过劳动力市场的信号传递机制影响员工的工作积极性和努力程度，进而影响企业效益（Owens and Kagel，2010；Florian et al.，2014；刘贯春等，2017）。由于劳动力市场的信息不对称和劳动者非完全理性选择，企业与员工签订的往往是不完全契约①。不完全契约会导致企业不平等地分配其应得利益，也会使员工缺乏工作热情，减少工作时间的投入，进而会降低企业生产效率。最低工资政策的出台能够有效限制企业不公平地对待员工，发挥出政府的监管作用，因此该项政策能够提高员工的工作努力程度和积极性，提高企业生产效率。刘贯春等（2017）构建了两部门理论模型，给出了企业生产率的中介效应和调节效应证据，研究结果表明最低工资对企业效益有直接影响。

2. 最低工资制度对企业效益影响的实证检验

虽然经济学家普遍认为最低工资政策对员工薪酬、企业用工成本和企业效益等都有深远影响，但是对政策的效果评估却没能达成共识。部分研究认为劳动保护政策对企业效益有消极影响。阿塔纳索夫和金姆（Atanassov and Kim，2010）的研究表明效益不佳的企业容易在政策影响下结成工人—管理者同盟，为保证团队短期利益，企业会选择在短期内出售资产，但会损害企业长远利益。陈等（Chen et al.，2011）给出了实证证据，论证了劳动力保护政策会显著降低企业经营效益。约翰等（John et al.，2013）利用上市公司数据研究发现最低工资会导致员工利益与股东利益的冲突，进而降低了企业并购项目中盈利概率。陆瑶等（2017）以中国上市公司为样本，回归结果显示最低工资显著地提高企业用工成本，进而降低企业的账面利润。

也有学者给出了相反的研究结论。从经济周期来说，最低工资政策能够减轻员工的短期压力，带动企业长期发展。阿查里雅等（Acharya et al.，2014）研究发现保护政策的出台显著增加了企业研发投入，进而提升企业效益。莱莫斯（Lemos，2009）、马双（2012）以及贾朋和张世伟（2013）等学者从政策溢出效应的角度出发，研究发现最低工资对高收入群体具有溢出效应，能够促进高收入群体增加劳动投入，提升企业效益。刘贯春等（2017）从企业性质、地域特征和企业是否存在出口行为等角度给出异质性研究，认为最低工资政策有益于中国经济结构的调整升级。

---

① 不完全契约（incomplete contract）：劳资双方不能完全预期期限内所有情况，因此无法形成内容信息对称、设计完备的合同条款（Hart and Moore，1990）。

（四）马克思主义理论中薪酬水平对企业效益的影响研究

马克思主义理论研究中的大量文献阐述了薪酬[①]分配与企业效益的相关关系。首先，企业薪酬水平对企业效益影响的本质是两者间的经济关系。从微观层面来看，上述两者间经济关系的考察主要从两个维度展开。一方面，从员工利益与薪酬水平的关系来看，员工获得薪酬直接影响到其个人和家庭的生活水平，即为通常所说的"员工切身利益"。对于员工获得薪酬的客观标准，马克思在《哥达纲领批判》中做了明确阐述，认为"他以一种形式给予社会的劳动量，通过另一种形式全部领回来"，这要与"他所提供的劳动量相当"。符合这一客观标准的薪酬将会在微观层面调动出员工的积极性和主动性。另一方面，从薪酬水平与企业效益的关系来看，作为独立存在的市场经济主体，企业在生产经营活动中必须考虑企业的生存与发展，即企业的经济效益。这就对企业的生产管理提出相应的要求。在企业的生产过程中，如何合理设定员工人数，以及科学合理地组织协调员工投入生产，这会直接关系到企业的经营状况，进而使得企业获得更高的利润水平。

其次，探讨薪酬水平对企业效益的影响关系，需要正视薪酬在企业生产经营过程中发挥的作用。理论上讲，不同学者对薪酬的职能作用看法存在差异。一些学者认为薪酬具有保障功能（李松龄，2016）。这主要是由于薪酬能够保证员工的基本生活，另外这种保障基本生活的作用又与社会主义制度的优越性联系在一起，因此，薪酬的保障只能使得员工积极参与生产活动进而提升企业效益。有的学者则提出了不同的看法，他们认为要严格区分薪酬职能和社会保障的作用，不能简单地将薪酬等同于"福利"和"保险"。薪酬的基本作用是激励员工努力工作，投入的劳动时间越多，对应获得的薪酬水平会越高，企业效益会越好（郭铁民，1999）。在这种良性生产循环中，薪酬对企业效益的激励作用愈发显著。另外，还有学者更加全面地从宏观角度和微观角度分析了薪酬的职能（田松青，2009）。他们认为在中国现阶段发展情况下，企业层面的薪酬能够具有补偿职能和激励职能，宏观层面下，薪酬则更多地体现为控制职能和调节职能；微观视角下，薪酬的激励职能和补偿职能能够显著地促进员工积极工作，企业也会获得更高的效益。

[①] "薪酬"这一术语源自西方，大体上历经 wage 至 salary 再到 compensation 的变化过程。薪酬一词强调对员工提供的劳动给予补偿，涵盖了工资的基本含义（夏春花，2012）。结合本书的研究主题，本节在进行文献述评时，主要使用薪酬这一概念。

二、管理者薪酬水平对企业效益影响的研究

(一) 委托代理理论

管理者薪酬的合约安排是现代企业人事管理的难题。根据委托代理理论，由于所有者与管理者之间的目标函数不一致，现代企业通过最优薪酬契约给予管理者薪酬激励，即管理者拥有一定的剩余索取权，将管理者薪酬与企业效益相挂钩。作为理性人，管理者会将薪酬水平与个人努力程度进行权衡，选择个人利益最大化的行动，形成管理者个人利益与企业效益之间良性循环。

无论是理论推演还是实证检验，管理者薪酬与企业效益的关系未有定论。经济学家陶西格和巴克（Taussig and Barker，1925）发现经理的薪酬与企业效益间相关性很小。麦奎尔等（Mcguire et al.，1962）对鲍莫尔（Baumol，1957）提出的研究假说"经理薪酬看上去与企业规模而不是企业利润相关"进行论证，研究结果发现管理者薪酬只与其销售收入相关，但对关乎企业长期发展和整体利益的企业效益没有相关性。德鲁克（Drucker，1984）也给出了管理者薪酬与企业效益没有显著性关系的结论。也有学者对此给出明确的检验结果。鲍莫尔（Baumol，1962）认为管理者更关心企业效益的长期增长趋势。也有学者以美国上市公司数据为样本，实证结果显示高管薪酬与企业效益、股东财富正相关。卡普兰（Kaplan，1994）给出了日本地区相似的实证结果。李燕萍等（2008）的实证估计结果证明高管薪酬对企业绩效有显著的正向作用。唐松和孙铮（2014）研究发现非国有企业中，管理者的超额薪酬对企业效益有正向激励作用；国有企业中，管理者的超额薪酬与企业效益负相关。唐松莲和陈伟（2017）认为基于声誉激励或利益同盟的需要，证券分析师会做出有益于企业效益的调研预测和评级结果。

后来，学者们深入地分析了管理者薪酬对企业效益的机制影响。米勒（Miller，1995）并不认为管理者薪酬与企业效益之间是线性关系，他给出的证据表明两者之间仅是凸向关系。耿明斋（2004）研究中国上市公司的高管薪酬对企业效益的影响，结果表明缺乏与市场经济规则相适应的经济机制割裂了高管对企业效益的影响路径。陈胜蓝和卢锐（2011）的研究表明近年来上市公司管理者薪酬的快速增长没有对企业效益发挥激励作用的主要原因是盈余管理，管理者由于盈余管理会提高其货币薪酬，企业效益却没有因此显著增加。祁怀锦和邹燕（2014）使用相对分位数模型估计了我国高管薪酬的分布情况，结果显示缺乏外部公平性导致管理者薪酬对企业效益没有正向影响。也有学者持不同看法，芦锐等（2011）则以内部控制的角度解释了管理者薪酬业绩敏感度问题，他认为内部控制质量越高的企业，管理者薪酬对企业效益的正向影响越大，薪酬激励机制越能

有效地发挥出作用。柳建华等（2015）通过公司自治性条款解释了薪酬水平对企业价值的影响，认为约束董事会权限能够使管理者决策有效抑制企业过度投资，显著提升企业价值。

（二）管理者权力理论

企业中的管理者拥有制度安排和治理机制的决策权，而这样的权力安排会对企业效益产生重要影响，这主要体现在管理者进行战略决议和日常经营管理的过程中。因此，管理者权力会影响与自身利益紧密相关的薪酬水平，甚至会间接地影响企业效益。一般而言，管理者权力会通过以下几个方面影响薪酬激励机制。

1. 管理者权力作用机理

第一，管理者权力会影响企业薪酬计划。伯切克（Bebchuk，2002）利用案例分析法首次提出管理者权力的薪酬模式。吕长江和赵宇恒（2008）研究发现拥有较强权力的管理者可以设计薪酬激励组合。

第二，管理者权力会改变企业的盈余管理情况。出于对自身利益和企业利益的考虑，管理者会利用手中权力进行企业盈余管理，如企业合理避税问题。吕长江和赵宇恒（2008）通过理论推演与实证检验，认为管理者具有较弱的权力时更关注货币薪酬水平，会通过盈余管理方式虚报利润，完成考核要求。姜付秀等（2013）研究高管（CEO）和财务总监（CFO）的任期交叉对企业盈余管理的影响，发现高管（CEO）会利用管理者权力使财务总监（CFO）进行盈余管理，帮助企业规避风险。

第三，管理者权力会影响企业资本投资、改变企业资本结构。管理者权力会影响企业发展战略（刘海建和陈传明，2007），因此会影响企业当期业绩甚至企业长远发展。谭庆美等（2018）研究发现CEO权力与企业财务杠杆显著正相关，但管理者权力越大，企业财务杠杆越高；反之，则财务杠杆越低。

第四，管理者权力对企业内部治理机制产生重要影响。学者研究发现管理者利用权力影响董事会的独立决策（Eisenhardt and Bourgeois，1988；Boyd，2010），进而影响企业效益（Pearce and Zahra，1991）。戈尔登和扎迦克（Golden and Zajac，2010）发现企业中存在权力强度大的管理者，那么董事会的独立决策很难影响所在企业的战略布局。吕长江和赵宇恒（2008）发现权力强大的管理者能够兼得高货币薪酬和权力收益，完成董事会设定的薪酬激励要求，提升企业效益。张维今等（2018）以资源依赖理论为基础，运用应用心理学研究方法，论证了强势CEO利用管理者权力影响下属员工的创新行为，进而会影响企业效益。

2. 管理者权力对企业效益的影响方向

基于上述管理者权力的作用机理，国内外学者对管理者权力如何影响企业效益进行了实证检验。部分学者对此持消极态度，认为管理者权力会损害企业效益

(Bebchuk，2002；Adams et al.，2005；Cheng，2008)。究其原因，主要出自自利行为，管理者会盲目注重个人利益，忽视企业的当前利益和长远发展，破坏了企业原有的薪酬激励机制，最终会损害企业效益。许多学者从不同角度给出了此种结果的原因。詹森和梅克林（Jensen and Meckling，1976）证实缺乏外部监督的企业中，管理者会专注于增加非货币性福利借以改善自身福利状况。张曙光（1996）研究中国国有企业内部控制人问题时，发现管理者选择"在职消费"作为非货币性福利。类似的，张铁铸和沙曼（2014）发现民营企业同样存在高管利用手中权力增加在职消费的现象。戈登等（Combs et al.，2010）发现管理者权力会极大地削弱董事会在公司治理中的作用，对企业效益产生消极影响。阿什博-斯凯夫等（Ashbaugh-Skaife et al.，2006）则发现管理者权力与企业信用评级为负相关，管理者权力越大，企业信用评级越差，信用评级的下降会损害企业效益。闵和乔杜里（Min and Chowdhury，2014）再次论证了管理者权力会降低企业信用评级。据此可得出，管理者权力会损害企业效益。

仍有部分学者对此持积极态度，认为管理者的较高薪酬能对企业效益有正向影响。作为经过市场机制层层选拔的优秀人才，管理者权力能使管理者发挥自身才能，做出有益于企业发展的战略决策。提升企业效益才能进一步提高管理者自身的薪酬水平，使管理者薪酬与企业效益实现协同发展。韩立岩和李慧（2009）的实证结果表明管理者权力强度与企业效益正相关，管理者权力越大，企业经营效益越好。权小锋和吴世农（2010）认为管理者薪酬可以分解为激励薪酬和操纵性薪酬，激励薪酬具有正面价值效应，而操纵性薪酬具有负面价值效应。其中，管理者权力越大，管理层会倾向于提高企业价值获取绩效薪酬，激励薪酬与企业效益呈现出同方向变动关系。鲁海帆（2012）运用案例分析法研究管理者权力对企业效益的影响，发现运营良好的企业，其管理者越自信强势，越能引领企业走出经营困境。町等（Ting et al.，2017）的实证检验结果再次给出了证据。

三、固定薪酬与可变薪酬对企业效益影响的研究

根据传统的经济学理论，薪酬是员工提供劳动的报酬；从企业的角度来看，薪酬则是构成企业成本的重要部分，是劳动要素的需求价格。根据现代管理理论，企业的薪酬结构一般包括基本的固定薪酬和浮动的可变薪酬两个部分。固定薪酬主要是指基本工资和对公账户支付的社会保险（养老保险、医疗保险、生育保险和失业保险）等，这是企业必须在员工提供劳动后支付的薪酬，不需要与企业效益相关联；可变薪酬则是指绩效薪酬、奖金和福利等，根据员工为企业创造效益而支付这类浮动薪酬。固定薪酬和可变薪酬对企业效益发挥不同的作用，这是因为不同类型的薪酬结构会对员工产生不同的激励效应。根据行为经济学理

论，员工会对固定薪酬和可变薪酬进行分类评估，划入不同类别的心理账户（mental account）①，工作时提供的努力程度有所差异，因此会对企业效益产生不同的影响。

（一）固定薪酬对企业效益影响的研究

随着经济增长和社会制度的变迁，社会保障在生产活动和个人生活中逐渐发挥重要作用，由此，一般意义上固定薪酬中的福利性支出逐渐受到企业和员工的重视。学术研究中也开始将福利性薪酬（支出）剥离出传统的固定薪酬，研究包括社会保险等福利性薪酬会对企业效益产生怎样的影响。

就固定薪酬对企业效益影响的结果来看，学者们持有不同的观点，有的学者认为从固定薪酬的构成来看，固定薪酬中按照职务级别和工作年限发放的基本薪酬能够发挥激励作用，提升企业效益。首先，哈耶和劳瑞（Hay and Louri, 1994）认为企业内部员工的风险偏好是中立的。企业给出的固定薪酬属于"事前激励"，可变薪酬则是"事后激励"，因此员工对两种薪酬支付结构的敏感度是不同的。其中，固定薪酬能够发挥激励作用，提升企业效益。麦克南和芬德（Mckernan and Fender, 2005）的研究表明由于固定薪酬具有较强的稳定性，因此固定薪酬与企业效益呈现正相关。其次，前景理论则更进一步地解释固定薪酬的稳定性来源。前景理论认为员工是有限理性的个体，在面对不可预知的风险时，员工认知的偏差往往会使员工的预期偏离客观实际情况，但是适当的激励措施能够降低员工认知偏差带来的沉淀成本。这一沉淀成本会被纳入员工个人的心理账户（Thaler, 1985），被称为"心理折扣现象"（pay mental discount, PMD）。在时局动荡时，员工会选择规避风险，对心理账户的度量更加苛刻，此时的固定工资越能发挥激励作用。后来几位学者的研究成果给出了实证证据。卡尼曼等（Kahneman et al., 1990, 1991, 2008）认为经济环境动荡时，降低的固定薪酬等同于个人未来收益的损失，此时员工对固定薪酬的变动更为敏感，固定薪酬的激励作用显著。赵国强等（2009）研究企业裁员决策的经济后果，发现企业增加固定薪酬时，能使员工做出理性的行为决策，提升企业效益。

也有学者提出相反的观点，认为固定薪酬对企业效益会产生消极影响。他们认为固定薪酬制度导致员工低效率，没有激励作用，甚至固定薪酬中需要为员工缴付的社会保险会给企业带来成本负担，可能会对企业效益产生消极影响。一般意义上的固定薪酬制度会以固定数额的基本工资衡量员工的个人能力和努力程度，这样的制度往往会使员工以付出最低的努力程度进行工作，这样的工作模式

---

① 心理账户（mental account）是行为经济学的重要前提假说，是指人们不会将所有收益、损失合在一起计算，而是把它们放进不同的账户单独计算。

和工作态度不能发挥出薪酬的激励效应，无益于提升企业效益。拉齐尔（Lazear，2000）研究发现企业薪酬制度由固定薪酬制度调整为可变薪酬制度后，以人均产出衡量的企业效益将得到显著提升。比较而言，固定薪酬制度是一种缺乏激励的薪酬制度。杜哈曼和福尔克（Dohmen and Falk，2011）则从员工风险偏好的角度解释员工在不同薪酬制度下对企业效益的贡献率，结果表明风险厌恶的员工会选择固定薪酬制度，会在工作中消极懈怠地对待工作，这样的工作模式无益于提升企业效益。贾珅和申广军（2016）分析要素收入份额对企业效益的影响，发现固定薪酬与企业风险表现为显著正相关。罗兰和达德利（Roland and Dudley，2015）研究医生薪酬的支付方式对诊疗效果的影响。结果表明医生的固定薪酬（根据每周工作的固定小时数量获得的基本收入）会导致较低的治疗质量，无法激励医生接诊更多患者，更不利于医疗行业的研发创新和技术进步。

（二）可变薪酬对企业效益影响的相关研究

可变工资也被称为绩效工资，包括奖金、福利和与企业效益相关的工资部分。薪酬中的可变工资属于"事后激励"，根据上一期的努力程度和绩效核算，给予员工相应的奖惩措施（奖励为主）。根据可变工资的包含内容来看，一般意义上的可变工资仅考虑员工层面的积极性，往往根据员工的个人表现（出勤率、内部竞赛奖励）给出可变工资。

已有研究表明，给予员工奖惩的可变工资为提升企业效益带来了积极影响。谢千里等（1993）发现中国企业引入市场竞争机制后，具有追赶效应的可变工资制度能够对企业效益产生积极影响。拉齐尔（Lazear，2000）给出了更为具体的解释，他认为相较于固定工资制度，可变工资制度能够使企业生产效益提升44%，企业效益的提升得益于两方面：一是可变工资制度能够招聘更多高素质员工，降低离职率；二是由此导致员工生产效率大幅提高。杜哈曼和福尔克（Dohmen and Falk，2011）则从多维劳动力属性的角度比较了固定工资制度和可变工资制度的激励效果，实证结果表明自信且生产能力强的员工会选择可变工资制度，这样员工的努力程度远高于固定工资制度的员工，因此可变工资制度下的企业效益会更高。贾珅和申广军（2016）利用1998~2007年中国工业企业数据库的实证结果表明可变工资与企业承担的风险表现为负相关关系，可变工资能显著地降低企业风险。

也有很多学者认为可变薪酬可能会损害企业效益。哈耶和劳瑞（Hay and Louri，1994）认为宏观经济环境存在巨大冲击的时候，可变薪酬对企业效益的激励效应存在边际递减的情况。麦克南和芬德（Mckernan and Fender，2005）研究发现虽然可变工资与企业效益直接挂钩，但是由于经济中存在不确定性，可变薪酬的激励效应会打折扣，没有预期的激励效果。赵国强等（2009）则从企业生存环境的研究视角发现企业经营不景气的时候，简单地提升可变工资不可取。这是因为时局动荡时，员工的可变薪酬会延迟发放，此时个人的短期收益会下降，这将会削减可变工资的激励效应，企业效益会维持不变。

也有学者持有中立观点，认为薪酬结构对企业效益的影响应该辩证看待。无论是固定薪酬的支付方式，还是可变薪酬的设计机制，对企业效益的影响各有利弊。考林（Cowling，2001）利用15个欧盟国家工人薪酬调查数据，对工人薪酬与企业生产率的关系进行实证检验。研究结果发现无论是固定工资制度，还是可变工资制度，都不是完美无缺的。将两者结合的混合薪酬制度（productivity related pay，PRP）才能对企业效益发挥正向影响。他还从企业规模、就业的持久性、工作重复度、年龄婚姻状况和受教育程度等角度给出异质性分析，结果表明工人在混合薪酬结构的制度环境中会愿意学习新知识，积极寻找新任务，让薪酬分配方案发挥出应有的激励作用。贾珅和申广军（2016）的研究表明企业的最优薪酬合约应该将较低的固定工资和较高的可变工资结合起来，这样才会激发出劳动者的工作热情，使薪酬结构发挥出激励效应，提高企业的生产效率和产出水平。罗兰和达德利（Roland and Dudley，2015）使用行为经济学和实验经济学的研究方法探究医生不同薪酬支付制度的激励效果。研究发现只有实现激励相容的综合支付制度才能使医生提供高质量的治疗服务。陈叶烽和姚沁雪（2018）从中国医疗卫生行业供给侧改革的研究视角分析不同的薪酬支付方式下医生的诊疗行为决策，认为不同的支付方式各有利弊，不能同一而论。

第三节 企业内部薪酬差距对企业效益影响的研究

按照马克思的经典理论，劳动者本身是存在差异的，由于劳动投入的差异必然会导致薪酬的差异，这部分差异的存在是公平的。因此，有的学者认为企业层面薪酬差距的存在是必然的，薪酬分配追求的公平不是平均分配，更不是绝对公平。企业生产经营活动中应该正视劳动者本身存在的差异（伍旭中，2018），比如有的劳动者已经结婚，有的则是未婚状态；有的劳动者育有多个子女，而有的劳动者则子女数量较少，等等。因此，在社会消费基金份额相同、提供劳动相同的条件下，薪酬分配结果中体现出应有的差距才是真正意义上的公平。在考察员工的薪酬差距对企业效益影响时，承认差距的存在是这一主题的研究起点。在此基础上，国内外学者就薪酬差距对企业效益的影响方向尚未有统一结论。学术界长期以来的研究结果大体可以归纳为三种结论：锦标赛理论、行为理论和权变理论。

一、薪酬差距对企业效益积极影响的研究

委托代理问题严重损害了企业内部层级组织的分工协作和产出的规模效应，绝对薪酬合约无法规避代理人遭受的共同冲击和异质性冲击，这导致代理人可能会选择损害企业效益的机会主义行为。针对这一问题，拉齐尔和罗森（Lazear and Rosen，1981）提出业绩排序的薪酬体系，为研究企业内部薪酬差距对企业效益影响提供了一个逻辑自洽的理论框架。锦标赛理论给出如下激励安排：代理人作为参与顺序晋升的竞争者，委托人为代理人提供预设的奖金（薪酬）结构，同时承诺将会根据代理人的绩效表现排序结果给予奖惩。当代理人的岗位越高，代理人之间的薪酬差距将会逐渐拉大，最终赢得竞赛的代理人将会获得企业内部的薪酬差距作为竞争的奖励。这意味着代理人的努力程度与薪酬差距正相关，员工想要获得薪酬奖励就必须打败其他竞争者，因此企业内部将会展开有效率的竞争，薪酬差距激励员工们更加努力的工作（Devaro，2006），进而能够提升企业效益，甚至实现代理人与委托人之间的帕累托改进（Malcomson，1984）。

国内外学者们对锦标赛理论给出大量的实证检验结果。从国外研究结果来看，艾伦伯格和博格南奥（Ehrenberg and Bognanno，1990）研究排位赛是否会带来职业球员的努力反应，结果表明美国职业高尔夫联赛（PGA）中奖金结构和级别与运动员表现呈正相关，该结果支持了锦标赛理论。而后，诸多的体育赛事结果也给出了锦标赛理论的实证证据（Brian and Mark，1992；Maloney and Mccormick，2000；Melton and Zorn，2000）。更多的学者开始关注企业内部薪酬差距的激励问题。米尔格罗姆和罗伯茨（Milgrom and Roberts，1992）使用案例分析法研究企业内部薪酬差距如何发挥出激励作用，能够留住高素质人才。莱利和韦德（O'Reilly and Wade，1993）利用美国200多家企业2000多名高管的调查数据研究高管团队内部薪酬差距与企业效益间的关系，研究结果仍然支持锦标赛理论。兰伯特和维格尔特（Lambert and Weigelt，1993）研究员工薪酬差距与企业绩效表现之间的关系，实证结果表明员工间薪酬差距与企业绩效表现为正相关关系。近年来，在已有研究的基础上，学者们继续深化锦标赛理论的实证研究。拉杰戈帕尔等（Rajgopal et al.，2006）发现企业高管通过外部就业机会获得的保留工资与企业给定的薪酬差距与企业效益呈负相关，这从侧面支持了锦标赛理论。维埃托（Vieito，2012）则将薪酬差距量化为首席执行官（CEO）与企业副总裁（VP）之间的薪酬差距，且两者之间的薪酬差距越大，企业效益越好。就性别差异而言，维埃托（2012）研究发现男性CEO和企业副总裁的薪酬差距与企业效益呈正相关，而女性CEO的薪酬差距则不适用于锦标赛理论。巴克斯－盖尔纳和皮尔（Backes - Gellner and Pull，2013）突破过去研究中企业员工的同质性假

设条件，研究异质性员工参与绩效比赛的结果，研究发现异质性条件下锦标赛理论依然适用。班克和布（Banker and Bu，2016）来自中国的实证证据表明由个人才能引致的薪酬差距能发挥出激励作用，提升企业效益，这在一定程度上扩大了锦标赛理论的适用条件。康奈利等（Connelly et al.，2017）来自2014个行业1168家企业的数据表明企业竞争的复杂性会改善治理机制进而提升企业效益，这一研究结果支持了锦标赛理论。

国内的实证研究来看，林浚清等（2003）利用中国上市公司数据研究企业内部管理者之间薪酬差距与企业效益的关系，研究结果表明薪酬差距可以提升企业效益，该研究支持了锦标赛理论。鲁海帆（2007）使用2001~2005年沪深A股上市公司的数据研究发现薪酬差距对企业效益的激励作用需要先决条件，一方面与CEO、董事会间设定薪酬时双方的意愿程度有关，另一方面更取决于非管理者接受薪酬的事后反应。而后，该学者又从内生性视角论证了锦标赛理论在中国上市公司的适用性（鲁海帆，2009）。后来，学者们将薪酬差距的研究范畴继续扩展，薪酬差距从高管团队内部的薪酬差距外延至企业内部薪酬差距，分析企业内部薪酬差距对企业效益的影响。刘春和孙亮（2010）首次给出中国企业内部薪酬差距对企业效益正向影响的直接证据。但内部薪酬差距的激励作用存在边际效应递减趋势，在考虑内生性问题后，该结论依然成立。而后，很多学者给出了相似的实证检验结果（刘子君等，2011；巫强，2011；钱明辉等，2017；程虹，2018）。李绍龙等（2012）从行业特征的角度研究薪酬差距与企业效益的关系，研究发现在技术密集型行业中薪酬差距更能发挥激励作用。缪毅和胡奕明（2014）发现管理者的薪酬差距与参与竞争的人数和企业面临的风险正相关，薪酬差距的激励效应在民营企业中表现最为显著。孔东民等（2017）则从企业创新的角度研究薪酬差距的激励效应，文中利用中国上市公司的数据研究企业内部收入差距对企业创新的影响，检验结果整体上支持了锦标赛理论。程虹（2018）研究发现薪酬差距的扩大能够提高企业管理效率，因此企业的劳动生产率会得到显著提升。梁上坤等（2019）以中国沪深上市公司2005~2014年数据为研究样本，以企业生命周期视角研究不同成长阶段的企业其内部薪酬差距与企业效益的关系：成长期的企业，其薪酬差距对企业效益的影响力较强；衰退期的企业，其薪酬差距对企业效益的影响较弱。

二、薪酬差距对企业效益消极影响的研究

行为理论从社会心理学和经济学双重视角出发，强调企业内部合作对企业效益的重要影响。他们认为薪酬差距是员工公平感的主要评价标准，较高的薪酬差距会加剧员工的不公平感，弱化团队协作的意愿，背离企业的利润目标，损害企

业效益。理论范畴来讲，行为理论包含了相对剥削理论、社会比较理论、组织政治理论和行为工资理论。四种理论的解释视角有所不同，但是都认为薪酬差距越小，越有利于提升企业效益。具体来说：

第一，相对剥夺理论认为员工会将个体所得收益与组织内其他成员进行比较，当员工认为个体所得薪酬少于内部其他成员时，就会判定自己受到剥夺，产生不公平感。马丁（Martin，1981，1982）的系列研究成果表明组织成员中处于较低层级的员工更愿意与较高级别的管理者比较两者的薪酬，层级之间的薪酬差距将会使低层级员工获得不公平对待的主观感受，甚至会引发员工的旷工、罢工和暴力行为（Crosby，1984）。员工个人的负面行为会直接影响企业的整体利益，甚至可能危及社会的良序竞争（Abeles，1976；Isaac and Stryker，1980；Sweeney et al.，1990）。

第二，社会比较理论强调运用社会心理学解释薪酬差距对企业效益的影响。他们认为传统经济理论需要考虑企业内部的公平性问题，这是由于在企业的组织结构中，管理者最可能与上级、平级和下属进行薪酬的比较，而并不关注外部劳动市场薪酬的公平问题。简而言之，企业内部公平是重要的，人们更在意自己与企业内部不同群体的薪酬高低，并以此为标准评价个人收入是否合理。莱利等（O'Reilly et al.，1988）在世界 500 强企业中抽取 105 家企业研究其高管的薪酬水平及决定因素，研究发现高管在评估自身薪酬的合理性时会与董事会成员进行比较，更小的薪酬差距能鼓励企业内部的团队协作，提升企业绩效。

第三，组织政治理论试图从组织行为的视角给出合理的解释。组织政治理论认为信息不对称会增加员工决策的实际成本，薪酬差距成为面对薪酬激励时做出决策的主要依据，员工在组织活动中主要面临如下选择：（1）员工在生产活动中积极表现，获得重要职位的政治晋升选择；（2）员工在自利的个人利益最大化与协作的组织利益最大化之间分配个人努力程度；（3）员工做出分配选择后的总体努力程度。在信息不对称存在的前提条件下，员工会将薪酬差距作为选择的重要标准，因此，组织内部的薪酬差距成为员工努力与否的标准。较大薪酬差距会使员工增加自利的工作时间，减少组织协作的努力程度，甚至会选择政治串谋获取个人利益，据此会损害组织的整体利益。总之，降低企业内部薪酬差距对提升企业绩效尤为重要（Milgrom and Roberts，1988；Meyer et al.，1992）。

第四，行为工资决定理论突破传统经济学的"经济人"假设条件，结合社会心理学，将前提条件设定为"有限理性人"。同时，个体在做出行为决策时会根据心理预期将薪酬差距纳入"心理账户（mental accounting）"。因此，劳动者参与生产活动时，不但考虑薪酬水平的经济激励，也要兼顾心理和情感等非经济激励，将公平偏好纳入个人心理账户，据此做出行为决策。如果受到企业不公平的对待（诸如企业内部薪酬差距过大），这将导致劳动者的偷懒行为，损害企业效益；但较小的薪酬差距能使员工获得公平感，提高员工参与生产活动的积极性，进而提升企业效益。福尔克等（Falk et al.，2003）论证了员工心理账户中对公平的行为偏好，趋于公平的薪酬分配能够使薪酬发挥激励作用。

很多学者的实证研究结果支持了行为理论。就国外研究结果来看，特维尔斯基和卡尼曼（Tversky and Kahneman，1974）强调董事会为高管制定薪酬计划时，首先会与自身的薪酬水平进行比较，这是薪酬差距的重要来源。戈维海德和莱文（Cowherd and Levine，1992）对102家公司的业务部门进行抽样调查，研究企业内部层级薪酬差距与产品质量的关系，薪酬差距的衡量包括两个维度：（1）小时工薪酬与较低级别管理者的薪酬差距；（2）正式员工的薪酬与前三名管理者平均薪酬的薪酬差距。实证回归结果支持了行为理论，认为：（1）薪酬的公平感对底层员工的影响程度更深；（2）薪酬差距过大带来的不公平感会在企业内部产生负面情绪，伤害企业内部员工间的情感联结，进而会损害企业内部员工间的合作效率；（3）企业内部较大的薪酬差距会增加晋升的竞争强度进而损害企业团队的凝聚力；（4）公平薪酬与产品质量正相关，即薪酬差距越小，产品质量越高。特雷和弗尔德曼（Turnley and Feldman，1999）研究发现员工受到不公平对待时会给出较低的工作满意度，这会引发员工大规模离职，损害企业绩效。特雷（Turnley et al.，2003）论证薪酬差距过大会破坏企业的薪酬定价权威，员工减少工作的努力程度会损害企业绩效。格伦德等（Grund et al.，2004）选取丹麦1992~1997年雇主雇员数据研究薪酬差距与企业效益的相关性，研究发现薪酬差距扩大会对企业效益产生负面影响。阿里安娜和瑟琳娜（Arianna and Serena，2018）利用随机试验分析管理者—员工薪酬差距对企业效益的影响。研究结果表明管理者-员工薪酬差距较低时，员工的幸福感更高、对企业的整体印象也会更好，这是因为员工相信较低的薪酬差距代表更公平的待遇，这种认知会驱动员工对企业进行积极的评价和判断，激励他们更加努力的工作，因此能够提升企业效益。尼尔森等（Nielsen，2008；Yu and Van，2016）的实证研究结果也支持了行为理论。

就国内实证研究结果来看，刘军等（2007）采用追踪调查方法研究雇佣关系中员工心理契约与离职情况，结果显示如果员工感到企业未能履行个体心理契约时，往往会选择离职，而离职则会导致企业效率损失。张正堂和李欣（2007）利用2001~2004年中国上市公司数据研究管理层内部薪酬差距与企业效益的关系，实证结果显示薪酬差距与企业效益之间为负相关，该结论支持了行为理论。而后，他们继续从团队协作的需要视角深入分析薪酬差距与企业效益的相关关系，实证结果表明高管内部薪酬差距对企业效益是消极影响，而企业规模、技术复杂性的交互项则对企业效益有积极影响（张正堂，2007）。张正堂（2007）将薪酬差距的概念延伸为管理层内部薪酬差距和高管—员工薪酬差距两个研究范畴，企业效益的衡量不仅考虑当期业绩，还要考察企业未来的盈利能力。实证结果表明管理者内部薪酬差距对企业未来效益是负向影响，管理者—员工间薪酬差距则对企业未来效益没有显著影响，这一结果部分支持了行为理论。祁怀锦和邹燕（2014）从薪酬外部公平性视角研究管理者外部薪酬差距与企业效益的关系，发现管理者薪酬的外部公平性显著地提升了企业效益。张兴亮和夏成才（2016）则从非 CEO 管理者薪酬的公平性研究薪酬差距对企业效益的影响。文中从非 CEO 高管的水平薪酬差距和垂直薪酬差距两个角度作为公平感的衡量标准，机制检验结果显示非 CEO 的水平薪酬差距与企业效益显著负相关，水平薪酬差距越大，企业绩效表现越差；非 CEO 的垂直薪酬差距与企业效益没有相关关系。韩晓梅等（2016）在研究税收政策的收入分配效应时，得到类似的实证结果。魏芳和耿修林（2018）研究了高管垂直薪酬差距可能会产生的负面影响，利用 2006～2015 年上市公司 A 股数据的实证结果发现高管薪酬差距会导致高管的冒险倾向和自利行为，高管个人的不合法努力行为最终会危及企业利益，导致企业的违规行为。柳光强和孔高文（2018）以管理者是否具有海外留学经历作为新的研究视角，发现管理者的海外经历会显著地降低企业内部薪酬差距的激励作用，导致企业效益有所下降。

三、薪酬差距对企业效益权变影响的研究

倒"U"理论认为锦标赛理论和行为理论在解释企业内部薪酬差距与企业效益间关系时分别存在一定程度的合理性。该理论主张将两种理论相结合，共同探析企业内部薪酬差距与企业效益的关系。

首先，当企业内部薪酬差距以较小的幅度增加时，"锦标赛"理论发挥主导作用。一方面，就企业管理者而言，薪酬差距可以使代理人的行为被有效监督，能够实现代理人与委托人目标的激励相容。这是由于存在信息不对称，合理的薪酬差距可以增加信息的透明度，薪酬激励机制开始发挥激励作用。另一方面，就普通员工而言，薪酬差距能够奖励高生产力的员工，激励其提高产出水平，进而提升企业效益。其次，当企业内部的薪酬差距达到临界阈值，继续扩大的薪酬差距将会对企业效益产生负向冲击，此时行为理论起到主导作用。这是因为团队合作的边际贡献与员工的边际贡献难以区分，员工的努力不能清晰量化，较大的薪酬差距会导致员工增加不公平感，据此薪酬差距再继续扩大则会损害企业效益。总之，当企业内部薪酬差距不断扩大时，薪酬差距对企业效益的影响呈现出正向激励作用，但是这种激励作用达到一定程度后，薪酬差距则会对企业效益产生负向冲击，两者之间呈现倒"U"型关系。

很多学者相继给出了实证检验结果，从国外的研究来看，哈德（Harder，

1992）以美国大联盟棒球运动员和 NBA 球员为研究对象，发现适当薪酬差距能提高团队凝聚力，加强团队合作，得到较高的比赛分数（绩效）；而不公平的薪酬差距则会催生自私行为，导致较差的比赛结果。布罗姆（Bloom，1999）利用美国棒球联盟 1985~1993 年 29 个棒球队的比赛为研究样本，得到类似的结论。亨德森和弗雷德里克森（Henderson and Fredrickson，2001）曾预测锦标赛理论和行为理论是互补的。而后，学者们给出了实证证据。肖等（Shaw et al.，2002）发现岗位性质和薪酬的集中程度会影响企业绩效表现，相对独立的岗位性质、薪酬分散化往往会带来较高的企业效益；而工作岗位关联度高、薪酬集中化则会与较低的企业效益相关。弗兰克等（Franck et al.，2011）研究职业足球队中薪酬差距与比赛成绩的关系，发现薪酬差距与比赛成绩呈倒"U"型变化关系，在控制了教练和球队的异质性问题后，回归结果依然稳健。维埃托（Vieito，2012）给出了相似的实证结果，同时将性别因素纳入薪酬差距与企业效益关系的分析中，认为锦标赛理论在男性管理者占主导地位的企业中更为适用，而行为理论则更适用于女性管理者占主导地位的企业。

　　国内的学者也相继给出实证研究结果。鲁海帆（2009）利用中国上市公司数据研究发现管理者薪酬差距有内生性问题，在解决内生性问题后发现在薪酬差距较小时，薪酬的激励作用超过薪酬差距带来的不公平感，因此薪酬差距的扩大能够提升企业效益，此时锦标赛理论发挥主导作用；而薪酬差距超过一定水平后，薪酬差距继续扩大，薪酬差距带来的不公平感会超过薪酬的激励作用，导致薪酬差距会损害企业效益，即薪酬差距与企业效益呈倒"U"型变化关系。而后很多学者从不同角度给出关于薪酬差距与企业效益倒"U"型关系的类似结论。陈丁和张顺（2010）在拉齐尔和罗森（Lazear and Rosen，1981）提出的锦标赛理论模型的基础上进行拓展分析，将"竞争破坏因素"纳入理论模型，发现引入竞争破坏因素时，薪酬差距将会导致企业效益呈现先增加后减少的变动趋势，并且利用中国上市公司数据给出了实证证据。赵睿（2012）则研究企业内部管理者—员工的薪酬差距与企业效益的关系，通过使用中国制造业上市公司的面板数据分析了管理者—员工薪酬差距对企业效益的影响，发现锦标赛理论与行为理论的综合作用导致了薪酬差距与企业效益呈倒"U"型变化关系。缪毅和胡奕明（2014）利用手工搜集的 2005~2010 年上市公司的薪酬数据研究发现适当的薪酬差距能够激励员工努力工作，但薪酬差距过大则会造成巨大的负面影响，当然这种关系与企业的产权性质有关，民营企业影响最大，政府间接控制的企业影响次之，政府直接控制的企业影响最弱。高良谋和卢建词（2015）利用中国 2004~2013 年 348 家制造业上市公司的平衡面板数据研究薪酬差距与企业效益的关系，发现企业内部薪酬差距对企业效益存在倒"U"型的非对称激励效应，并通过门限面板模型检验了不同薪酬差距对企业效益的激励后果，发现薪酬差距的临界值为

5.978，即具有显著的门限特征。柴才等（2017）则从企业竞争战略的视角解析企业管理者薪酬差距与企业效益的关系，结果表明企业实施差异化战略时，薪酬差距与企业效益呈倒"U"型关系；但企业实施成本领先战略时，两者之间则不存在显著的倒"U"型关系。

第四节 股权激励与企业经营绩效的关系研究

对于股权激励与企业经营绩效之间的关系，目前学术界尚未形成一致的结论，根据相关理论和已有的经验证据，研究结论主要分为两类：一是两者之间具有正相关性，二是两者之间负相关或者不相关。

一、股权激励与企业经营绩效的正相关性

（一）理论基础

正相关性的主要理论基础是契约理论，契约理论可以进一步分为完全契约论和不完全契约论：（1）完全契约论的代表是委托代理理论，该理论认为委托人（公司所有者）与代理人（公司管理者与员工）之间存在严重的信息不对称，导致"代理人风险"的产生，而股权激励可以将公司的利益与代理人的利益相结合，从而降低"代理人风险"；（2）不完全契约论的代表是资本结构控制理论，该理论以契约的不完全性为研究起点，强调了控制权合理分配的重要性。

在上述传统契约理论的基础上，进一步衍生出利益相关者理论和人力资本理论：（1）传统契约论遵循"股东至上"的原则，利益相关者理论则认为经理人不再仅仅是股东的代理人，而是所有利益相关者的代理人，同时其自身也是利益相关者之一，应当通过股权激励等方式使经理人参与企业控制权和剩余价值的分配；（2）传统契约论认为公司控制权直接来源于对物质资本的所有权，因此天然地归物质资本所有者，人力资本理论则认为控制权应当由物质资本和人力资本共同拥有，这体现在经理人的薪酬上，应当包括股权激励这一类的薪酬激励模式。

接下来，本书将依次对上述理论做具体分析：

1. 资本结构控制理论

莫迪里阿尼和米勒（Modigliani and Miller, 1958）提出的经典 MM 理论，是现代资本结构理论的起点。该理论认为在"完善的资本市场"这一假设条件下，

如果不考虑所得税，则公司资本结构与公司价值无关。莫迪里阿尼和米勒（Modigliani and Miller, 1963; Miller, 1977）又对 MM 理论进行了修正，强调了所得税对于公司价值的影响。20 世纪 70 年代之后，出现了信号传递理论、融资优序理论、代理成本理论、控制权理论等新资本结构理论，这些理论研究公司治理与资本结构之间的关系，代理成本理论和信号传递理论重点研究了资本结构对于企业剩余索取权分配的影响，而控制权理论则强调了资本结构对于企业控制权分配的影响。其中，资本结构的控制权理论（control right theory of capital structure）于 20 世纪 80 年代末产生，该理论分析了资本结构如何通过影响企业的控制权安排来影响企业价值，从而实现对企业控制权的最优配置。

20 世纪 80 年代，美国资本市场发生了多起杠杆收购交易，在这一背景下，早期的资本结构控制权理论主要关注公司并购与管理者控制权的关系。哈里斯和拉维夫（Harris and Raviv, 1988）认为，面对接管威胁时，由于在位高管与竞争高管的能力不同，公司价值取决于双方对于并购交易的竞争，而这种竞争又会受到在位高管持股比例的影响，在位高管可以通过增加负债、回购股份来提高其持股比例从而提高投票权。一方面，随着在位高管持股比例的提高，在位高管掌握公司控制权的可能性增大，从而其收益增大；另一方面，在位高管的持股比例太高会导致企业价值减小，因为更有能力的潜在竞争者成功的机会变小，因此在位高管的最优持股比例就是双方权衡的结果。斯图尔兹的模型与哈里斯和拉维夫的模型非常相似，但斯图尔兹更多是从投资者效益的角度出发，而未考虑管理者能力的影响。

早期的资本结构控制权理论建立在完全契约及管理者和投资者利益一致的前提下，阿洪和博尔顿以及哈特（Aghion and Bolton, 1992; Hart, 1995）则基于不完全契约进一步研究了资本结构控制权理论。阿洪和博尔顿提出了"控制权的相机转移"观点，管理者和投资者的利益目标发生冲突。为了缓解这种利益冲突，最优的控制权配置应该是：如果股权收益（或管理者的私人收益）与总收益之间是单调递增关系，那么应由投资者（或管理者）掌握控制权，如果股权收益或私人收益与总收益之间均不存在单调递增关系，那么应"相机转移控制权"，即在企业经营状况好时管理者获得控制权，否则投资者获得控制权。

哈特（Hart, 1995）在阿洪和博尔顿模型的基础上，进一步完善了资本结构控制权理论，其理论的出发点是揭示企业中权威如何分配，回应为什么投资者愿意购买股份公司发行的股票这一"现代股份公司之谜"。哈特指出，由于投资者担心在不完全合约下（专用性）投资后会被事后敲竹杠，事前进行投资的激励就会不足。那么，如何鼓励投资者进行投资呢？哈特认为，只有使投资者成为所有者，享有对不完全合约未规定事项的剩余控制权，才能使投资者有愿意进行投资。该理论很好地解释了一个投资者即使并不熟悉一个公众公司的 CEO，但却愿意投资该公司，成为该公司的股东的"现代股份公司之谜"的问题。原因是在购买公司股票成为股东之后，上市公司向其做出了集体享有受法律保护的所有者权益这一可置信承诺。在"控制权相机转移"的基础上，也有不少学者提出控制权可以分享（联合控制）。基里连科（Kirilenk，2001）关注到创业企业的投资者和企业家的控制权配置问题，他发现创业企业的控制权一般不会由某一方单独享有，通常是双方博弈的结果。沃肯恩（Vauhkonen，2003）认为如果企业的绩效信号为"坏"（或"好"）时，投资者（或管理者）获得全部控制权，而如果企业的绩效信号为"中"，投资者和管理者共享控制权。

在这里多次提到的"控制权"是产权理论下的概念，企业的契约性控制权可以分为特定控制权和剩余控制权，其中特定控制权是事前通过契约约定的控制权权力，在两权分离的现代企业中，职业经理人基于契约获得特定控制权，包括日常生产、销售、雇佣等权力；剩余控制权则是指事前没有在契约中明确界定的权力，由企业所有者或代表所有者的董事会拥有，如任命和解雇总经理、重大投资、合并、拍卖等战略性决策权（钱颖一，1989）。而企业的剩余权力中，除了剩余控制权外，还有剩余索取权，这是指扣除了全部的契约成本后，对企业盈余的要求权，剩余索取权由剩余控制权决定。

从激励角度来看，在以委托代理理论为代表的完全契约理论下，激励机制设计的核心问题在于如何基于某个或某几个绩效指标设计出薪酬合约来激励代理人，从而促使代理人做出对委托人最有利的行为。而在实践中，由于人的有限理性、信息的不完全性及交易事项的不确定性，缔约双方不可能完全预见到契约履行期内可能出现的各种情况，因此达成的契约通常是不完备的。在不完全契约理论下，控制权的分配变得更为重要，谭克虎等（2016）认为，当基于绩效的契约难以签订或难以有效执行时，谨慎地分配控制权能够代替契约上规定的奖励和报酬，从而产生良好的激励效果。

2. 利益相关者理论

斯坦福大学研究所于1963年正式提出利益相关者的概念，他们认为"对企业来说存在这样一些利益群体，如果没有他们的支持，企业就无法生存"。弗里曼的著作《战略管理利益相关者方法》(*Strategic Management*：*A Stakeholder Approach*) 则标志着利益相关者理论的正式形成，他认为"利益相关者是能够影响一个组织目标的实现，或者受到一个组织实现其目标过程影响的所有个体和群体"，根据这一定义，股东、债权人、经理人、员工、顾客、供应商、政府、社区等实体都应当纳入利益相关者的范畴。

随后学术界又不断发展和完善了利益相关者理论，克拉克森（Clarkson，1994）指出"利益相关者是那些因为在企业中投入了一些实物资本、人力资本、财务资本或一些有价值的东西而承担了某些形式的风险或者因为企业活动而承担风险的人"。布莱尔（Blair，1995）认为，企业应该为所有利益相关者服务，因此利益相关者要参与企业的剩余分配。国内学者杨瑞龙和周业安（1998）也指出，在有效的公司治理结构下，利益相关者共同拥有剩余索取权和控制权。周仁俊等（2005）对比了"股东至上"和"利益相关者共同治理"这两种公司治理模式，他们发现采用"共同治理"模式的企业能够实现相对更好的绩效（见表2-1）。

表2-1　　　　　　　股东至上理论与利益相关者理论对比

项目	股东至上理论	利益相关者理论
公司治理目标	股东财富最大化	利益相关者总体财富最大化
管理决策中的优先考虑	股东利益	利益相关者的需求
剩余风险承担者和企业剩余权的主张者	股东	利益相关者
企业治理模式	经营者是股东的代理人，股东参与治理	经营者是所有利益相关者的代理人，利益相关者共同治理

资料来源：笔者根据相关资料整理。

因此，根据已有研究，可以概括出利益相关者理论的四个核心观点：其一，利益相关者与企业之间建立了某种契约关系。其二，利益相关者对企业进行了专用性投资，包括财务资本、人力资本和社会资本（如作为征税者的政府），根据投入资本的不同可以对利益相关者进行分类。其三，利益相关者需要承担风险，且其投入资本的专用性程度越高，需要承担的风险越大。其四，传统的公司治理理论以委托代理理论为基础，遵循"股东至上"的逻辑，以股东财富最大化为目标，并重点关注如何协调股东和经理人之间的利益关系；而利益相关者理论则关注到了企业的所有利益相关者，公司治理的目标也转变为实现利益相关者总体财富的最大化、利益相关者之间利益分配关系的最优化。

在利益相关者理论下，经理人作为企业的利益相关者之一，在企业中投入了具有高度专用性的人力资本，同时经理人不再仅仅是股东的代理人，而是所有利益相关者的代理人，因此经理人应当参与企业剩余价值的分配，这有助于建立经理人与其他利益相关者在责任和权力对等基础上的长期合作关系，从而提高利益相关者总体财富的最大化。

3. 人力资本理论

20世纪60年代，美国经济学家舒尔茨、贝克尔提出了现代人力资本理论。他们在解释美国经济增长的驱动机制时，发现在考虑了物质资本和劳动力等因素后，还有很大一部分的经济增长无法解释，他们将这一无法解释的部分归功于人力资本的驱动作用。他们认为，人力资本与物质资本一样，都可以创造社会财富和价值，且人力资本是最重要的生产要素，对经济增长的贡献超过了物质资本。舒尔茨首次界定了人力资本的概念，人力资本包括个人所拥有的、与其人身不可分离的知识、技能、资历、经验、管理方法和健康等，反映了个人的基本素质和综合能力。由于人力资本与其所有者天然不可分割，因此要充分调动和发挥人力资本的积极性，就必须要对人力资本的所有者（即企业的经理人）进行必要的激励。

新制度学派从契约角度出发，认为企业的本质是人力资本与非人力资本要素所有者共同订立的一个特殊市场合约。类似地，我国学者周其仁将企业视为以经理人为代表的人力资本和以所有者为代表的物质资本组合而成的特别契约，在这一理论基础上，所有者和经理人都可凭借其财产所有权享有企业的所有权，并参与企业的利润分配。年志远（2009）则从产权角度出发，为经理人取得企业的剩余索取权提供了理论依据，他指出现代企业具有物质资本产权和人力资本产权的二元产权性质，如果股东通过投入物质资本而享有企业所有权，那么经理人也理应通过向企业提供人力资本而享有企业的所有权。从企业控制权配置理论出发，杨瑞龙和周业安（1998）、方竹兰（1997）认为企业控制权应主要或部分由人力资产所有者享有。从资产的专用性和专有性角度考虑，人力资本具有较强的专业性和专有性，其重要性要高于物质资本，尤其是对于人力资本密集型产业来说（比如高新技术企业），因此控制权应更多地配置给人力资产所有者。而按照剩余索取权与控制权相对应的企业所有权安排原则，拥有控制权的人力资本所有者，应该享有相应的剩余索取权。

在现代企业制度下，企业经营管理呈现高度专业化和复杂化，经理人的知识、技能、管理经验等人力资本要素在企业生产经营中发挥越来越重要的作用。在此背景下，企业所有权（包括剩余索取权和控制权）应该逐渐由物质资本所有者的单方拥有转变为物质资本与人力资本共同拥有，这体现在经理人的薪酬计划上，既应该包括固定工资、津贴、奖金等短期报酬，还应包含股权、期权等长期激励。

（二）正相关性的研究综述

基于上述理论，股权激励可以通过促进企业所有者和经理人利益的趋同，缓解代理问题，优化企业控制权分配，从而提升企业绩效，已有研究的经验数据也为此提供了支持。

从国外研究来看，麦兰、帕利亚和利希滕贝格（Mehran，1995；Palia and Lichtenberg，1999）均基于美国制造业公司进行了实证研究，其中麦兰发现管理者持股比例、股权激励价值在管理者薪酬中的占比与企业经营绩效正相关，而帕利亚和利希滕贝格发现管理层持股与公司生产效率之间高度正相关，而生产效率的提高又可以促进企业价值的提升。汉隆（Hanlon，2003）发现，授予公司前五大高管价值1美元的股票期权，将在未来5年内产生累计3.71美元的经营性收益。方等（Fang et al.，2015）运用中国企业的经验数据研究发现，企业在实施股权激励两年内的ROA高于不实施股权激励的相似企业，且这种高绩效是由于激励因素，而非盈余管理。

从国内的研究来看，王克敏和陈井勇（2004）从管理层持股比例的角度出发，发现管理者持股比例与企业代理成本负相关，与企业绩效正相关。陈勇等（2005）从"增量"角度出发，发现股权激励实施后公司的总体业绩较实施前略有上升。张俊瑞等（2009）运用事件研究法，发现股权激励具有"凸性激励"效应，即股权激励可以显著改善一年后公司的净资产收益率。潘颖（2009）发现股权激励的激励强度越大，公司业绩越好。陈文强和贾生华（2015）从激励效应的持续时间出发，他们发现在六年的时间框架内，股权激励对企业绩效的提升作用能持续三年。肖曙光和杨洁（2018）分析了股权激励对企业升级的影响，发现高管股权激励对技术结构高级化、员工结构高级化以及绩效高级化在长短期内都有提升作用，但对资产结构高级化短期内有负向冲击，长期将产生正向效应。戴璐和宋迪（2018）发现，高管股权激励主要采用的业绩目标较公司历史基准或行业平均水平要高，这有助于提升公司内部控制的有效性，从而推动业绩目标的实现。

二、股权激励与企业经营绩效的相关性为负或不相关性

（一）理论基础

股权激励曾经被詹森和梅克林（Jensen and Meckling，1976）认为是基于激励机制设计思想，协调经理人与股东代理冲突的重要途径。但由于缺乏对经理人真实业绩的有效衡量方法，在安然等会计丑闻中，出现高管人员行权前操纵股价，甚至不惜会计作假的现象。詹森之后不得不修正之前的观点，把股权激励称为"经理人激励的海洛因"。拜伯切克等（Bebchuk et al.，2002）提出了管理者权力论，该理论认为管理者可能俘获董事会，控制自己的薪酬契约，从而产生自利行为，对企业绩效产生负面影响。

芬克尔斯坦（Finkelstein，1992）将管理者权力定义为"管理者影响或实现关于董事会或薪酬委员会制定的薪酬决策意愿的能力"。兰伯特等（Lambert et al.，1993）按权力内容将经理人权力分为4类，包括组织地位、信息控制、

个人财富、对董事会的任命。拜伯切克等（Bebchuk et al., 2002）认为，管理者可以俘获董事会，对自身薪酬报酬的制定产生影响，从而实现自身利益的最大化，因此管理者激励成了代理问题的结果，而不是解决代理问题的手段。部分代理问题就是管理者利用激励补偿为自身谋取租金，其中租金是管理者行使权力而获得的超过最优契约下他应该获得的薪酬部分。

从经理人权利与其薪酬的关系来看，经理人权力的强弱会对其薪酬水平、薪酬组合和薪酬考核等产生影响。德姆塞茨和劳伦斯（Demsetz, 1983; Lawrence, 1997）认为，管理者薪酬很大程度上取决于管理者与董事会的讨价还价能力。兰伯特等（Lambert et al., 1993）发现管理者权力与管理者薪酬呈显著正相关关系。吕长江和赵宇恒（2008）发现，权力强大的管理者可以自己设计激励组合，在获取权力收益的同时实现高货币性补偿，并不需要盈余管理迎合董事会的激励要求；而权力较弱的管理者则更关注货币性补偿，只能通过盈余管理达到薪酬考核。

从经理人权利与股权激励的关系来看，经理人权力可能对股权激励的实施效果产生负面影响。阿伯内西等（Abernethy et al., 2015）发现，CEO权力越大，其越有可能设置过低的行权业绩目标，并且更可能提前行权，以减少外部的愤怒成本。吕长江等（2009）认为，上市公司的股权激励方案既存在激励效应又存在福利效应，所谓福利效应是指"机会主义地为激励对象谋福利"，违背了激励的初衷。张丽平和杨兴全（2012）发现，货币薪酬激励和股权激励可以抑制上市公司的过度投资行为，但是管理者权力弱化了这种效应。但蔡锐（2012）则指出要给予家族企业的职业经理人充分的权力，以更好地激励他们，他将"因管理者权力缺失而导致的家族企业控股股东对职业经理人利益的损害称为'企业内剥夺'"。

（二）经验证据

从国外研究来看，戴夫斯科等（DeFusco et al., 1991）发现，股权激励会导致公司的盈利下滑，同时还伴随着研发支出的下降、销售管理费用的增加，这说明股权激励可能会导致管理者的短视化行为。班麦勒（Benmelech, 2010）发现，股权激励会诱导经营者隐藏关于公司未来成长机会的坏消息，并选择次优的投资战略作为借口，从而导致公司价值被严重高估。

从国内的研究来看，魏刚（2000）发现，高管持股与经营业绩不存在显著相关性，高管持股仅仅是一种福利制度安排。李增泉（2000）发现管理层持股比例与ROE无显著相关性。苏冬蔚和林大庞（2010）发现股权激励行权后，公司业绩大幅下降。陈艳艳（2012）发现股权激励对业绩的提升作用不具有持续性，实施股权激励的公司在实施当年到后四年的时间内的绩效表现与配对公司无显著差异，甚至会出现反转，且实施股权激励的公司利润操纵指标与经营业绩变化正相关。刘广生和马悦（2013）发现上市公司股权激励对业绩的提升效果并不显著。尹美群等（2018）发现，高管激励机制中，薪酬激励对企业创新投入和企业经营绩效的关系具有显著的正向调节效应，但股权激励则没有表现出显著的调节效应。

第三章 企业内部收入分配对企业效益影响的理论分析

本章从理论层面分析企业内部收入分配对企业效益的影响，主要涉及企业内部薪酬分配对企业效益影响，及经理人股权激励对企业经营绩效的理论推演。基于研究背景，首先建立了企业内部分配对企业效益影响的理论模型，将薪酬水平、薪酬差距和薪酬结构等企业内部薪酬分配问题纳入统一分析框架，通过理论推导刻画了薪酬分配对企业效益的作用结果。然后，建立股权激励对企业经营绩效影响的理论模型并提出理论假说，先从理论上梳理职业经理人股权激励影响企业经营绩效的内在逻辑过程，接着从实践上比较不同的职业经理人股权激励模式，再根据实践情况提出相应的理论模型，并从经理人股权激励对企业经营绩效的作用效果及作用机制两个角度提出相应的理论假设。

第一节 企业内部薪酬分配对企业效益影响的理论分析

在对已有研究进行归纳总结的基础上，本节将企业薪酬分配分为薪酬水平、薪酬差距、薪酬结构三个方面的内容。接下来，本节将针对薪酬分配与企业效益的相关关系构建理论模型，用以梳理出其内部的逻辑关系。

一、企业薪酬水平对企业效益影响的理论分析

薪酬水平是企业为员工支付的薪酬数额，反映了企业实力和员工努力间相互博弈的结果，检验企业薪酬水平与企业效益之间的相关关系成为考察企业内部薪酬分配的重要内容。本节拟构建一个统一的分析框架分别考察薪酬水平变动对企业效益的影响。

（一）基本假设

本书借鉴了瓦瓦尼和沃尔（Wadhwani and Wall，1991）的分析框架，并在明瑟等（Mincer，1974；Salop，1979；Weiss，1980；Akerlof，1982；Shapiro and Stiglitz，1984）和周云波等（2014）学者研究关于企业薪酬分配的模型基础上做出以下基本假设条件：

首先，员工的基本假设条件如下：

假设1：假设有固定数量的员工参与工作，即共计 N 个同质员工参与工作。每个员工的个人效用函数为 U(w，e)，其中 w 表示员工参加工作获得的劳动报酬，而 e 表示员工个人付出的努力程度。每位员工都是风险中立者，在任一时点会处于就业状态或者失业状态。另外，一个员工也可能会由于工作调动而暂时处于离职状态，这种情况出现的概率为 μ。当然，考虑到时间成本，每位员工都会尽可能最大化个人效用函数。

假设2：关于员工的努力程度，本书假定员工会有两种选择，一种是积极努力应对工作，另一种相反的情况是消极怠工。由此，我们假定员工在不同努力选择下的基本价值方程为如下形式：

（1）消极怠工的工作情形下，员工的价值方程给定为如下形式：

$$rV_E^S = w + (\mu + q)(V_u - V_E^S) \qquad (3-1)$$

（2）积极努力的工作情形下，员工的价值方程给定为如下形式：

$$rV_E^N = w - e + \mu(V_u - V_E^N) \qquad (3-2)$$

其中，V_u 为失业状态下员工获得的价值，V_E^S 为消极怠工工作状态下员工获得的价值，V_E^N 为积极努力工作状态下员工获得的价值，q 为厂商察觉偷懒者的能力，r 为贴现率[①]，r>0，即员工最大化其预期效用时的贴现值。

其次，企业的基本假定条件如下：

假设3：企业的生产函数设定为标准的柯布道格拉斯生产函数，为简化分析，企业的生产技术水平保持不变，标准化为1，则生产函数可以表示为如下形式：$Y = F(L) = K^\alpha L^\beta$，其中，Y 代表企业生产产出水平，K 代表企业的资本存量，L 表示企业的劳动要素投入水平。

假设4：企业的成本函数为线性表达形式，由于生产要素的投入主要包括资本要素和劳动要素，则成本函数设定为：$C = \omega L + rK$。其中，L 和 K 分别表示劳动投入量和资本投入量，w 和 r 分别代表劳动要素和资本要素的价格。结合本书

[①] 每个员工作为独立个体追求个人效用最大化，在既不能借贷又不能出租的条件下尽可能最大化薪酬所得，即：$W = E\int_0^\infty u(w(t), e(t))\exp(-rt)dt$。

的研究主题,我们将资本要素的成本设定为固定值,即 rK 简化为 $\overline{K}$,成本函数可以简化为 $C = \omega L + \overline{K}$。

(二) 推导过程

根据前面的基本假定条件,本节将从薪酬水平的角度考察企业内部薪酬分配对企业效益的影响。

根据假设1和假设2,我们将员工两种工作状态下的价值方程进行联立,即将方程式(3-1)和(3-2)联立求解,可解得消极怠工状态下的价值函数 V_E^S 与积极工作下的价值函数 V_E^N,分别为如下形式:

$$V_E^S = \frac{w + (\mu + q)V_u}{r + \mu + q} \qquad (3-3)$$

$$V_E^N = \frac{(w - e) + \mu V_u}{r + \mu} \qquad (3-4)$$

接下来,如果 $V_E^N \geq V_E^S$,员工则会选择努力工作,即:

$$w \geq rV_u + \frac{(r + \mu + q)e}{q} \qquad (3-5)$$

方程式(3-5)显示:如果企业给出的薪酬足够高,员工积极工作的效用所得会远高于消极怠工状态,此时薪酬的激励作用开始显现,员工就必定会选择积极努力的工作,而非消极怠工。薪酬的激励作用使得员工自动规避怠工行为,理性员工会据此选择积极努力的工作。

再来看企业的行为表现,企业在劳动市场雇佣员工,会受到员工人数(L)及整体就业情况(N,N-L)的影响。在劳动市场信息对称的前提条件下,企业必然会接受均衡薪酬,即在劳动力市场中企业必须以不低于均衡薪酬的薪酬水平来雇佣员工。当企业的员工总需求与员工努力工作的价值条件相同时,劳动市场就会实现均衡。当员工自愿或非自愿进入失业状态时,$\overline{w} = 0$ 时,均衡状态就会出现,此时:

$$F'(L) = e + \left(\frac{e}{q}\right)\left(\frac{\mu N}{(N - L) + r}\right) \qquad (3-6)$$

由方程式(3-6)可知,员工积极工作的价值约束条件下,企业的边际产出大于零,即当员工的薪酬水平越高时,企业的产出效率会越高。这意味着员工薪酬具有激励作用,更高的薪酬水平会对应更高的企业效益。

另外,由于信息成本的存在,我们可以推知上述均衡状态并不是帕累托最优。从福利配置来看,当员工不存在怠工行为的约束条件下,如何最大化代表性员工的个人效用:

$$\max_{w(\cdot), L(\cdot)} E \int_0^\infty u(w(t), e(t)) \exp(-rt) dt \qquad (3-7)$$

使得：

$$w \geq rV_u + \frac{(r+\mu+q)e}{q}$$

$$wL \leq F(L) \equiv Y$$

解得：

$$F'(L)L = F(L)$$

$$w = F'(L) = \frac{F(L)}{L} \quad (3-8)$$

根据方程式（3-8）可知，二阶导数的极值条件下，员工薪酬水平与企业产出表现为正相关，员工薪酬水平与企业雇佣的人数负相关。这在一定程度上论证了企业利润分享的合理性，企业产出更高时，企业所得进行分配时，分配给员工的薪酬水平将会越高。总之，企业效益越高时，员工的薪酬水平就越高。

根据上述推导过程可知企业为员工支付的薪酬水平具有激励效应，即员工薪酬水平越高，则企业效益会越好；而企业效益也会对员工薪酬水平发挥出正向影响，如果企业拥有更好的绩效表现，则为员工支付的薪酬水平会越高。两者之间呈现出相互促进的协同效应关系。据此，本书提出假说1[①]。

假说1：员工薪酬水平与企业效益之间呈现出互为因果、相互促进的"协同效应"关系。

二、企业薪酬差距对企业效益影响的理论分析

接下来，本节继续研究企业内部薪酬差距会对企业效益产生怎样的影响。在企业的生产过程中，由于岗位职责不同，我们可以将企业员工所处部门划分为管理部门和普通部门，据此可以体现出企业内部的不同部门员工之间的薪酬差距。为此，我们将引入关于企业内部薪酬差距的假设条件：

假设5：企业内部划分为管理者群体和普通员工群体，将企业内部的薪酬差距设定为管理者的平均薪酬与普通员工平均薪酬的比值：$\omega(\cdot) = \omega_m/\omega_e$，$\omega_m$ 为管理者平均薪酬，ω_e 为普通员工平均薪酬。薪酬差距激励员工的努力程度可以量化为 $e(\cdot) = -a + b\omega(\cdot)$（Wadhwani and Wall，1991）。企业效益主要体现为企业的生产增值过程和成本控制能力，为方便分析，产品市场中的产品价格标准化为1。

[①] 假说1是在理论分析和实证分析的基础上提出的：一方面，租金分享理论（Williamson，1986；Martins and Yang，2015）认为员工薪酬参与企业效益的分配过程，两者相互影响；另一方面，实证研究结果（周云波等，2014；赵红梅等，2016）显示员工薪酬水平具有正向激励作用，能够显著地提升企业效益；企业获得更高企业效益后，也会提高支付给员工的薪酬水平。

根据假设 5 可知企业内部薪酬差距的激励作用主要体现在对员工努力程度的影响上。我们将员工努力程度带入企业生产函数方程，考察企业内部薪酬差距通过员工努力程度的改变会对企业效益产生怎样的影响结果。由此，企业效益的方程式如下所示：

$$\Pi(\omega(\cdot), e(\cdot)) = K^{\alpha}(e(\cdot)L)^{\beta} - (\omega L + \overline{K}) \quad (3-9)$$

最大化企业效益的目标方程式，即：

$$\max_{\omega(\cdot), e(\cdot)} K^{\alpha}(e(\cdot)L)^{\beta} - (\omega L + \overline{K}) \quad (3-10)$$
$$\text{s.t.} \quad L > 0$$
$$e(\cdot) \in R^{+}$$

求解一阶必要条件，令其为零。

$$\omega(\cdot) = \frac{a}{b} + (K^{\alpha}\beta)^{\frac{1}{1-\beta}} b^{\frac{\beta}{1-\beta}} L^{1-\beta} \quad (3-11)$$

进一步对其求偏导数得到

$$\frac{\partial\left(\frac{a}{b} + (K^{\alpha}\beta)^{\frac{1}{1-\beta}} b^{\frac{\beta}{1-\beta}} L^{1-\beta}\right)}{\partial w(\cdot)} = (\beta-1)\beta b^2 K^{\alpha} L^{\beta}(-a + bw(\cdot)L)^{\beta-2} \quad (3-12)$$

根据方程式（3-12），二阶偏导数小于零，企业效益函数为拟凹函数，此时存在极大值，极大值出现在方程式（3-11）处，即一阶必要条件时企业内部员工的薪酬差距值。

我们可以推知，企业内部薪酬差距的极值点位于 $w^{*}(\cdot) = \frac{a}{b} + A\beta^{\frac{1}{1-\beta}} b^{\frac{\beta}{1-\beta}}$，此时企业会获得最大效益值。当企业内部薪酬差距到达极大值的左半区间，$w(\cdot) < w^{*}$，企业效益曲线呈现递增趋势；如果超过极值点，即 $w(\cdot) > w^{*}$ 时，若继续扩大企业内部的薪酬差距，则会拉低企业效益曲线。综上所述，本书提出假说 2[①]。

假说 2：假说 1 成立的前提下，企业内部薪酬差距与企业效益呈现出倒"U"型变动关系。

三、企业薪酬结构对企业效益影响的理论分析

薪酬结构的分配内容间接反映了企业追逐经济效益与控制劳动成本的权衡机

[①] 假说 2 是综合锦标赛理论和行为理论解释企业内部薪酬差距与企业效益的关系。实证研究结果（Vieito，2012；高良谋和卢建词，2015）也支持了两者间的权变关系：一方面，企业内部薪酬差距较小时，能够激发出员工的积极性，进而显著地提升企业效益；另一方面，当企业内部薪酬差距超过极值点，继续扩大的企业内部薪酬差距则会破坏公平机制，损害员工的积极性，进而会降低企业效益。

制,薪酬结构中固定薪酬和可变薪酬对企业效益的不同作用过程也是企业薪酬分配的重要表达形式。薪酬结构的设计旨在通过不同形式的薪酬结构激发不同群体的积极性和主动性,进而提升企业效益。本节将研究企业薪酬结构中不同组成部分的薪酬对企业效益的影响。

针对薪酬结构的组成部分,我们提出如下假设条件。

假设6:企业为员工支付的薪酬主要包括固定薪酬和可变薪酬两部分:$\omega = \omega_f + \omega_v$,其中 w_f 固定薪酬部分,$\omega_f = \eta_1 L$;ω_v 为可变薪酬部分,$\omega_v = \eta_2 L$。固定薪酬和可变薪酬对应员工的努力程度分别为 c_1 和 c_2,根据成本收益法则,$|c_1| > |\eta_1|$,$|c_2| > |\eta_2|$。

由于薪酬结构的假设条件,企业效益方程中的生产函数和成本函数会发生相应的变动。据此,企业效益方程式为如下形式:

$$\Pi(\omega_f, \omega_v, e(\cdot)) = K^\alpha((c_1+c_2)L)^\beta - ((\omega_f+\omega_v)L + \overline{K}) \quad (3-13)$$

首先,来看薪酬结构中固定薪酬对企业效益的影响。企业效益方程式(3-13)对固定薪酬自变量求一阶偏导数,即:

$$\frac{\partial \Pi(\omega_f, \omega_v, e(\cdot))}{\partial \omega_f} = \frac{\partial K^\alpha((c_1+c_2)L)^\beta - ((\omega_f+\omega_v)L + \overline{K})}{\partial \omega_f}$$

$$= \frac{\partial K^\alpha((c_1+c_2)L)^\beta - \left((\omega_f+\omega_v)\dfrac{\omega_f}{\eta_1} + \overline{K}\right)}{\partial \omega_f} \quad (3-14)$$

进一步将上述推导过程简化为如下形式:

$$\frac{\partial \Pi(\omega_f, \omega_v, e(\cdot))}{\partial \omega_f} = -\left(\frac{2\omega_f + \omega_v}{\eta_1}\right) \quad (3-15)$$

由于 η_1 是固定薪酬假设条件中的系数,企业出于控制成本的需要,会平衡员工数量和固定薪酬,也就是 η_1 小于零。由以上方程式可知,一阶偏导数大于零。为保证分析的严谨性,进一步分析二阶偏导数的符号特征:

$$\frac{\partial^2 \Pi(\omega_f, \omega_v, e(\cdot))}{\partial \omega_f^2} = -\left(\frac{2}{\eta_1}\right) \quad (3-16)$$

由此可知,效益方程式对固定薪酬的一阶偏导为正值;同时二阶偏导数的符号为正值,即效益方程具有拟凸函数性质。据此,我们可以推知效益方程式有极大值,变动区间内效益函数具有单调递增的性质。该式子的经济学含义为固定薪酬对企业效益具有正向激励作用,企业为员工支付的固定薪酬越高,固定薪酬的激励效应会使企业效益更高。

其次,我们再研究可变薪酬对企业效益的影响。相类似地,先求解效益方程中可变薪酬的一阶偏导数,即为:

$$\frac{\partial \Pi(\omega_f, \omega_v, e(\cdot))}{\partial \omega_v} = \frac{\partial K^\alpha((c_1+c_2)L)^\beta - ((\omega_f+\omega_v)L + \overline{K})}{\partial \omega_v}$$

$$= \frac{\partial K^{\alpha}((c_1+c_2)L)^{\beta} - \left((\omega_f+\omega_v)\frac{\omega_v}{\eta_2} + \overline{K}\right)}{\partial \omega_v} \quad (3-17)$$

为方便研究，将其简化为：

$$\frac{\partial \Pi(\omega_f, \omega_v, e(\cdot))}{\partial \omega_v} = -\left(\frac{\omega_f + 2\omega_v}{\eta_2}\right)$$

$$\frac{\partial^2 \Pi(\omega_f, \omega_v, e(\cdot))}{\partial \omega_v^2} = -\left(\frac{2}{\eta_2}\right) \quad (3-18)$$

式（3-18）表明二阶偏导数的符号为正，存在极大值。主要是由于企业合理控制成本时会综合考虑可变薪酬的人员数量和支付成本，会将雇佣员工的数量控制在合理范围内。因此，效益方程中可变薪酬的二阶偏导数符号为正。该式子的经济学含义表明可变薪酬对企业效益的影响方向为正，即可变薪酬具有激励效应。综上所述，本书提出假说3①。

假说3：企业内部的薪酬结构中，固定薪酬与可变薪酬均具有激励作用，能够显著地提升企业效益。

第二节 股权激励对企业效益影响的理论分析

一、股权激励的理论分析

在实践视角的基础上，本节参考了侯东辰（2009）和张维迎（2012）的分析，通过建立理论模型，对经理人实施期权激励的效果进行理论分析。因为侯东辰（2009）和张维迎（2012）已经对传统的股权激励进行了建模分析，所以本节不再赘述，本节的理论模型主要基于委托代理理论来对期权激励进行建模分析。

本节建模前需要进行以下的假设。

假设7：公司股东追求更多的财富，希望利润最大化，但是公司的经理人符合"经济人"假设，希望追求自己的效用最大化，由此产生了目标不一致的问题。公司股东通过给予经理人一定数量的欧式看涨期权进行激励。

---

① 假说3中企业薪酬结构的激励作用主要体现在：一方面，基于"事前激励"作用（Hay and Louri, 1994; Mckernan and Fender, 2005），员工固定薪酬具有激励效应，因此员工固定薪酬与企业效益呈现出同方向变动关系；另一方面，基于"事后激励"作用（Lazear, 2000），员工可变薪酬与企业效益呈现出同方向变动关系。

假设8：经理人的劳动为其带来负效用。为了简化模型对激励问题的分析，本书在模型中认为税收、等待期等其他的实际因素不会影响到模型中经理人的决策。通常股权激励授予的期权可以被看作是一个欧式看涨期权，这个期权能够减少股票价格大幅下滑的风险因素。比如，当经理人持有激励的期权时，如果在期权行权日的股票市场价格比激励计划设定的初始行权价格高，作为激励对象的经理人会将持有的期权用激励计划中约定的期权执行价格购买计划规定数量的股票。但是，如果经理人经营不善，公司的股票价格会持续下行，当在行权日股票的价格比激励计划中设定的执行价格低时，作为激励对象经理人就不会选择实施行权。可以这样理解，因为经理人直接在二级市场中购入股票的价格比激励计划所设定的价格会更低。所以，在模型中，一个在期权到期日股票价格为 P，激励计划规定的执行价格（即期权的行权价格）为 K 的欧式看涨期权（期权激励）的支付价格用数学表示是 $\max(0, P-K)$。

假设9：公司的经理人是风险厌恶的，讨厌风险带来的影响，而公司股东是风险中性的。[①] 这是因为在证券市场有效性成立的条件下，一般而言，公司股东可以很大程度上分散自己所投资的资产，通过持有足够多且相关性不高的股票等证券来降低风险，消除异质性风险。公司股东也因此只需要承担投资组合的系统性风险。但是不同的是，由于公司经理人直接参与公司经营管理，将自己的时间和精力（人力资本）投入了企业之中。于是经理人将自己的人力资本投入所在的企业后，一般很难通过投资来分散自己所承担的风险。异质性风险，即公司独有的风险，会影响到公司经理人。因此，一般来说，公司经理人会比公司股东更加厌恶风险，所以本节中模型假设公司的经理人是风险厌恶的，而公司的股东（激励计划提出者）是风险中性的。

假设10：经理人通过努力水平（E）来促进公司的经营。公司的股价（P）假设为努力水平（E）加上一个扰动项，即：

$$P = E + \epsilon \qquad (3-19)$$

其中变量 ϵ 是均值为 0，方差为 σ^2 的正态分布的随机性变量。一般来说，公司经理人努力水平越高，公司经营越好，投资者对公司股价的期望值越高。

在信息对称的条件下，股东（委托人）与经理人（代理人）之间没有信息上的优势劣势之分。股东（委托人）可以观测到经理人（代理人）的努力水平 E 的值。股东就会根据经理人的努力程度来支付经理人的薪酬。在本节假设经理人是风险厌恶的，而公司股东是风险中性的前提之下，股东提出进行股权激励，也就是通过授予经理人一定数量的经理人看涨股票期权进行激励。在数学上，期

[①] 即经理人的效用函数具有不变绝对风险厌恶系数 ρ，也就是说经理人的效用为 $e^{-\rho w}$，其中 w 是经理人用货币衡量的收入。

权激励合同是线性的，可以表示为：

$$S(P) = w_f + B \times \max(0, P - K) \qquad (3-20)$$

其中，公式里的变量 w_f 是经理人（代理人）在公司领取的固定薪酬（工资），变量 B 是股东授予经理人的股票期权数量，其中 $\max(0, P-K)$ 是激励计划授予经理人的期权在到期日的价值。这里的到期日股票价格为 P，执行价格（行权价格）为 K。通过数学上的整理可以得到，

$$S(P) = w_f + B \times \max(0, E - K + \epsilon) \qquad (3-21)$$

于是在行权日，股东作为风险中性的委托人所得到的效用为：

$$U(M \times P - S(P)) = ME - w_f + B \times \max(0, E - K + \epsilon) \qquad (3-22)$$

其中 M 是股东持有的股票数量。于是，通过利用定积分公式以及正态分布的密度函数公式，可以将上式化为：

$$\begin{aligned} U(M \times P - S(P)) &= ME - w_f - B \times E[\max(0, E - K + \epsilon)] \\ &= ME - w_f - B \times \int_{K-E}^{+\infty} (E - K + x) \frac{1}{\sqrt{2\pi}\sigma} e^{-\frac{x^2}{2\sigma^2}} dx \\ &= ME - w_f + B(E - K) N\left(\frac{E-K}{\sigma}\right) - \frac{\sigma B}{\sqrt{2\pi}} e^{-\frac{(E-K)^2}{2\sigma^2}} \end{aligned} \qquad (3-23)$$

本节在推导过程中利用了随机变量 ϵ 有均值为 0，方差为 σ^2 的正态分布的变量的密度函数。符号 N(·) 代表着标准正态分布的分布函数。

假设 11：经理人的效用函数具有不变绝对风险厌恶（CARA）系数 ρ，在数学上，经理人的效用为 $e^{-\rho w}$，其中变量 w 是模型中经理人的货币收入，用数学公式表达为：

$$w = w_f + B \times \max(0, P - K) - 0.5DE^2 \qquad (3-24)$$

其中，式（3-24）里的 $-0.5DE^2$ 是经理人的努力水平（E）带来的可以被货币化衡量的负效用。在变量 D 固定时，公司经理人的努力水平（E）越大，努力带来的货币化的负效用也越大。对于模型中的经理人而言，经理人的最优决策是在努力水平（E）带来的公司的价值提升、自己的期权激励的价值提升和劳动所带来负效用之间寻找一个努力水平（E）的平衡点（最优值）。

因此，经理人的期望效用可以表达为经理人的努力水平（E）的函数，

$$U(e^{-\rho w}) = e^{-\rho(C - 0.5DE^2)} \times U[\max(1, e^{-\rho B(E-K+\epsilon)})] \qquad (3-25)$$

如式（3-25）所示，本书利用指数函数的单调性的性质将期望的形式转化为可以利用布莱克休尔斯（Black-Scholes）欧式看涨期权定价公式的形式。其中式（3-25）中的期望部分可以写成如下形式：

$$\begin{aligned} U[\max(1, e^{-\rho B(E-K+\epsilon)})] &= 1 + U[\max(0, e^{-\rho B(E-K+\epsilon)} - 1)] \\ &= 1 + X_1 N(d_1) - X_2 N(d_2) \end{aligned} \qquad (3-26)$$

其中 X_1，X_2，d_1，d_2 可以通过布莱克-休尔斯（Black-Scholes）欧式看涨

期权定价公式得到。

因此，上述的委托代理问题可以说明公司股东需要支付给经理人合适的激励。在没有不对称性的情况下，该问题不需要激励相容约束。如果存在信息不对称，那么股东需要最大化下面的效用函数，

$$\begin{cases} \max[U(M \times P - S(P))] \\ \text{s.t. } U(e^{-\rho w}) \geqslant e^{-\rho \bar{w}} \end{cases} \quad (3-27)$$

其中 $\bar{w}$ 是经理人的保留效用，即在激励计划下，公司经理人需要至少等价于 $\bar{w}$ 的个人财富才会同意期权激励计划。由于在最优解的时候，上面参与约束将是紧的（否则股东可以少给一些期权进行激励），可以借助上面的推导解出经理人的努力水平 E 值，然后代入最大化问题求解。

综上所述，在实践视角的基础上，本节参照侯东辰（2009）和张维迎（2012）的研究方法，对经理人期权激励的效果进行了理论分析。利用期权激励经理人可以转化为最优化问题，发现股东在进行激励时需要考虑多方面的因素。尽量减少股东（委托人）与经理人（代理人）之间信息上的不对称性可以帮助减少激励的约束，使得股东的效用增加。同时，模型的结论指出激励的程度应该和股价的波动率 σ^2、经理人的风险厌恶系数 ρ、经理人劳动的负效用（D）等因素相关，这也是在实践中设计薪酬方案时需要加以考虑的变量。当然，在实践中也有更多的因素需要被考虑进去，本书在后面章节会从实践的角度对国内外企业职业经理人整体薪酬及股权激励设计的实践及启示进行分析和讨论。

二、相关理论假说

职业经理人的激励方式包括外在的货币激励和内在的精神激励。结合对经理人股权激励的理论分析，本书认为我国职业经理人股权激励对于企业经营绩效的作用具有正相关性。

根据前面对股权激励的正相关性的分析，詹森和摩菲（Jensen and Murphy, 1990）研究指出实施经理人持股计划，能够在信息不对称和监督不完善时将经理人（代理人）与所有者（委托人）的利益捆绑到一起，如此能更有效地实现公司制度中委托代理成本的降低，进而改善和提升公司的经营绩效。汉森和桑（Hanson and Song, 2000）的研究则指出实施经理人股权激励能够在减少"自由现金流"的同时降低企业代理成本。此外，兹欧密斯（Tzioumis, 2008）的实证研究选取了进行股权激励的美国上市公司样本，并发现股东和管理层之间利益冲突的成本在实施经理人股权激励计划后显著降低了。

在正相关性的理论指导下，本书验证实施"经理人股权激励"改善上市公司经营绩效的内在机理。从理论上分析，基于最优契约理论，实施经理人股权激励

计划的公司委托代理问题更小，更具备投资价值，所以本节推测上市公司实施的股权激励计划能够吸引到更多价值投资者的关注，例如基金公司等相对复杂的投资者，相比个体投资者他们更不容易受到注意力局限性的影响，也可以充分制衡职业经理人。谭劲松等（2016）研究了机构投资者持股对公司的影响，发现机构投资者可以改善公司治理水平。另外，周方召等（2019）发现经济政策的不确定性更容易影响散户情绪，从中可以推断出不受到情绪等因素影响的投资人参与到企业经营中，会增加对经理人满足个人需求的动机的约束力，使得上市公司的经理人放弃一些和企业经营绩效存在冲突的需求。基于此，本书提出假说4。

假说4：上市公司的经理人股权激励能够通过吸引机构投资者增持来提升上市公司的经营绩效。

根据第二章的分析，经理人股权激励是基于公司股价的报酬，经理人越发努力经营，所获得的报酬也越多。所以，在公司股东和经理人之间存在信息不对称的情况下，经理人股权激励可以作为有效的监督机制，满足经理人各个层次的需求，让经理人有参与感，降低公司不透明度。经理人股权激励不仅能直接提高信息透明度，还可以通过增加机构投资者从而增加信息披露的透明度，高敬忠等（2011）的研究表明机构投资者能增加信息披露的精确度。而后，高敬忠等（2013）研究发现管理层持股能减轻自愿性披露中的代理冲突，从而提高信息的透明度和精确性。付强等（2019）的研究也证明了股权激励能够提高上市公司的信息透明度。基于上述分析，本书提出假说5。

假说5：上市公司实施经理人股权激励，可增加公司的透明度进而提升经营绩效。

经理人股权激励能作为对上市公司管理层的有效的监督机制，同时能够吸引到专业的机构投资者增持。我国现有研究多关注于对公司管理层的监督，但关于股权激励对大股东作用的研究较少，徐宁等（2012）的研究说明给予监事股权激励能够提高其监督积极性，间接说明股权激励对大股东存在约束作用。邹颖等（2015）的研究证明在一定条件下股权激励会使管理层侵占股东财富，从而加剧委托代理问题。而杨慧辉等（2019）发现在一定条件下，股权激励能够缓解管理层代理问题，双方的观点都能证明股权激励对股东与管理层之间的关系能够产生作用。那么在大股东掏空现象较为严重的情况下，经理人股权激励能否约束大股东，提升公司价值？经理人股权激励意味着更多的潜在股东，以及经理人对公司治理的更多的关注，会直接对公司的大股东造成约束，而且经理人股权激励所吸引到的机构投资者作为特殊的股东，能够将小投资者的资本集中起来，并由专业经理人进行监督和管理，让经理人有更多的需求被满足，增加经理人的参与感，因此更能约束企业大股东的行为，即经理人股权激励作用机制：如果公司实施经理人股权激励就可以约束大股东。据此，本书提出假说6。

假说6：上市公司实施股权激励可以约束大股东，进而提升企业经营绩效。

基于前面的分析过程，本书认为股权激励具有三种作用机制，即提出本书的假说7。

假说7：股权激励与企业效益呈现出正相关关系，这主要是基于股权激励能够吸引更多的投资者持股、约束大股东和提高信息透明度的三种作用机制提升企业效益。

第四章 企业薪酬水平对企业效益影响的实证研究

本章进入实证分析阶段，主要利用两方程联立模型的实证分析方法，探究了员工薪酬水平与企业效益间的互动关系。首先，针对企业员工的薪酬水平与企业效益之间是否存在相互促进、互为因果的协同效应进行检验分析。然后，从企业内部不同群体角度出发，分别探究管理层和普通员工的薪酬水平与企业效益间的关系，接着又对比分析了企业内部不同群体的薪酬水平与企业效益间的关系，即不同企业层面的员工薪酬水平对企业效益的影响程度，以及各自所呈现出的经济特征。

第一节 计量模型的设计与数据来源

一、计量模型设计及相关变量说明

根据经济学理论往往能推导出相互联系的方程组，在实证检验过程中往往一个方程的解释变量就是另一个方程的被解释变量，这称之为联立方程模型（simultaneous equation model，SEM）。本节借鉴明瑟（Mincer，1974）的工资方程式、沃尔和瓦瓦尼（Wall and Wadhwani，1991）标准化的产出方程式，同时结合本书的研究需要，构建薪酬水平与企业效益的两方程联立模型。具体来说，企业平均薪酬水平与利润率的联立方程模型的表达形式如下：

$$\text{Profit}_{ijt} = \alpha_{10} + \alpha_{11}\ln\text{AP}_{ijt} + \alpha_{12}\text{Size}_{ijt} + \alpha_{13}X_{ijt} + \varepsilon_{ijt}$$
$$\ln\text{AP}_{ijt} = \beta_{10} + \beta_{11}\text{Profit}_{ijt} + \beta_{12}\text{Rdstaff}_{ijt} + \beta_{13}X_{ijt} + \eta_{ijt} \quad (4-1)$$

在上述联立方程模型中，Profit_{ijt} 代表企业 i 在行业 j 中第 t 期的边际利润率；$\ln\text{AP}_{ijt}$ 代表企业 i 在行业 j 中第 t 期时员工平均薪酬的自然对数值；Size_{ijt} 是第一个方程式中的外生变量，表示企业 i 在行业 j 中第 t 期时的企业规模；Rdstaff_{ijt} 则是第二个方程式中的外生变量，即企业 i 在行业 j 中第 t 期时科研人员的数量占总员工人数的比例，该变量代表了企业的人力资本水平，因为从事科研工作的劳动力一般来说需要较高的学历水平，表示这部分群体往往受到更高的教育水平，科研人员占比越高，代表企业拥有更高的人力资本水平。X_{ijt}表示联立方程系统中的系列控制变量，旨在更好地拟合员工薪酬水平与企业利润之间的相关关系。控制变量主要包括企业特征和治理结构两大类指标，其中企业特征包括企业偿债能力指标（LEV）和企业成长能力指标（Tobinq）；治理结构包括董事规模（Directors）、监事规模（Supervisors）、高管规模（Executives）、第一大股东持股比例（Top1）。ε_{ijt}和η_{ijt}分别代表第一个方程式和第二个方程式的扰动项。

另外，在进行估计前，需要识别员工薪酬水平与企业利润的联立方程模型是否满足秩条件。在联立方程模型（4-1）中，研发人员占比为外生变量，且第一个方程式中没有研发人员占比指标，因此方程式（4-1）是可识别的，可以对该模型分别进行不同方法的有效估计。

二、数据来源及相关处理

（一）数据来源

本书以2007~2017年中国沪深两市上市公司作为研究对象。之所以选取这一时间段是因为2007年我国对部分会计分录有所调整，本书用到的核心指标[①]开始使用新的会计核算方法进行统计。此外，2006年12月13日在中国证券监督管理委员会第196次主席会议审议通过了强制信息披露制度[②]，这在一定程度上保证数据质量的可靠性和真实性。

书中采用的数据主要来自国泰安（CSMAR）和中国研究数据平台（CNRDS），其中，管理层薪酬数据、企业效益数据和公司特征数据主要来自国泰安（CSMAR）治理结构库；普通职工薪酬数据来自国泰安（CSMAR）财务报表库；实际控制人数据源自中国研究数据平台（CNRDS），我们以股票代码作为标准匹配各项数据来源，构建面板数据库。另外，我们对强制信息披露平台（巨潮资讯网）的样本与本书面板数据库中的数据随机进行抽样对比，以确保数据有效性。接下来，为了保证研究数据的质量，本书将按照以下基本步骤整理样本数据：（1）剔除薪酬类缺失数据和其他缺失值严重的样本；（2）考虑到财务报表的特殊性，剔除金融类上市公司；（3）剔除特别处理（ST）、特别转让（PT）的上

[①] 例如"应付职工薪酬"指标，按照工资、职工福利、社会保险费、住房公积金等进行明细核算，从2007年开始使用。

[②] 信息披露制度：又称为"信息公开制度"，是指上市公司依照法律法规必须公开或者部分公开有关信息和资料的规定，以此保障投资者的利益，并接受社会公众的监督。

市公司样本,以消除极端值对研究结果的影响;(4)年度薪酬类指标会受到通货膨胀等价格波动的影响,本书在数据清理过程中,以国家统计局公布的居民消费价值指数(CPI)为标准进行平减处理。经过上述数据处理过程,本书最终获得25606个样本观测值,构建面板数据库。

(二) 指标测度及说明

1. 企业效益

企业效益体现出企业各项资产的盈利能力。参照已有文献(刘小玄和李双杰,2008),衡量企业效益的指标一般采用财务性指标。其中,边际利润率是利用企业的边际利润与销售收入的比值计算而来,代表了企业提高生产能力而增加的企业利润,边际利润率越高,企业的创造利润和控制成本能力就越强,因此该指标能够代表企业效益。此外,对联立方程模型进行稳健性检验时,本章使用资产收益率(ROA)和全要素生产率(TFP)作为企业效益的替代指标检验分析结果的可靠性。

2. 企业员工平均薪酬

作为衡量企业层面薪酬水平的重要指标,本书选取"支付给职工以及为职工支付的现金"指标作为企业员工薪酬总额,并且用居民消费价格指数进行平减后除以员工人数(Staff_number),再取自然对数,即为企业员工的平均薪酬水平(lnAP)。

3. 管理者平均薪酬

为进一步地分析企业内部薪酬水平与企业效益之间的关系,根据参与企业内部薪酬分配的主体,本书更进一步地将员工分为管理者和普通员工。借鉴法勒和班克等(Faleye et al.,2013;Banker et al.,2016)的指标测算方法,管理者的平均薪酬(AMP)为董事、监事及高管年薪总额除以管理者人数,其中管理者人数为董事人数加上监事总规模加上高管人数,再减去独立董事人数和未领取薪酬的董事、监事、高管人数,并使用其自然对数作为管理者的平均薪酬变量。

4. 普通员工平均薪酬

借鉴已有文献法勒和班克等(Faleye et al.,2013;Banker et al.,2016),普通员工的平均薪酬表示为普通员工的薪酬总额除以普通员工人数。据此,普通员工的薪酬总额等于应付职工薪酬的变化值加上支付给职工以及为职工支付的现金,减去董事、监事及高管年薪总额;普通员工人数等于企业在职员工总数减去管理者人数。两者比值的自然对数即为普通员工平均薪酬的代理变量。

5. 控制变量

为了更加精准和稳健地估计企业内部薪酬水平和企业效益间的相关关系,本书选取企业治理结构特征和企业基本特征两大类变量作为控制变量,具体的概念和含义如表 4-1 所示。

表 4-1　　　　　　　　　　　主要变量的描述性说明

变量	变量符号	变量名称	指标说明
企业效益	Profit	边际利润率	等于(利润+销售成本)/销售收入
	ROA	资产收益率	等于净利润/平均资产总额,其中平均资产总额=(资产合计期末余额+资产合计期初余额)/2
	TFP	全要素生产率	借鉴鲁晓东和连玉君(2012)以及贾内梯等(Giannetti et al.,2015)指标算法测算中国上市公司的全要素生产率
薪酬指标	lnAP	员工平均薪酬	等于 ln(企业支付给职工以及为职工支付的现金/员工人数)
	lnAMP	管理层平均薪酬	借鉴法勒和班克等(Faleye et al.,2013;Banker et al.,2016)指标算法测算管理层平均薪酬,然后再取对数
	lnAEP	普通职工平均薪酬	借鉴法勒和班克等(Faleye et al.,2013;Banker et al.,2016)指标算法测算普通员工平均薪酬,然后再取对数
治理结构	Directors	董事规模	董事(含董事长)的人数
	Supervisors	监事规模	监事(含监事主席)的人数
	Executives	高管人数	高级管理人员的总人数(包括董事中兼任的高管人员)
	Indratio	独立董事占比	董事会的独立性,独立董事人数/董事人数,按照证监会的基本要求,独立董事占比不得低于1/3
	MH	管理层持股比例(%)	管理层持股/总股本
	Top1	第一大股东持股比例(%)	第一大控股股东的持股比例
	HERF	股权集中度	HERF = Top10 × Top10,其中 Top10 表示前十大股东的持股比例
企业特征	Size	企业规模	ln(总资产),表示企业的运营规模
	Rd_staff	研发人员数量占比	等于研发人员数量/员工人数
	LEV	资产负债率	负债总值除以资产总值,表示企业的偿债能力
	Staff_number	员工人数	上市公司员工总人数,是指年报中披露的上市公司在册(在职)员工人数

续表

变量	变量符号	变量名称	指标说明
企业特征	Tobinq	托宾Q值	表示企业的成长能力
	Industry	行业属性	依据中国证监会（CSRC）（2012年版）《上市公司行业分类指引》制定的分类代码进行行业分类①

资料来源：国泰安数据库（CSMAR）和中国研究数据平台（CNRDS）。

三、相关变量的统计性描述

先对国泰安数据库（CSMAR）的数据进行清理，然后再对不同指标及变量进行描述性统计分析以及核心变量间进行拟合分析，评估变量间的变动趋势，为下面的实证检验打下基础。

（一）数据的描述性统计分析

从表4-2的统计结果来看，2007~2017年上市公司的企业利润率（Profit）均值为1.565。薪酬类的数据中，企业平均薪酬（lnAP）的自然对数值均值为10.750，相比较而言管理者平均薪酬（lnAMP）的自然对数值均值（12.370）要远高于普通员工薪酬（lnAEP）的自然对数值（10.790），这种企业内部薪酬分配的差异是否具有统计学意义，下面将继续进行实证检验。企业的基本特征数据中，企业规模（Size）的均值为21.970，研发人员占总人数的比重（Rd_staff）均值为15.530，员工人数自然对数（Staff_number）的均值约为23万，资产负债率（LEV）的均值为0.447，代表企业成长能力的托宾Q值（Tobinq）的均值为2.502；从企业的管理者治理结构来看，董事（Directors）、监事（Supervisors）和高管（Executives）人数的均值分别为8.828、3.688和6.468，第一大股东的持股比例（Top1）约为35.890%。

表4-2　　　　　　　　各主要变量的描述性统计特征

变量	N	Mean	Sd	Min	p25	p50	p75	Max
Profit	25474	1.565	84.130	-245.400	0.988	1.001	1.023	13424
ROA	25603	0.042	0.181	-5.259	0.016	0.039	0.069	22.010

---

① 本书的数据区间为2007~2017年，2012年之后样本数据按照中国证监会（CSRC）（2012年版）《上市公司行业分类指引（2012年修订）》进行行业分类；2012年之前年份的样本数据按照2012年修订版行业分类数据进行匹配。

续表

变量	N	Mean	Sd	Min	p25	p50	p75	Max
TFP	22840	0	0.355	-6.293	-0.180	-0.011	0.172	2.690
lnAP	23036	10.750	1.053	-2.854	10.420	10.890	11.300	16.980
lnAMP	22949	12.370	0.699	9.074	11.920	12.360	12.820	15.610
lnAEP	19248	10.790	0.988	3.954	10.430	10.910	11.320	17.150
Size	25606	21.970	1.368	14.940	21.010	21.790	22.700	30.890
Rd_staff	4689	15.530	13.580	0	7.110	12.240	18.840	100
Top1	24158	35.890	15.450	0.290	23.640	34	46.570	100
MH	21899	0.124	0.202	0	2.38e-06	0.001	0.199	0.897
Directors	22994	8.828	1.820	0	8	9	9	19
Supervisors	23086	3.688	1.212	0	3	3	5	14
Staff_number	23081	231915	1.890e+07	0	15744	29530	57369	2.060e+09
Executives	22986	6.468	2.446	0	5	6	8	45
LEV	25603	0.447	0.829	0.007	0.265	0.430	0.598	96.960
Tobinq	24341	2.502	7.159	0.046	0.983	1.765	3.054	965

资料来源：根据国泰安数据库（CSMAR）和中国研究数据平台（CNRDS）数据计算得到。

（二）核心变量的简单回归拟合

随后，本书以 lnProfit、lnAP、lnAMP 和 lnAEP 分别代表企业效益、员工平均薪酬、管理者平均薪酬和普通员工平均薪酬，并先后以 lnAP 为横坐标轴、lnProfit 为纵坐标轴，lnAMP 为横坐标轴、lnProfit 为纵坐标轴以及 lnAEP 为横坐标轴、lnProfit 为纵坐标轴描绘出变量间两两关系的散点图，同时进行简单的回归拟合，画出相应的线性回归线，如图 4-1、图 4-2 和图 4-3 所示。

从图 4-1 可以看出，员工平均薪酬与企业利润间拟合趋势线的斜率为正，这表明员工薪酬水平越高，企业利润就会越大；反之，企业利润越大，其会促进员工薪酬水平的提高，从直观上看，员工薪酬水平与企业利润之间存在相互促进的正向影响关系。图 4-2 中管理者薪酬水平与企业利润关系的拟合趋势线的斜率也为正，也就是说管理者薪酬水平越高，企业利润会越大；反之，亦是如此。图 4-3 中拟合趋势线的斜率类似的为正，即普通员工的薪酬水平与企业利润间类似的表现为同方向变化关系。上述拟合趋势线中，除了管理者薪酬水平与企业利润关系，其他曲线趋势与我们的推导结论保持一致。当然，这只是核心变量间进行的简单回归拟合，接下来我们将继续进行严格规范的实证计量分析，用以

中国企业内部薪酬分配对企业效益影响的定量研究

论证前面的推断。

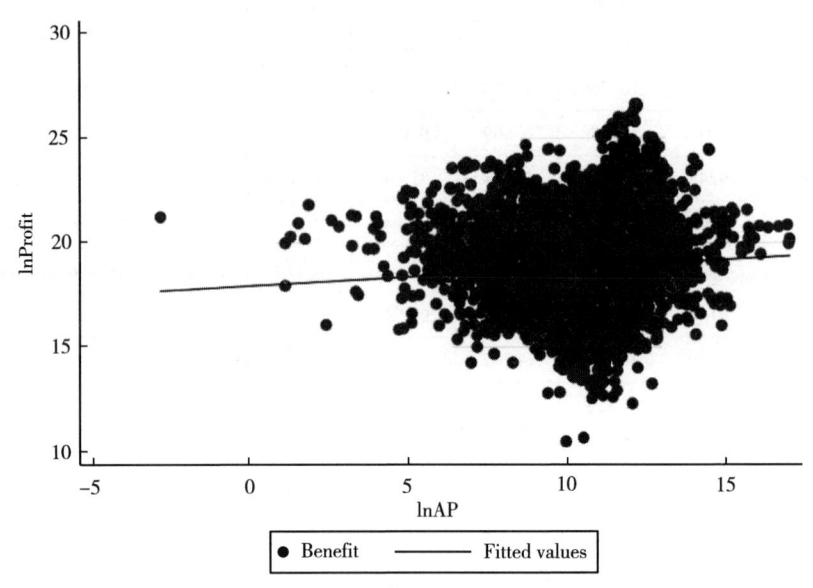

图4-1 员工薪酬水平与企业利润关系

资料来源：根据国泰安数据库（CSMAR）和中国研究数据平台（CNRDS）数据绘制。

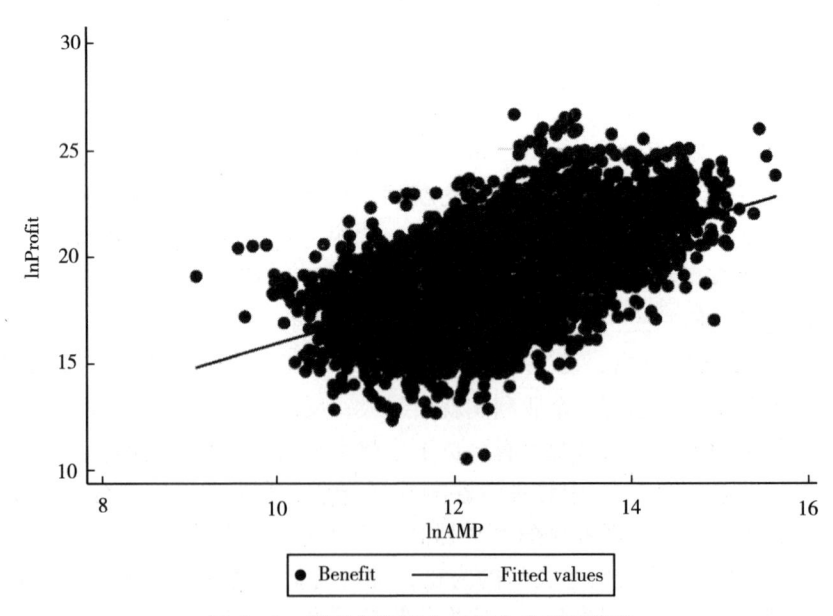

图4-2 管理者薪酬水平与企业利润关系

资料来源：根据国泰安数据库（CSMAR）和中国研究数据平台（CNRDS）数据绘制。

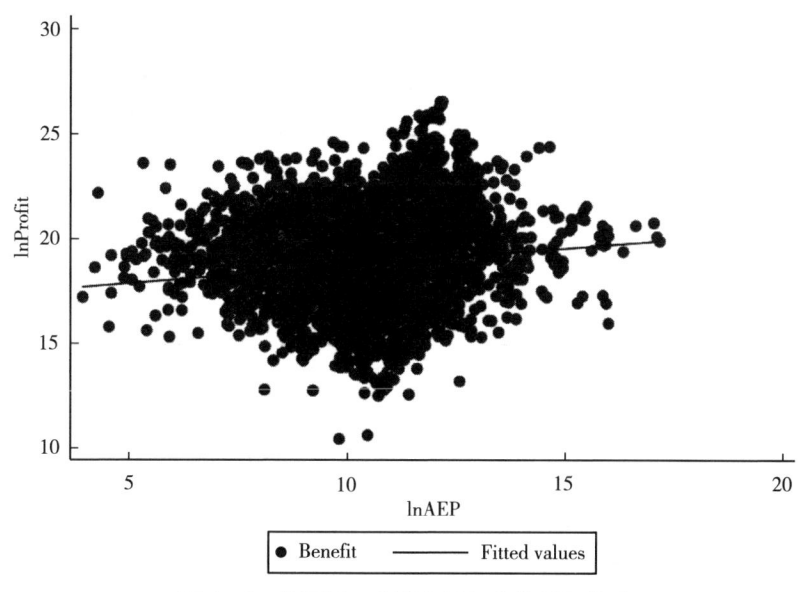

图 4-3 普通员工薪酬水平与企业利润关系

资料来源：根据国泰安数据库（CSMAR）和中国研究数据平台（CNRDS）数据绘制。

第二节 薪酬水平与企业效益间协同效应的估计结果及分析

一、基本估计结果

由于存在内生变量，联立方程模型简单地使用普通最小二乘法（OLS）会产生联立性偏误，估计系数是有偏的。因此，在实证分析中，联立方程模型通常会使用系统估计法。首先，作为参照结果，通常会对联立方程模型进行普通最小二乘法（OLS）回归；其次，依次对每个方程进行二阶段最小二乘法（2SLS）估计；再次，根据二阶段最小二乘法（2SLS）的估计结果，能够得到联立方程中扰动项的协方差矩阵的估计结果，据此对联立方程模型进行三阶段最小二乘法（3SLS）和迭代（Iteration）三阶段最小二乘法估计，这是较为常见的系统估计法（Zellner and Theil，1962），此时的估计结果是有效率的。在本节中，通过构建联立方程模型估计企业薪酬水平与企业效益间的相关关系。一方面，由于本书选取的是10年期的面板数据，因此我们使用双向固定效应模型分别估计模型中的方程式，这样可以控制住同一行业中不随年份时间变化的变量和同一年份中不受行业变动而影响的变量，进一步识别两者间的因果关系，部分地控制内生性问题。

另一方面，为防止遗漏变量对估计结果的影响，本书采取先引入核心解释变量和外生变量，再依次引入代表不同企业特征和治理结构变量作为控制变量①，更加稳健地反映出企业薪酬水平与企业效益间的关系。两方程联立模型（4-1）的详细回归结果如表4-3所示。

表4-3　　　　　　薪酬水平与企业效益间协同效应的估计结果

变量	OLS (1) Profit	OLS (2) lnAP	2SLS (3) Profit	2SLS (4) lnAP	3SLS (5) Profit	3SLS (6) lnAP	3SLS_iter (7) Profit	3SLS_iter (8) lnAP
lnAP	-0.0001 (-0.07)		0.0248** (2.03)		0.0248** (2.18)		0.0248** (2.18)	
Profit		-0.0976 (-0.80)		9.7310*** (14.01)		9.9378*** (14.58)		9.9397*** (14.34)
Size	0.0051** (2.07)		0.0015 (0.30)		-0.0117*** (-3.31)		-0.0111*** (-3.11)	
Rd_staff		0.0122*** (9.23)		0.0134*** (4.14)		0.0129*** (4.45)		0.0129*** (4.34)
Top1	-0.0003** (-2.30)	0.0081*** (5.24)	0.0002 (0.75)	-0.0025 (-0.76)	0.0003 (1.35)	0.0018 (0.65)	0.0003 (1.33)	0.0018 (0.65)
Directors	-0.0010 (-0.74)	0.0136 (1.21)	0.0013 (0.65)	-0.0143 (-0.62)	0.0018 (0.95)	-0.0159 (-0.70)	0.0018 (0.94)	-0.0159 (-0.68)
Supervisors	0.0050** (2.17)	0.0219 (1.18)	0.0042 (1.35)	-0.0405 (-1.09)	0.0057* (1.87)	-0.0588 (-1.63)	0.0056* (1.86)	-0.0587 (-1.59)
Executives	-0.0027*** (-2.98)	0.0358*** (4.97)	-0.0026* (-1.76)	0.0428*** (2.95)	-0.0011 (-0.78)	0.0458*** (3.21)	-0.0012 (-0.83)	0.0458*** (3.16)
Tobinq	0.0016** (2.04)	0.0272*** (4.59)	0.0007 (0.66)	0.0015 (0.13)	-0.0012 (-1.31)	0.0067 (0.61)	-0.0011 (-1.22)	0.0066 (0.59)
LEV	-0.0227* (-1.76)	-0.5092*** (-5.12)		-0.1300 (-0.62)		-0.3994*** (-3.30)		-0.4071*** (-3.19)

---

① 为简化分析，书中只汇报加入控制变量后的回归结果，逐渐加入控制变量的回归过程不再在正文中呈现。

续表

变量	OLS		2SLS		3SLS		3SLS_iter	
	(1) Profit	(2) lnAP	(3) Profit	(4) lnAP	(5) Profit	(6) lnAP	(7) Profit	(8) lnAP
常数项	0.9464*** (16.60)	9.9395*** (56.12)	0.7719*** (3.06)	0.4690 (0.52)	1.1183*** (4.80)	0.5520 (0.62)	1.1031*** (4.74)	0.5530 (0.62)
年份固定效应	是	是	是	是	是	是	是	是
行业固定效应	是	是	是	是	是	是	是	是
可决系数	0.0111	0.0111	0.0765	0.0765	0.0844	0.0844	0.0843	0.0843
观测值个数	4500	4500	2900	2900	2900	2900	2900	2900

注：①***、**、*分别代表双尾检验的统计显著水平为1%、5%与10%；②括号内数值为t值，标准误为稳健标准误；③第（1）列和第（2）列为OLS回归结果；第（3）列和第（4）列为2SLS的回归结果；第（5）列和第（6）列为3SLS的回归结果；第（7）列和第（8）列为迭代3SLS的回归结果；④第（1）列、第（3）列、第（5）列和第（7）列为联立方程模型中第一个方程式的回归结果，第（2）列、第（4）列、第（6）列和第（8）列为联立方程模型中第二个方程式的回归结果。

资料来源：根据国泰安数据库（CSMAR）和中国研究数据平台（CNRDS）数据计算得到。

根据表4-3的估计结果，我们可以推知以下几点结论：

（1）员工平均薪酬与企业效益之间存在互为因果的协同效应。首先，薪酬水平与企业效益间协同效用的方向为正。表4-3中第（3）、第（5）和第（7）列员工薪酬水平（lnAP）的估计系数均显著为正，这表明企业员工的薪酬水平越高，企业的边际利润率会越高；而表4-3中第（4）、第（6）和第（8）列中企业效益（Profit）的估计系数也都显著为正，即企业的边际利润率越高，员工的薪酬水平也会越高。其次，薪酬水平与企业效益间协同效应的大小。表4-3中第（7）列中薪酬水平的估计系数为0.0248，这表明当员工的平均薪酬每增长1%，企业的边际利润率将会提高2.48%；第（8）列中边际利润率的估计系数为9.9397，这意味着当企业的边际利润率每提升一个百分点，那么企业中员工的平均薪酬将会增长9.94个百分点。总之，员工薪酬水平与企业效益之间表现为相互影响、互相促进的协同效应，这是因为一方面，企业的薪酬水平具有激励作用，当薪酬水平提高时，能够激励员工更加努力的工作，企业的生产效率得到提高，进而提升了企业效益。另一方面，企业利润具有利润共享的特征，作为个人利益与企业利益的共同体，当企业的利润有显著提升时，企业利润的分配过程必将惠及企业员工，这就表现为企业员工的薪酬水平得以提升，企业主体和员工主体实现良性互动。据此，本书的假说1被证实。

(2) 企业资产总量与企业效益表现为负相关。表4-3第(7)列的回归结果显示出企业规模(Size)的估计系数为-0.0111,即企业的资产规模每扩大1%,企业的边际利润率将会下降1.11%,企业资产规模与企业利润之间表现为负向关系。这是由于企业的资产总量在一定程度上反映了企业的规模,企业资产规模又能够反映出企业的资本密集程度。在当今互联网金融飞速发展的新时代,企业资本存量越大,代表企业抵御金融资产风险的能力越弱。尤其自2008年金融危机爆发以来,更多的企业选择盘活企业资产,加速资产的流动性,用以抵抗外部金融波动对企业的巨大冲击。

(3) 企业研发人员占总人数的比例与员工平均薪酬表现为正相关。表4-3第(8)列的回归结果中研发人员占比(Rd_staff)的估计系数为0.0129,也就是说企业中研发人员占比每提高一个百分点,员工的薪酬水平将会提高1.29%。一般认为,企业人力资本中研发人员的受教育程度相对高于整体的平均受教育程度,这是由于研发类岗位的技术需求所致。受限于企业内部人力资本数据的不可得,虽然无法精确地衡量研发人员的受教育程度,但是可以将研发人员占比替代员工的受教育程度指标。因此,本书将研发人员占比作为解释员工人力资本水平的重要指标。对员工个人而言,员工提高个人素质对提升其薪酬水平有重要的影响;对企业而言,研发人员占比的提高代表着企业更高的技术创新能力,技术进步对企业效益的提升发挥出不可替代的作用。

(4) 其他控制变量对企业效益的影响。表4-3中第(7)列的回归结果中估计系数显示出:第一大股东持股比例(Top1)与企业边际利润率呈现正相关,即第一大股东持股比例每增加一个百分点,企业边际利润率将提升0.03%;董事会人数(Directors)与企业的边际利润率表现为正相关,即董事会规模每增加一人,企业边际利润率会提升0.18%;监事会规模(Supervisors)与企业边际利润表现为显著正相关,即监事会规模每增加一人,企业边际利润率将会提升0.56%;高管规模(Executives)与企业边际利润率呈现负相关,高管直接参与企业事务的运营与管理,高管规模每增加一人,企业边际利润率将会降低0.12%。但是,上述控制变量中,除了高管规模之外,其他的控制变量的估计系数均不具统计上的显著性,只能给予经济学含义的解释。

(5) 其他控制变量对薪酬水平的影响。从企业的基本特征变量来看,代表企业成长能力的托宾Q值(Tobinq)与员工薪酬水平呈现正相关,托宾Q值每增加一个百分点,员工的薪酬水平将会增长0.66%,这表示越富有成长潜力的企业,越能够为员工支付更高的薪酬水平,只是这种估计结果不具备统计上的显著性。而企业的资产负债率(LEV)与员工的薪酬水平呈现显著的负相关,资产负债率每提高一个百分点,员工的平均薪酬将会下降40.71个百分点,资产负债率越高的企业,往往不能为员工提供更高的薪酬水平。从企业的治理结构来看,企业管理层内部不同职能部门的规模会对平均薪酬产生不同的影响，其中，董事会规模（Directors）和监事会规模（Supervisors）都与平均薪酬呈负相关关系，只是这种估计结果不具备统计上的显著性；而高管的规模（Executives）则与平均薪酬表现为显著的正相关关系，高管规模越大，企业给员工分配的薪酬水平会越高。第一大股东持股比例（Top1）与员工的薪酬水平为正相关，当第一大股东持股比例增加1%，员工的薪酬水平将会提高0.66%，即股权集中度越高，员工薪酬水平会越高。只是这种回归关系不具备统计上的显著性。

二、稳健性分析

稳健性检验是指实证结果是否会跟随模型参数设定的改变而变化，尤其是估计系数的符号和显著性是否会因此改变，以保证实证结果和研究结论的稳定性。本书在实证分析时，通过联立方程模型的设计最大限度地消除内生变量对回归结果的影响。另外利用面板数据进行计量分析时，本书利用固定效应（年份和行业）减少时间变量和行业变动对模型中不可观测因素导致回归结果的标准误。接下来，本书将继续使用不同的计量方法、安慰剂测试和替换变量等方法进行稳健性检验，以便相互佐证，分析前文回归结果的稳定性。

（一）替换不同计量方法

在两方程联立模型（4-1）的回归分析中，本书借鉴泽尔纳和泰尔（Zellner and Theil, 1962）的系统估计方法，分别使用两阶段最小二乘法（2SLS）、三阶段最小二乘法（3SLS）和迭代三阶段最小二乘法对方程组（4-1）进行计量估计，用以检验联立方程组的稳健性。表4-3中第（2）列~第（4）列的回归结果显示，计量回归结果是可靠的，研究结论是稳定的。

（二）安慰剂测试

通过人为地改变模型设定的时间加以检验回归结果的稳健性。员工薪酬与企业效益之间相互影响的协同效应会存在一定的滞后效应。因此，本书对方程式（4-1）进行改进，将薪酬水平和企业效益分别滞后一期再进行计量分析，模型设定如下：

$$\text{Profit}_{ijt} = \rho_{10} + \rho_{11}\ln\text{AP}(-1)_{ij,t-1} + \rho_{12}\text{Size}_{ijt} + \rho_{13}X_{ijt} + \varepsilon_{ijt}$$
$$\ln\text{AP}_{ijt} = \nu_{10} + \nu_{11}\text{Profit}(-1)_{ij,t-1} + \nu_{12}\text{Rdstaff}_{ijt} + \nu_{13}X_{ijt} + \eta_{ijt} \quad (4-2)$$

其中，$\ln\text{AP}(-1)_{ij,t-1}$代表企业 i 位于行业 j 滞后一期的平均薪酬，$\text{Profit}(-1)_{ij,t-1}$代表企业 i 位于行业 j 滞后一期的边际利润率，其他变量符号代表的含义与方程式（4-1）相同。方程式（4-2）的回归结果如表4-4所示，第

(1) 列和第 (2) 列中的估计系数与表 4-3 回归结果中估计系数的符号与显著性保持一致，因此视为通过了安慰剂测试。

(三) 替换核心变量

为了保证实证结果的稳健性，接下来使用替代核心变量方法进行稳健性检验。借鉴已有文献，资产收益率 (ROA) 作为财务性指标反映了企业的资产盈利能力，能够代表企业的绩效表现 (魏刚, 2000; 李增泉, 2000); 全要素生产率 (TFP) 则是包含全部要素的生产性指标, 一定程度上代表了企业的盈利能力 (常亚青和宋来, 2006)。因此，本书分别用资产收益率 (ROA) 和全要素生产率 (TFP) 替代边际利润率指标进行计量回归，用以检验回归结果的稳定与否。其中，全要素生产率的核算方法借鉴鲁晓东和连玉君 (2012) 以及贾内梯等 (Giannetti et al., 2015) 的测算方法，即专门针对中国上市公司数据进行常规 OLS 法核算企业的全要素生产率。稳健性检验的回归结果①见表 4-4。

表 4-4　　　　　　　　　稳健性检验

变量	3SLS_iter_lag (1) Profit	3SLS_iter_lag (2) lnAP	3SLS_iter (3) ROA	3SLS_iter (4) lnAP	3SLS_iter (5) TFP	3SLS_iter (6) lnAP
lnAP(-1)	0.0073** (2.12)					
Profit(-1)		0.0164** (2.47)				
lnAP			0.0385*** (4.84)		0.1240*** (3.50)	
TFP						0.4229** (2.06)
ROA				8.0300** (1.99)		
Size	-0.0043 (-1.36)		0.0041** (2.27)		0.0173* (1.88)	

---

① 安慰剂测试和替换核心变量的详细回归结果见附录。

续表

变量	3SLS_iter_lag (1) Profit	3SLS_iter_lag (2) lnAP	3SLS_iter (3) ROA	3SLS_iter (4) lnAP	3SLS_iter (5) TFP	3SLS_iter (6) lnAP
Rd_staff		0.0162*** (8.12)	−0.0315 (−1.22)			0.0110*** (6.48)
常数项	1.0662*** (11.29)	9.9344*** (23.87)	−0.4197*** (−3.60)	5.5045* (1.90)	−1.9064*** (−3.66)	13.5577*** (27.01)
控制变量	控制	控制	控制	控制	控制	控制
年份固定效应	是	是	是	是	是	是
行业固定效应	是	是	是	是	是	是
可决系数	0.0910	0.0910	−0.2410	−0.2410	0.0440	0.0440
观测值个数	2700	2700	3000	3000	2800	2800

注：① ***、**、*分别代表双尾检验的统计显著水平为1%、5%与10%；②括号内数值为t值，标准误为稳健标准误；③第（1）列和第（2）列为滞后一期后联立方程模型的回归结果；第（3）列至第（6）列为替换核心变量后的回归结果；④第（1）列、第（3）列和第（5）列为联立方程模型中第一个方程式的回归结果，第（2）列、第（4）列和第（6）列为联立方程模型中第二个方程式的回归结果。

资料来源：根据国泰安数据库（CSMAR）和中国研究数据平台（CNRDS）数据计算得到。

表4-4的回归结果显示，第（3）列和第（4）列中的替换变量为资产收益率后联立方程模型中估计系数的符号均显著为正，与前面研究结论一致，可以视为通过了稳健性检验；第（5）列和第（6）列中用全要素生产率作为核心被解释变量进行计量回归后的估计系数的符号与显著性依然与前面结果保持一致，因此也可以视为通过了稳健性检验。

第三节 企业内部不同群体薪酬水平与企业效益间协同效应的比较

前面的实证结果证明了企业员工薪酬水平与企业效益间的协同效应，但是企业内部不同人力资本水平的薪酬与企业效益间的协同效应是否一致，哪些群体的人力资本水平对应的协同效应更强、对企业的利润贡献更大？本书将企业内部的劳动力分为管理者和普通员工，更进一步地分析企业内部不同群体的薪酬水平与企业效益的关系。首先，检验企业内部管理者薪酬与企业效益间的相关关系。其次，检验企业内部普通员工薪酬与企业效益间的相关关系。

一、管理者薪酬水平与企业效益协同效应的估计结果

由前面的实证分析结果可知，企业的平均薪酬水平与企业效益之间存在相互促进的协同效应，即两者之间存在互为因果的相关关系。作为企业内部重要的高水平人力资本（企业家才能），是否也存在这种类似的薪酬水平与企业效益间的协同效应？在该部分实证研究中，本书通过规范的计量方法进一步地探究两者之间的内在联系。

根据两方程联立模型（4-1），我们将企业内部管理者的薪酬水平与企业效益间联立方程式修正为如下形式：

$$\text{Profit}_{ijt} = \varphi_{10} + \varphi_{11}\ln\text{AMP}_{ijt} + \varphi_{12}\text{Size}_{ijt} + \varphi_{13}X_{ijt} + \varepsilon_{1ijt}$$
$$\ln\text{AMP}_{ijt} = \gamma_{10} + \gamma_{11}\text{Profit}_{ijt} + \gamma_{12}\text{Rdstaff}_{ijt} + \gamma_{13}X_{ijt} + \eta_{1ijt} \quad (4-3)$$

其中，$\ln\text{AMP}_{ijt}$ 代表企业 i 位于行业 j 在第 t 期的管理者平均薪酬，联立方程组中第一个方程式的外生变量为企业规模（Size），第二个方程式的外生变量为研发人员占比（Rd_staff），X_{ijt} 代表企业 i 位于行业 j 在第 t 期关于企业的系列控制变量，包括企业的基本特征和治理结构，其他变量代表的含义与方程式（4-1）相同。我们运用系统估计法对方程式（4-3）进行联立方程模型的计量回归分析。回归结果如表4-5所示。

表4-5　　　管理者薪酬水平与企业效益间协同效应的估计结果

变量	OLS (1) Profit	OLS (2) lnAMP	2SLS (3) Profit	2SLS (4) lnAMP	3SLS (5) Profit	3SLS (6) lnAMP	3SLS_iter (7) Profit	3SLS_iter (8) lnAMP
lnAMP	-0.0133** (-2.54)		0.0433 (0.45)		0.0433 (0.46)		0.0402 (0.42)	
Profit		-0.1749** (-2.33)		23.0000 (0.04)		11.2800 (0.09)		11.2779*** (16.32)
Size	0.0042 (1.09)		-0.0131 (-0.44)		-0.0130 (-0.45)		0.0133 (0.45)	
Rd_staff		0.0030*** (2.79)		-0.2760 (-0.04)		0.0016 (0.00)		0.0016 (0.49)
Top1	0.0008*** (2.93)	-0.0034*** (-3.24)	0.0009*** (2.41)	-1.8350 (-0.04)	0.0009** (2.45)	-0.0127 (-0.02)	0.0010** (2.53)	-0.0127*** (-3.89)

续表

变量	OLS (1) Profit	OLS (2) lnAMP	2SLS (3) Profit	2SLS (4) lnAMP	3SLS (5) Profit	3SLS (6) lnAMP	3SLS_iter (7) Profit	3SLS_iter (8) lnAMP
Directors	0.0008 (0.42)	0.0002 (0.03)	0.0013 (0.61)	-2.1520 (-0.04)	0.0013 (0.62)	-0.0107 (-0.00)	0.0006 (0.28)	-0.0107 (-0.46)
Supervisors	0.0024 (0.77)	0.0028 (0.23)	0.0039 (0.96)	-6.2850 (-0.04)	0.0039 (0.97)	-0.0291 (-0.00)	0.0015 (0.37)	-0.0291 (-0.79)
Executives	-0.0015 (-1.17)	0.0330*** (6.84)	-0.0019 (-1.29)	3.6320 (0.04)	-0.0019 (-1.34)	0.0512 (0.02)	-0.0041*** (-2.82)	0.0512*** (3.53)
MH	-0.0393** (-2.44)	-0.4163*** (-6.60)	-0.0303 (-1.35)	85.0900 (0.04)	-0.0302 (-1.37)	0.0162 (0.00)	-0.0109 (-0.49)	0.0162 (0.09)
LEV	-0.0577*** (-3.16)	0.2743*** (3.97)	-0.0439 (-1.47)	120.9000 (0.04)	-0.0441 (-1.53)	0.8850 (0.02)	-0.0866*** (-2.98)	0.8846*** (4.26)
Tobinq	0.0013 (1.21)	-0.0245*** (-6.48)	0.0003 (0.14)	-2.2510 (-0.04)	0.0003 (0.15)	-0.0358 (-0.02)	0.0038* (1.94)	-0.0358*** (-3.11)
常数项	1.1081*** (11.65)	11.8195*** (47.38)	0.7800 (1.38)	8.8432*** (84.26)	0.7770 (1.41)	8.6636*** (85.50)	0.3100 (0.56)	5.1907*** (13.37)
年份固定效应	是	是	是	是	是	是	是	是
行业固定效应	是	是	是	是	是	是	是	是
可决系数	0.1040	0.1040	0.0663	0.0663	0.0663	0.0663	0.0536	0.0536
观测值个数	2900	2900	2900	2900	2900	2900	2900	2900

注：①***、**、*分别代表双尾检验的统计显著水平为1%、5%与10%；②括号内数值为t值，标准误为稳健标准误；③第（1）列和第（2）列为OLS回归结果；第（3）列和第（4）列为2SLS的回归结果；第（5）列和第（6）列为3SLS的回归结果；第（7）列和第（8）列为迭代3SLS的回归结果；④第（1）列、第（3）列、第（5）列和第（7）列为联立方程模型中第一个方程式的回归结果，第（2）列、第（4）列、第（6）列和第（8）列为联立方程模型中第二个方程式的回归结果。

资料来源：根据国泰安数据库（CSMAR）和中国研究数据平台（CNRDS）数据计算得到。

根据表4-5的回归结果，我们可以推知以下几点结论：

1. 管理者薪酬水平对企业效益的影响

首先，从影响方向来看，管理者薪酬水平对企业效益的影响方向为正，但是不具备统计上的显著性。表4-5第（7）列中管理者薪酬（lnAMP）的估计系数为正，这意味着企业内部薪酬水平的激励效应发挥作用，只是这种作用缺乏显著性。其次，从影响强度来看，表4-5第（7）列中管理者薪酬水平（lnAMP）的估计系数为0.0402，表示管理者薪酬每增加一个百分点，企业的边际利润率会提高4.02%。作为企业的高级管理人员，其个人报酬能够体现出自身努力对企业效益的贡献程度。只是现代企业的激励制度更加多元化、具体化，管理者薪酬制度的设计更加精准的评估其贡献程度。一般意义上的管理者薪酬水平仅能代表个人报酬的起点，更大程度匹配管理者个人努力程度和贡献程度的薪酬结构与薪酬形式会在后面章节中继续探讨。整体上来说，虽然管理者薪酬对企业效益影响的回归系数不具备统计上的显著性，但是依然能够在一定程度上解释管理者薪酬估计系数的经济含义，即管理者薪酬水平对企业效益存在正向影响。

2. 企业效益对管理者薪酬水平的影响

一方面，从影响方向来看，企业效益对管理者薪酬的影响方向为正。表4-5第（8）列中边际利润率（Profit）的估计系数显著为正，这显示出企业的边际利润率越高，那么管理者的薪酬水平会越高，两者表现为正相关。另一方面，从影响强度来看，企业效益对管理者薪酬的影响程度深远。表4-5中第（8）列中边际利润率（Profit）的估计系数为11.2779，表示企业的边际利润率每提高1%，管理者的薪酬水平将会上涨11.2779个百分点。利润分享理论论证了企业利润分享的分配机理，高级管理者参与企业生产活动，需要负责统筹生产活动、营销运营、成本控制和售后服务等一系列关乎企业运营各个方面的内容。因此，企业利润分配给企业内部员工时，必然会首先考虑对企业贡献度和影响力较大的管理者群体，联立方程模型的回归结果也给出了佐证。

3. 外生变量对联立方程模型的影响

企业规模（Size）与企业边际利润率的关系表现为正相关，表4-5第（7）列中企业规模的估计系数为正，这表明企业规模越大，其边际利润率会越高，只是不具备统计上的显著性。研发人员占比（Rd_staff）与管理者薪酬表现为正相关，表4-5第（8）列中研发人员占比的估计系数为正，这显示出企业研发人员所占比例更高时，管理者薪酬水平越高。

4. 控制变量对联立方程模型的影响

联立方程模型中控制变量主要分为企业基本特征和企业治理结构，首先来看企业基本特征变量对联立方程模型估计结果的影响。资产负债率（LEV）与企业边际利润率表现为显著负相关，表4-5第（7）列中资产负债率（LEV）的估计系数为-0.0866，这表示企业资产负债率增加1%，企业的边际利润率会下降8.66%；而资产负债率与管理者薪酬水平的关系表现为显著正相关，表4-5第（8）列中资产负债率（LEV）的估计系数为0.8846，表示企业资产负债率增加1%，企业中管理者薪酬水平会增加0.8846倍。代表企业成长能力的托宾Q值

(Tobinq) 与企业边际利润率表现为显著的正相关关系，表 4-5 中第 (7) 列的托宾 Q 值 (Tobinq) 的估计系数为 0.0038，这表示成长能力越强的企业，其企业效益越好；而托宾 Q 值与管理者薪酬水平表现为显著的负相关，表 4-5 中第 (8) 列的托宾 Q 值 (Tobinq) 估计系数为 -0.0358，这显示出成长能力越强的企业，越需要管理者对个人薪酬做出一定程度的让步，企业的整体利益与个人利益之间需要做出权衡取舍。其次，管理者的治理结构也会对联立方程模型估计结果产生不同的影响。企业内部管理层的治理结构一般由董事会、监事会和高管组成，各司其职、相互监督，共同管理企业。根据表 4-5 的回归结果，我们发现董事会规模 (Directors) 与企业边际利润率显示正相关，但是与管理层的薪酬水平表现为负相关；而监事会规模 (Supervisors) 与企业的边际利润率表现为正相关，与管理层的薪酬水平表现为负相关，只是董事会规模、监事会规模的估计结果都不具备统计上的显著性。高管作为直接参与管理企业运营的群体，高管规模 (Executives) 与企业的边际利润率呈现显著负相关，高管人员越多，参与决策的管理人员相对分散，在重大战略选择中易于产生冲突，导致对企业效益造成负面冲击。而高管规模 (Executives) 与管理者的薪酬水平则呈现显著的正相关关系。高管参与个人利益决策，在关乎个人利益的决策时，更多人数的高管会更容易就其个人利益的分配方案达成一致。最后，代表股权集中度的第一大股东持股比例 (Top1) 与企业边际利润率呈现出显著的正相关，与管理者薪酬水平则呈现出显著的负相关。这是因为股权集中度越高，管理者越果断地做出有利于企业发展的决策，这也必然会损害管理者们的个人利益。

二、普通员工薪酬水平与企业效益协同效应的估计结果

接下来，本书继续检验企业内部普通员工的薪酬水平与企业效益间关系。管理者薪酬水平与企业效益间呈现出单向因果关系，而作为企业中具体执行者的普通员工，其薪酬水平与企业效益之间的关系究竟呈现出怎样的变动趋势，本书将继续量化研究。

根据两方程联立模型 (4-1)，本书构建了普通员工薪酬水平与企业效益间的联立方程组，具体形式如下：

$$\text{Profit}_{ijt} = \lambda_{10} + \lambda_{11} \ln\text{AEP}_{ijt} + \lambda_{12} \text{Size}_{ijt} + \lambda_{13} X_{ijt} + \varepsilon_{2ijt}$$
$$\ln\text{AEP}_{ijt} = \delta_{10} + \delta_{11} \text{Profit}_{ijt} + \delta_{12} \text{Rdstaff}_{ijt} + \delta_{13} X_{ijt} + \eta_{2ijt} \quad (4-4)$$

其中，$\ln\text{AEP}_{ijt}$ 代表企业 i 位于行业 j 在第 t 期的普通员工平均薪酬，联立方程组中第一个方程式的外生变量为企业规模 (Size)，第二个方程式的外生变量为研发人员占比 (Rd_staff)，X_{ijt} 代表企业 i 位于行业 j 在第 t 期的系列控制变量，包括了企业的基本特征和治理结构，其他变量代表的含义与方程式 (4-1) 相同。

系统估计法是联立方程模型的计量估计方法,接下来,本书对方程式(4-4)进行估计,回归结果如表4-6所示。

表4-6　　普通员工薪酬水平与企业效益间协同效应的估计结果

变量	OLS (1) Profit	OLS (2) lnAEP	2SLS (3) Profit	2SLS (4) lnAEP	3SLS (5) Profit	3SLS (6) lnAEP	3SLS_iter (7) Profit	3SLS_iter (8) lnAEP
lnAEP	0.0010 (0.32)		0.0861*** (5.28)		0.0861*** (5.36)		0.0861*** (5.36)	
Profit		0.2412* (1.88)		9.7887** (2.14)		10.7981** (2.42)		11.0299** (2.27)
Size	-0.0034 (-1.24)		-0.0117*** (-3.32)		-0.0117*** (-3.37)		-0.0117*** (-3.37)	
Rd_staff		0.0157*** (8.51)		0.0129*** (3.64)		0.0194*** (5.81)		0.0209*** (5.79)
LEV	0.0811 (1.59)	0.0305 (0.09)	0.1827*** (2.96)	-2.3298* (-1.81)	0.1827*** (3.01)	-2.1817* (-1.74)	0.1827*** (3.01)	-2.1480 (-1.57)
Tobinq		0.5638*** (7.87)		1.5956*** (3.13)		1.4097*** (2.84)		1.3669** (2.53)
Directors		-0.0039 (-0.31)		-0.0159 (-0.69)		-0.0068 (-0.33)		-0.0046 (-0.21)
Supervisors		0.0124 (0.62)		-0.0005 (-0.01)		0.0195 (0.60)		0.0241 (0.70)
常数项	1.1084*** (12.63)	9.9124*** (25.01)	2.1645*** (9.94)	0.3610 (0.08)	2.1645*** (10.08)	-0.9570 (-0.21)	2.1645*** (10.08)	-1.2590 (-0.26)
年份固定效应	是	是	是	是	是	是	是	是
行业固定效应	是	是	是	是	是	是	是	是
可决系数	0.0935	0.0935	-0.197	-0.197	-0.197	-0.197	-0.197	-0.197
观测值个数	2600	2600	2600	2600	2600	2600	2600	2600

注:①***、**、*分别代表双尾检验的统计显著水平为1%、5%与10%;②括号内数值为t值,标准误为稳健标准误;③第(1)列和第(2)列为OLS回归结果;第(3)列和第(4)列为2SLS的回归结果;第(5)列和第(6)列为3SLS的回归结果;第(7)列和第(8)列为迭代3SLS的回归结果;④第(1)列、第(3)列、第(5)列和第(7)列为联立方程模型(3-7)中第一个方程式的回归结果,第(2)列、第(4)列、第(6)列和第(8)列为联立方程模型(3-7)中第二个方程式的回归结果。

资料来源:根据国泰安数据库(CSMAR)和中国研究数据平台(CNRDS)数据计算得到。

根据表4-6的回归结果，本书可以推知以下结论：

1. 普通员工薪酬水平对企业效益的影响

首先，从影响方向来看，普通员工薪酬水平对企业效益产生正向影响。表4-6第（7）列的回归结果显示，普通员工薪酬水平（lnAEP）的估计系数显著为正，表明普通员工的薪酬水平越高，企业的边际利润率会越高。其次，从影响强度来看，普通员工对企业效益影响的程度较深。表4-6第（7）列中普通员工薪酬水平（lnAEP）的估计系数为0.0861，这表明普通员工的薪酬水平每增加一个百分点，企业的边际利润率则会提高8.61%。与管理者群体相比，薪酬收入是普通员工的主要收入来源，薪酬水平的激励效果会越发明显。薪酬水平的提高，这会激励普通员工通过更加努力的工作获得更高的薪酬水平，进而间接地导致企业效益得到显著的提升。

2. 企业效益对普通员工薪酬水平的影响

一方面，从影响方向来说，企业效益对普通员工薪酬水平发挥正向影响作用。表4-6回归结果中第（8）列中边际利润率（Profit）的估计系数为正值，这表示边际利润率越高，普通员工的薪酬水平上涨得会越快。另一方面，从影响强度来说，企业效益对普通员工薪酬水平的影响深远。表4-6第（8）列中边际利润率的估计系数为11.0299，这表明企业边际利润率每增加一个百分点，普通员工的薪酬水平会提高11.0299倍。依据利润分享理论，普通员工作为企业重要组成部分，为企业的生产与发展做出一定程度的边际贡献，必然会在分配过程中分享部分的企业利润。因此，普通员工参与企业的利润分成，这就导致企业效益的提升必然会对普通员工薪酬水平有显著的促进作用。

3. 外生变量对联立方程模型的影响

企业规模（Size）与研发人员占比（Rd_staff）分别对联立方程模型估计结果产生不同的影响。其中，企业规模（Size）与企业边际利润率呈现显著的负相关关系，表4-6第（7）列中企业规模的估计系数为-0.0117，这表明企业规模每增加1%，企业的边际利润率会下降1.17%。企业规模用企业总资产的自然对数表示，企业总资产越高，企业生产经营的灵活性就会降低，遇到突发事件和冲击时的周转的速度会变慢，因此企业规模与企业的边际利润率表现为负相关。而研发人员占比（Rd_staff）与普通员工的薪酬水平呈现正相关关系。表4-6第（8）列中研发人员占比的估计系数为0.0209，这表示企业中研发人员所占比例每提高1个百分点，普通员工的薪酬水平会提高2.09个百分点。一方面，企业中研发人员所占比例的提高代表着企业整体上劳动力素质的提升，而人力资本水平往往与个人报酬正相关，进而导致普通员工薪酬水平的提升。另一方面，较高研发人员占比的企业能够代表较强的创新能力，持久的创新能力必然使得员工获得更高的劳动报酬。

4. 控制变量对联立方程模型的影响

资产负债率与企业边际利润率显著正相关，与普通员工薪酬水平负相关。其中，表 4-6 第（7）列中资产负债率（LEV）的估计系数为 0.1827，表示企业的资产负债率每增加一个百分点，企业的边际利润率会提高 0.1827 个百分点；表 4-6 中第（8）列中资产负债率（LEV）的估计系数为负值，这表明资产负债率越高，普通员工的薪酬水平则会越低，只是这种相关关系不具备统计上的显著性。代表企业成长能力的托宾 Q 值（Tobinq）与普通员工薪酬水平显著正相关，这表示成长能力越强的企业，其普通员工的薪酬水平越高。董事会规模（Directors）与普通员工薪酬水平表现为负相关，这表示董事会规模越高，普通员工的薪酬水平则会越低；监事会规模（Supervisors）则与普通员工薪酬表现为正相关，这表示监事会规模越高，普通员工薪酬则会越高。这与治理结构中不同职位的规模和职能有关，董事会代表股东利益，会更加注重企业效益的增长，以此为股东争取更多的分红收益；监事会更强调企业各方利益的平衡，尤其是劳动力要素在企业经营活动中发挥的重要作用。

三、管理者薪酬、普通员工薪酬与企业效益间协同效应的对比分析

通过前面的分析可以看到：管理者薪酬水平与企业效益间的协同效应，和普通员工薪酬水平与企业效益间的协同效应分别呈现出不同的经济特征。更进一步的，本书将企业内部两个不同群体的薪酬水平与企业效益间的协同效应结合起来进行对比分析，深入研究协同效应背后的经济机理。企业的平均薪酬水平与企业效益间存在相互促进的协同效用，这种协同效应可以拆解为企业薪酬水平对企业效益的激励效应和企业效益对薪酬水平的利润分享效应。

（一）薪酬水平对企业效益的激励效应

经济学家们很早就研究薪酬水平对企业效益的激励作用，只是有的经济学理论，例如效率工资理论，认为薪酬水平对企业效益发挥出积极的促进作用；而有的经济学者则从成本视角论证薪酬水平对企业效益的负向影响。就本书的实证研究结果来看，我们可以推知：首先，从薪酬水平对企业效益激励效应的方向来看，管理者薪酬与普通员工薪酬对企业效益的激励效应方向为正，但是管理者薪酬水平对企业效益的正向影响不显著，而普通员工薪酬对企业效益的激励效应显著为正。这表明就薪酬水平这种激励方式而言，普通员工薪酬水平对企业效益的激励作用更明显。这是由于作为高素质人力资本，企业管理者的收入形式更加多元化。企业给予的薪酬水平只是薪酬待遇的起点，管理者更关注的是增长幅度更高、更具备挑战性的其他薪酬形式，比如股权、绩效、政治地位和个人自我价值

的实现。其次，从薪酬水平对企业效益激励效应的强度来看，普通员工薪酬水平对企业效益的激励效应强度远高于管理者薪酬的激励效应。其中，管理者薪酬水平对企业边际利润率影响方程式的估计系数为 0.0402，而普通员工薪酬水平对企业边际利润率影响方程式的估计系数为 0.0806，后者远大于前者。这主要是由于以下两点原因：一方面，从普通员工个人的角度来看，普通员工的薪酬水平是其生活收入的主要经济来源，因此薪酬水平的变动越能激发他们的工作积极性，进而带动企业效益的提升。另一方面，普通员工才是企业运营中各个环节的具体执行者，他们的工作保质保量地完成才能真正地提升企业价值。

（二）企业效益对员工薪酬的利润分享效应

员工薪酬是对企业利润进行分配的重要内容，而企业利润的高低直接关乎员工的薪酬所得。首先，从企业效益对员工薪酬影响的方向来看，企业效益对管理者的薪酬水平和普通员工的薪酬水平都在发挥出正向的作用。根据利润分享理论，进行分配时，企业会将部分利润分配给参与企业生产活动的劳动者。因此作为企业投入的企业家才能要素和劳动要素，管理者和普通员工必然都会参与到企业利润的分配活动中去，共同分享企业利润所得。其次，从企业效益对员工薪酬影响的强度来看，企业效益对管理者薪酬的分享效应强度高于普通员工。具体来说，企业边际利润率对管理者薪酬影响方程式的估计系数为 11.2779，而企业边际利润率对普通员工薪酬影响方程式的估计系数为 11.0299，前者远高于后者。大体来说，全体员工的薪酬完全统一并不是真正意义的公平，机会均等基础上的相对公平才是分配的真正要义。从企业不同要素主体对企业效益边际贡献的角度来看，管理者统筹全局，需要兼顾企业活动的各个环节；而普通员工则依据自身的人力资本优势选择某个岗位执行具体的经营环节。因此，管理者在企业运营活动中做出的边际贡献更大，进而利润分享过程中管理者分享利润的比例会更高。

第五章 企业内部薪酬差距对企业效益影响的实证研究

本章主要利用非参数估计中的门槛回归模型分析方法,研究薪酬差距对企业效益的影响趋势及影响程度。首先,通过运用门槛模型来探究企业内部薪酬差距与企业效益间的影响趋势。其次,从企业层面的异质性特征出发,探究企业内部薪酬差距与企业效益的关系。再次,又从群体异质性特征出发,深入探究企业内部不同群体基于薪酬差距的反应情况,以及对企业效益的影响趋势。最后,本章以管理者内部的薪酬为研究对象,探究管理者内部的薪酬差距与企业效益的变化关系。

第一节 计量模型的设计与典型事实分析

一、计量模型的设计与相关变量

考虑到本章重点考察企业内部薪酬差距与企业效益之间的相关关系,我们选取面板固定效应模型作为基准模型,在原有理论研究和实证研究文献的基础上,构建如下回归模型:

$$\text{Benefit}_{ijt} = \alpha_0 + \alpha_1 \text{PGAP}_{ijt} + \alpha_2 X_{ijt} + \sum \text{Industry} + \sum \text{Year} + \varepsilon_{ijt} \quad (5-1)$$

其中,Benefit_{ijt} 表示企业 i 处于 j 行业在第 t 期的企业效益,用企业边际利润率指标代表,PGAP_{ijt} 表示企业 i 处于 j 行业在第 t 期的内部薪酬差距,$\sum \text{Industry}$ 代表行业固定效应,$\sum \text{Year}$ 代表年份固定效应,ε_{ijt} 代表随机扰动项,X_{ijt} 表示系列控制变量,其中包含了企业规模、员工人数、资产负债率、企业技术水平、独立董事占比等变量。

接下来,为了保证分析的严谨性和全面性,借鉴汉森(Hansen,1999,2000)的门槛模型,结合高良谋和卢建词(2015)和蔡芸等(2019)关于薪酬差距的门槛回归研究方法，本书在方程（5-1）的基础上构建企业内部薪酬差距对企业效益影响的门槛回归模型，该模型可能会包含多个门槛值，具体表达式如下：

$$\text{Benefit}_{it} = \mu_i + \beta_1 \text{PGAP}_{it} * I(\text{PGAP}_{it} \leq \gamma_1) + \beta_2 \text{PGAP}_{it} * I(\text{PGAP}_{it} > \gamma_1) + \beta_3 X_{it} + \varepsilon_{1it} \quad (5-2)$$

其中，Benefit_{it}表示企业 i 在第 t 期的企业效益，用企业边际利润率指标代表，PGAP_{it}表示企业 i 在第 t 期的内部薪酬差距，I(·)代表示性函数，表示以PGAP_{it}为门槛变量划分门槛区间进行非线性回归。X 表示系列控制变量，其中包含了企业规模、员工人数、资产负债率、托宾 Q 值、企业技术水平、独立董事占比等控制企业基本特征的变量。ε_{1it}代表随机扰动项。

本章节涉及的主要变量定义如下：

（1）薪酬差距。本书重点在于度量我国企业内部不同群体薪酬差距，通过分析企业管理层和普通员工这两个群体的内外部薪酬差距，进而刻画企业的内部薪酬差距的现状、影响因素以及发展趋势。大量的文献研究（刘春和孙亮，2010；方军雄，2011）表明，企业内部薪酬差距的测度大体分为水平薪酬差距和垂直薪酬差距两大类。其中，水平薪酬差距主要包括管理层内部绝对薪酬差距和管理层与普通员工绝对薪酬差距两种；垂直薪酬差距主要包括管理层之间相对薪酬差距和管理层与普通员工相对薪酬差距两大类。近年来，随着数据库建设的不断完善和会计制度分录更加明晰，学术界关于企业薪酬差距的定义更加精准。参照法勒和班克等（Faleye et al., 2013；Banker et al., 2016）的实证研究，本书将企业内部薪酬差距定义为相对薪酬差距。具体来说，上述关于薪酬差距的指标具体定义如表 5-1 所示。

（2）企业效益。企业效益采用财务指标衡量企业各项资产的盈利能力。与第四章相同，本章的企业效益指标采用边际利润率，即企业的边际利润与销售收入之比来核算企业效益。

（3）控制变量。为了使实证分析过程更加稳健和准确，本章选用企业规模、企业年龄、资产负债率、员工人数、资产收益率、企业全要素生产率和独立董事占比等指标作为实证回归分析中的控制变量，具体的概念和释义如表 5-1 所示。

表 5-1　　　　　　　　　　主要变量的描述性说明

变量符号	变量名称	指标说明
Benefit	边际利润率	等于（利润 + 销售成本）/销售收入
lnProfit	净利润率	等于 ln(Profit)，其中 Profit 表示企业的年度净利润率

续表

变量符号	变量名称	指标说明
MAWD	管理层间绝对薪酬差距	等于 ln[董事、监事及高管前三名薪酬总额/3 –（董事、监事及高管年薪总额 – 董事、监事及高管前三名薪酬总额）/（董事人数 + 监事人数 + 高管人数 – 独立董事人数 – 未领取薪酬的董事、监事及高管人数）]
MRWD	管理层间相对薪酬差距	等于 [（董事、监事及高管前三名薪酬总额/3）/（董事、监事及高管年薪总额 – 董事、监事及高管前三名薪酬总额）/（董事人数 + 监事人数 + 高管人数 – 独立董事人数 – 未领取薪酬的董事、监事及高管人数）]
MEAWD	管理层与普通职工绝对薪酬差距	等于 ln[（董事、监事及高管年薪总额）/（董事人数 + 监事人数 + 高管人数 – 独立董事人数 – 未领取薪酬的董事、监事及高管人数） –（支付给职工以及为职工支付的现金 – 董事、监事及高管年薪总额）/（员工人数 – 董事人数 – 监事人数 – 高管人数 + 独立董事人数 + 未领取薪酬的董事、监事及高管人数）]
MERWD	管理层与普通职工相对薪酬差距	等于 [董事、监事及高管年薪总额/（董事人数 + 监事人数 + 高管人数 – 独立董事人数 – 未领取薪酬的董事、监事及高管人数）/（支付给职工以及为职工支付的现金 – 董事、监事及高管年薪总额）/（员工人数 – 董事人数 – 监事人数 – 高管人数 + 独立董事人数 + 未领取薪酬的董事、监事及高管人数）]
PGAP	内部薪酬差距	等于 [董事、监事及高管年薪总额/（董事人数 + 监事总规模 + 高管人数 – 独立董事人数 – 未领取薪酬的董、监、高人数）/（应付职工薪酬的变化值 + 支付给职工以及为职工支付的现金 – 董事、监事及高管年薪总额）/（员工人数 –（董事人数 + 监事总规模 + 高管人数 – 独立董事人数 – 未领取薪酬的董、监、高人数））]，即管理层平均薪酬水平/普通员工平均薪酬水平
Size	企业规模	等于 ln（总资产），表示企业的运营规模
LEV	资产负债率	负债总值除以资产总值，表示企业的偿债能力
Nstaff	员工人数	上市公司员工总人数，是指年报中披露的上市公司在册（在职）员工人数
ROA	资产收益率	等于净利润/平均资产总额，其中平均资产总额 =（资产合计期末余额 + 资产合计期初余额）/2
Age	企业年龄	等于企业所在年份 – 企业成立年份
TFP	技术水平	借鉴鲁晓东和连玉君（2012）以及贾内梯等（Giannetti et al., 2015）指标算法测算中国上市公司的全要素生产率，代表企业的技术水平
Indratio	独立董事占比	董事会的独立性，等于独立董事人数/董事人数，按照证监会的基本要求，独立董事占比不得低于1/3
Industry	行业属性	依据中国证监会（CSRC）《上市公司行业分类指引》（2012年版）制定的分类代码进行行业分类

资料来源：根据国泰安数据库（CSMAR）筛选所得。

二、数据来源与典型事实分析

接下来,我们将对本章使用的数据来源进行阐述,并且在计量模型回归前,先进行简单的典型事实分析。

(一) 数据来源

本章使用的数据来自2007~2017年中国国泰安数据库(CSMAR)和中国数据研究平台(CNRDS)的样本数据库。第四章中对本章的数据来源进行了详尽的阐述,此处不再一一赘述。但值得一提的是,本章重点研究薪酬差距对企业效益的门槛效应,考虑到门槛模型实证分析方法对数据的严格要求,本书选取了2007~2017年企业年份与股票代码连续且没有缺失值的样本数据,最后获得了895家企业共计9845个样本观测值的平衡面板数据库。

(二) 描述性统计分析

本书使用的国泰安数据库(CSMAR)和中国研究数据平台(CNRDS)覆盖了中国沪深上市公司的企业,表5-2列出了根据本书研究需要而核算的相关指标的描述性统计。

表 5-2　　　　　　　　各变量的描述性统计表

变量	N	Mean	Sd	Min	p25	p50	p75	Max
Benefit	9845	6.528	724.600	-245.4	0.988	1.001	1.027	118363
lnProfit	9845	18.640	1.676	10.340	17.640	18.560	19.620	26.380
PGAP	9845	8.899	1084	-79106	1.301	2.593	5.468	112480
MAWD	9845	12.150	0.894	7	12	12	13	17
MRWD	9845	3.304	4.061	0	2	3	4	250
MEAWD	9845	11.670	1.042	5	11	12	12	16
MERWD	9845	18.770	893	-33876	2	4	7	102856
Size	9845	21.950	1.521	10.840	20.950	21.760	22.700	30.890
Nstaff	9845	3812	21137	20	557	1180	2398	508168
Age	9845	13.210	6.340	-6	9	13	17	50
ROA	9845	0.920	141.700	-51.950	0.013	0.037	0.067	23510
TFP	9845	-0	0.435	-18.12	-0.177	-0.005	0.183	2.835

续表

变量	N	Mean	Sd	Min	p25	p50	p75	Max
LEV	9845	0.522	2.029	-0.195	0.274	0.446	0.621	142.700
Indratio	9845	0.371	0.055	0.091	0.333	0.333	0.400	1

资料来源：根据国泰安数据库（CSMAR）计算得到。

根据表5-2的数据，我们可以发现以下结论：

(1) 从整体来看，企业效益（Benefit）、企业内部相对薪酬差距（PGAP）、员工人数（Nstaff）、资产收益率（ROA）指标的波动幅度较大，企业与企业之间存在显著的差异性。尤其是代表企业效益的边际利润率标准差为724.600，这表明上市公司的利润情况差别较大，不同企业的生产效率差异性较大。类似地，本章核心解释变量企业内部相对薪酬差距的标准差为1084，这也显示出企业的薪酬差距呈现差异性特征，波动较大。

(2) 从模型中的控制变量和其他替代性指标变量来看，变量的系统性差异较小。水平薪酬差距和垂直薪酬差距指标标准差较小，变量间的波动性较小；薪酬水平类指标，例如企业平均薪酬水平（lnAP）、管理层薪酬水平（lnAMP）和普通员工薪酬水平（lnAEP）不存在显著的系统性差异；剩余的其他控制变量来说，企业规模（Size）、企业年龄（Age）、托宾Q值（Tobinq）、全要素生产率（TFP）、资产负债率（LEV）、独立董事占比（Indratio）指标的描述性统计指标的系统性差异较小，波动较小，不存在显著性差异。

（三）核心变量的简单线性拟合分析

与研究薪酬水平与企业效益关系的过程相类似，在规范、严谨地采用门槛回归方法进行实证分析前，本书先将薪酬差距与企业效益的拟合关系进行简单汇报。首先，以lnBenefit为纵坐标，以PGAP为横坐标画出两两关系的线性拟合散点图，且拟合出线性回归线，如图5-1所示。

图5-1中拟合回归线的斜率为负值，说明当企业内部薪酬差距越大时，企业效益会遭受损失。这在一定程度上代表了薪酬分配公平性对企业效益的影响，但是现代经济学的研究文献显示，运用单一的线性关系描述企业内部薪酬差距与企业效益的关系不够全面和深入。因此，我们在线性拟合的基础上，以lnBenefit为纵坐标，以PGAP为横坐标画出薪酬差距与企业效益非线性拟合关系的散点图，如图5-2所示。

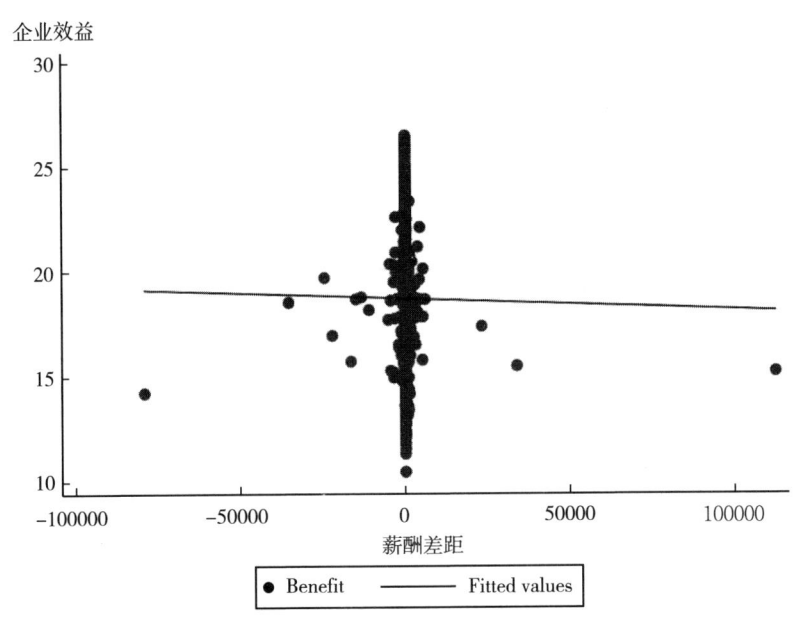

图 5-1 上市公司的企业效益与内部薪酬差距的线性关系

资料来源:根据国泰安数据库(CSMAR)数据绘制。

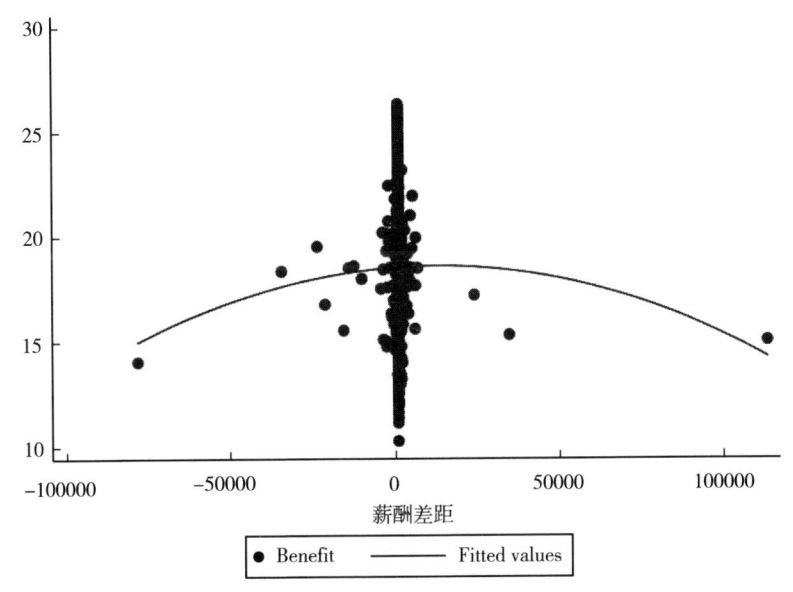

图 5-2 上市公司的企业效益与内部薪酬差距的非线性关系

资料来源:根据国泰安数据库(CSMAR)数据绘制。

图 5-2 中非线性拟合曲线为分区间的倒"U"型关系。在左半区间,拟合

曲线的斜率为正值,这表明当企业内部薪酬差距越大时,企业效益会越好;但是当企业内部的薪酬差距超过阈值点,在右半区间,企业的薪酬差距越大时,这将会损害企业效益。总之,企业内部的薪酬差距与企业效益呈现倒"U"型的非线性关系,这在一定程度上符合前文的研究假设,但这仅是初步的统计分析,更加严谨精准的实证分析过程将在后面的实证分析部分详细阐述。

第二节 估计结果及分析

一、基准回归结果

为了精准地评估企业内部薪酬差距对企业效益的影响,本书先对2007~2017年平衡面板数据进行回归分析,以此作为基准结果以方便后面的对比分析。因此,本书采用双向固定效应模型对方程式(5-2)进行估计,回归结果如表5-3所示。

表5-3　　　　　　　　效益方程的基准估计结果

变量	(1)Benefit	(2)Benefit	(3)Benefit	(4)Benefit	(5)Benefit
PGAP	0.0491***(0.0041)	0.0491***(0.0041)	0.0069**(0.0034)	0.0024***(0.0006)	0.0024***(0.0007)
Size			-5.8727(4.0666)	-4.9274***(0.7804)	-4.2400***(0.8970)
Nstaff			0.0002(0.0006)	0.0002**(0.0001)	0.0002(0.0001)
Age			0.4773(5.2193)	2.7410***(0.9971)	2.7282***(1.0020)
TFP				-1.5697(1.7797)	-1.4203(1.7916)
LEV				-17.8460***(0.4215)	-17.8763***(0.4218)
Indratio				10.8497(15.5163)	9.6156(15.5482)

续表

变量	(1) Benefit	(2) Benefit	(3) Benefit	(4) Benefit	(5) Benefit
常数项	4.4606 (3.0243)	1.7157 (10.0298)	121.2835 (101.0755)	90.5936*** (20.2042)	101.0543*** (22.1052)
Year	No	Yes	Yes	Yes	Yes
Industry	No	Yes	Yes	Yes	Yes
Observations	9845	9845	9845	9845	9845
R-squared	0.0041	0.0043	0.3186	0.9752	0.9752
企业数目	895	895	895	895	895

注：①***、**、*分别代表双尾检验的统计显著水平为1%、5%与10%；②括号内数值为标准误差值，标准误为稳健标准误；③第（1）列为没有年份固定效应和行业固定效应的面板回归结果；第（2）列为使用年份固定效应和行业固定效应的面板回归结果；第（3）列、第（4）列和第（5）列为逐渐加入控制变量的面板回归结果。

资料来源：根据国泰安数据库（CSMAR）计算得到。

根据表5-3的基准估计结果，我们可以推知以下几点结论：首先，企业内部薪酬差距对企业效益影响的方向显著为正。表5-3第（1）~第（5）列回归结果中薪酬差距（PGAP）的估计系数均在1%水平上显著为正值，表明企业内部薪酬差距显著地提升了企业效益，这在一定程度上支持了锦标赛理论。其次，企业内部薪酬差距对企业效益的激励效应强度较大。表5-3第（5）列中薪酬差距（PGAP）的估计系数为0.24%，这表明当薪酬差距每增加1倍，企业的边际利润率将会提高0.24个百分点，即企业效益得到显著的提升。最后，从其他控制变量的估计结果来看，表5-3第（5）列中员工总人数、企业年龄、独立董事占比、管理层薪酬水平的估计系数为正；而企业规模、技术水平、资产负债率、员工平均薪酬的估计系数为负。由于面板估计结果仅作为基准估计结果，因而此处控制变量估计系数显著与否，不做赘述。

二、效益方程的门槛估计结果

根据上一节门槛模型的定义及设计要求，在方程式（5-2）的基础上，本书设计了一组关于效益方程的门槛模型。计量回归过程中本书使用自举法（bootstrap）搜索每个模型中的门槛值，并且用F检验和P值检验最适用于薪酬差距对企业效益影响的门槛模型。如果线性面板模型为最优模型的原假设被拒绝后，则说明非线性单门槛模型的原假设被接受。对于门槛模型的门槛区间，我们再依次进行检验，如果薪酬差距的双门槛模型为最优模型的原假设被拒绝后，则证明了单门槛模型的原假设被接受；如果薪酬差距三门槛模型为最优模型的原假设被拒绝后，则证明双门槛模型的原假设就被接受。对于下面的三种门槛模型，我们重点汇报以下两点：一是门槛变量为企业内部薪酬差距是否存在门槛值，其对应的门槛区间范围如何；二是解释变量为企业内部薪酬差距时，门槛区间对应条件下企业内部的薪酬差距对企业效益的影响结果如何。具体来说，三种门槛模型表达式如下所示：

企业内部薪酬差距的单门槛模型：

$$\text{Benefit}_{it} = \mu_i + \beta_1 \text{PGAP}_{it} * I(\text{PGAP}_{it} \leq \gamma_1) + \beta_2 \text{PGAP}_{it} \\ * I(\text{PGAP}_{it} > \gamma_1) + \beta_3 X_{it} + \varepsilon_{1it} \quad (5-3)$$

企业内部薪酬差距的双门槛模型：

$$\text{Benefit}_{it} = \mu_i + \beta_1 \text{PGAP}_{it} * I(\text{PGAP}_{it} < \gamma_1) + \beta_2 \text{PGAP}_{it} * I(\gamma_1 \leq \text{PGAP}_{it} < \gamma_2) \\ + \beta_3 \text{PGAP}_{it} * I(\text{PGAP}_{it} \geq \gamma_2) + \beta_4 X_{it} + \varepsilon_{2it} \quad (5-4)$$

企业内部薪酬差距的三门槛模型：

$$\text{Benefit}_{it} = \mu_i + \beta_1 \text{PGAP}_{it} * I(\text{PGAP}_{it} < \gamma_1) + \beta_2 \text{PGAP}_{it} * I(\gamma_1 \leq \text{PGAP}_{it} < \gamma_2) + \beta_3 \text{PGAP}_{it} \\ * I(\gamma_2 \leq \text{PGAP}_{it} < \gamma_3) + \beta_4 \text{PGAP}_{it} * I(\text{PGAP}_{it} \geq \gamma_3) + \beta_5 X_{it} + \varepsilon_{3it} \quad (5-5)$$

接下来，本书利用卡纳和汉森（Caner and Hansen，2001，2004）的检验方法，综合考虑原假设检验的 F 值和 P 值用以选择最优门槛模型。实证回归过程中，本书自举 300 次，得到模拟后的 F 值和 P 值，门槛变量为薪酬差距的检验结果如表 5-4 所示。

表 5-4　效益方程的最优门槛模型检验结果（门槛变量为薪酬差距）

假设检验	F 值	P 值	临界值			检验结果
			1%	5%	10%	
单一门槛	11.0800	0.0200	15.1198	3.9583	3.0913	拒绝
双重门槛	18.2900	0.1400	28.5579	23.5675	19.2069	不拒绝

资料来源：根据国泰安数据库（CSMAR）计算得到。

表 5-4 的检验结果显示，门槛变量为企业内部薪酬差距时，薪酬差距对企业效益的影响存在门槛效应。在单一门槛假设检验中，在 1% 显著水平下，F 值和 P 值的检验结果都显著地拒绝线性模型优于单门槛的原假设；进一步来看，在双重门槛假设检验中，F 值和 P 值的检验结果都显著地不拒绝双重门槛模型优于单门槛模型。因此，效益方程的单门槛模型是最优表达形式，薪酬差距存在单一门槛值 7.6718，它将薪酬差距的激励作用分为两个作用机制。薪酬差距门槛模型的回归结果报告如表 5-5 所示。

表5-5 效益方程的门槛模型估计结果（门槛变量为薪酬差距）

变量	(1) FE panel model	(2) single threshold model
PGAP	0.0024*** (0.0006)	
0b._cat#c.PGAP		0.00208*** (0.0000)
1._cat#c.PGAP		-0.00127*** (0.0000)
Size	-4.9274*** (0.7804)	0.5979*** (0.0134)
Nstaff	0.0002** (0.0001)	0.0000*** (0.0000)
Age	2.7410*** (0.9971)	0.0013 (0.0018)
TFP	-1.5697 (1.7797)	0.2567*** (0.0683)
LEV	-17.8460*** (0.4215)	0.0278*** (0.0089)
Indratio	10.8497 (15.5163)	-0.3037* (0.1723)
常数项	90.5936*** (20.2042)	2.9451*** (0.2993)
Observations	9845	9845
R-squared	0.9752	0.2925
企业数目	895	895

注：①***、**、*分别代表双尾检验的统计显著水平为1%、5%与10%；②括号内数值为稳健标准误；③第（1）列为效益方程的线性面板模型的估计结果，第（2）列为单门槛模型估计结果，方便对比分析。

资料来源：根据国泰安数据库（CSMAR）计算得到。

根据表 5-5，我们可以推知以下几点结论：

（1）从影响方向来看，企业内部薪酬差距对企业效益的影响存在门槛效应。表 5-5 第（1）列线性面板模型中薪酬差距的估计系数显著为正，表明企业内部薪酬差距与企业效益呈现正相关关系，薪酬差距越大，企业效益越好；但是表 5-5 第（2）列门槛模型中薪酬差距对企业效益的影响存在显著门槛效应，即在不同的薪酬差距区间中，薪酬差距的估计系数在不同阶段表现为不同的影响方向。当企业内部的薪酬差距较小时，薪酬差距与企业效益呈现显著正相关关系；当企业内部薪酬差距较大时，薪酬差距与企业效益则表现为显著的负相关关系，两者之间的相关关系显示出非对称性的方向特征。

（2）从影响强度来看，企业内部薪酬差距对企业效益的影响强度在不同的薪酬区间表现出不同程度的影响。效益方程的最优门槛检验结果显示，薪酬差距的单门槛值为 7.6718，即单门槛值将薪酬差距划分为不同的门槛区间。表 5-5 中第（2）列中薪酬差距（PGAP）的估计系数显示，当薪酬差距小于等于 7.6718 时，薪酬差距每提高一个百分点，企业效益则会显著地提升 0.208%；当薪酬差距大于 7.6718 时，薪酬差距每提高 1 个百分点，则会导致企业效益显著地下降 0.127%。薪酬差距对企业效益的影响分区间地呈现出不同强度的影响效应。

综上所述，企业内部薪酬差距与企业效益呈现出先升后降的倒"U"型变动趋势，据此，本书的假说 2 被证实。

（3）从控制变量的估计结果来看，企业的不同特征指标对企业效益的影响各不相同。企业规模（Size）对企业效益的影响显著为正，表明代表企业规模的企业总资产量越大，企业效益则会越高。这是因为企业总资产量越大，代表企业对抗风险和不确定性的能力越强，因此企业总资产量与企业效益呈现同方向变动关系。员工人数（Nstaff）与企业效益的关系也呈现出正相关，企业员工人数越多，能为企业创造价值的劳动价值会越高，企业会有更好的绩效表现。企业年龄（Age）对企业效益的影响为正，企业年龄越大，代表企业经历的经济周期越长、生产经验更为丰富，只是这种相关关系不具备统计上的显著性。企业技术水平（TFP）对企业效益的影响显著为正，技术水平越高、创新能力越强的企业往往会有更好的绩效表现。资产负债率（LEV）也呈现出对企业效益的显著正向影响，资产负债率越高的企业，往往代表其处于生产扩张的时间周期，此时的财务杠杆压力较大，但是往往也代表着企业处于上升期，生产经营能力在提高，因此会对企业效益有正向作用。独立董事占比（Indratio）与企业效益的关系则呈现出显著的负相关关系，董事会职能分化理论认为，企业法人的根本目标是利润最大化，因此优化管理层的权利配置是极其必要的，而独立董事的设置的出发点就在于平衡企业经营过程中的管理层权力。中国的上市公司在实际运营过程中，对独立董事的制度设计采取的是许可态度,而独立董事占比[①]的设置并非越高越好,回归结果显示,超过合理范围的独立董事占比越高,反而会损害企业效益。

总而言之,企业薪酬差距对企业效益的影响表现为非对称激励效应。产生这种经济现象的原因在于以下两点:其一,当薪酬差距控制在较低范围内时,企业内部不同群体之间适当的薪酬差距能够激发全部员工的工作积极性,使其更加努力地工作以追赶内部的薪资差距,提升员工个人的薪酬水平,进而能够显著地提升企业效益。此时,企业内部的薪酬差距发挥出正向激励效应。其二,当企业内部的薪酬差距持续扩大,甚至超过能够承受的合理范围时,薪酬差距的增加将会给员工带来强烈的不公平感,这将不利于企业内部各部门间的分工协作,进而会损害企业效益。此时,企业内部的薪酬差距显示出负向激励效应。

三、稳健性分析

为了保证研究结果的严谨性和可靠性,本节通过以下几种方法进行稳健性分析,检验实证分析结果稳健与否。

(一) 非参数估计法

门槛模型由于在模型设计环节所作的假定较为严格,可能会产生"设定误差"(specification errors)。近年来逐渐流行的非参数估计法成为一种更为稳健的计量研究方法。考虑到本书的模型设定,我们使用非参数估计法作为稳健性检验的方法之一。

首先,需要对总体数据的具体分布形式进行核密度估计。根据罗森布拉特(Rosenblatt,1956)提出的核密度估计法(kernel density estimation),我们可以得到符合一致性、渐进正态性的分布估计。对本书收集自国泰安数据库(CSMAR)的总体数据进行核密度估计,结果如图5-3所示。

核密度估计结果显示,总体数据的分布呈现出渐进正态性特征。接下来,本书将进行企业内部薪酬差距对企业效益影响的核密度回归。参照罗森布拉特(Rosenblatt,1956)的研究,在100个等距离网格点内,我们利用伊凡柯尼科夫核($k=3$)进行核密度回归估计,横坐标轴为解释变量企业内部薪酬差距的网格点,纵坐标轴为对应的核密度回归值,回归结果如图5-4所示。

[①] 中国证监会对中国上市公司的独立董事占比有严谨规范的法律制度要求,根据《关于在上市公司建立独立董事制度的指导意见》,明确要求上市公司中董事会成员应当包括至少三分之一的独立董事人数。

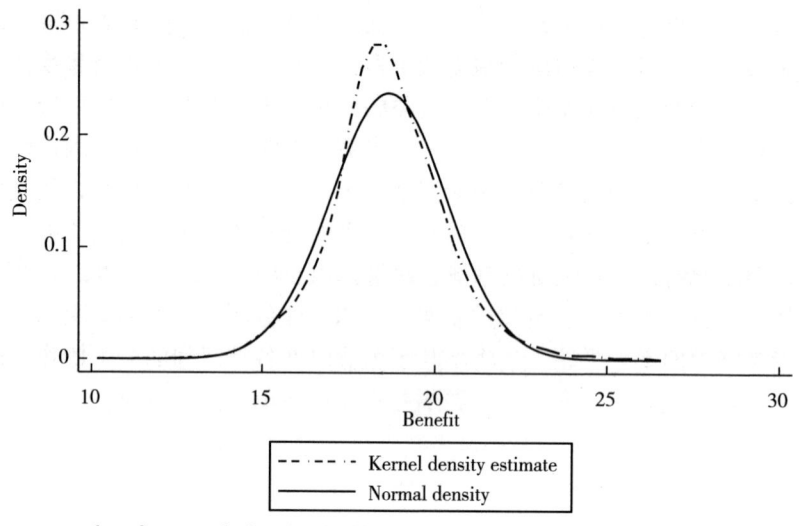

图 5 - 3　总体数据的核密度估计结果

资料来源：根据国泰安数据库（CSMAR）数据绘制。

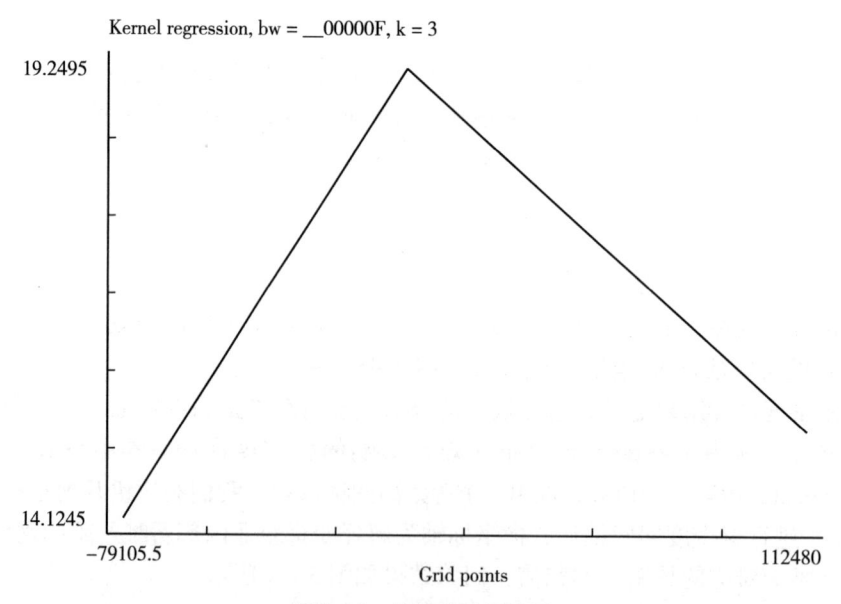

图 5 - 4　核密度回归结果

资料来源：根据国泰安数据库（CSMAR）数据绘制。

核密度回归结果显示，薪酬差距对企业效益的影响具有非对称性特征。一方面，在薪酬差距较小的变动区间，薪酬差距与企业效益呈现出同方向变化关系；

另一方面，当薪酬差距超过一定范围，再持续扩大的薪酬差距则与企业效益呈现出反方向变动关系。更改计量研究方法后的回归结果与前面门槛模型的估计结果基本保持一致，可以认为通过了稳健性检验。

(二) 控制解释变量的内生性问题

考虑到薪酬差距与企业效益等变量间可能会存在内生性偏误，因此，本书将滞后一期的薪酬差距作为新的解释变量来控制门槛模型中的内生性问题。表5-6中第（1）列的估计结果显示，滞后一期的薪酬差距的估计系数仍呈现出非对称性的激励特征，与前面的研究结论一致。

表5-6　　　　　　　　　其他稳健性分析结果

变量	(1) lag model	(2) lnProfit
0b._cat#c. lagPGAP	0.0018 ** (0.0000)	
1._cat#c. lagPGAP	-0.0026 *** (0.0000)	
0b._cat#c. PGAP		0.0017 *** (0.0000)
1._cat#c. PGAP		-0.0009 *** (0.0000)
Size	0.6283 *** (0.0138)	0.6225 *** (0.0133)
Nstaff	0.0000 *** (0.0000)	0.0000 *** (0.0000)
Age	-0.0001 (0.0019)	-0.0010 (0.0017)
TFP	0.2312 *** (0.0644)	0.2531 *** (0.0662)
LEV	0.0234 ** (0.0097)	0.0297 *** (0.0084)
Indratio	-0.2467 (0.1760)	-0.3040 * (0.1691)

续表

变量	(1) lag model	(2) lnProfit
常数项	2.4871 *** (0.3103)	2.6492 *** (0.2877)
Observations	9845	9845
R - squared	0.3131	0.3202
企业数目	895	895

注：① ***、**、*分别代表双尾检验的统计显著水平为1%、5%与10%；②括号内数值为稳健标准误；③第（1）列为解释变量薪酬差距滞后一期的门槛模型估计结果，第（2）列为替换核心被解释变量的门槛模型估计结果。

资料来源：根据国泰安数据库（CSMAR）计算得到。

（三）替换核心被解释变量

由于数据中指标之间可能会存在偏误，为此我们将用企业的年度净利润的对数值（lnProfit）代表企业效益，替代核心被解释变量重新进行门槛模型的回归分析。表5-6中第（2）列的回归结果表明，企业内部薪酬差距对企业净利润的影响也类似的具有门槛特征；即薪酬差距较小时，薪酬差距对企业净利润发挥出正向激励作用；但是薪酬差距持续扩大后，薪酬差距将会对企业净利润产生负向激励作用，这表明较大的薪酬差距会损害企业效益。总之，替换核心被解释变量后的门槛回归结果与前文保持一致，表明门槛模型的回归结果具有稳健性。

（四）似然比检验

汉森（Hansen，1999）提出了似然比检验法作为检定方式之一。统计量 LR(γ) 的渐近分布并非标准，却可以利用累积分布函数 $(1-e^{-x/2})^2$，计算出临界值水平，进而得出置信区间。因此，似然比统计量的检验可以作为稳健性的检验方法之一。薪酬差距为门槛变量的似然比统计量（LR）检验图如图5-5所示。由此，我们可以推知，在临界值1%、5%和10%显著性水平上单门槛值通过了似然比检验。

总体来说，更改研究方法（核密度回归）、控制解释变量的内生性问题、替换核心被解释变量和似然比检验得到的估计结果基本与门槛模型的主回归结果相一致，这表明了门槛模型估计结果的稳健性和可靠性。

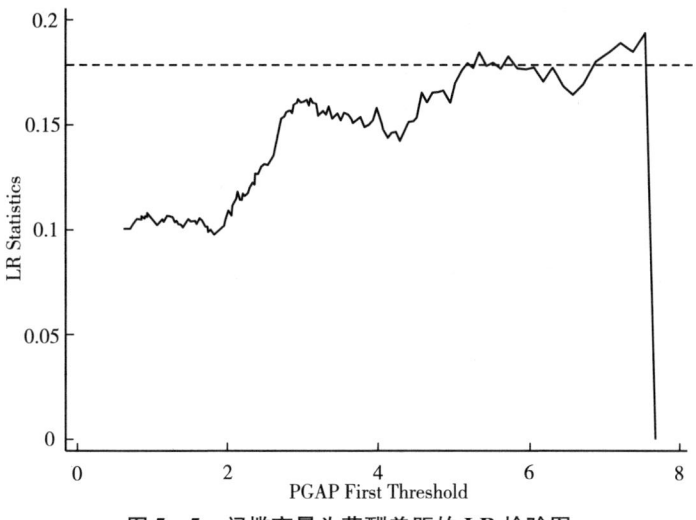

图 5-5　门槛变量为薪酬差距的 LR 检验图

资料来源：根据国泰安数据库（CSMAR）数据绘制。

四、企业薪酬差距与企业效益之间倒"U"型关系的实证检验

在已有收入差距的研究中，国内外学者就收入差距与经济增长的关系进行了系统的论述。国外已有研究中，西蒙·库兹涅茨（Kuznets，1955）以美国经济实体数据为研究样本，细致地阐述了收入差距与经济增长的倒"U"型变动关系。国内关于收入差距的研究文献中，陈氏倒"U"型曲线为研究典范[①]。陈氏倒"U"理论刻画了中国改革开放以来收入差距的变动规律及相关问题，研究结果显示出社会总体差别的变动趋势呈现出先上升后下降的特点。城乡二元体制下的陈氏倒"U"理论，解释了中国收入分配的变动情况，论证了中国公有制经济中收入分配差距与经济增长之间的倒"U"型变动关系。计量分析结果显示，收入差别下降主要是由于三大因素的改进：制度因素、劳动差别、社会保障（陈宗胜，1991a，1991b，1991c，1994，1997；陈宗胜、周云波，2001，2002；陈宗胜等，2018）。学者们的研究结果显示，薪酬差距与企业效益之间存在门槛值，且薪酬差距在不同变动区间内对企业效益的影响方向由正值变为负值。为此，本书

---

① 陈氏倒"U"理论起始于中国改革开放初期，陈宗胜结合中国特殊国情，提出公有经济收入差别的倒"U"理论，即在公有制为主导的经济发展过程中，倒"U"轨迹的前半区间，会呈现出阶梯状的上升趋势；当经济增长至中等水平，则会呈现出缓慢的下降趋势。与西蒙·库兹涅茨（1995）的倒"U"曲线相比较是存在差异的，陈宗胜认为中国的倒"U"曲线是基于公有经济制度的模型，可以解释中国收入分配的变动状况，美国经济学家库兹涅茨则是以私有制经济为研究对象，得出的库氏私有经济收入差别曲线，其中基本的影响因素不同，特别地，私有资本积累是扩大收入差别的，而公有经济积累则是缩小不平等的，如此等等的影响必然会导致不一致的曲线。

将在此基础上更进一步地使用严谨有效的计量方法研究企业内部的薪酬分配与企业发展之间的变动关系。

接下来，本书使用包含薪酬差距二次项的面板固定效应模型，并且逐渐增加薪酬差距的一次项、企业特征的控制变量和治理特征的控制变量以保证估计结果的全面性和稳健性。首先，本书构建以下模型用以研究企业内部薪酬差距与企业效益的关系：

$$\text{Benefit}_{ijt} = \psi_0 + \psi_1 \text{PGAP}_{ijt}^2 + \psi_2 \text{PGAP}_{ijt} + \psi_3 X_{ijt} + \sum \text{Industry} + \sum \text{Year} + \varepsilon_{ijt} \quad (5-6)$$

方程式（5-6）中，Benefit_{ijt} 表示企业 i 处于行业 j 在第 t 期的企业效益，用边际利润率指标代表企业效益；PGAP_{ijt}^2 表示企业 i 处于行业 j 在第 t 期的二次项；PGAP_{ijt} 代表企业 i 处于行业 j 在第 t 期的一次项；X_{ijt} 代表企业 i 处于行业 j 在第 t 期的系列控制变量[①]。$\sum \text{Industry}$ 和 $\sum \text{Year}$ 代表分别控制行业和年份的固定效应；ε_{ijt} 代表随机干扰项。在对模型（5-6）进行豪斯曼检验后，使用固定效应模型进行计量回归，具体的估计结果如表 5-7 所示。

表 5-7　　　　薪酬差距与企业效益倒"U"型关系估计结果

变量	(1) Benefit	(2) Benefit	(3) Benefit	(4) Benefit
PGAP_square	-0.0380*** (0.0044)	-0.0723*** (0.0048)	-0.0093** (0.0040)	-0.0016** (0.0008)
PGAP		0.0763*** (0.0044)	0.0102*** (0.0037)	0.0030*** (0.0007)
Size			-1.2461 (4.0690)	-4.9387*** (0.7803)
Nstaff			-0.0000 (0.0006)	0.0002** (0.0001)
Age			-2.2601 (5.2084)	2.7413*** (0.9971)
LEV			30.7629*** (2.1859)	-17.8498*** (0.4215)

---

① 该方程式的控制变量与门槛模型中的控制变量相一致，此处不再赘述。

续表

变量	(1) Benefit	(2) Benefit	(3) Benefit	(4) Benefit
ROA				5.0469*** (0.0052)
TFP				-1.5820 (1.7796)
Indratio				10.8745 (15.5157)
常数项	2.0923 (10.0399)	1.5067 (9.9990)	26.4260 (101.0263)	90.8254*** (20.2037)
Industry FE	No	Yes	Yes	Yes
Year FE	No	Yes	Yes	Yes
Observations	9845	9845	9845	9845
R-squared	0.0023	0.0105	0.3224	0.9752
Number of stkcd	895	895	895	895

注：①***、**、*分别代表双尾检验的统计显著水平为1%、5%与10%；②括号内数值为稳健标准误；③第（1）列为仅有薪酬差距二次项的效益方程估计结果；第（2）列为包括薪酬差距二次项和一次项的效益方程估计结果；第（3）列为增加部分控制变量后效益方程的估计结果；第（4）列为增加全部控制变量后效益方程的估计结果。

资料来源：根据国泰安数据库（CSMAR）计算得到。

根据表5-7的回归结果，我们可以推知以下结论：

（1）薪酬差距对企业效益的影响呈倒"U"型关系。表5-7中第（1）~第（4）列估计结果中薪酬差距二次项（PGAP_square）的估计系数均显著为负值，这表明薪酬差距与企业效益的关系表现为倒"U"型曲线，呈现出先增长后下降的变动趋势。这种变动趋势下必然存在拐点，对应的薪酬差距将会对应企业效益的极大值；超过拐点后，持续扩大的薪酬差距将会损害企业效益，导致倒"U"型曲线后半段的下降趋势。

（2）薪酬差距具有非对称的激励效应。在倒"U"型轨迹的前半区间，企业内部的薪酬差距发挥正向激励作用；倒"U"型轨迹的后半区间，公平对企业发展的重要性开始凸显，此时持续扩大的薪酬差距将会破坏员工参与生产活动的积极性和主动性，进而会损害企业效益。上述结论论证了康奈利等（Connelly et al., 2014）以及高良谋和卢建词（2015）的观点，也再次佐证了前面实证结果中企业内部薪酬差距与企业效益存在非线性的门槛效应，即企业内部薪酬差距与企业效益的倒"U"型曲线变动关系。

第三节 企业薪酬差距对企业效益影响的异质性特征

前面的实证结果论证了企业内部薪酬差距对企业效益的影响存在非对称的激励效应。薪酬差距源自企业不同薪酬水平和不同群体之间所得薪资的比较,因此基于企业薪酬水平的异质性特征和参与薪酬分配过程的不同群体异质性特征进行门槛模型的回归分析有重要意义。接下来,本书将从企业层面和群体层面继续研究企业内部的薪酬差距对企业效益的异质性影响。

一、基于企业层面异质性的估计结果

为了更加深入地探讨企业内部薪酬差距对企业效益的影响,我们将首先重点考察企业层面的薪酬异质性特征条件下,薪酬差距对企业效益的非对称激励效应是否依然存在。

整体而言,我们会将社会层面的收入人群根据薪酬所得将其简单地划分为高收入者、中等收入者和低收入者。因此,如果在企业层面考察薪酬差距对企业效益的影响,需要考虑不同等级的企业在面对薪酬差距时,企业的生产运营和治理考核中是否会发挥出不同的激励作用。在门槛模型的实证回归过程中,本书综合运用F值和P值检验门槛模型中的门槛值个数以及解释变量的估计结果。如果检验结果拒绝线性模型优于单门槛模型的原假设,则证明单门槛模型为最优门槛模型;如果检验结果拒绝单门槛模型优于双门槛模型的原假设,则证明双门槛模型为最优模型;依次推知,如果检验结果拒绝双门槛模型优于三门槛模型的原假设,表明三门槛模型为最优模型。参考前文门槛模型方程式(5-3)~方程式(5-5),本书将对效益方程的企业异质性门槛模型组进行回归分析。运用卡纳和汉森(Caner and Hansen, 2001, 2004)的门槛模型估计、检定方法,效益方程组在自举300次后获得模拟F值、P值,门槛变量为企业平均薪酬水平、区间变量为企业内部薪酬差距的最优门槛模型检验结果如表5-8所示。

表5-8 效益方程的最优门槛模型检验结果(门槛变量为企业平均薪酬水平)

假设检验	F值	P值	临界值 1%	临界值 5%	临界值 10%	检验结果
单一门槛	2.5700	0.0400	11.2367	1.8833	1.1145	拒绝
双重门槛	1.2400	0.2400	20.0124	7.0257	2.2254	不拒绝

资料来源:根据国泰安数据库(CSMAR)计算得到。

根据表 5-8，我们认为，在区间变量为企业薪酬差距、门槛变量为企业平均薪酬水平条件下，企业薪酬差距依然对企业效益的影响存在门槛效应。在线性模型优于单门槛模型的原假设中，检验结果中 F 值和 P 值均在 1% 显著性水平下拒绝原假设，因此单门槛模型为最优模型。但是，检验结果不拒绝单门槛优于双门槛的原假设。因此，单门槛模型为效益方程的企业异质性门槛模型最优表达形式，且企业平均薪酬水平的门槛值为 11.4819，这表明企业薪酬差距对企业效益的影响存在异质性特征。另外，以企业平均薪酬水平为门槛变量的门槛模型进行似然比检验①，实证结果也佐证了单门槛模型为最优模型的研究结论。基于不同平均薪酬水平的企业，薪酬差距的激励机制将会发挥不同的作用。这种作用将视区间变量划分的区间而定，显示出不同企业间的薪酬激励机制的差异性。具体来说，企业异质性的门槛模型估计结果如表 5-9 所示。

表 5-9　　效益方程的门槛模型估计结果（门槛变量为企业平均薪酬水平）

变量	（1） FE panel model	（2） single threshold model
PGAP	0.0024 *** (0.0006)	
0b._cat#c.PGAP		0.0024 (0.0025)
1._cat#c.PGAP		0.0475 ** (0.0240)
Size	-4.9274 *** (0.7804)	-8.7266 (5.8242)
Nstaff	0.0002 ** (0.0001)	0.0002 (0.0001)
ROA	5.0470 *** (0.0052)	5.0464 *** (0.0061)
LEV	-17.8460 *** (0.4215)	-17.9802 *** (4.3177)
Indratio	10.8497 (15.5163)	

---

① 门槛变量为企业平均薪酬水平（企业层面）的似然比检验图详见附录，在此不一一赘述。

续表

变量	(1) FE panel model	(2) single threshold model
Age	2.7410 *** (0.9971)	
TFP	-1.5697 (1.7797)	
常数项	90.5936 *** (20.2042)	105.4703 (65.5848)
Observations	9845	9845
R-squared	0.9752	0.9751
Number of stkcd	895	895

注：①***、**、*分别代表双尾检验的统计显著水平为1%、5%与10%；②括号内数值为稳健标准误；③第（1）列为效益方程的线性面板模型的估计结果，第（2）列为基于企业层面异质性的单门槛效益方程估计结果。

资料来源：根据国泰安数据库（CSMAR）计算得到。

根据表5-9的估计结果，本书得到以下结论：

（1）以企业平均薪酬为门槛变量前提下，薪酬差距对企业效益的作用存在门槛效应，但分区间的门槛效应方向都为正。第（2）列中薪酬差距（PGAP）的估计系数都为正值，这表明从异质性的视角出发，给员工支付较低薪酬水平的企业中薪酬差距与企业效益的关系表现为正相关；相类似地，给员工支付较高薪酬水平的企业中薪酬差距与企业效益的关系也呈现出正相关关系。

（2）与平均薪酬水平较低的企业相比，平均薪酬更高企业的薪酬差距激励作用更为显著。表5-9第（2）列中以企业平均薪酬水平（lnAP）为门槛变量条件下，薪酬差距（PGAP）分区间的估计系数分别为0.0024和0.0475，这表明当企业为员工支付的平均薪酬位于（-2.6530，11.4819）区间内变动时，企业内部薪酬差距每增加1倍，企业效益将会提升0.24%。这显示出企业内部薪酬差距具有激励作用，只是不具备统计上的显著性；当企业为员工支付的平均薪酬处于（11.4819，11.2700）区间内变化时，企业内部的薪酬差距每增加1倍，那么企业效益则会显著地提升4.75%。通过对比不同薪酬水平下，企业薪酬差距对企业效益影响的估计系数发现，处于较高薪酬水平的企业虽然表面上为员工提供了更高的薪资待遇，为企业生产运营支付了更高的劳动成本，但是实际上这类企业往往获得了更高的企业效益，个人利益与企业效益良性循环，实现了个人理性和集体理性相统一。从经济学的研究视角来说，这种经济现象主要基于以下两点原因：其一，基于优胜劣汰的竞争法则，在劳动力市场中，给予更优薪资待遇的企业往往能够吸引更优秀的人才。具有较高素质、拥有更高学历水平以及具有丰富工作经验的人才被吸引至企业中，产生的集聚效应会映射到企业生产运营各个环节，为企业带来更好的绩效表现。其二，薪酬是检验企业实力的试金石。基于利润分享理论，更具竞争优势的企业会更愿意将其部分利润所得分享给企业员工，为员工提供优异的薪资待遇、合理的考核晋升机制、相对公平的竞争机会。这种机会均等条件下的治理结构将会对企业产生有利的影响，合理范围内的薪酬差距越能激发员工的积极性，激励其投入更多的时间成本参与企业的生产活动，为企业创造更高的价值。

（3）从单门槛模型中控制变量对企业效益的影响来看，各个控制变量呈现出不同的特征。表5-9第（2）列的回归结果中资产负债率（LEV）的估计系数显著为负，当企业的资产负债率越高时，表示因企业的扩大再生产而投放的负债较高，现金流动会受到限制，财务束紧运营条件下的企业会因此受到冲击，进而会损害企业效益。而在代表企业基本特征指标中，企业规模（Size）与企业效益表现为负相关关系，员工总人数（Nstaff）则与企业效益呈现出正相关关系。代表企业总资产量的企业规模越大，意味着运营管理更加复杂、支付的财务成本会更高，此时提升企业利润会步履维艰。增加参与企业生产运营过程的员工总人数时，这代表企业处于生产扩张周期，极具未来发展潜力的企业会对应更好的绩效表现。

概而言之，上述内容论证了这两点结论：其一，在企业内部的劳动力要素配置过程中，薪酬都发挥出了激励作用。虽然企业的平均薪酬水平会分区间影响薪酬差距与企业效益的关系，但是无论企业薪酬水平的高低与否，企业薪酬差距对企业效益的影响方向都为正。其二，看似为员工支付更高平均薪酬的企业付出了较高的劳动成本代价，实则在生产运营过程中获得了更高的企业效益。较高的薪酬水平会集聚高素质人才，而高水平人力资本约束下适当的薪酬差距能产生正向激励作用，为企业创造更高的价值；基于按要素分配的体制机制，实力更强的企业按照员工的边际贡献分配利润，这在一定程度上会适当拉开企业内部员工间薪资待遇的差距。在竞争法则成熟规范的企业中，合理的薪酬差距能够激励高素质人才通过努力量化其个人对企业效益的边际贡献，进而显著地提升企业效益。

二、基于群体层面异质性的估计结果

无论是具有企业家精神的高级管理者，还是作为劳动要素参与企业生产过程的普通员工，都在闲暇享受和工作奋进之间进行权衡取舍。根据克拉克（Clark，

1901）的边际生产力原理[①]，给予参与企业生产运营过程的管理者和普通员工薪酬往往与其提供的劳动供给时间成正比。但是企业内部不同群体依据个人的才能禀赋和资源配置权力为企业创造的价值会呈现出异质性特征。虽然不能严格区分每个个体为提升企业效益所做出的边际贡献，但是人力资源制度能够依据严谨的考核办法制定每个级别员工的薪酬标准。因此，本书从企业内部不同群体薪酬水平的角度[②]出发，考察不同群体薪酬门槛条件下的企业内部薪酬差距对企业效益的影响。接下来，我们将基于不同群体的收入水平进行门槛模型估计，检验不同薪酬水平下的企业内部薪酬差距对企业效益的影响。

根据管理者权力理论，我们可以将企业员工分为管理者群体和普通员工群体。接下来，本书从群体的异质性角度出发，依次以普通员工平均薪酬水平和管理者平均薪酬水平作为门槛变量研究企业内部薪酬差距会对企业效益产生怎样的影响。

（一）普通员工群体的异质性特征

首先，本书以普通员工平均薪酬水平作为检验普通员工群体异质性特征的门槛变量，考察普通员工处于不同薪酬水平时，企业内部薪酬差距与企业效益间的相关关系。与前面的计量方法一致，我们将利用自举法（bootstrap）检验普通员工群体异质性的门槛模型中门槛值个数及门槛区间。如果原假设中线性模型优于单门槛模型被拒绝，那就证明单门槛模型为最优模型；如果原假设中单门槛模型优于双门槛模型被拒绝，则双门槛模型为最优模型。

为方便分析，本书对以普通员工薪酬水平为门槛变量的群体异质性效益方程组进行实证检验。参考卡纳和汉森（Caner and Hansen，2001，2004）的实证分析方法，本书利用门槛回归方法模拟得到 F 值和 P 值，其中自举（bootstrap）次数为 300 次，门槛变量为普通员工的平均薪酬水平，区间变量依然为企业内部薪酬差距，普通员工薪酬异质性的效益方程最优门槛模型的检验结果如表 5-10 所示。

[①] 边际生产力（marginal productivity）由德国经济学家约翰·海因里希·冯·杜能（Johann Heinrich von Thünen，1783~1850）于 1826 年首次提出。19 世纪末期 20 世纪初期再由美国经济学家约翰·贝茨·克拉克（John Bates Clark）将这一概念进一步系统化，要素的边际收益产量（marginal revenue product，MRP）等于该要素的边际物质产品（marginal physical product，MPP）与要素的边际收益（marginal revenue，MR）的乘积，要素的边际收益（MR）即为该要素的边际生产力。详细内容参见：[美] 克拉克. 财富的分配 [M]. 陈福生，陈振骅译. 北京：商务印书馆，2014.

[②] 不同群体获得不同薪酬水平，可以从直接劳动成本的角度解释，克拉克（Clark J. M.，1923）提出了著名的"不同成本服务于不同的生产目的（Different Costs for Different Purposes）"论断，该理论的详细内容参见：Clark J. M. Overhead Costs in Modern Industry [J]. Journal of Political Economy，1923，31（5）：606-636. 根据上述观点，企业给不同群体的员工制定并分配不同水平的薪酬，其实也代表了雇佣不同层级劳动者为企业承担不同程度的职责和风险。

表 5-10　　　　　　　　效益方程的最优门槛模型检验结果
（门槛变量为普通员工平均薪酬水平）

假设检验	F 值	P 值	临界值 1%	临界值 5%	临界值 10%	检验结果
单一门槛	1.68	0.0400	7.0248	1.2202	0.5607	拒绝
双重门槛	1.41	0.2600	32.9013	14.4737	6.6171	不拒绝

资料来源：根据国泰安数据库（CSMAR）计算得到。

根据表 5-10 的回归结果，我们研究发现，当区间变量为企业内部的薪酬差距、门槛变量为普通员工平均薪酬水平前提条件下，企业内部薪酬差距对企业效益的影响存在单门槛效应。当原假设为线性模型优于单门槛模型时，检验结果显示 F 值和 P 值均在 1% 水平上显著，表明拒绝原假设，因此单门槛模型为最优模型。但是，双门槛的原假设检验结果显示不拒绝单门槛优于双门槛的原假设。另外，本书还进行了门槛变量为普通员工平均薪酬的似然比检验，力求更加直观简洁地表明最优模型的检验结果，似然比检验的 LR 图[①]通过了单门槛模型为效益方程最优模型的结论。据此推知，单门槛模型效益方程为普通员工群体异质性的门槛模型最优表达形式，并且普通员工平均薪酬的门槛值为 10.9234，这表示考虑普通员工群体的异质性特征时，企业内部薪酬差距与企业效益的关系呈现出门槛特征，即在普通员工薪酬处于不同门槛区间时，薪酬差距对企业效益的激励机制表现为不同激励方向、不同激励强度。详细的估计结果如表 5-11 所示。

表 5-11　　　　　　　　效益方程的门槛模型估计结果
（门槛变量为普通员工平均薪酬水平）

变量	(1) FE panel model	(2) single threshold model
0b._cat#c. PGAP		0.0030 *** (0.0004)
1._cat#c. PGAP		0.0014 *** (0.0005)
PGAP	0.0024 *** (0.0006)	

[①] 门槛变量为普通员工平均薪酬水平（群体层面）的似然比检验图详见附录，在此不一一赘述。

续表

变量	(1) FE panel model	(2) single threshold model
Size	-4.9274*** (0.7804)	-7.6208 (5.1327)
Nstaff	0.0002** (0.0001)	0.0002* (0.0001)
Age	2.7410*** (0.9971)	-0.0611 (0.1097)
TFP	-1.5697 (1.7797)	-2.8132* (1.6570)
LEV	-17.8460*** (0.4215)	-17.9889*** (4.3680)
Indratio	10.8497 (15.5163)	11.6713 (19.0086)
常数项	90.5936*** (20.2042)	120.6186 (77.1494)
Observations	9845	9845
R-squared	0.9752	0.9752
Number of stkcd	895	895

注：① ***、**、* 分别代表双尾检验的统计显著水平为1%、5%与10%；②括号内数值为稳健标准误；③第（1）列为效益方程的线性面板模型的估计结果；第（2）列为基于普通员工平均薪酬的单门槛效益方程估计结果。

资料来源：根据国泰安数据库（CSMAR）计算得到。

根据表 5-11 的回归结果，我们可以得到以下结论：

（1）在考察期内，考虑普通员工的薪酬分布情况下，企业内部薪酬差距与企业效益的关系呈现为正相关。表 5-11 中企业内部薪酬差距（PGAP）的估计系数均在1%水平上显著为正值，这表明无论普通员工平均薪酬处于何种水平，薪酬差距对企业效益都发挥出正向激励作用。

（2）考虑普通员工群体薪酬水平的异质性特征，薪酬差距对企业效益的影响依然存在分区间的门槛效应。表 5-11 中第（2）列的估计结果显示出企业内部薪酬差距（PGAP）的估计系数分别为 0.0030 和 0.0014，即以普通员工平均薪酬水平划分的门槛区间，薪酬差距对企业效益有不同影响强度的激励作用。具体来说，当普通员工平均薪酬水平的变动范围为（0，10.9234）时，企业内部薪酬差距的估计系数为 0.0030，即企业内部薪酬差距每增加 1 倍，企业效益会显著地提升 0.30%；而当普通员工平均薪酬水平在（10.9234，17.6000）范围变动时，企业内部薪酬差距的估计系数则为 0.0014，即企业内部薪酬差距每增加 1 倍时，企业效益将会提升 0.14%，企业仍有较好的绩效表现。这种经济后果大抵是出于心理效用的原因，处于较低薪酬水平的普通员工基于处于不完全信息状态，较易于满足，此时适当的薪酬差距会激励其努力工作增加收入以获得更高的心理满足程度，导致企业生产效率的提高。但是根据边际效用递减规律，随着薪资待遇的改善，增加薪酬带来满足程度的边际效用会有所下降。薪酬差距的估计系数 0.0014 远低于 0.0030，此时薪酬差距扩大带来激励效应会减弱，企业效益的提升速率变低，但企业内部薪酬差距对企业效益依然发挥正向激励作用。

（3）门槛模型中控制变量对企业效益的不同影响。根据表 5-11 中第（2）列的估计结果显示：一方面，就模型中控制变量对企业效益影响的方向来看，企业规模（Size）、企业年龄（Age）、技术水平（TFP）和资产负债率（LEV）分别与企业效益呈现反方向变动关系；而员工人数（Nstaff）和独立董事占比（Indratio）则分别与企业效益呈现出同方向变化关系。另一方面，就模型中控制变量对企业效益影响的强度来说，员工人数的估计系数为 0.0002，表明员工人数每增长一个百分点，企业效益就会增加 0.02 个百分点。资产负债率（LEV）的估计系数为 -17.9889，且在 1% 水平上显著，这显示出企业负债对企业运营的重要影响，当企业的负债率越高，直接财务成本会显著上升，进而会导致企业生产负担加重，这将会损害企业效益。其他控制变量估计系数不显著，在此不再一一赘述。

概而言之，一方面，以普通员工平均薪酬为门槛变量、企业内部薪酬差距为区间变量的效益方程存在门槛效应，即不同的普通员工薪酬水平下，企业内部薪酬差距对企业效益的影响表现为不同的变动趋势。另一方面，虽然以普通员工的薪酬水平划分门槛区间，整体来看企业内部的薪酬差距是发挥出正向激励作用，支持了锦标赛理论的观点。只是不同薪酬差距的激励强度存在差异。与处于较高的普通员工平均薪酬水平相比较，普通员工获得较低薪酬水平时的企业内部薪酬差距激励强度会更高，此时的追赶效应更为显著。

（二）管理者群体的异质性特征

接下来，本书以管理者平均薪酬水平作为检验管理者群体异质性特征的门槛变量，考察企业内部薪酬差距与企业效益间的相关关系。借鉴卡纳和汉森（Caner and Hansen, 2001, 2004）门槛模型回归方法，我们通过评估 F 值和 P 值计算以管理者平均薪酬水平为门槛变量的效益方程门槛模型的门槛值个数及其门槛区间，评估门槛区间条件下企业内部的薪酬差距与企业效益的相关关系。如果呈现出线性模型优于单门槛模型的原假设被拒绝的检验结果，则论证了单门槛模型为最优模型；如果呈现出单门槛模型优于双门槛模型的原假设被拒绝的检验结果，则证明双门槛模型为最优模型；如果呈现出双门槛模型优于三门槛模型的原假设被拒绝的检验结果，那么理论上论证了三门槛模型则为最优模型。参考以薪酬差距为门槛变量的效益方程门槛模型（5-3）~模型（5-5），本部分将对管理者群体异质性效益方程组进行门槛模型估计。本书使用卡纳和汉森（Caner 和 Hansen，2001，2004）的门槛模型估计和检定方法，方程式（5-14）~方程式（5-16）在自举法（bootstrap）300 次后获得模拟 P 值、F 值，门槛变量为管理者的平均薪酬水平、区间变量为企业内部薪酬差距的最优门槛模型检验结果如表 5-12 所示。

表 5-12　　　　　　　　效益方程的最优门槛模型检验结果
（门槛变量为管理者平均薪酬水平）

假设检验	F 值	P 值	临界值 1%	临界值 5%	临界值 10%	检验结果
单一门槛	2.90	0.0100	0.5048	0.2661	0.0752	拒绝
双重门槛	2.61	0.0500	11.3634	2.5525	0.6795	拒绝
三重门槛	0.26	0.6000	10.3152	7.9951	4.8255	不拒绝

资料来源：根据国泰安数据库（CSMAR）计算得到。

由回归结果表 5-12 可以推知，区间变量为企业内部的薪酬差距、门槛变量为管理者平均薪酬水平的前提条件下，企业内部薪酬差距对企业效益的影响机制存在分区间分布的特征。在线性模型优于单门槛模型的原假设中，F 值和 P 值均在 1% 水平下显著，因此检验结果拒绝原假设，单门槛模型为最优模型。更进一步的，在单门槛模型优于双门槛模型的原假设检验结果中，F 值和 P 值也均在 1% 水平下显著，检验结果再次拒绝原假设，双门槛模型为最优模型表达式。但是，最终检验结果不拒绝双门槛优于三门槛的原假设。另外，为了保证实证分析的严谨性和全面性，本书还对群体异质性的最优门槛模型进行了似然比检验，通过分析检验结果 LR 图[①]，再次论证了双门槛模型为管理者群体异质性效益方程的最优门槛模型。因此，双门槛模型为管理者群体异质性门槛模型最优表达形式，且管理者平均薪酬水平的门槛值为 12.1702 和 12.1942，这将企业内部薪酬差距对企业效益影响的激励机制分为三个影响区间，管理者群体异质性的门槛模

---

① 门槛变量为管理者平均薪酬水平（群体层面）的似然比检验图详见附录，在此不一一赘述。

型估计结果如表 5-13 所示。

表 5-13 效益方程的门槛模型估计结果
（门槛变量为管理者平均薪酬水平）

变量	(1) FE panel model	(2) single threshold model	(3) double threshold model
PGAP	0.0024*** (0.0006)		
0b._cat#c.PGAP		-0.1149 (0.0924)	0.0029 (0.0030)
1._cat#c.PGAP		0.0025 (0.0026)	-0.1165*** (0.0337)
2._cat#c.PGAP			-0.0001 (0.0002)
Size	-4.9274*** (0.7804)	-8.8617 (5.9740)	-8.7063 (5.9308)
Nstaff	0.0002** (0.0001)	0.0002 (0.0001)	0.0002 (0.0001)
Age	2.7410*** (0.9971)	-0.0434 (0.1145)	-0.0435 (0.1160)
TFP	-1.5697 (1.7797)	-3.0154 (1.8955)	-3.1451* (1.8449)
LEV	-17.8460*** (0.4215)	-17.5714*** (4.3475)	-17.9878*** (4.3180)
Indratio	10.8497 (15.5163)	11.3736 (19.1279)	11.4791 (19.1130)
常数项	90.5936*** (20.2042)	103.9873* (63.1497)	99.9259 (62.1070)
Observations	9845	9845	9845
R-squared	0.9752	0.9752	0.9752
Number of stkcd	895	895	895

注：①***、**、*分别代表双尾检验的统计显著水平为1%、5%与10%；②括号内数值为稳健标准误；③第（1）列为效益方程的线性面板模型的估计结果；第（2）列为基于管理者平均薪酬的单门槛效益方程估计结果；第（3）列为基于管理者平均薪酬的双门槛效益方程估计结果。

资料来源：根据国泰安数据库（CSMAR）计算得到。

根据门槛模型的回归结果表 5-13，我们可以得到以下几点结论：

（1）在考察期内，考虑到管理者群体特征，企业内部的薪酬差距对企业效益依然存在门槛效应，即非对称激励效应。表 5-13 中第（3）列薪酬差距（PGAP）的估计系数显示由于管理者薪酬水平的双门槛值，薪酬差距对企业效益的影响变动分为三个区间。这其中薪酬差距的估计系数呈现由正值逐渐变为负值的特征，这表明薪酬差距对企业效益发挥激励作用的方向先由正向激励逐渐变为负向激励。当管理者薪酬水平较低时，薪酬差距对企业效益的激励方向为正；但当管理者薪酬水平较高时，再继续扩大薪酬差距将会损害企业效益。

（2）考虑管理者群体异质性特征后，薪酬差距对企业效益的影响强度呈现先弱后强、再变弱的变动趋势。回归结果表 5-13 中第（3）列薪酬差距的估计系数分别为 0.0029、-0.1165 和 -0.0001，另外由前面最优门槛模型估计结果可知，管理者平均薪酬的门槛值分别为 12.1702 和 12.1942，其对应的阈值区间分别为（9.0310，12.1702）、（12.1702，12.1942）和（12.1942，16.1200）。具体来说，第一，当管理者的平均薪酬水平处于（9.0310，12.1702）变动范围时，企业内部薪酬差距的估计系数为 0.0029，这表明企业的薪酬差距每增加 1 倍，企业效益会提升 0.29 个百分点，只是不具备统计上的显著性。第二，当管理者平均薪酬水平变动区间为（12.1702，12.1942）时，薪酬差距的估计系数为 -0.1165，这表明企业内部薪酬差距每增加 1 倍，企业效益会显著地降低 11.65 个百分点。当薪酬差距持续扩大甚至是超过合理范围时，企业内部薪酬分配将会损害管理者的积极性，进而导致企业效益的下降。第三，当管理者平均薪酬水平在（12.1942，16.1200）区间变动时，企业薪酬差距的估计系数为 -0.0001，这表示内部薪酬差距增加 1 倍，企业效益会下降 0.01 个百分点。对于获得较高薪酬水平的高级管理者，薪酬差距的扩大会损害企业效益，只是这种相关关系不具备统计上的显著性。

企业内部的管理者会有不同层次的分工（王涛等，2012），不同层级的管理者需要匹配不同的能力和承担不同的职责①。因此，企业内部薪酬差距分为三个区间影响企业效益的原因主要有以下几点：①作为初级管理者（又称为基层管理

---

① 在现代管理学理论中，依据行动导向（ACT），将管理者梯队划分为包括基层管理者、中层管理者和高层管理者的一个多层级的互动框架（马浩，2018）。其中，基层管理者是在组织中直接管理普通员工的管理者，基本职责是指挥和监督生产活动现场工作，包括团队主管、部门组长、轮值班长、各部门主管和督导等，被称为基层监工（foreman or supervisor）。中层管理者是位于操作核心层与战略最高点之间位置的管理者（Mintzberg，1989），其基本职责是信息传递、任务分配，以及部分参与企业战略决策和战略实施过程（Stuart and Hart，1992；Steven and Wooldridge，2007），包括部门经理、地区经理、项目经理和门店经理等。高级管理者居于组织的核心位置，属于企业战略制定与执行的层级，其职责是整个企业的运营与协调，拥有绝对的控制权和决策权（Carpenter and Fredrickson，2001），包括董事会主席、首席执行官、首席运营官、副总裁、总裁、总经理等。

者），往往是由业务骨干提拔至管理层。一方面，合理的薪酬差距激励普通员工努力投入工作，有利于初级管理者组织员工提升组织内部的生产效率；另一方面，作为初入管理层的基层管理者，企业内部合理的薪酬差距能够让其意识到个人管理工作效率的提高能够提高个人薪酬，甚至未来个人晋升可能性，这将激发出其管理工作的积极性和主动性。基于上述这两点，从初级管理者薪酬水平出发，薪酬差距能够发挥出正向激励作用，带动企业效益的提升。②作为中层管理者，正处于企业治理结构的重要位置，往往发挥着中流砥柱的作用（Mintzberg，1989）。从个人角度来说，中层管理者在获得充分的信息后再跨越组织层级进入高级管理者范畴，这种跨层次的转移是职业升迁难度最高的。因此随着搜寻信息的能力变强，中层管理者会意识到个人晋升的难度较大，很难跨越组织层级实现个人收益最大化。这种条件下，企业内部的薪酬差距会在心理上减弱投入工作的积极性，在一定程度上会损害企业效益。从组织效益的角度来看，作为中层管理者，在管理层中往往发挥着"承上启下"的作用。既要从整体注重提升企业效益[1]，又要关注员工个人利益，协调企业内部各方力量。因此，较大的薪酬差距会破坏组织内部团队的协作性，导致企业效益的损失。③作为高级管理者，是企业管理架构的核心组成部分（Carpenter and Fredrickson，2001）。高级管理者更多是从宏观视角看待薪酬差距的问题。从宏观经济环境来看，中国进入经济发展新时代，收入分配的体制机制更加注重社会公平。无论是国家从战略高度不断推进的贫困治理工作，还是从制度层面不断规范的合理收入分配格局，高级管理者会更加注重企业薪酬分配中的公平问题。从企业角度来看，作为高级管理者，从企业发展的战略布局高度[2]上积极缩小内部的薪酬差距，构建和谐的劳动关系是其必然选择。因此，从获得较高薪酬水平的高级管理者角度出发，薪酬差距的扩大必然会损害企业效益（Nielsen et al.，2010）。

（3）从控制变量对企业效益的影响来看，代表企业不同特征控制变量的估计系数呈现出不同的变化趋势和显著性。表 5-13 中第（3）列的回归结果中企业规模（Size）、企业年龄（Age）、企业技术水平（TFP）、资产负债率（LEV）的估计系数方向为负，表明企业规模、企业年龄、企业技术水平和资产负债率均与企业效益呈现出负相关关系。而员工人数（Nstaff）和独立董事占比（Indratio）的估计系数为正值，这表明员工人数和独立董事占比与企业效益表现为正相关关

---

[1] 据法国某家电信公司的统计数据显示，在其 117 个投资项目中，高层管理团队（TMT）的提议中 80% 的项目结果显示投资失败或未达项目预期，而中层管理者提议项目的结果却有 80% 达到项目预期，为企业增加了 3 亿美元的年度利润。详细内容参见：Carpenter M A，Geletkanycz M A，Sanders W G. Upper Echelons Research Revisited：Antecedents, Elements, and Consequences of Top Management Team Composition [J]. Journal of Management，2004，30（6）：749-778.

[2] 高层管理团队（top management team，TMT）理论认为高级管理者在企业运营和发展过程中占据核心地位，其在制定战略决策和对企业绩效的影响上发挥重要作用。

系。资产负债率的估计系数则在1%显著性水平上显著为负值,这表明资产负债率越高,企业为此需要承担的债务负担较重、现金流的周转成本较高,此时企业效益会显著下降。关于其他控制变量中估计系数,由于缺乏显著性的回归结果,在此不再一一赘述。

概而言之,第一,以管理者平均薪酬为门槛变量、企业内部薪酬差距为区间变量的效益方程的门槛模型存在双门槛值。估计结果显示管理者平均薪酬处于较低水平时,企业内部薪酬差距对企业效益发挥出正向激励作用;当管理者平均薪酬处于较高薪酬水平时,企业内部薪酬水平对企业效益发挥出显著的负向激励作用;当管理者平均薪酬处于极高水平时,内部薪酬差距依然对企业效益产生负向激励。整体来看,从管理者群体薪酬水平的异质性角度出发,企业内部薪酬差距对企业效益的影响呈现出非对称激励的特征。第二,根据现代人力资本管理制度,不同的薪资待遇对应其需要承担不同职责。显而易见,处于初级管理者或由业务骨干提拔而来的基层管理者会更倾向于使用适当的薪酬差距激励员工,进而提升企业效益;但是企业的中层管理者或处于战略布局高度的高级管理者往往会注重企业内部薪酬分配的公平性,认为较大的企业内部薪酬差距会引发员工的不满心理,破坏员工工作的积极性甚至引发离职,进而损害企业的整体利益。第三,获得较高薪酬水平的中层管理者是企业管理层的中坚力量,既能抓取企业运营过程中的真实情况,又能参与高级管理层针对企业发展规划的决策讨论过程,因此可以视为能够掌握完全信息。所以,管理者群体异质性的门槛模型估计结果中,中层管理者薪酬变动区间内,体现出内部中层管理者基于企业信息对称而精确估计薪酬差距对企业效益的影响。

第四节 拓展性分析:管理者内部薪酬差距对企业效益的影响

根据前面的实证分析可知,企业内部薪酬差距对企业效益影响呈现出非对称激励的特征。更进一步来看,企业内部不同群体基于职责分工的差异,其薪酬水平也会显示出异质性特征。管理者作为企业员工中的高素质人才,往往会占据人才梯队的核心位置,其薪酬分配机制体制会对企业当期盈利和长期发展产生深远的影响。接下来,本书将以管理者内部的薪酬差距为研究对象,探究管理者内部的薪酬差距与企业效益的变化关系。

一、实证分析过程

与前面企业内部薪酬差距为门槛变量的实证分析过程相似,本书选取管理者内部薪酬差距为门槛变量和区间变量，管理者内部薪酬差距对效益方程的门槛模型进行回归，探究管理者内部薪酬差距与企业效益间的变化关系。首先，借鉴方程式（5-3）~方程式（5-5），将管理者内部薪酬的门槛模型设计为如下形式。

管理者内部薪酬差距的单门槛模型：

$$\text{Benefit}_{it} = \mu_i + \rho_1 \text{WRWD}_{it} * I(\text{WRWD}_{it} \leq \gamma_1) + \rho_2 \text{WRWD}_{it} \\ * I(\text{WRWD}_{it} > \gamma_1) \rho_3 X_{it} + \varepsilon_{it} \quad (5-7)$$

管理者内部薪酬差距的双门槛模型：

$$\text{Benefit}_{it} = \mu_i + \rho_1 \text{WRWD}_{it} * I(\text{WRWD}_{it} < \gamma_1) + \rho_2 \text{WRWD}_{it} * I(\gamma_1 \leq \text{WRWD}_{it} < \gamma_2) \\ + \rho_3 \text{WRWD}_{it} * I(\text{WRWD}_{it} \geq \gamma_2) + \rho_4 X_{it} + \varepsilon_{it} \quad (5-8)$$

方程组中被解释变量 Benefit_{it} 表示企业 i 在第 t 期的企业效益，用企业利润率指标表示。核心解释变量 WRWD_{it} 表示管理者内部的薪酬差距，此处采用相对差距指标[①]表示。γ表示门槛值，X_{it} 表示效益方程门槛模型中系列控制变量，与企业内部薪酬差距门槛模型中控制变量相一致。ε_{it} 则表示模型中的随机干扰项。

二、实证分析结果

参考卡纳和汉森（Caner and Hansen，2001，2004）的门槛模型中门槛值的估算方法，本书对方程式（5-7）和方程式（5-8）进行计量回归。如果线性模型优于单门槛模型的原假设被拒绝，则单门槛模型为最优模型表达式；如果单门槛模型优于双门槛模型的原假设被拒绝，则双门槛模型则为最优表达形式。计量回归结果如表5-14所示。

表5-14 效益方程的最优门槛模型检验结果（门槛变量为管理者内部薪酬差距）

假设检验	F 值	P 值	临界值 1%	临界值 5%	临界值 10%	检验结果
单一门槛	7.6900	0.0600	15.0326	8.7042	6.6423	拒绝
双重门槛	0.8200	0.7833	15.6113	10.6447	8.3436	不拒绝

资料来源：根据国泰安数据库（CSMAR）计算得到。

---

① 参照刘春和孙亮（2010）已有的研究，管理者内部的相对薪酬差距=（董事、监事及高管前三名薪酬总额/3）/[（董事、监事及高管年薪总额－董事、监事及高管前三名薪酬总额）/（董事人数＋监事人数＋高管人数－独立董事人数－未领取薪酬的董事、监事及高管人数）]。在统计学中，绝对指标通常反映出社会经济现象总规模或者绝对水平的统计指标，是计量量纲的绝对数；而相对指标则是有联系的统计指标比值而得，反映出指标质量，一般表现为无量纲。相比较而言，相对薪酬差距指标更有代表性，更能反映出管理者内部薪酬差距的真实分布情况，因此选择管理者内部相对薪酬差距（WRWD）作为解释变量。

根据表5-14的最优门槛检验结果可知，单门槛模型为管理者内部薪酬差距的效益方程最优表达形式。其中，单门槛检验结果中，P值为0.0600，这将显著地拒绝原假设；而双门槛检验结果中P值为0.7833，这表明不拒绝单门槛模型优于双门槛模型的原假设。因此，单门槛模型为最优模型表达式，且管理者内部薪酬差距的单一门槛值为4.0000。为了保证分析的稳健性，本书对管理者内部薪酬差距为门槛变量的效益方程进行似然比检验（LR）①，检验结果显示单门槛模型为最优门槛模型。更进一步的，方程式（5-7）分区间的门槛估计结果如表5-15所示。

表5-15　效益方程的门槛模型估计结果（门槛变量为管理者内部薪酬差距）

变量	(1) FE panel model	(2) single threshold model	(3) single threshold model	(4) single threshold model	(5) single threshold model
0b._cat#c.MRWD		0.0568 *** (0.0181)	0.0581 *** (0.0175)	0.0519 *** (0.0173)	0.0519 *** (0.0173)
1._cat#c.MRWD		0.0226 ** (0.0099)	0.0193 ** (0.0096)	0.0186 ** (0.0091)	0.0186 ** (0.0091)
MRWD	-0.0046 (0.0061)				
Size	1.1061 *** (0.0264)	0.8184 *** (0.0682)	0.7038 *** (0.0724)	0.8185 *** (0.1024)	0.8185 *** (0.1024)
Age	-0.0180 *** (0.0059)	-0.0169 (0.0125)	-0.0354 *** (0.0128)	-0.0536 *** (0.0164)	-0.0536 *** (0.0164)
LEV	-0.9761 *** (0.1085)			-1.3388 *** (0.4018)	-1.3388 *** (0.4018)
Indratio	-0.3689 (0.2480)			-0.7037 (0.5051)	-0.7037 (0.5051)
Human_cost			-0.1366 ** (0.0684)	-0.1393 * (0.0745)	-0.1393 * (0.0745)
lnAMP			0.3508 *** (0.0605)	0.3484 *** (0.0582)	0.3484 *** (0.0582)

---

① 门槛变量为管理者内部薪酬差距的似然比检验图详见附录，在此不一一赘述。

续表

变量	(1) FE panel model	(2) single threshold model	(3) single threshold model	(4) single threshold model	(5) single threshold model
lnAEP			0.1281* (0.0671)	0.1361* (0.0711)	0.1361* (0.0711)
Tfp_liao	0.2873*** (0.0444)				
常数项	-5.5568*** (0.5235)	0.9639 (1.3727)	-0.5613 (1.3779)	-1.9811 (1.7792)	-1.9811 (1.7792)
Observations	9845	9845	9845	9845	9845
R-squared	0.6957	0.3168	0.3374	0.3579	0.3579
Number of stkcd	895	895	895	895	895

注：①***、**、*分别代表双尾检验的统计显著水平为1%、5%与10%；②括号内数值为稳健标准误；③第（1）列为效益方程的线性面板模型的估计结果；第（2）列~第（5）列均为以管理者内部薪酬差距为门槛变量的效益方程估计结果，且在门槛模型中逐渐增加控制变量后，回归结果中变量估计系数的方向和显著性没有发生显著的变化，反映出实证分析结果的稳健性。

资料来源：根据国泰安数据库（CSMAR）计算得到。

根据表5-15的估计结果，我们可以发现下列研究结论：

（1）管理者内部薪酬差距对企业效益产生显著的正向激励作用。表5-15第（2）列~第（5）列中管理者内部薪酬差距（MRWD）的估计系数显示：无论企业中管理者薪酬差距处于较低水平的变动区间，还是在较大薪酬差距的区间内变化，管理者内部薪酬差距与企业效益都呈现出正相关关系。这表明在管理者内部，薪酬差距都是在发挥激励效应，鼓励管理者投入更多的劳动时间，追赶获得更高薪酬的其他管理者，锦标赛理论被证实。

（2）不同的管理者内部薪酬差距对企业效益的正向激励强度有所差别。表5-15第（5）列中管理者内部分区间的薪酬差距（MRWD）的估计系数分别为0.0519和0.0186，两个不同的估计系数可以解释为：当管理者内部薪酬差距的变动区间为（0，4）时，管理者间薪酬差距的估计系数为0.0519，且在1%水平上显著，表示管理者内部薪酬差距每增加1倍，企业效益会显著地提升5.19%。而当管理者内部薪酬差距的变动区间为（4，250）时，管理者间薪酬差距的估计系数为0.0186，且在5%水平上显著，这表明管理者内部薪酬差距每增加1倍，企业效益就会显著地提升1.86%。显然，管理者薪酬差距在较低区间变动时，薪酬差距对企业效益的激励强度会更高。

(3) 从第 (5) 列的估计结果可以看出，企业规模（Size）、管理者平均薪酬（lnAMP）和普通员工平均薪酬水平（lnAEP）均与企业效益呈现出显著的同方向变化关系，这表明企业规模越大、给予管理者和普通员工更高的薪酬水平的企业往往具有更高的企业效益。而资产负债率（LEV）、企业劳动成本（Human_cost）则与企业效益表现为显著的反方向变化关系，即债务成本越高、需要支付的直接劳动成本越高的企业会有较重的成本负担，此时这些企业不会有较好的绩效表现。上述基本估计结果与通常的经济预期相符。

概而言之，以管理者内部薪酬差距为门槛变量和区间变量的效益方程估计结果表明管理者间的薪酬差距对企业效益发挥出显著的正向激励作用，这一结论支持了锦标赛理论。另外，管理者内部薪酬差距为单门槛值划分阈值区间后，处于较低薪酬差距变动区间内的管理者们对企业效益激励作用的强度要远高于较高薪酬差距变动区间，即位于较低变动区间的管理者薪酬差距对企业效益的影响更为深远。上述研究结论的经济学原理主要在于：第一，基于管理者权力理论，在企业内部的资源配置过程中，相较于普通员工，管理者往往拥有绝对优势。在信息对称的前提下，管理者掌握更为全面有效的薪资规则，因此会愿意投入更多的时间和精力，进而企业有更好的绩效表现。第二，从管理者微观视角来看，聘用的管理者都是具备较高素质的高层次人才，这类人力资本往往具有较高的议价能力，且能够更好地适应高强度、高难度的管理工作。因此，管理者之间激烈的竞争会产生追赶效应，进而能够显著提升企业效益。第三，从劳动力市场的宏观环境来看，管理者源自高素质人才市场。较高层次劳动力市场的人才流动性较高，且机会更为均等，管理者的薪酬能与其能力禀赋相匹配。在这种相对理想的市场环境中，更能匹配能力较强的管理者，且激发他们的积极性，良性互动的竞争环境必然能够为企业带来更高的企业效益。

三、不同薪酬差距门槛估计结果的对比分析

在分析管理者内部薪酬差距对企业效益影响的基础上，本书分别将企业内部薪酬和管理者内部薪酬差距作为门槛变量的实证结果进行对比分析，研究两者之间的差异性。通过对比企业内部和管理者之间薪酬差距为门槛变量的回归结果，本书发现：一方面，就薪酬差距与企业效益间的变动关系来看，企业内部薪酬差距与企业效益呈现先增加后下降的倒"U"型变化趋势，即企业内部薪酬差距对企业效益发挥出非对称的激励效应。而管理者内部薪酬差距与企业效益间则呈现出同方向的变动趋势，即管理者内部薪酬差距对企业效益总是发挥出激励作用，管理者内部薪酬差距越大，企业效益则会越高。另一方面，从薪酬差距对企业效

益的激励强度①来看，企业内部薪酬差距对企业效益产生正向影响时的估计系数为0.00208，而管理者内部薪酬差距对企业效益产生正向影响的估计系数分别为0.0519和0.0186。通过对比可以发现，管理者内部薪酬差距对企业效益激励作用的强度要远高于企业层面的薪酬差距。据此，我们可以认为位于企业人力资本梯队核心位置的管理者们，如果能够激发员工们的积极性和主动性，这将会对提升企业价值具有更为深远的影响力。

---

① 鉴于管理者内部薪酬差距（WRWD）的估计系数均为正值，此处仅将企业内部薪酬差距（PGAP）的上升阶段（薪酬差距发挥正向激励作用的区间）的估计系数进行对比，以观察企业内部薪酬差距与管理者内部薪酬差距对企业效益正向影响的强度差异。

第六章 企业薪酬结构对企业效益影响的实证研究

本章以研究薪酬结构的不同薪酬形式出发,利用 2008~2010 年天津市滨海新区的追踪调研数据,研究薪酬结构中固定薪酬和可变薪酬对企业效益的影响过程及结果。首先,分析了固定薪酬与企业效益之间的影响趋势。然后,分析了可变薪酬与企业效益之间的变动关系。接着,又对比分析了固定薪酬与可变薪酬对企业效益影响的相同点和差异性。最后,更进一步地研究可变薪酬中股权的薪酬结构形式对企业效益的影响。

第一节 固定薪酬对企业效益影响的实证分析

一、计量模型的构建

借鉴已有研究(Wadhwani and Wall,1991;周云波等,2014),在标准的柯布-道格拉斯生产函数的基础上,本书将固定薪酬对企业效益影响的计量模型设计为如下形式:

$$\ln Profit_{ijt} = \alpha_0 + \alpha_1 \ln Fc_{ijt} + \alpha_2 X_{ijt} + \alpha_3 \sum Industry_{it} + \alpha_4 \sum Year_{ij} + \varepsilon_{1ijt}$$

(6-1)

式(6-1)中被解释变量为 $\ln Profit_{ijt}$,代表企业 i 位于行业 j 在第 t 期的企业效益,该指标用企业人均利润的对数表示。核心解释变量为 $\ln Fc_{ijt}$,代表企业 i 位于行业 j 在第 t 期的员工固定薪酬,该指标用企业人均固定薪酬的对数表示。X_{ijt} 代表计量模型中的系列控制变量,其中包括企业的资本存量(lnCapital)、员工受教育程度(Education)、员工人数(Number)和企业的所有制性质(国有企业、外资企业、私人企业和其他企业),ε_{1ijt} 代表随机干扰项。另外,计量模型中还同时控制了年份固定效应和行业固定效应,这使得固定薪酬对企业效益影响的估计结果更为稳健。

另外，本章使用的数据是 2008~2010 年天津市统计局对天津市滨海新区 923 家企业的追踪调查数据。该项追踪调查数据具有以下特点：(1) 数据库时间跨度为 2008~2010 年，符合面板数据的时间连续性要求；(2) 样本量较大，数据条目涵盖了员工薪酬结构、受教育程度等员工特征数据，也包括代表企业经营状况的企业利润、人均利润、企业资本总量、就业人数和企业所有制性质等内容的企业特征数据。由此可见，本章选用的数据能够反映出天津市滨海新区[①]企业的生产经营状况，这为检验企业薪酬结构对企业效益的影响提供了规范的研究样本。其中，薪酬结构数据主要包含固定薪酬和可变薪酬两个部分，固定薪酬是指基本薪酬和职务薪酬；可变薪酬是指根据考评结果发放的福利和奖金。本章涉及主要变量的描述性统计如表 6-1 所示。

表 6-1　　　　　　　　　　变量的描述性统计

变量	N	Mean	Sd	Min	p25	p50	p75	Max
Profit	1705	3.121	2.775	-2.408	0.948	2.980	5.200	11.120
G_Profit	2769	349	2639	-8874	-2.020	1.470	41.400	67342
Fc	2769	2.901	3.992	0	1.446	2.052	3.220	110
Vc	2769	1.001	1.385	0	0.499	0.707	1.110	38.440
Capital	2769	5502	25634	0	136	492	1731	548862
lnScale	2767	6.307	1.963	0.322	4.916	6.201	7.457	13.220
Education	2769	0.479	0.344	0	0.174	0.418	0.793	1
Staff	2769	63.750	191	1	10	20	49	5303
Gov	2769	0.081	0.273	0	0	0	0	1
For	2769	0.180	0.384	0	0	0	0	1
Else	2769	0.174	0.379	0	0	0	0	1

资料来源：根据 2008~2010 年天津市滨海新区 923 家企业追踪调查数据计算所得。

---

① 天津市滨海新区地处环渤海经济圈，是国务院批准的第一个国家综合改革创新区。2005 年滨海新区开始纳入"十一五"国家发展战略规划，成为国家重点支持发展的国家级新区。近年来，滨海新区呈现出高速发展的态势，"十一五"期间，滨海新区的经济增长速度均高于 22%，其中，服务业快速发展、开放层次不断提升、创新能力显著增强，被誉为"中国经济的第三增长极"，其涵盖的企业样本能在一定程度上具有全国的代表性。详细内容参见：http://www.tjbh.gov.cn/。

二、实证分析过程及结果

基于面板数据的特点，对天津市滨海新区的追踪调查数据进行回归可以解决单一的时间序列数据和截面数据根本无法解决的问题，尤其是遗漏变量偏差问题。更进一步的，本书将使用双向固定效应模型估计固定薪酬对企业效益的影响。其中，时间固定效应可以解决随时间改变（Time Varying）而不随个体改变（Individual Invariant）的不可观测因素的影响；类似地，个体固定效应可以解决随个体改变（Individual Varying）而不随时间改变（Time Invariant）的不可观测因素的影响。据此，使用 Stata 软件对双向固定效应模型（6-1）进行估计。估计结果如表6-2所示。

表6-2　　　　　　　固定薪酬对企业效益影响的估计结果

变量	(1) lnProfit	(2) lnProfit	(3) lnProfit
lnFc	0.1645*** (0.0548)	0.1530*** (0.0547)	0.1855*** (0.0638)
lnCapital			0.9161*** (0.0960)
Education			-1.0921*** (0.3871)
Staff			-0.0003 (0.0003)
lnHc			0.2516* (0.1308)
Gov			0.4134 (0.3185)
For			0.0033 (0.8464)
Else			0.4339* (0.2552)
常数项	2.9856*** (0.0519)	3.4810*** (0.2596)	-3.2586*** (0.6875)

续表

变量	(1) lnProfit	(2) lnProfit	(3) lnProfit
Year FE	No	Yes	Yes
Industry FE	No	Yes	Yes
R-squared	0.0094	0.0403	0.1680
Observations	1691	1691	1362

注：①***、**、*分别代表统计显著水平为1%、5%与10%；②括号内数值为标准误差值；③第（1）列为普通最小二乘（OLS）回归结果，第（2）列为使用年份固定效应和行业固定效应的面板回归结果，第（3）列为逐渐加入控制变量的双向固定效用模型回归结果。

资料来源：根据2008~2010年天津市滨海新区923家企业追踪调查数据计算所得。

根据表6-2，本书可以得到以下结论：

（1）固定薪酬对企业效益发挥出正向激励作用。表6-2第（3）列中人均固定薪酬对数（lnFc）的估计系数为0.1855，且在1%水平上显著，即固定薪酬每提高1%，代表企业效益的人均利润（lnProfit）会提升18.55%。前景理论认为固定薪酬是一种"事前激励"，企业员工无法准确估测不确定性对个体生活造成的冲击，而固定薪酬带来的适当激励能够大大降低选择偏差导致的心理账户成本，提高员工个体的心理满足程度。尤其是，本节中追踪调查数据的时间跨度为2008~2010年，该时间区间正好覆盖2008年伊始的全球性金融危机。此时，处于动荡经济环境的企业员工对固定薪酬的变动更为敏感（Kahneman et al.，1990），因此固定薪酬发挥出显著的正向激励效应。本书的假说3被证实。

（2）企业资本总量与企业效益呈现出正相关。表6-2第（3）列中资本总量对数值（lnCapital）的估计系数为0.9161，且在1%水平上显著，即企业资本存量越大，企业效益会越高。这表明资本存量成为金融危机环境下抗击经济波动的重要力量，资本存量越高的企业，其应对经济波动的能力会越强，此时企业会具有更好的绩效表现。员工的受教育程度（Education）与企业效益表现为显著的负相关，企业员工数量（Staff）与企业效益也表现为负相关。不可否认，员工受教育程度能提升企业的人力资本水平，但员工的受教育程度也体现出企业需要为高素质劳动力支付高额劳动成本；同时，企业员工人数越高，表明企业负担的直接劳动成本较重，从而会降低企业效益。

（3）从企业的所有制性质来看，与私人企业相比较，国有企业、外资企业和其他企业均与企业效益呈正相关关系。表6-2第（3）列中国有企业（Gov）、外资企业（For）和其他企业（Else）的估计系数均为正值，这表明国有企业、外资企业和其他企业均比私人企业的企业效益要高。且其他企业的企业效益高于国有企业的企业效益，国有企业的企业效益又高于外资企业。这在一定程度上说明企业改制对企业效益的激励作用,顺应改革潮流的改制能够整合市场资源,激发各类主体的活力,进而提升企业效益。另外,国有企业具有雄厚的资本实力,在市场竞争中具有绝对优势,其企业效益要优于外资企业。

三、稳健性分析

前文中双向固定效应模型一定程度地解决选择性偏差问题,保证了实证分析的稳健性。更进一步的,本书将通过两种方式进行双向固定效应的稳健性检验,以保证实证估计结果的可靠性和稳健性。首先,替换核心被解释变量。参考已有文献,企业效益选用企业总利润(G_Profit)替代人均利润进行回归分析,用以检验实证结果的稳健性。其次,时间滞后模型。我们将代表企业效益的人均利润对数和人均固定薪酬对数滞后一期(Lag_Profit),观测时间滞后模型的估计结果。稳健性检验的回归结果[①]如表 6-3 所示。

表 6-3　　　　　　固定薪酬对企业效益影响的稳健性检验结果

变量	(1) G_Profit	(2) Lag_Profit
Fc	1.3936 *** (0.1453)	
Lag_lnFc		1.3077 *** (0.0778)
lnCapital	-0.0001 * (0.0001)	0.3816 (0.2469)
Education	-1.0465 (1.9493)	0.5588 * (0.3086)
Staff	-0.0007 (0.0063)	-0.0014 ** (0.0006)
常数项	2.6288 (26.4838)	-1.9094 (1.8030)
Year FE	Yes	Yes
Industry FE	Yes	Yes

---

① 受限于篇幅,替换核心被解释变量和滞后模型的稳健性检验的详细实证分析过程见附录。

续表

变量	(1) G_Profit	(2) Lag_Profit
R – squared	0.2178	0.3094
Observations	2769	1263

注：①***、**、*分别代表统计显著水平为1%、5%与10%；②括号内数值为标准误差值；③第（1）列为替换核心被解释变量的双向固定效应模型回归结果，第（2）列为滞后一期的双向固定效应模型回归结果。

资料来源：根据2008~2010年天津市滨海新区923家企业追踪调查数据计算所得。

根据表6-3，我们可以发现双向固定效应模型的估计结果是稳健的。表6-3第（1）列中固定薪酬（Fc）的估计系数仍显著为正，表明替换核心被解释变量后的实证分析结果与前面相一致。表6-3第（2）列中滞后固定薪酬（Lag_lnFc）的估计系数也显著为正，这表示滞后模型回归结果估计系数的符号和显著性没有发生显著的变化，即视为通过了稳健性检验。

四、机制检验

实证估计结果表明固定薪酬对企业效益具有显著的正向激励效应。那么，员工的固定薪酬如何影响企业效益？本书认为固定薪酬影响企业效益的路径主要有以下几个方面：（1）资本雄厚的企业代表更高的创新能力和抵御经济风险的能力，使得企业效益得到资本的保护而免受损害；（2）员工受教育程度成为衡量企业需要为劳动力支付固定薪酬的标准，劳动成本的变动会直接作用于企业效益；（3）员工人数代表企业生产经营过程中的监督成本，员工规模的变动会影响企业监督成本，进而影响企业效益。下面分别从三个方面研究固定薪酬影响企业效益的内在机理。

（一）资本存量的机制检验

参照温忠麟和叶宝娟（2014）的中介效应检验步骤，本书以资本存量（lnCapital）为中介变量进行双向固定效应模型的回归。固定薪酬对企业效益影响的估计结果表明，方程式（6-2）中固定薪酬（lnFc）的估计系数显著为正，那么本书将以中介效应立论。

第一步，将中介变量资本存量（lnCapital）作为被解释变量，固定薪酬（lnFc）为解释变量进行双向固定效应模型，即对方程式（6-3）进行回归分析。

$$\ln Profit_{ijt} = \gamma_0 + \gamma_1 \ln Fc_{ijt} + \gamma_2 \sum Industry_{it} + \gamma_3 \sum Year_{ij} + \varepsilon_{ijt} \quad (6-2)$$

$$\ln Capital_{ijt} = \eta_0 + \eta_1 \ln Fc_{ijt} + \eta_2 \sum Industry_{it} + \eta_3 \sum Year_{ij} + \varepsilon_{ijt} \quad (6-3)$$

$$\ln Profit_{ijt} = \iota_0 + \iota_1 \ln Fc_{ijt} + \iota_2 \ln Capital_{ijt} + \iota_3 \sum Industry_{it}$$
$$+ \iota_4 \sum Year_{ij} + \varepsilon_{ijt} \quad (6-4)$$

第二步,将企业效益(lnProfit)作为被解释变量,固定薪酬(lnFc)和中介变量(lnCapital)作为解释变量构建双向固定效应模型,如方程式(6-4)所示。接下来,本书将对方程式(6-3)和(6-4)进行计量回归。以资本存量作为中介变量的估计结果如表6-4所示。

表6-4　　　　　　固定薪酬在资本存量的中介效应估计结果

变量	(1) lnProfit	(2) lnCapital	(3) lnProfit
lnFc	0.1530 *** (0.0547)	0.0398 ** (0.0164)	0.1223 ** (0.0521)
lnCapital			0.8318 *** (0.0824)
常数项	3.4810 *** (0.2596)	6.2621 *** (0.0958)	-2.0186 *** (0.5982)
Year FE	Yes	Yes	Yes
Industry FE	Yes	Yes	Yes
R-squared	0.0403	0.0725	0.1336
Observations	1691	2730	1691
Bootstrap test	η_1和ι_2均显著,γ_1也显著,中介效应显著		
中介效应/总效应	21.64%		

注:①***、**、*分别代表统计显著水平为1%、5%与10%;②括号内数值为标准误差值,表中结果都为双向固定效应估计结果的汇总。

资料来源:根据2008~2010年天津市滨海新区923家企业追踪调查数据计算所得。

根据表6-4,我们可以推导资本存量的中介效应情况。首先,资本存量的中介效应方向为正。表6-4第(2)列中固定薪酬的估计系数和第(3)列中资本存量的估计系数均显著为正,并且第(3)列中固定薪酬的估计系数也显著为正。因此,资本存量对企业效益存在正向中介效应。这表明提高固定薪酬能够显著地增加企业资本存量,资本实力雄厚的企业更能抵御风险,进而企业会有更好的绩效表现。其次,资本存量的中介效应占总效应的比例较高。资本存量的中介效应占总效应比例约为21.64%。这表明企业的资本盘活能力更强，资本的集聚又为企业的转型升级和创新研发提供动力支持，因此提高固定薪酬能够提升企业效益，该条路径的中介效应影响不容忽视。总之，提高固定薪酬的同时也盘活了企业的资本，进而提升了企业效益。

（二）员工受教育程度的机制检验

接下来，本书将员工受教育程度作为中介变量纳入中介效应模型，检验在固定薪酬对企业效益影响过程中，员工受教育程度所发挥出的中介作用。

第一步，将中介变量员工受教育程度（Education）作为被解释变量，固定薪酬作为解释变量进行双向固定效应模型的回归分析。具体形式如方程式（6-5）所示。

$$Education_{ijt} = \lambda_0 + \lambda_1 \ln Fc_{ijt} + \lambda_2 \sum Industry_{it} + \lambda_3 \sum Year_{ij} + \varepsilon_{ijt} \quad (6-5)$$

$$\ln Profit_{ijt} = \mu_0 + \mu_1 \ln Fc_{ijt} + \mu_2 Education_{ijt} + \mu_3 \sum Industry_{it} + \mu_4 \sum Year_{ij} + \varepsilon_{ijt} \quad (6-6)$$

第二步，再把企业效益（lnProfit）作为被解释变量，固定薪酬（lnFc）和中介变量（Education）作为解释变量，构建受教育程度的中介效应模型，如方程式（6-6）所示。以受教育程度作为中介变量的中介效应模型估计结果见表6-5。

表6-5　　　　　固定薪酬中受教育程度的中介效应估计结果

变量	（1）lnProfit	（2）Education	（3）lnProfit
lnFc	0.1530*** (0.0547)	-0.0054 (0.0086)	0.1522*** (0.0548)
Education			-0.0642 (0.1318)
常数项	3.4810*** (0.2596)	0.3863*** (0.0504)	3.5009*** (0.2629)
Year FE	Yes	Yes	Yes
Industry FE	Yes	Yes	Yes
R-squared	0.0403	0.2460	0.0406
Observations	1691	2731	1691
Bootstrap test	置信区间落在（-0.04831，-0.00511），不包括0，中介效应显著		
中介效应/总效应	0.23%		

注：①***、**、*分别代表统计显著水平为1%、5%与10%；②括号内数值为标准误差值，表中结果都为双向固定效应估计结果的汇总。

资料来源：根据2008~2010年天津市滨海新区923家企业追踪调查数据计算所得。

根据表 6-5 的估计结果，我们可以推知受教育程度的中介效应结果。第（2）列中固定薪酬（lnFc）的估计系数与第（3）列中员工受教育程度（Education）的估计系数均不显著的为负值，需要继续进行自举（bootstrap）检验。检验结果表明第（2）列中固定薪酬估计系数（lnFc）与第（3）列员工受教育程度估计系数（Education）乘积落入的置信区间为（-0.04831，-0.00511），即不会落入包含 0 的置信区间，视为通过了自举检验。同时第（3）列中固定薪酬（lnFc）的估计系数显著为正，与第（2）列中固定薪酬（lnFc）估计系数、第（3）列中员工受教育程度估计系数乘积的符号相一致，据此可认为固定薪酬对企业效益影响的中介效应路径显著存在。

概而言之，我们可以得到以下两点结论。一方面，员工受教育程度的中介效应方向为正。表 6-5 第（3）列中固定薪酬的估计系数显著为正，即为员工受教育程度的中介效应为正向影响。具体来说，当企业为员工支付的固定薪酬越高时，为减轻直接劳动成本负担，企业会尽可能选择较低学历的员工匹配其岗位；而招聘较低学历员工能够降低直接劳动成本，进而会提升企业效益。另一方面，员工受教育程度的中介效应强度较弱。根据表 6-5，员工受教育程度的中介效应占总效应的比例为 0.23%。这表明，企业为员工支付的固定薪酬通过员工受教育程度而降低了直接劳动成本，但是其影响企业效益的强度较弱。未来应该继续强化员工受教育程度的中介效应占比，提升企业的人力资本水平，进一步推动企业的长远发展。

（三）员工人数的机制检验

最后，我们将员工人数作为中介变量研究固定薪酬对企业效益的作用路径之一。

第一步，将中介变量员工人数（Staff）作为被解释变量，员工固定薪酬作为解释变量纳入双向固定效应的计量模型，具体形式如方程式（6-7）所示。

$$\text{Staff}_{ijt} = \nu_0 + \nu_1 \ln Fc_{ijt} + \nu_2 \sum \text{Industry}_{it} + \nu_3 \sum \text{Year}_{ij} + \varepsilon_{ijt} \quad (6-7)$$

$$\ln \text{Profit}_{ijt} = \pi_0 + \pi_1 \ln Fc_{ijt} + \pi_2 \text{Staff}_{ijt} + \pi_3 \sum \text{Industry}_{it} + \pi_4 \sum \text{Year}_{ij} + \varepsilon_{ijt} \quad (6-8)$$

第二步，再将企业效益（lnProfit）作为被解释变量，固定薪酬（lnFc）和中介变量作为解释变量纳入中介效应模型进行回归分析，中介效应模型的表达式如方程式（6-8）所示。中介效应模型的估计结果如表 6-6 所示。

表 6-6　　　　　　　　　固定薪酬中员工人数的中介效应估计结果

变量	(1) lnProfit	(2) Staff	(3) lnProfit
lnFc	0.1530*** (0.0547)	-6.8280** (2.7351)	0.1509*** (0.0549)
Saff			-0.0001 (0.0003)
常数项	3.4810*** (0.2596)	66.2376*** (16.0018)	3.4912*** (0.2607)
Year FE	Yes	Yes	Yes
Industry FE	Yes	Yes	Yes
R-squared	0.0403	0.0086	0.0405
Observations	1691	2731	1691
Bootstrap test	置信区间落在 (0.0273, 0.2498), 不包括0, 中介效应显著		
中介效应/总效应	0.45%		

注：① ***、**、*分别代表统计显著水平为1%、5%与10%；②括号内数值为标准误差值，表中结果都为双向固定效应估计结果的汇总。

资料来源：根据2008~2010年天津市滨海新区923家企业追踪调查数据计算所得。

根据表6-6，我们可以判断员工人数作为中介变量的中介效应情况。第(2)列中固定薪酬（lnFc）的估计系数与第(3)列中员工人数（Staff）的估计系数并不都显著为负，需要再进行自举（bootstrap）检验。自举5000次的检验结果表明，第(2)列中固定薪酬（lnFc）的估计系数与第(3)列中员工人数（Staff）的估计系数乘积落入不包含0的置信区间，即视为通过了自举系数乘积的检验。同时第(3)列中固定薪酬（lnFc）的估计系数显著为正，与第(2)列中固定薪酬（lnFc）的估计系数和第(3)列中员工人数（Staff）的估计系数乘积同号。据此，可认为固定薪酬通过员工人数而影响企业效益的中介作用显著存在。

我们认为，第一，员工人数的中介效应方向为正。表6-6第(3)列中固定薪酬（lnFc）的估计系数显著为正，表明固定薪酬通过员工人数对企业效益的路径影响为正。一方面，企业为员工支付的固定薪酬越高时，企业会放弃留存较高数量的员工而选择提升在职员工的人力资本水平，此时员工数量会有所下降；另一方面，企业员工人数越少，企业在生产经营活动中为员工支付的监督成本会降低（Rebitzer and Taylor, 1995），进而能够提升企业效益。第二，员工人数的中介效应强度较弱。根据表6-6，员工人数的中介效应占总效应比例约为0.45%。

固定薪酬对应企业需要负担的劳动成本往往与员工人数直接挂钩，理论上来看，固定薪酬通过员工人数对企业效益发挥中介效应作用强度应较大，但是固定薪酬激励员工的正向作用高于为企业带来的直接劳动成本的负向作用。

总之，基于资本存量、员工受教育程度和员工人数三个中介变量条件下，固定薪酬对企业效益的中介影响呈现不同特征。首先，资本存量、员工受教育程度和员工人数的中介效应均为正向影响。其次，资本存量的中介效应占总效应比例最高，员工受教育程度和员工人数的中介效应占比较低。

第二节　可变薪酬对企业效益影响的实证分析

一、计量模型的构建

与前面固定薪酬对企业效益影响的计量模型设计类似，本书借鉴已有文献（周云波等，2014），将可变薪酬对企业效益影响的模型构建为如下形式：

$$\ln Profit_{ijt} = \beta_0 + \beta_1 \ln Vc_{ijt} + \beta_2 X_{ijt} + \beta_3 \sum Industry_{it} + \beta_4 \sum Year_{ij} + \varepsilon_{2ijt} \quad (6-9)$$

方程式（6-9）中被解释变量为 $\ln Profit_{ijt}$，代表企业 i 位于行业 j 在第 t 期的企业效益，使用企业人均利润的对数指标代表企业效益。核心解释变量为 $\ln vc_{ijt}$，代表企业 i 位于行业 j 在第 t 期的员工可变薪酬，该指标用企业人均可变薪酬的对数值表示。X_{ijt} 代表计量模型中的系列控制变量，其中包括员工受教育程度（Education）、员工人数（Number）、企业的资本存量（lnCapital）和企业所有制性质的虚拟变量，ε_{2ijt} 代表模型中的随机干扰项。与方程式（6-1）相似，模型中同时控制了年份固定效应和行业固定效应。另外，本节使用的数据库是 2008~2010 年天津市统计局对滨海新区 923 家企业的追踪调查数据，与前文的数据介绍、变量描述和描述性统计相同，在此不再赘述。

二、实证分析过程及结果

与上一节中固定薪酬对企业效益影响的实证分析方法相似，本节使用双向固定效应模型研究可变薪酬对企业效益的影响。在方程式（6-9）的基础上，本节使用双向固定效应模型解决计量模型中的不可观测值的偏差问题，并通过逐渐加入控制变量的方法更加精准地估计可变薪酬与企业效益的关系。表6-7给出了双向固定效应模型的估计结果。

表6-7　　　　　　　　可变薪酬对企业效益影响的估计结果

变量	(1) lnProfit	(2) lnProfit	(3) lnProfit
lnVc	0.1644 *** (0.0548)	0.1529 *** (0.0547)	0.1878 *** (0.0638)
lnCapital			0.9245 *** (0.0962)
Education			-1.0128 *** (0.3881)
Staff			-0.0003 (0.0003)
lnHc			0.2324 * (0.1310)
常数项	3.1607 *** (0.0274)	3.6439 *** (0.2608)	-2.6936 *** (0.7201)
Year FE	No	Yes	Yes
Industry FE	No	Yes	Yes
R-squared	0.0094	0.0403	0.1695
Observations	1691	1691	1362

注：①***、**、*分别代表统计显著水平为1%、5%与10%；②括号内数值为标准误差值；③第(1)列为普通最小二乘（OLS）回归结果，第(2)列为使用年份固定效应和行业固定效应的面板回归结果，第(3)列为逐渐加入控制变量的双向固定效用模型回归结果。

资料来源：根据2008~2010年天津市滨海新区923家企业追踪调查数据计算所得。

根据表6-7，我们可以推知以下几点结论：

(1) 员工可变薪酬对企业效益发挥出正向激励作用。表6-7第(3)列中可变薪酬（lnvc）的估计系数为0.1878，且在1%水平上显著。这表明企业可变薪酬每增加1%，企业效益则会提升18.78%，可变薪酬的激励作用非常显著。从经济学研究视角来看，一方面，由于普通员工的薪酬所得主要依赖于可变薪酬，提高可变薪酬激励员工更加努力地工作，以获得更高的薪酬，进而间接地提升了企业效益。另一方面，基于企业的人力资本制度设计，可变薪酬的要义在于区分员工对企业效益的贡献程度，为企业效益提供更高边际贡献率的员工可变薪酬应该高于较低边际贡献率的员工。基于以上两点，员工的可变薪酬与企业效益存在同方向变化关系。本书的假说3被证实。

(2) 模型中控制变量对企业效益的影响各不相同。表6-7第（3）列中资本存量（lnCapital）的估计系数显著为正，表明企业的资本存量越大，企业效益越好。员工受教育程度（Education）的估计系数显著为负，这显示出员工的受教育程度越高时，直接劳动成本会显著提高，企业效益会因此下降。员工人数（Staff）的估计系数为负，表明员工人数与企业效益呈现出反方向变化关系，但员工人数的估计结果不具备统计上的显著性，此处不再赘述。

三、稳健性分析

为保证可变薪酬对企业效益影响的估计结果的可靠性，我们将通过以下两种方式对实证结果进行稳健性检验。首先，替换核心被解释变量。我们将使用企业总利润（G_Profit）作为被解释变量以替代人均利润率作为衡量企业效益的指标进行回归分析。其次，采用滞后效应模型。计量模型中变量间的内生性问题会影响模型估计的稳健性，因此，将滞后一期的解释变量纳入双向固定效应模型，观察考虑时间滞后效应后估计结果与原估计结果的差别，以测试可变薪酬实证结果的可靠性。详尽的稳健性检验结果见表6-8。

表6-8　　　可变薪酬对企业效益影响的稳健性检验结果

变量	(1) G_Profit	(2) Lag_lnProfit
lnVc	4.0441 *** (0.4180)	
Lag_lnVc		0.3810 *** (0.0881)
lnCapital	-0.0001 * (0.0001)	0.0029 (0.2942)
Education	-1.0424 (1.9484)	0.3909 (0.3688)
Staff	-0.0006 (0.0063)	-0.0006 (0.0007)
常数项	2.6168 (26.4725)	1.4247 (2.2562)

续表

变量	(1) G_Profit	(2) Lag_lnProfit
Year FE	Yes	Yes
Industry FE	Yes	Yes
R – squared	0.2184	0.0389
Observations	2769	1247

注：①***、**、*分别代表统计显著水平为1%、5%与10%；②括号内数值为标准误差值；③第（1）列为替换核心被解释变量的双向固定效应模型回归结果，第（2）列为滞后一期的双向固定效应模型回归结果。

资料来源：根据2008~2010年天津市滨海新区923家企业追踪调查数据计算所得。

根据稳健性检验结果可知：第一，替换核心被解释变量的估计结果通过了稳健性检验。表6-8第（1）列中可变薪酬（lnVc）估计系数的方向和显著性没有发生显著变化，与可变薪酬对企业效益影响的主回归结果的估计系数相一致。第二，滞后效应模型的估计结果也通过了稳健性测试。表6-8第（2）列中滞后一期可变薪酬（Lag_lnVc）估计系数的方向和显著性与主回归结果中核心解释变量估计系数保持一致。因此，通过以上两种稳健性检验①方式的估计结果，本书认为可变薪酬对企业效益影响的估计结果是稳健且可靠的。

四、机制检验

尽管通过实证分析结果，我们可以推知可变薪酬对企业效益的作用方向和影响强度，但是究竟有哪些路径作用于可变薪酬对企业效益的影响过程还有待讨论。接下来，本书将分别通过资本存量、员工受教育程度和员工人数三条路径研究可变薪酬的影响机制。

（一）资本存量的机制检验

借鉴温忠麟和叶宝娟（2014）的中介效应检验方法，本书将以资本存量（lnCapital）作为中介变量检验可变薪酬对企业效益的作用机制。可变薪酬对企业效益影响的估计结果表明，方程式（6-9）中可变薪酬（lnVc）的估计系数显著为正，那么接下来将以中介效应立论。

第一步，将中介变量资本存量（lnCapital）作为被解释变量，可变薪酬（lnVc）

---

① 受限于篇幅，替换核心被解释变量和滞后效应模型详细的稳健性检验过程及结果详见附录。

作为解释变量进行双向固定效应模型估计，即对方程式（6-10）进行回归分析。

$$\ln Capital_{ijt} = \omega_0 + \omega_1 \ln Vc_{ijt} + \omega_2 \sum Industry_{it} + \omega_3 \sum Year_{ij} + \varepsilon_{ijt} \quad (6-10)$$

$$\ln Profit_{ijt} = \theta_0 + \theta_1 \ln Vc_{ijt} + \theta_2 \ln Capital_{ijt} + \theta_3 \sum Industry_{it} + \theta_4 \sum Year_{ij} + \varepsilon_{ijt} \quad (6-11)$$

第二步，将企业效益（lnProfit）作为被解释变量，可变薪酬（lnVc）和中介变量（lnCapital）作为解释变量纳入双向固定效应模型，如方程式（6-11）所示。资本存量的中介效应估计结果如表6-9所示。

表6-9　　　　　　　可变薪酬中资本存量的中介效应估计结果

变量	(1) lnProfit	(2) lnCapital	(3) lnProfit
lnVc	0.1529 *** (0.0547)	0.0397 ** (0.0164)	0.1222 ** (0.0521)
lnCapital			0.8318 *** (0.0824)
常数项	3.6439 *** (0.2608)	6.3044 *** (0.0957)	-1.8884 *** (0.6016)
Year FE	Yes	Yes	Yes
Industry FE	Yes	Yes	Yes
R-squared	0.0403	0.0725	0.1336
Observations	1691	2730	1691
Bootstrap test	ϖ_1与θ_2均显著为正，且θ_1也显著，存在中介效应		
中介效应/总效应	21.60%		

注：① ***、**、*分别代表统计显著水平为1%、5%与10%；②括号内数值为标准误差值，表中结果都为双向固定效应估计结果的汇总。

资料来源：根据2008~2010年天津市滨海新区923家企业追踪调查数据计算所得。

根据表6-9的估计结果，我们可以判断资本存量的中介效应影响。一方面，资本存量的中介效应方向为正。表6-9第（2）列中可变薪酬的估计系数和第（3）列中资本存量的估计系数均显著为正，并且第（3）列中可变薪酬的估计系数也显著为正。据此，可变薪酬通过资本存量对企业效益产生正向中介效应影响。这表明提高可变薪酬增加了资本的需求量，企业内部的生产经营活动需要更高资本存量予以支持；而较高的资本存量能够代表企业拥有较为雄厚的实力，这类企业的研发创新能力和生产经营效率会更高,因此企业效益得到显著提升。另一方面,资本存量的中介效应占总效应的比例较高。资本存量的中介效应占总效应比例约为 21.60%,即可变薪酬通过提高资本存量而提升企业效益的比例高达 21.60%。可变薪酬的激励作用提高了扩大生产经营活动的可能性,扩大再生产则会要求增加资本存量,这种刚性需求会引致企业效益的提升。因此,可变薪酬通过资本存量扩大再生产而提高的企业效益所占比例极高。

(二)员工受教育程度的机制检验

受教育程度是企业人力资本水平的代表性指标,因此员工的受教育程度必然会使可变薪酬对企业效益发挥重要影响。接下来,本书将员工受教育程度作为中介变量进行中介效应检验。第一步,将中介变量员工受教育程度(Education)作为被解释变量,可变薪酬(lnVc)作为解释变量纳入双向固定效应模型的回归分析。具体形式如方程式(6-12)所示。

$$\text{Education}_{ijt} = \theta_0 + \theta_1 \ln Vc_{ijt} + \theta_2 \sum \text{Industry}_{it} + \theta_3 \sum \text{Year}_{ij} + \varepsilon_{ijt} \quad (6-12)$$

$$\ln \text{Profit}_{ijt} = \rho_0 + \rho_1 \ln Vc_{ijt} + \rho_2 \text{Education}_{ijt} + \rho_3 \sum \text{Industry}_{it}$$
$$+ \rho_4 \sum \text{Year}_{ij} + \varepsilon_{ijt} \quad (6-13)$$

第二步,再把企业效益(lnProfit)作为被解释变量,可变薪酬(lnVc)和中介变量(Education)作为解释变量,构建了受教育程度的中介效应模型。计量模型如方程式(6-13)所示。以受教育程度作为中介变量的中介效应模型估计结果见表6-10。

表6-10　　　　　　可变薪酬中受教育程度的中介效应估计结果

变量	(1) lnProfit	(2) Education	(3) lnProfit
lnVc	0.1529*** (0.0547)	0.0003 (0.0073)	0.1515*** (0.0547)
Education			0.1479 (0.1516)
常数项	3.6439*** (0.2608)	0.4466*** (0.0427)	3.6992*** (0.2669)
Year FE	Yes	Yes	Yes
Industry FE	Yes	Yes	Yes

续表

变量	(1) lnProfit	(2) Education	(3) lnProfit
R – squared	0.0403	0.2376	0.0413
Observations	1691	2731	1691
Bootstrap test	置信区间落在（-0.04828, -0.00514），不包括0，中介效应显著		
中介效应/总效应	0.03%		

注：① ***、**、* 分别代表统计显著水平为1%、5%与10%；②括号内数值为标准误差值，表中结果都为双向固定效应估计结果的汇总。

资料来源：根据2008~2010年天津市滨海新区923家企业追踪调查数据计算所得。

根据表6-10的估计结果，我们可以推知员工受教育程度的中介效应检验结果。第（2）列中可变薪酬（lnVc）的估计系数与第（3）列中员工受教育程度（Education）的估计系数并不都显著的为正，需要继续进行自举（bootstrap）检验。自举5000次后的检验结果表明，第（2）列中可变薪酬估计系数（lnVc）与第（3）列员工受教育程度估计系数（Education）乘积落入的置信区间为（-0.04828, -0.00514），即不会落入包含0的置信区间，视为通过了自举检验。同时第（3）列中可变薪酬（lnVc）的估计系数显著为正，且第（2）列中可变薪酬（lnVc）估计系数与第（3）列员工受教育程度（Education）估计系数乘积的符号也为正，说明可变薪酬基于员工受教育程度对企业效益的影响路径显著存在。

概而言之，可以得到以下两点结论。一方面，员工受教育程度的中介效应方向为正。表6-10第（3）列中可变薪酬（lnVc）的估计系数显著为正，即为员工受教育程度的中介效应影响方向为正。从经济学角度来说，员工可变薪酬的高低取决于员工对企业价值做出的边际贡献大小，边际贡献率往往与代表员工能力的受教育程度相关，因此员工可变薪酬与受教育程度呈现正相关关系。员工的人力资本素质越高，企业效益提升空间会越大。所以，可变薪酬通过员工受教育程度而对企业效益发挥出正向激励作用。另一方面，员工受教育程度的中介效应强度较弱。根据表6-10，员工受教育程度的中介效应占总效应的比例为0.03%，这说明可变薪酬提高了员工的受教育程度，但是这一因素对企业效益的间接影响强度较弱。因此，通过提高员工受教育程度能够强化可变薪酬的激励作用，未来应该加强员工职业技能培训，提高其人力资本水平，这将有益于企业效益的提升。

（三）员工人数的机制检验

员工人数代表企业规模，可以直接反映出企业的劳动成本。本书将员工人数作为中介变量研究可变薪酬对企业效益的作用路径。

第一步,将中介变量员工人数(Staff)作为被解释变量,员工可变薪酬(lnvc)作为解释变量进行回归分析,计量模型的具体形式如方程式(6-14)所示。

$$\text{Staff}_{ijt} = \tau_0 + \tau_1 \ln Vc_{ijt} + \tau_2 \sum \text{Industry}_{it} + \tau_3 \sum \text{Year}_{ij} + \varepsilon_{ijt} \quad (6-14)$$

$$\ln \text{Profit}_{ijt} = \psi_0 + \psi_1 \ln Vc_{ijt} + \psi_2 \text{Staff}_{ijt} + \psi_3 \sum \text{Industry}_{it} + \psi_4 \sum \text{Year}_{ij} + \varepsilon_{ijt} \quad (6-15)$$

第二步,再将企业效益(lnProfit)作为被解释变量,可变薪酬(lnVc)和中介变量(Staff)作为解释变量纳入中介效应模型进行回归分析,中介效应模型如方程式(6-15)所示。以员工人数作为中介变量的中介效应模型估计结果如表6-11所示。

表6-11　　　　　　　　可变薪酬中员工人数的中介效应估计结果

变量	(1) lnProfit	(2) Staff	(3) lnProfit
lnVc	0.1529*** (0.0547)	-6.8264** (2.7342)	0.1508*** (0.0549)
Staff			-0.0001 (0.0003)
常数项	3.6439*** (0.2608)	58.9676*** (15.9905)	3.6519*** (0.2615)
Year FE	Yes	Yes	Yes
Industry FE	Yes	Yes	Yes
R-squared	0.0403	0.0086	0.0405
Observations	1691	2731	1691
Bootstrap test	置信区间落在(0.02730, 0.24961),不包括0,中介效应显著		
中介效应/总效应	0.45%		

注:①***、**、*分别代表统计显著水平为1%、5%与10%;②括号内数值为标准误差值,表中结果都为双向固定效应估计结果的汇总。

资料来源:根据2008~2010年天津市滨海新区923家企业追踪调查数据计算所得。

根据表6-11,我们可以分析员工人数作为中介变量的中介效应检验结果。

第（2）列中可变薪酬（lnVc）的估计系数与第（3）列员工人数（Staff）的估计系数并不都显著为负，需要再进行自举（bootstrap）检验。自举5000次的中介效应检验结果表明，第（2）列中可变薪酬（lnVc）的估计系数与第（3）列中员工人数（Staff）的估计系数乘积落入不包含0的置信区间（0.02730，0.24961），即视为通过自举系数乘积不为零的假设检验。同时第（3）列中可变薪酬（lnVc）的估计系数显著为正，与第（2）列中可变薪酬（lnVc）的估计系数、第（3）列中员工人数（Staff）的估计系数乘积同为正号。这说明可变薪酬通过员工人数而影响企业效益的中介作用显著存在。

本书得到以下结论：第一，员工人数的中介效应方向为正。表6-11第（3）列中可变薪酬（lnVc）的估计系数显著为正，这显示出可变薪酬通过员工人数对企业效益的路径影响为正。一方面，企业为员工支付的可变薪酬越高时，为减少搜寻成本，企业会选择减少员工数量，保留较少数量的员工维持较高的企业效益。另一方面，企业员工人数越少，则企业在生产经营活动中为员工支付的监督成本会降低（Rebitzer and Taylor，1995），得益于监督成本的下降，企业效益会有所提升。第二，员工人数的中介效应强度较弱。根据表6-11，员工人数的中介效应占总效应比例约为0.45%。可变薪酬代表企业的直接劳动成本负担情况，提高可变薪酬会引致企业裁员，但减少员工数量来缩减劳动成本带来的企业效益提升空间有限。任何企业会权衡人力资本损失对企业长远发展的负向影响。因此，可变薪酬通过员工数量而对企业效益产生影响的中介效应强度有限。

概而言之，一方面，资本存量、员工受教育程度和员工人数三个中介变量的中介效应方向为正，即可变薪酬通过资本存量、员工受教育程度和员工人数三个中介变量对企业效益发挥出正向激励作用。另一方面，不同中介变量的中介效应占总效应比例不同。资本存量中介效应占比较高，员工受教育程度和员工人数中介效应占比极低，即资本存量中介效应的作用强度较大，而员工受教育程度和员工人数的中介效应的作用强度很低。

五、固定薪酬与可变薪酬对企业效益影响的比较分析

前文实证回归结果分别论证了固定薪酬和可变薪酬对企业效益的影响。但是要精准考察企业内部薪酬结构对企业效益的不同影响，还应该进一步将两者进行对比分析。具体来说，本书通过以下两个方面比较薪酬结构中不同功能的薪酬对企业效益的影响（见表6-12）。

表 6-12　　　　　　　固定薪酬与可变薪酬对企业效益影响的综合比较

项目	固定薪酬	可变薪酬
对企业效益的影响方向	正向	正向
对企业效益的影响强度	较低	较高
中介变量	资本存量	资本存量
	受教育程度	受教育程度
	员工人数	员工人数
中介效应/总效应	资本存量占比 21.64%	资本存量占比 21.60%
	员工受教育程度占比 0.23%	员工受教育程度占比 0.03%
	员工人数占比 0.45%	员工人数占比 0.45%

资料来源：根据 2008~2010 年天津市滨海新区 923 家企业追踪调查数据计算所得。

第一，就薪酬结构中固定薪酬与可变薪酬的影响方向及影响强度来看。首先，固定薪酬与可变薪酬对企业效益的影响方向都为正。表 6-2 中第（3）列中固定薪酬的估计系数（lnFc）和表 6-7 中第（3）可变薪酬的估计系数（lnVc）均为正值。从经济学研究视角出发，主要是由于以下原因：固定薪酬和可变薪酬是薪酬结构的组成部分，但是薪酬设计的初始要义是为激励员工努力工作，为企业创造更高的价值。因此，无论是固定薪酬的薪酬结构形式，还是可变薪酬的薪酬结构形式，都能发挥出其应有的激励作用，进而提升企业效益。其次，固定薪酬与可变薪酬对企业效益的影响强度不同。可变薪酬的估计系数（lnVc）高于固定薪酬的估计系数（lnFc），这表明可变薪酬对企业效益的激励强度要高于固定薪酬。出现这种经济现象的原因在于薪酬结构中固定薪酬和可变薪酬的功能定位有所差异。针对员工，固定薪酬是以员工是否成为企业一员作为标准，而可变薪酬则是以员工是否参加生产经营活动及其对企业的边际贡献为评估标准。这就必然会出现固定薪酬与可变薪酬对企业效益激励强度的差异性。固定薪酬是员工应对生活不确定性的重要经济来源，给员工提供了安全感和归属感，与企业效益的关联度较低；可变薪酬直接与员工的努力程度挂钩，员工付出了更多的个人努力，这将导致可变薪酬与企业效益的关联度较高。因此，可变薪酬对企业效益的作用强度会更高。

第二，就薪酬结构中固定薪酬与可变薪酬的机制检验结果来看。首先，在固定薪酬与可变薪酬对企业效益的机制变量检验中，资本存量、员工受教育程度和员工人数都通过了中介效应检验，说明资本存量、员工受教育程度和员工人数都在薪酬结构对企业效益影响过程中发挥了中介作用。其中，资本存量是企业层面的衡量指标，固定薪酬与可变薪酬对企业效益发挥作用的媒介离不开企业实力提供的基础环境。而员工受教育程度和员工人数是从员工角度衡量企业的人力资本水平，薪酬结构的设计需要综合考察员工个人的学历水平、工作经验、员工人数的综合情况。其中，固定薪酬和可变薪酬的作用机制中，员工受教育程度和员工人数的中介效应影响方向均为正；表明员工受教育程度越高，员工规模越大，固定薪酬和可变薪酬对企业效益的激励作用会越大。其次，固定薪酬与可变薪酬中机制变量的中介效应占总效应比例不同。(1) 资本存量代表着企业实力，资本雄厚的企业对抗外部不确定性能力更强，并且在短期效益与长期发展间更倾向于以企业长期价值为主。因此，固定薪酬与可变薪酬的作用机制过程中，资本存量的中介效应占比都较高，但固定薪酬作用机制中资本存量的影响强度更高，可以看出虽然资本实力雄厚的企业为员工支付较高的固定薪酬，但其对企业效益的提升强度也更高。(2) 员工受教育程度在本书的机制检验发挥出正向中介作用，但与可变薪酬的机制检验结果相比，固定薪酬通过员工受教育程度而影响企业效益的中介效应占比更高。这可能与薪酬结构设计中固定薪酬的薪资定级标准有关，一般企业固定薪酬的制定标准与员工的受教育程度、工龄直接相关，因此，受教育程度这一显性指标的中介作用强度在固定薪酬的激励效应中更显著。(3) 固定薪酬与可变薪酬对企业效益的影响机制中，员工人数的中介效应强度相一致。从劳动成本视角出发，员工人数与企业直接劳动成本挂钩，企业作为市场竞争中的理性主体，必然会从劳动成本的角度确定用工规模以激发员工的活力，力图为企业创造更高的价值。企业主体权衡员工人数带来的劳动成本与薪酬激励带来的企业效益的过程中，必然会选择更低的员工人数和更高的企业效益，也就是说，企业为员工支付的固定薪酬和可变薪酬更高时，必然会导致企业选择人力资本水平较高的员工来控制员工人数的过快增长；合理的员工人数使得企业在劳动成本与企业效益之间达到平衡点，为企业带来更高的企业效益。

总之，薪酬结构中固定薪酬与可变薪酬对企业效益的影响可以视为薪酬分配中公平与效率的权衡取舍。对员工个人来说，以固定额度为员工支付的等额薪酬提供了相对公平的心理满足程度；而可变薪酬是以员工的努力程度支付浮动薪酬，在一定程度上反映出劳动效率的高低。在保证薪酬分配公平性基础上，才能让薪酬结构中不同组成部分充分发挥出正向激励作用。

第七章 股权激励对企业效益影响的实证研究

本章采集 2006～2018 年的沪深两市 A 股上市公司的微观数据，借助"渐进性"双重差分模型进行了相关的验证，来证明经理人股权激励的实施对于我国上市公司的经营业绩（质和量）有重要的提升和改善作用，同时说明股权激励计划和经营绩效正相关性结论具有稳健性。首先，从多个角度（即"质"和"量"）证明经理人股权激励的实施对于我国上市公司的经营业绩的提升作用，同时也从经理人股权激励对不同所有权性质（国企、非国企）的角度进行了分析比较；其次，本章从机构投资者增持、监督管理层以及约束大股东三个角度分析经理人股权激励的作用机制；最后，在已有研究的基础上，本章将可变薪酬对企业效益影响的研究继续深化，分析管理层持股比例对企业效益的影响。

第一节 方法与样本变量

一、样本构建

本部分主要研究了经理人股权激励同公司经营业绩的关系，考虑到我国股权激励从 2006 年开始，股权激励数据记录始于 2006 年，所以本章选取的数据从 2006 年开始。本章采集了 2006～2018 年的沪深两市 A 股上市公司的微观数据，由于金融行业经营方式比较特殊，所以样本剔除了金融企业样本。数据主要来自国泰安数据库、锐思数据库和 Wind 资讯。为了确定实施经理人股权激励的公司样本，本书收集了国泰安数据库中股权激励授予明细表的数据，并删去了中途取消的股权激励方案和发行激励总数缺失的方案。

为了验证经理人股权激励与企业经营绩效之间的关系，本书选取了衡量公司经营绩效的一些指标。在公司的经营绩效方面，一个维度是探究公司是否能在

"量"上做大,选取的财务经营指标有企业的营业收入、净利润等,另一个维度是分析经理人股权激励是否帮助公司做强,在公司的"质"上有所提高。为此,根据本书对企业绩效评价体系的分析,选用资产回报率、股权回报率、技术创新能力等指标。企业在发展的过程中,需要不断进行研发、创新活动才能使公司在质量上产生飞跃,企业的创新同企业的经理人股权激励紧密地联系在一起。为避免数据中可能的异常值带来误差,本章针对数据中的所有连续型变量的 1% 和 99% 分位进行了缩尾处理,本章使用的非平衡面板数据既包含了横截面也包含了时间序列维度的信息。

二、被解释变量与解释变量

本章的实证检验包括了几个方面的变量。根据前面对企业经营绩效指标评价体系、杜邦分析体系的分析,本书结合股权激励的正相关性理论,选取了包括企业经营绩效的"量"和"质"的被解释变量。在"量"的维度上,本书选取的指标有企业的营业收入 Income、净利润 Profit 等;在"质"的维度上,本书选取的指标包括总资产收益率 ROA、净资产收益率 ROE、公司专利数量 Patent、企业研发支出占比 RDR 及企业的创新活动效率 Effi。

根据本章表 7-1 的评价体系,技术创新能力是企业经营绩效战略性的体现,也是公司经营绩效评价的一个重要环节。本书为了很好地衡量企业的研发创新情况,参考了冯根福等(2017)文献对企业研发创新的研究方法。对上市公司而言,创新活动直接体现在研发和专利数量上。上市公司的创新活动体现在:第一,为了体现上市公司的技术创新能力中上市公司的创新产出和成果指标,本章借鉴了现有文献(张强和王明涛,2019)的做法,用上市公司的专利数的自然对数来代表上市公司企业经营绩效中技术创新能力方面的评价。创新成果产出 Patent = log(专利数 + 1),对该值取自然对数是为了消除专利数本身非负导致存在的数据右偏性问题。如果样本当年的专利数量缺失,那么将 Patent 替换为 0,本章用研发支出除以营业收入衡量企业的创新投入。第二,上市公司进行创新活动的效率,本章借鉴了文献中冯根福等(2017)的研究,使用了上市公司当年专利获得数与研发活动支出金额的自然对数的比例来衡量上市公司创新活动效率 Effi,这个比值越高说明企业一定数量的研发支出产生了更多的专利,详见表 7-1。

表7-1 企业经营绩效指标评价体系

评价维度		评价指标	计算方式
战略性	成长能力	主营业务收入增长率	本年主营业务收入增长额/上一年主营主营业务收入
		净利润增长率	本年净利润增长额/上一年净利润
		总资产增长率	本年总资产增长额/年初资产总额
		固定资产成新率	平均固定资产净值/平均固定资产原价
	技术创新能力	研发投入占比	研发投入/收入
		专利数量	专利数量的自然对数
		创新活动效率	专利数量/研发投入
	市场拓展能力	市场份额	—
		客户满意度	—
		客户留存率	—
		获客成本	—
		客单价	—
	内部学习能力	员工满意度	—
		员工留存率	—
		员工培训机制	—
		信息系统效率	—
可持续发展		污染物排放量	
		资源使用效率	
文化性		企业文化	
		企业声誉	

资料来源：笔者根据相关资料整理。

在模型设定方法上，本研究参考郭峰和熊瑞祥（2018）的方法，利用"渐进性"双重差分法来从微观上识别经理人股权激励的作用。双重差分法常常被用于进行经济政策的效果分析。因为各个公司实施经理人股权激励的时间是不相同的（并非同一年份），所以采用渐进性双重差分法来区分对照组与实验组的公司。根据本书的正相关性假设，实验组的上市公司在公布经理人股权激励预案后，预期相比对照组的上市公司有更好的绩效。这种渐进性双重差分法的方法、思想和普通的双重差分法是一致的。本书的"渐进性"双重差分法也需要满足平行假设，本书在后面探讨了相应的检验。

本书所选样本具有代表性，部分公司实施了股权激励。双重差分法需要区分对照组和处理组。本章做了一些数据设定，使得模型分析结果更容易解读，在本书的实证模型中，本书设定如下虚拟变量作为解释变量：

第一，区分实施经理人股权激励计划的公司变量 Treat：定义成实施经理人股权激励计划的 A 股上市公司的虚拟变量，如果某一上市公司公布了经理人股权激励预案则取值为 1，否则该虚拟变量取值为 0。

第二，区分实施激励计划前后的变量 Post：代表着实施经理人股权激励计划之后的虚拟变量，该变量在发布激励计划前后取不同的值，在发布经理人激励计划股权激励预案之前该变量取值为 0，在发布了经理人股权激励预案之后的年度该变量取值为 1。

为了进一步验证上市公司实施经理人股权激励计划的正相关性的作用机制，在多变量回归分析中，本书选取了机构投资者持股比例（INHPLD）、基金持股比例（FDHOLD）、第一大股东持股比例（First）、公司透明度（Opacity）等指标进行研究。对应的研究变量选取与数据含义（因变量、控制变量等）详见表 7-2。

表 7-2　　　　　　　　符号、注释、缩略语等的注释表

变量符号	变量地位	变量含义
Treat	自变量	虚拟变量，实施过股权激励的公司为 1，否则为 0
Post	自变量	虚拟变量，实施股权激励后数值为 1，否则为 0
Income	因变量	营业收入额的自然对数
Profit	因变量	净利润的自然对数
Tobin	因变量	Tobin's Q，上市公司的市场价值除以上市公司的资产总计
Tobin2	因变量	另一种方法计算的上市公司的 Tobin's Q
MB	因变量	市净率
ROA	因变量	总资产收益率，净利润/总资产
ROE	因变量	净资产收益率，净利润/净资产
Patent	因变量	企业的专利数量，log（当年的专利数量 +1），企业绩效战略性维度
RDR	因变量	研发支出占比，上市公司的当年研发支出投入金额/总营业收入，企业绩效战略性维度
Effi	因变量	创新活动效率，用企业专利除以研发支出的自然对数代表企业的创新效率（冯根福等，2017），企业绩效战略性维度
INHOLD	因变量	股权中机构投资者股东所占比例（%）
FDHOLD	因变量	股权中基金投资者股东所占比例（%）

续表

变量符号	变量地位	变量含义
Opacity	因变量	公司透明度，若透明则取值为1，否则设为0
First	控制变量	第一大股东持股比例，衡量股权集中度
Industry	控制变量	上市公司所在的行业
Salecost	控制变量	销售费用率，销售费用率为销售费用占企业营业收入的比重
Cash	控制变量	经营活动产生的现金流/企业营业总收入
Turn	控制变量	应收账款周转率，企业赊销净额/应收账款平均余额再除以1000
ATO	控制变量	资产周转率，营业收入/企业总资产
Size	控制变量	规模，企业资产总计的对数
Leverage	控制变量	资产负债率，企业负债总计/资产总计
State	控制变量	企业性质，国有企业取1，否则取0

资料来源：笔者根据相关资料整理。

根据现有文献的做法，在本章的多变量回归分析中，本章选取了代表盈利能力和运营能力的销售费用率 Salecost、资产周转率 ATO、应收账款周转率 Turn 和代表企业现金流的 Cash、企业的负债比率 Leverage，还有代表企业产权性质的国企的虚拟变量 State、规模 Size 作为控制变量加入了多变量回归分析中。控制变量能够使回归结果更加精确，比如企业的规模不同，企业的经营绩效会显示出较大差距。模型的各变量见表7-2。同时，避免年份和企业特征的干扰，本章在多变量回归分析中加入了行业固定效应，来排除一些不随时间和企业变化的因素，还采用了稳健标准误来应对可能的误差自相关问题。变量之间的线性相关性系数矩阵详见表7-3。对变量进行相关性分析可见，各自变量之间的线性相关性系数较小，相关性较弱，所以不存在多重共线性问题，可以进行回归分析。

表7-3　　　　　　　　　　变量相关性矩阵

变量	Income	Profit	ROA	Tobin	Salecost	Turn	ATO	Cash	Size	First
Income	1									
Profit	0.714	1								
ROA	0.142	0.453	1							
Tobin	-0.421	-0.218	0.0007	1						
Salecost	-0.147	-0.0250	0.0586	0.150	1					
Turn	0.0611	0.0541	0.0387	0.0114	-0.0293	1				

续表

变量	Income	Profit	ROA	Tobin	Salecost	Turn	ATO	Cash	Size	First
ATO	0.429	0.0785	0.128	-0.0216	-0.0651	0.0918	1			
Cash	0.134	0.210	0.333	0.0152	0.0614	0.0600	0.12	1		
Size	0.870	0.755	0.0627	-0.445	-0.147	0.0467	0.00340	0.0550	1	
First	0.254	0.245	0.51	-0.172	-0.0731	0.0362	0.0880	0.104	0.236	1

资料来源：笔者根据国泰安数据库等相关资料整理。

三、变量描述性统计

本章的实证研究主要利用多变量回归分析，所用数据的描述性统计结果见表7-4。描述性统计包括数量、均值、最小值、p25（25分位数）、p50（中位数）、p75（75分位数）、最大值和标准差等统计量。

表7-4　　　　　　　　　描述性统计表

变量名称	(1)数量	(2)均值	(3)最小值	(4)p25	(5)中位数	(6)p75	(7)最大值	(8)标准差
Treat	26616	0.340	0	0	0	1	1	0.474
Income	26561	21.34	16.84	20.40	21.27	22.25	25.38	1.539
Profit	23731	18.66	17-87	17.66	18.65	19.70	22.79	1.606
Patent	22443	0.340	0	0	0	0	7-1197	1.049
Effi	11996	0.412	0	0	0	0	10.22	1.488
INHOLD	26616	35.47	0	13.24	35.04	57-106	87.18	27-63
FDHOLD	26616	5.758	0	0.0700	1.300	6.270	85.14	10.50
ROA（%）	26570	3.471	-29.76	1.211	3.446	6.471	21.65	6.735
ROE（%）	26149	5.769	-97.54	2.815	7.025	11.77	37.76	15.84
Tobin	25446	2.055	0.899	1.227	1.579	2.274	10.28	1.469
Salecost	26519	0.0637	0	0.0178	0.0384	0.0754	0.436	0.0779
Turn	26240	0.0614	0.00087	0.00367	0.00723	0.0196	2.092	0.251
Leverage	26570	0.477	0.0594	0.307	0.472	0.630	1.280	0.227
ATO	26517	0.659	0.0437	0.345	0.552	0.828	2.674	0.474
Cash	26612	0.0439	-0.214	0.00280	0.0440	0.0892	0.264	0.0788

续表

变量名称	(1)数量	(2)均值	(3)最小值	(4)p25	(5)中位数	(6)p75	(7)最大值	(8)标准差
State	26275	0.442	0	0	0	1	1	0.497
Size	26612	22.00	18.94	21.07	21.86	22.79	25.99	1.346
First（%）	26571	35.86	8.630	23.56	33.84	46.85	76.31	15.45

资料来源：笔者根据国泰安数据库等相关资料整理。

表7-4的描述性统计显示，在本章的样本下，约34%的上市公司实施了经理人股权激励，可见股权激励在我国上市公司中已得到了广泛的应用。从样本的公司特征来看，上市公司ROA的平均值约为3.47%，上市公司的ROE均值在5.8%左右，有些公司的盈利水平较高，有一些公司较低，创新活动效率有较多的缺失值。机构投资者的持股比例约为35.47%，处于相对合理水平。此外，企业规模（自然对数）的均值为22，和中位数21.86较接近，说明规模分布较为均匀。

第二节 实 证 分 析

一、实证模型建立

本研究采用沪深两市的上市公司的微观数据，寻找经理人股权激励正相关性的微观证据，并对提出的假设进行验证分析。借鉴文献中的方法，本书以实施"经理人股权激励"后的公司作为处理组（Treatment Group），以其他没有实施"经理人股权激励"的沪深两市上市公司作为控制组（Control Group），运用"渐进性"双重差分模型探究实施"经理人股权激励"和上市公司经营绩效的正相关关系。

在回归方程设定上，本书参考周云波和张敬文（2020）、郭峰和熊瑞祥（2018）的研究方法，借助"渐进性"双重差分法来识别经理人股权激励的作用。双重差分法作为一种经济效果分析的统计方法，在经济学研究中被广泛采用（Almond et al., 2013）。因为各个公司实施经理人股权激励的时间是不相同的（并非同一年份），所以需要采用渐进性双重差分法来区分对照组与实验组的公司。这种渐进性双重差分法要求对照组与实验组的上市公司满足一定的平行趋势假设，本部分的重点是回归方程的设定，本章的回归方法为：

$$\text{Dependent}_{it} = a_0 + a_1 \text{Treat} \times \text{Post} + a_2 \text{Treat} + a_3 \text{Post} + b \text{控制变量}_{it-1}$$
$$+ \text{年份固定效应}_t + \text{行业固定效应}_i + \epsilon_{it} \quad (7-1)$$

其中，i 选取的是上市公司，t 选取的是上市公司观测值的时间，a_0、a_1、a_2、a_3、b 是回归的系数。Dependent_{it} 是第 i 企业的第 t 年的被解释变量，包括了上市公司经营绩效的"量"和"质"方面的被解释变量。本书选取了以下被解释变量：在"量"上，本书选取的被解释变量有企业的营业收入自然对数、净利润的自然对数；在"质"上，本书选取的被解释变量包括了企业的总资产收益率、净资产收益率、公司专利数量、企业研发支出占比、企业的创新活动效率。控制变量$_{it-1}$是上市公司前一年的控制变量，根据现有文献的做法，用前一年的数据是为了减少模型中可能存在的反向因果关系。在回归方程设定中，因为多重共线性，模型中的 Post 项被省略了。双重差分法模型的重点是构造合适的双重差分估计量。Treat × Post 的估计值代表了上市公司发布经理人股权激励计划后对企业经营绩效的影响，这个值越大说明经理人股权激励计划的影响越大。年份固定效应 t 是年份虚拟变量，行业固定效应 i 是行业虚拟变量，ϵ_{it} 是影响被解释变量的干扰项。根据对经理人股权激励计划和企业经营绩效正相关性的分析，上市公司发布经理人股权激励计划后，经理人股权激励计划的作用会体现出来，上市公司的经营绩效会变好。相反，如果经理人股权激励计划的负相关或不相关性的假设成立，上市公司的经营绩效将变差或者不变。

二、股权激励的相关性检验

本部分的实证分析对周云波和张敬文（2020）的研究进行了延伸，研究了股权激励在企业价值、经营绩效和创新等多方面的作用，而周云波和张敬文（2020）的研究主要关注股权激励和企业价值的关系。本节就实证结果展开分析与讨论，并验证了公司股东采取合适的股权激励计划可以增加企业价值（或公司股价）等观点。首先关注上市公司实施经理人股权激励计划在经营绩效的"量"上的作用。表 7-5 用营业收入自然对数 Income 和净利润自然对数 Profit 作为被解释变量。在实证回归中，本书控制了固定效应，也就是行业固定效应和年份固定效应来分别控制企业的不同行业层面因素以及不同时间上的因素。表 7-5 中的回归（1）~（3）用营业收入的自然对数作为因变量。回归（1）的解释变量是 Treat × Post，回归（2）中进一步选取 Salecost、Turn 等变量进行回归。回归（3）中再进一步控制了 State 和 Size 变量。可以看到，回归（3）中，回归的 R^2 得到了提高，Treat × Post 的回归系数为正数，而且显著。表 7-5 表明，实施经理人股权激励计划的企业相比没有实施的企业增加了企业的营业收入。如 R^2 较高的回归（3）所示，Treat × Post 的估计系数在 1% 的显著性水平上正相关，其值为 0.0448。这表明，当其他解释变量不变时，如果公司实施了经理人股权激励计划，将增加公司营业收入。回归结果表明营业收入增加和实施经理人股权激励有正相关性。

表 7-5　　　　　　经理人股权激励对企业规模影响的回归结果

变量	(1) Income	(2) Income	(3) Income	(4) Profit	(5) Profit	(6) Profit
Treat × Post	0.515*** (0.0295)	0.424*** (0.0270)	0.0448*** (0.0109)	0.490*** (0.0318)	0.444*** (0.0338)	0.0974*** (0.0241)
Treat	0.0843*** (0.0248)	0.128*** (0.0244)	0.0755*** (0.0107)	0.234*** (0.0267)	0.251*** (0.0302)	0.165*** (0.0225)
Salecost		-1.082*** (0.138)	0.101 (0.0771)		-0.285* (0.164)	0.686*** (0.131)
Turn		-0.0520 (0.0351)	-0.0472*** (0.0163)		0.0433 (0.0435)	0.0589* (0.0316)
Leverage		1.432*** (0.0574)	-0.0380 (0.0271)		0.678*** (0.0554)	-0.892*** (0.0593)
ATO		1.288*** (0.0257)	1.220*** (0.0117)		0.387*** (0.0270)	0.371*** (0.0200)
Cash		1.807*** (0.127)	0.613*** (0.0574)		7-547*** (0.147)	3.292*** (0.109)
State			0.0486*** (0.00779)			-0.171*** (0.0176)
Size			0.996*** (0.00424)			0.945*** (0.00871)
常数项	20.19*** (0.110)	18.89*** (0.103)	-1.328*** (0.0929)	17.36*** (0.127)	17.05*** (0.134)	-1.943*** (0.194)
年份固定效应	控制	控制	控制	控制	控制	控制
行业固定效应	控制	控制	控制	控制	控制	控制
样本观测数	26519	23421	23179	23690	20790	20588
R^2	0.211	0.389	0.897	0.174	0.225	0.600

注：括号里是标准误，*** 代表显著性水平 <0.01，** 代表显著性水平 <0.05，* 代表显著性水平 <0.1。控制了行业和年份固定效应。

资料来源：根据国泰安数据库（CSMAR）计算得到。

此外，以净利润自然对数为被解释变量的回归结果见表 7-5 中的回归（4）~（6）。由 R^2 较高的回归（6）结果可见，Treat × Post 的估计系数（0.0974）在 1% 的水平上是正显著的。这一系数表明，如果公司实施了经理人股权激励计划，当其他解释变量不变时，将引起公司净利润增加 9.74%。这里的实证结果说明经理人股权激励可以促进上市公司的企业经营绩效。

根据前面的股权激励实践和理论分析，股东可以通过采用限制性股票和期权的方式增加企业价值，所以如果上市公司实施经理人股权激励计划能在经营绩效的"量"上起作用，那么公司的股价应该上涨，即企业价值应该有所提高。

本书运用 Stata 软件，用企业价值作为被解释变量，对经理人股权激励计划的虚拟变量进行回归。表 7-6 中的回归模型（1）~（3）对应的被解释变量分别是 Tobin's Q（Tobin）、Tobin's Q2（Tobin2）、市值账面比（MB）。MB 和 Tobin's Q 的定义类似，所以回归结果也类似。按照马斯洛的需求理论，经理人既有追求个人名誉、社会地位和事业平台等方面的需要，也有稳定的生活条件和相对满意收入的需要，对经理人进行有效激励可以减少代理成本，提高企业的价值。

表 7-6 显示，回归（1）~（3）因变量分别是 Tobin's Q（Tobin）、Tobin's Q2（Tobin2）、市值账面比（MB），Treat × Post 回归的系数为正，而且在 1% 的显著性水平上显著。这一回归结果表明实施"经理人股权激励计划"带来了企业价值的增加。以 R^2 较高的回归（1）为例，Treat × Post 的回归系数为 0.152，如果公司实施了经理人股权激励计划，当其他解释变量不变时，将引起公司 Tobin's Q 增加 0.152。由表 7-2 变量描述性统计结果可见，样本数据的 Tobin's Q 均值为 2.055，这代表着提升 7.4% 的企业价值（0.152/2.055 = 7.4%），这也与文献（周云波和张敬文，2020）中股权激励提升企业价值的发现一致。这一数据显示，股权激励减少了公司的委托代理成本。

表 7-6 经理人股权激励对企业价值影响的回归结果

变量	(1) Tobin	(2) Tobin2	(3) MB
Treat × Post	0.152 *** (0.0277)	0.247 *** (0.0516)	0.183 *** (0.0413)
Treat	-0.120 *** (0.0245)	-0.252 *** (0.0595)	-0.213 *** (0.0438)
Salecost	0.710 *** (0.187)	-0.586 (0.581)	0.0412 (0.433)

续表

变量	(1) Tobin	(2) Tobin2	(3) MB
Turn	0.104*** (0.0364)	0.129** (0.0635)	0.126** (0.0497)
Leverage	0.583*** (0.0696)	2.125*** (0.288)	1.781*** (0.232)
ATO	-0.0837*** (0.0252)	0.0379 (0.141)	0.139 (0.133)
Cash	1.063*** (0.139)	0.310 (0.548)	0.350 (0.484)
State	-0.00365 (0.0187)	-0.212*** (0.0484)	-0.121*** (0.0429)
Size	-0.566*** (0.0124)	-1.024*** (0.0646)	-0.862*** (0.0474)
常数项	17.58*** (0.267)	23.70*** (1.308)	20.05*** (0.908)
年份固定效应	控制	控制	控制
行业固定效应	控制	控制	控制
样本观测数	22446	22446	22446
R^2	0.361	0.134	0.166

注：括号里是标准误，*** 代表显著性水平 <0.01，** 代表显著性水平 <0.05，* 代表显著性水平 <0.1。控制了行业和年份固定效应。
资料来源：根据国泰安数据库（CSMAR）计算得到。

在分析了"量"上面的变化后，本书结合数据分析上市公司实施经理人股权激励计划在企业绩效的"质"上的作用。为了使回归结果更加准确，表7-7使用总资产收益率（ROA）和净资产收益率（ROE）分别作为被解释变量，检验它们与经理人股权激励的关系。同样，在实证回归中，为了避免一些企业和年份因素干扰，本章控制了行业固定效应和年份固定效应来分别应对不同行业层面的不变因素以及不同时间上的不变因素。表7-7中的回归（1）~回归（3）用总资产收益率作为被解释变量。由表7-7中 R^2 较好的回归（3）可见，Treat × Post 的回归系数（0.323）为正数，而且显著。实施经理人股权激励计划的企业相比没有实施的企业增加了企业的总资产收益率，在企业经营绩效的"质"上有所提高，而不单单是让企业规模变大了。如回归（3）所示，Treat×Post 的估计系数在1%的显著性水平上有显著的正向影响，数值为0.323。验证了本书的预期：其他解释变量不变时，如果公司实施了经理人股权激励计划，将引起公司总资产收益率增加0.323个百分点。表7-7中回归（4）~回归（6）以净资产收益率作为被解释变量。

表7-7　　　　经理人股权激励对企业盈利能力影响的回归结果

变量	(1) ROA	(2) ROA	(3) ROA	(4) ROE	(5) ROE	(6) ROE
Treat×Post	0.279 ** (0.131)	0.531 *** (0.129)	0.323 ** (0.130)	0.792 *** (0.278)	1.161 *** (0.293)	0.601 ** (0.294)
Treat	1.461 *** (0.114)	0.870 *** (0.118)	0.726 *** (0.121)	2.868 *** (0.253)	2.103 *** (0.274)	1.788 *** (0.280)
Salecost		2.742 *** (0.818)	3.311 *** (0.805)		3.886 ** (1.699)	5.578 *** (1.639)
Turn		0.380 *** (0.142)	0.396 *** (0.142)		0.904 ** (0.394)	0.952 ** (0.399)
Leverage		-6.290 *** (0.317)	-6.933 *** (0.365)		-7.980 *** (0.724)	-7.018 *** (0.864)
ATO		1.889 *** (0.119)	1.884 *** (0.119)		7.694 *** (0.308)	7.700 *** (0.311)
Cash		20.620 *** (0.689)	19.970 *** (0.688)		38.200 *** (1.691)	36.510 *** (1.690)
State			-0.444 *** (0.0953)			-1.001 *** (0.244)
Size			0.481 *** (0.0489)			1.337 *** (0.121)
常数项	0.272 (0.551)	3.473 *** (0.593)	-5.971 *** (1.095)	-0.483 (1.513)	1.241 (1.577)	-25.000 *** (2.791)
年份固定效应	控制	控制	控制	控制	控制	控制
行业固定效应	控制	控制	控制	控制	控制	控制
样本观测数	26570	23432	23190	26149	23104	22867
R^2	0.054	0.180	0.187	0.038	0.098	0.105

注：括号里是标准误，*** 代表显著性水平<0.01，** 代表显著性水平<0.05，* 代表显著性水平<0.1。控制了行业和年份固定效应。

资料来源：根据国泰安数据库（CSMAR）计算得到。

多变量回归（6）显示，模型主要的估计系数在5%的显著性水平上呈正相关关系，其值为0.601。这一系数0.601代表着，如果说上市公司实施了经理人股权激励计划，当其他解释变量不变时，将引起公司净资产收益率增加0.601个百分点。企业的盈利能力也因此得到了提高，控制变量的系数和显著性基本符合预期。

通过对股权激励效果的回归分析，本书发现上市公司实施经理人股权激励计划能够促进企业的经营绩效。在快速发展的市场经济下，企业生存和发展基础是如何从战略层面长期保持企业的核心竞争力。表7-1显示，创新能力所代表的战略性维度对企业的经营绩效十分重要。因此，衡量一个企业的经营绩效的质量，也应当关注企业创新活动水平与创新活动效率。为了便于分析创新上的变化，用企业创新产出作为被解释变量的回归结果见表7-8。表7-8中回归（1）~回归（3）以公司专利数量Patent作为被解释变量，为了使回归结果尽可能准确，后2列回归逐渐在第（1）列回归基础上加入了其他控制变量。控制变量的系数和显著性基本符合预期。表7-8中R^2较高的回归（3）显示，Treat×Post的回归系数为正数，而且显著。这一回归结果表明实施经理人股权激励计划的企业相比没有实施的企业增加了创新产出，在企业经营绩效评价体系的"质"方面（战略性维度中的技术创新能力）有所提高。表7-8中回归（1）显示，模型主要的估计系数在1%的显著性水平上有显著的正向影响，说明实施经理人股权激励计划的企业相比没有实施的企业增加了专利获得数量。但是多变量回归（2）和回归（3）里系数不够显著，这可能是与选取对数作为被解释变量（消除每年专利数量中可能存在的右偏性，专利数量大于等于0）有关，因为被解释变量为自然对数时，系数不仅是量上的变化，也有百分比上的变化。

此外，表7-8中列示的回归（4）~回归（6）用公司的研发支出占比（RDR）作为被解释变量。控制变量的系数和显著性基本符合预期。表7-8显示，企业规模越大，企业的专利获得数量越多。企业的现金流越充裕，企业的专利获得数量也越多。由R^2较高的多变量回归（6）可见，模型主要的回归估计系数在1%的显著性水平上显著。如果公司实施了经理人股权激励计划，当其他解释变量不变时，将引起公司企业研发支出占比增加，企业的研发投入也因此得到了提高。这说明了股权激励能够降低委托代理问题、提高经理人的管理动力。根据马斯洛的需求层次理论，对于职业经理人来说，生理、安全等低层次的需求强度在减弱，但并没有消失。股权激励将企业的经营绩效与经理人的货币薪酬捆绑在一起，也满足了职业经理人的生理和安全需求，能够带来正相关性的激励作用。

表 7-8　　经理人股权激励对企业创新产出影响的回归结果

变量	(1) Patent	(2) Patent	(3) Patent	(4) RDR	(5) RDR	(6) RDR
Treat × Post	0.0717** (0.0280)	0.0539* (0.0293)	0.0122 (0.0292)	0.665*** (0.0909)	0.631*** (0.0926)	0.644*** (0.0940)
Treat	0.0746*** (0.0193)	0.0766*** (0.0210)	0.104*** (0.0212)	0.237*** (0.0542)	0.137** (0.0608)	0.104* (0.0623)
Salecost		0.121 (0.110)	0.306*** (0.110)		3.910*** (0.518)	3.816*** (0.513)
Turn		-0.0593*** (0.0166)	-0.0616*** (0.0175)		-0.235*** (0.0457)	-0.224*** (0.0459)
Leverage		0.105*** (0.0296)	-0.0891*** (0.0281)		-7.134*** (0.115)	-2.233*** (0.111)
ATO		0.0914*** (0.0167)	0.0662*** (0.0163)		-0.749*** (0.0538)	-0.724*** (0.0552)
Cash		0.358*** (0.0818)	0.219*** (0.0809)		1.253*** (0.305)	1.233*** (0.310)
State			0.170*** (0.0163)			-0.113** (0.0476)
Size			0.116*** (0.00726)			-0.0473*** (0.0182)
常数项	-0.214*** (0.0177)	-0.334*** (0.0280)	-2.794*** (0.156)	-0.627*** (0.126)	0.792*** (0.164)	1.822*** (0.415)
年份固定效应	控制	控制	控制	控制	控制	控制
行业固定效应	控制	控制	控制	控制	控制	控制
样本观测数	22407	20783	20589	23822	20783	20589
R^2	0.070	0.075	0.098	0.272	0.321	0.320

注：括号里是标准误，*** 代表显著性水平 < 0.01，** 代表显著性水平 < 0.05，* 代表显著性水平 < 0.1。控制了行业和年份固定效应。

资料来源：根据国泰安数据库（CSMAR）计算得到。

实施经理人股权激励计划后，上市公司的研发投入得到了提高。本书进一步考察了企业创新效率的变化。上市公司的创新活动效率与经理人股权激励的关系见表 7-9。表 7-9 中的回归（1）~回归（3）使用企业创新效率作为被解释变量，为了使回归结果尽可能准确，后 2 列回归加入了其他控制变量。在加入控制变量之前，表 7-9 中的回归（1）显示，模型主要的回归估计系数在 10% 的显著性水平上显著，其值为 0.0802。但是在加入公司规模等控制变量之后，回归（2）和回归（3）中双重差分法系数不显著，可能和分析样本有缺失有关。总体上来看，经理人股权激励使得企业创新效率有所提高。

表 7-9　　经理人股权激励对企业创新活动效率影响的回归结果

变量	(1) Effi	(2) Effi	(3) Effi
Treat × Post	0.0802* (0.0451)	0.0352 (0.0486)	-0.0407 (0.0475)
Treat	0.0501 (0.0362)	0.0933** (0.0410)	0.117*** (0.0412)
		0.392* (0.208)	0.763*** (0.205)
Turn		-0.113*** (0.0380)	-0.150*** (0.0437)
Leverage		0.677*** (0.0712)	-0.146** (0.0723)
ATO		0.130*** (0.0430)	0.114*** (0.0413)
Cash		0.541*** (0.206)	0.145 (0.203)
State			0.249*** (0.0349)
Size			0.294*** (0.0217)
常数项	-0.320*** (0.0608)	-0.821*** (0.0922)	-6.884*** (0.471)
年份固定效应	控制	控制	控制
行业固定效应	控制	控制	控制
样本观测数	11996	11023	10890
R^2	0.043	0.055	0.099

注：括号里是标准误，*** 代表显著性水平 <0.01，** 代表显著性水平 <0.05，* 代表显著性水平 <0.1。控制了行业和年份固定效应。

资料来源：根据国泰安数据库（CSMAR）计算得到。

总体上，尽管个别回归系数因为样本数据的质量问题不太显著，本节的多数回归结果显示，"渐进性"双重差分法回归的结果支持了实施经理人股权激励计划可以从各个方面促进上市公司的企业经营绩效的结论，说明相对于没有实施经理人股权激励计划的企业，实施经理人股权激励可以促进上市公司的企业经营绩效。

本书已经验证了经理人股权激励可以促进上市公司的企业经营绩效，那么不同的激励工具（如限制性股票、股票期权与股票增值权）的激励效果会是一样的吗？这个问题涉及对经理人股权激励的激励工具效果比较。下面对不同激励工具的效果进行验证分析。

为了分析不同激励方式的效果，表7-10和表7-11分开了不同激励工具的样本，分别进行回归来对经理人股权激励方式效果进行比较。其中控制组依然是没有实施股权激励的公司。回归（1）和回归（3）用激励方式为限制性股票的公司作为处理组，回归（2）和回归（4）用期权或者股票增值权的公司作为处理组。表7-10显示，对比限制性股票和期权 Treat × Post 的系数可见，限制性股票比期权激励效果要好。另外，表7-11中的结果也较为类似（除了使用 Patent 作为因变量时以外）。限制性股票这种激励工具本身的约束机制和期权的作用类似。对于经理人而言，二者都有股权激励的正相关性效果。但限制性股票的约束力更强，更能达到激励经理人动机性行为的目的，所以会导致其激励效果相比期权而言更好一些。

表7-10　　　　　　　　　经理人股权激励的激励工具效果比较

变量	(1) ROA	(2) ROA	(3) ROE	(4) ROE
Treat × Post	0.472 *** (0.171)	0.0714 (0.214)	0.938 ** (0.380)	0.0753 (0.483)
Treat	0.745 *** (0.138)	0.860 *** (0.196)	1.798 *** (0.325)	2.019 *** (0.438)
Salecost	3.314 *** (0.903)	3.372 *** (0.998)	5.504 *** (1.852)	5.761 *** (2.090)
Turn	0.462 *** (0.151)	0.334 ** (0.152)	1.056 ** (0.434)	0.863 ** (0.437)
Leverage	-6.784 *** (0.393)	-6.771 *** (0.402)	-6.963 *** (0.936)	-7.315 *** (0.969)

续表

变量	(1) ROA	(2) ROA	(3) ROE	(4) ROE
ATO	1.939 *** (0.133)	1.750 *** (0.133)	7.743 *** (0.356)	7.522 *** (0.357)
Cash	19.92 *** (0.761)	19.23 *** (0.762)	36.90 *** (1.889)	35.94 *** (1.892)
State	-0.407 *** (0.106)	-0.352 *** (0.104)	-0.973 *** (0.274)	-0.843 *** (0.270)
Size	0.540 *** (0.0533)	0.494 *** (0.0542)	1.380 *** (0.134)	1.363 *** (0.136)
常数项	-7.654 *** (1.218)	-5.917 *** (1.199)	-27.180 *** (3.146)	-27.620 *** (3.018)
年份固定效应	控制	控制	控制	控制
行业固定效应	控制	控制	控制	控制
样本观测数	19538	19008	19256	18705
R^2	0.185	0.175	0.101	0.101

注：括号里是标准误，*** 代表显著性水平 <0.01，** 代表显著性水平 <0.05，* 代表显著性水平 <0.1。控制了行业和年份固定效应。

资料来源：根据国泰安数据库（CSMAR）计算得到。

表 7-11　　经理人股权激励的激励工具效果比较（续）

变量	(1) Patent	(2) Patent	(3) Profit	(4) Profit
Treat × Post	-0.0677 * (0.0407)	0.115 *** (0.0412)	0.154 *** (0.0310)	0.0240 (0.0385)
Treat	0.143 *** (0.0262)	0.0418 (0.0310)	0.139 *** (0.0263)	0.216 *** (0.0356)
Salecost	0.474 *** (0.121)	-0.109 (0.105)	0.681 *** (0.149)	0.689 *** (0.168)
Turn	-0.0631 *** (0.0189)	-0.0502 *** (0.0188)	0.0680 ** (0.0339)	0.0528 (0.0332)

续表

变量	(1) Patent	(2) Patent	(3) Profit	(4) Profit
Leverage	-0.0788*** (0.0289)	-0.0750*** (0.0290)	-0.860*** (0.0646)	-0.835*** (0.0652)
ATO	0.0737*** (0.0172)	0.0553*** (0.0176)	0.370*** (0.0223)	0.346*** (0.0220)
Cash	0.251*** (0.0863)	0.168** (0.0839)	3.357*** (0.122)	3.251*** (0.124)
State	0.165*** (0.0170)	0.160*** (0.0164)	-0.157*** (0.0195)	-0.163*** (0.0192)
Size	0.121*** (0.00779)	0.106*** (0.00779)	0.944*** (0.00945)	0.941*** (0.00969)
常数项	-2.907*** (0.167)	-2.545*** (0.167)	-1.980*** (0.216)	-1.865*** (0.215)
年份固定效应	控制	控制	控制	控制
行业固定效应	控制	控制	控制	控制
样本观测数	17297	17002	17210	16755
R^2	0.104	0.104	0.592	0.600

注：括号里是标准误，*** 代表显著性水平 <0.01，** 代表显著性水平 <0.05，* 代表显著性水平 <0.1。控制了行业和年份固定效应。

资料来源：根据国泰安数据库（CSMAR）计算得到。

综上所述，本书分别从"量"和"质"的角度考察了企业股权激励对企业效益的影响。研究结果表明，基于股权激励能够吸引更多的投资者持股、约束大股东和提高信息透明度的三种作用机制提升企业效益。因此，股权激励对企业效益具有显著的提升作用。

第三节 经理人股权激励计划的作用机制

一、股权激励计划增加机构投资者持股

本节主要探究上市公司实施股权激励和企业经营绩效正相关性中的调节作

用。本书在文献综述章节对股权激励的显性激励和隐性激励进行了分析。可见股权激励可以发挥出对管理层的激励作用,提升上市公司业绩。根据本章所提出的三条作用机制和渠道假说,本节利用交乘项等方法进行验证分析。

以总资产收益率(ROA)以及机构投资者持股比例(INHOLD)、基金持股比例(FDHOLD)作为被解释变量的回归结果见表 7-12。同样,在对应的实证回归中,避免一些行业和年份因素干扰,回归中控制了固定效应,也就是行业固定效应和年份固定效应。表 7-12 中回归(1)~回归(3)用机构投资者持股比例作为被解释变量。为了使回归结果尽可能准确,后 2 列回归加入了其他的控制变量。由回归结果可知,回归(1)中,Treat × Post 的回归系数为正数,而且是显著的。这一回归结果表明实施经理人股权激励计划的企业相比没有实施的企业吸引了更多的机构投资者。根据马斯洛的需求层次理论,有更多的相对于非理性的投资者来说更加复杂的投资者成为公司的股东,并且对上市公司管理层进行监督和约束,这样能更好地满足经理人各种层次的需求。回归(2)显示,当 INHOLD 作为被解释变量时,Treat × Post 的估计系数在 1% 的显著性水平上呈正相关关系,其值为 1.48。但在模型(1)中加入了一系列控制变量后,表 7-12 第(3)列中系数估计不显著。表 7-12 中回归的解释变量的系数也较为合理。

本部分结合基金公司持股数据做了进一步回归检验,基金公司作为比较专业的机构投资者,能够形成对经理人的制衡,激发经理人的动机性行为,降低委托代理问题的程度。表 7-12 中因变量用基金持股比例作为被解释变量。如表 7-12 中 R^2 较高的回归(6)所示,Treat × Post 的估计系数在 1% 的水平上有显著的正向影响,为 1.083。对回归结果分析可知,如果公司实施了经理人股权激励计划,当其他解释变量不变时,将引起公司基金持股比例增加 1.083 个百分点。企业的股东监管效率得到了提高,委托代理成本得到了减少。

表 7-12 机构投资者持股与经理人股权激励

变量	(1) INHOLD	(2) INHOLD	(3) INHOLD	(4) FDHOLD	(5) FDHOLD	(6) FDHOLD
Treat × Post	5.117 *** (0.520)	1.480 *** (0.540)	-0.332 (0.510)	2.072 *** (0.253)	1.695 *** (0.264)	1.083 *** (0.264)
Treat	-2.619 *** (0.410)	-1.263 *** (0.448)	0.0603 (0.420)	1.973 *** (0.206)	1.718 *** (0.224)	1.585 *** (0.220)
Salecost		-0.169 (2.431)	10.090 *** (2.283)		7.294 *** (1.111)	9.115 *** (1.111)

续表

变量	(1) INHOLD	(2) INHOLD	(3) INHOLD	(4) FDHOLD	(5) FDHOLD	(6) FDHOLD
Turn		1.237** (0.584)	0.998* (0.524)		0.981*** (0.305)	0.983*** (0.300)
Leverage		7.921*** (0.729)	-3.289*** (0.632)		-1.757*** (0.259)	-4.062*** (0.258)
ATO		5.261*** (0.371)	7.220*** (0.333)		2.033*** (0.177)	1.925*** (0.175)
Cash		33.670*** (2.010)	25.340*** (1.850)		17.930*** (0.921)	16.060*** (0.907)
State			8.478*** (0.299)			-0.274** (0.135)
Size			6.305*** (0.122)			1.609*** (0.0539)
常数项	17.310*** (1.540)	16.600*** (1.609)	-117.000*** (2.862)	7.114*** (0.750)	8.990*** (0.808)	-23.410*** (1.288)
年份固定效应	控制	控制	控制	控制	控制	控制
行业固定效应	控制	控制	控制	控制	控制	控制
样本观测数	26573	23434	23192	26573	23434	23192
R^2	0.166	0.164	0.294	0.112	0.151	0.179

注：括号里是标准误，*** 代表显著性水平 <0.01，** 代表显著性水平 <0.05，* 代表显著性水平 <0.1。控制了行业和年份固定效应。

资料来源：根据国泰安数据库（CSMAR）计算得到。

为了实证分析的完整性，需要检验机构投资者持股的有效性。本书用公司价值作为被解释变量的结果见表 7-13。表 7-13 显示，更多的机构投资者持股在降低委托代理问题的同时也帮助了企业价值的提升。由表 7-13 可见，INHOLD 的回归系数为正数，这表明机构投资者持股和公司价值（MB、Tobin）正相关。回归的解释变量的系数也较为合理，公司的应收账款周转率越高，公司的托宾 Q 值越高。周方召等（2019）发现经济政策的不确定性更容易影响散户情绪，从中可以推断出散户投资更容易受外界影响，因此根据马斯洛的需求层次理论，机构投资者参与会形成对经理人的制衡，而且经理人的较高层次的需求（比如社交、尊重和自我实现）能更好地得到满足，同时能够为其带来权力、成就、责任等满足感，提升经理人的参与感，这在一定程度上能够缓解股东和经理人之间的委托代理问题，减少委托代理成本。实证结果说明沪深两市的上市公司如果实施经理人股权激励，就可以获得更多的机构投资者的增持，满足经理人较高层次的需求，改善企业的经营绩效。本书的假说4被证实。

表7-13　　　　　　　　　机构投资者持股与公司价值

变量	(1) MB	(2) Tobin
INHOLD	0.0149*** (0.000833)	0.0124*** (0.000399)
Treat×Post	0.169*** (0.0406)	0.140*** (0.0269)
Treat	-0.207*** (0.0432)	-0.115*** (0.0239)
Salecost	-0.129 (0.429)	0.568*** (0.181)
Turn	0.102** (0.0491)	0.0844** (0.0359)
Leverage	1.799*** (0.231)	0.598*** (0.0686)
ATO	0.0885 (0.133)	-0.126*** (0.0248)
Cash	0.0133 (0.486)	0.782*** (0.136)
State	-0.245*** (0.0433)	-0.107*** (0.0188)
Size	-0.960*** (0.0492)	-0.648*** (0.0129)
常数项	22.000*** (0.943)	16.010*** (0.277)
年份固定效应	控制	控制
行业固定效应	控制	控制
样本观测数	22446	22446
R^2	0.176	0.390

注：括号里是标准误，*** 代表显著性水平<0.01，** 代表显著性水平<0.05，* 代表显著性水平<0.1。控制了行业和年份固定效应。

资料来源：根据国泰安数据库（CSMAR）计算得到。

二、股权激励计划增加公司透明度

根据前面"控制权相机转移"等相关理论的分析，经理人股权激励是基于公司股价的报酬，经理人越发努力经营，所获得的报酬也越多。所以，在公司股东和经理人之间存在信息不对称的情况下，上市公司实施经理人股权激励计划可以作为有效的监督机制，让经理人的利益和股东的利益更加一致，降低公司不透明度和委托代理成本，使有投资决策权限的管理层挑选并实施那些更合适的项目（付强等，2019）。

为了验证股权激励计划增加公司透明度这一假设，本节检验公司透明度与经理人股权激励的关系。公司透明度与实施经理人股权激励的回归结果见表7-14，公司透明度越高，说明公司的信息披露越及时透明。由表7-14可见，在回归（1）~回归（3）中，Treat×Post 的回归系数为正数，而且有显著正相关关系。解释变量的系数也符合预期，公司的现金流越充裕、公司的规模越大，公司的透明度越高。回归（3）中的回归估计系数在1%的显著性水平上呈显著的正相关关系，其值为0.0559，这里的实证结果表明，如果上市公司发布经理人股权激励，那么上市公司的透明度将会因此得到提高，股权激励计划有助于满足经理人的各个层次的需求，有效构建目标一致的公司治理机制。

表7-14　　　　经理人股权激励对公司透明度影响的回归结果

变量	(1) Opacity	(2) Opacity	(3) Opacity
Treat × Post	0.0760 *** (0.00688)	0.0648 *** (0.00741)	0.0559 *** (0.00750)
Treat	0.00559 (0.00450)	0.00390 (0.00529)	0.00276 (0.00537)
Salecost		0.0552 * (0.0304)	0.0891 *** (0.0310)
Turn		0.00129 (0.00763)	0.00388 (0.00770)
Leverage		-0.110 *** (0.00774)	-0.148 *** (0.00777)

续表

变量	(1) Opacity	(2) Opacity	(3) Opacity
ATO		0.0235 *** (0.00405)	0.0224 *** (0.00409)
Cash		0.310 *** (0.0239)	0.279 *** (0.0239)
State			-0.000538 (0.00411)
Size			0.0261 *** (0.00166)
常数项	-0.0112 (0.0141)	0.00386 (0.0146)	-0.527 *** (0.0370)
年份固定效应	控制	控制	控制
行业固定效应	控制	控制	控制
样本观测数	26573	23434	23192
R^2	0.033	0.050	0.060

注：括号里是标准误，*** 代表显著性水平 <0.01，** 代表显著性水平 <0.05，* 代表显著性水平 <0.1。控制了行业和年份固定效应。

资料来源：根据国泰安数据库（CSMAR）计算得到。

另外，从企业所有权的角度来看，由于国企的实际控制权特殊，股东难以对国有企业实施及时的监管，国企中存在的委托代理问题可能更加严重，所以国企的公司治理水平相对非国企（外企、民企和公众企业等）一般更低，根据这一机制结论，经理人股权激励对国企的透明度提升更多，国企经营绩效提升也更多。在本章研究中，也对国企、民企的股权激励实践进行了分析，发现国企股权结构不同，遵循的规定与民企有一定的区别，国企对于国有股权的使用更为审慎。经理人股权激励也可以完善上市公司的中长期激励机制，为我国企业推进混合所有制改革提供借鉴和参考。为了检验这个观点，本书在下面结合企业性质，对国企与非国企的样本分别进行了进一步的回归检验。

表7-15是用经营绩效作为被解释变量，并区分国企与非国企样本的回归结果。回归（1）~回归（2）是国企样本，回归（3）~回归（4）是非国企样本，表7-15显示，在 ROE 作为被解释变量时，国企样本中的回归系数更大（1.452 > 0.537），说明国企中实施经理人股权激励的激励效果在净资产回报率 ROE 方面

更加明显，而且显著性更高，这说明经理人股权激励对国企的管理层监督作用更强（因为国企本身的公司治理较差，改进空间更大）。当 Tobin's Q 作为被解释变量时，回归结果表明国企和非国企的激励效果没有较大差异。在本书第八章中，本研究针对我国国有和民企企业股权激励的实践分别进行了分析。上述结果支持本书的假说5，即：实施经理人股权激励会增加上市公司的透明度，使经理人的管理更加透明有效。本书的假说5被证实。

表7-15 经理人股权激励对经营绩效的回归结果（分国企与非国企样本）

变量	（1）国企 ROE	（2）国企 Tobin	（3）非国企 ROE	（4）非国企 Tobin
Treat × Post	1.452 ** (0.628)	0.143 *** (0.0476)	0.537 (0.340)	0.188 *** (0.0344)
Treat	1.023 ** (0.514)	-0.0196 (0.0353)	1.883 *** (0.349)	-0.162 *** (0.0326)
Salecost	5.639 * (2.973)	0.323 (0.284)	6.337 *** (1.976)	0.835 *** (0.231)
Turn	0.840 (0.547)	0.0929 ** (0.0409)	1.031 * (0.595)	0.123 * (0.0667)
Leverage	-9.286 *** (1.272)	-0.0677 (0.0928)	-5.370 *** (1.196)	0.975 *** (0.0980)
ATO	7.219 *** (0.414)	-0.104 *** (0.0283)	7.892 *** (0.471)	-0.104 *** (0.0391)
Cash	37.650 *** (2.447)	0.813 *** (0.187)	37.920 *** (7-142)	1.173 *** (0.192)
State	-0.283 (0.841)	-0.0526 (0.0652)	-1.529 (1.043)	0.0947 (0.0673)
Size	1.329 *** (0.161)	-0.451 *** (0.0160)	1.471 *** (0.186)	-0.673 *** (0.0189)
常数项	-26.190 *** (3.867)	12.180 *** (0.357)	-27.850 *** (3.976)	16.690 *** (0.403)

续表

变量	(1) 国企 ROE	(2) 国企 Tobin	(3) 非国企 ROE	(4) 非国企 Tobin
年份固定效应	控制	控制	控制	控制
行业固定效应	控制	控制	控制	控制
样本观测数	10294	10143	12494	12226
R^2	0.131	0.373	0.102	0.372

注：括号里是标准误，*** 代表显著性水平 <0.01，** 代表显著性水平 <0.05，* 代表显著性水平 <0.1。控制了行业和年份固定效应。

资料来源：根据国泰安数据库（CSMAR）计算得到。

三、股权激励计划约束大股东

根据前面对经理人股权激励正相关性的分析，可以看到经理人股权激励可以作为对上市公司管理层有效的监督机制，同时能够吸引到专业的机构投资者。现有研究多关注于对公司管理层的监督，那么在委托代理问题、大股东掏空现象较为严重的情况下，经理人股权激励能否通过约束大股东，形成有效制衡，提升公司价值呢？上市公司实施经理人股权激励意味着更多的潜在股东，以及经理人的各类需求会被满足，经理人有更强的参与感，会直接对大股东造成约束。而且，经理人股权激励所吸引到的机构投资者作为特殊的股东，能够将小投资者的资本集中起来，并由专业经理人进行监督和管理，有更多的动机性行为，因此可以对企业的经理人施加更多的约束，提升公司价值。

为了验证这一假设，参考曾志远等（2018）的研究方法，本书选用交乘项来进一步研究。以企业经营绩效作为被解释变量的回归结果见表7-16。在回归中加入了与第一大股东的交乘项（Treat × Post × First），这一项的系数是回归结果关注的重点。First是第一大股东持股比例，可以用于衡量上市公司控股股东对其他股东的侵占能力。表7-16中的回归（1）~回归（3）分别用ROA、MB和Tobin作为被解释变量。表7-16显示，当以MB和Tobin作为被解释变量时，Treat × Post × First的系数是正数，并且是显著的。回归的解释变量的系数较为合理，企业规模越大，企业的价值越高。以上检验结果显示，经理人股权激励与控股股东持股比例对增加上市公司价值存在互补性。第一大股东的持股比例对经理人股权激励的效果有影响，所以该结果支持了实施经理人股权激励计划对公司价值的提升作用来自约束控股股东。导致这一结果的原因一方面是经理人股权激励计划意味着更多的潜在股东，经理人的各类需求会被满足，经理人有更强的参与感，会直接对大股东造成约束；另一方面，经理人股权激励所吸引到的机构投资者作特殊的股东,能够将小投资者的资本集中起来,并由专业经理人进行监督和管理,对上市公司经理人的行为加以约束,从而形成制衡有效的机制,减少或消除委托代理成本,提升公司价值。据此,本书认为上市公司实施经理人股权激励后,公司大股东受到约束,企业价值提高。本书的假说6被证实。

表7-16　经理人股权激励对经营绩效的回归结果(第一大股东调节作用)

变量	(1) ROA	(2) MB	(3) Tobin
Treat × Post × First	0.00694 (0.00663)	0.0123*** (0.00222)	0.00581*** (0.00134)
Treat × Post	0.155 (0.263)	-0.239*** (0.0873)	-0.0475 (0.0545)
Treat	0.733*** (0.120)	-0.218*** (0.0441)	-0.122*** (0.0245)
Salecost	3.351*** (0.804)	0.0150 (0.434)	0.698*** (0.187)
Turn	0.368*** (0.141)	0.137*** (0.0495)	0.110*** (0.0364)
Leverage	-6.637*** (0.366)	1.699*** (0.226)	0.547*** (0.0696)
ATO	1.753*** (0.119)	0.165 (0.136)	-0.0726*** (0.0254)
Cash	19.62*** (0.687)	0.434 (0.482)	1.100*** (0.139)
State	-0.551*** (0.0947)	-0.0986** (0.0412)	0.00602 (0.0187)
Size	0.390*** (0.0493)	-0.838*** (0.0448)	-0.555*** (0.0122)
First	0.0350*** (0.00300)	-0.00984*** (0.00148)	-0.00439*** (0.000609)
常数项	-5.358*** (1.094)	19.980*** (0.897)	17.540*** (0.266)

续表

变量	（1）ROA	（2）MB	（3）Tobin
年份固定效应	控制	控制	控制
行业固定效应	控制	控制	控制
样本观测数	23189	22445	22445
R^2	0.193	0.168	0.362

注：括号里是标准误，*** 代表显著性水平 <0.01，** 代表显著性水平 <0.05，* 代表显著性水平 <0.1。控制了行业和年份固定效应。

资料来源：根据国泰安数据库（CSMAR）计算得到。

针对"渐进性"双重差分法进行平行趋势检验，在操作中需要证明应用"渐进性"双重差分法的前提条件成立，也就是说没有发布股权激励的企业和发布股权激励的企业的被解释变量在发布股权激励计划之前的趋势应无较大差异，在有某些差异时，二者间的差异也是比较固定的，即变化的趋势是平行的（郭峰和熊瑞祥，2018）。

为此，参考郭峰和熊瑞祥（2018）的研究，本书选取样本中处理组和对照组在实施经理人股权激励前的被解释变量均值的走势并比较。如图7-1所示，该图对比了"渐进性"双重差分法下按照发布过股权激励计划的企业在发布前和还没有发布股权激励计划的企业在各年的平均总资产收益率（%）。图7-1显示，两组企业在实施经理人股权激励之前的走势非常一致，两者之间不存在明显的趋势上的差异。换言之，发布股权激励计划对ROA而言，有着比较好的外生性，没有在样本中选取走势不同的企业。

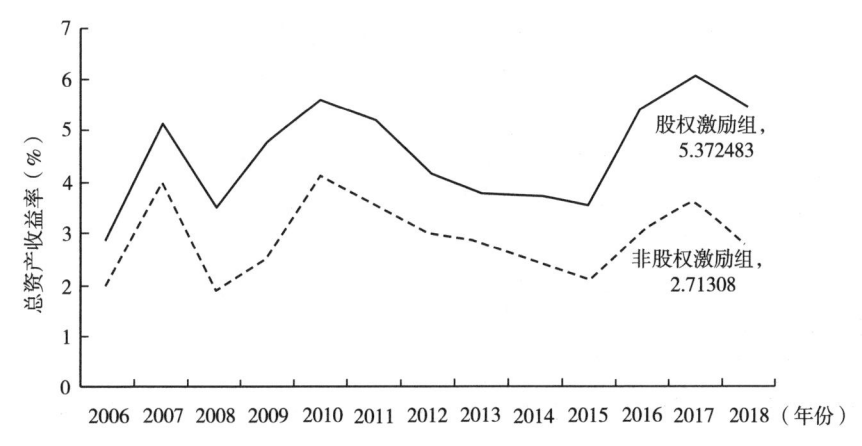

图7-1 发布股权激励计划前组间ROA均值比较

资料来源：笔者根据国泰安数据库（CSMAR）绘制。

图 7-2 是进一步的检验，首先计算发布过股权激励计划的企业在发布前和还没有发布股权激励计划的企业在各年的平均托宾 Q 值，再进行了作图分析，图 7-2 显示，发布过股权激励计划的企业和没发布过股权激励计划的企业的走势是比较一致的，两组值有着相似的变化趋势。

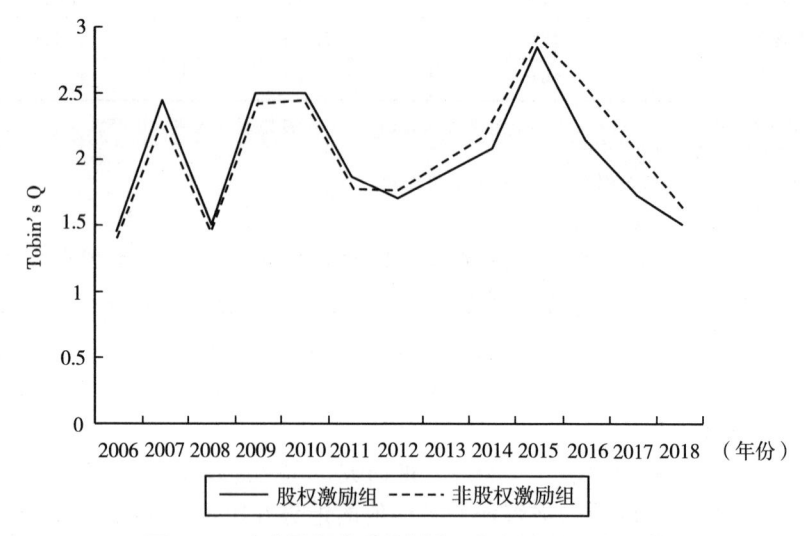

图 7-2　发布股权激励计划前组间托宾 Q 均值比较

资料来源：笔者根据国泰安数据库（CSMAR）绘制。

本书针对"渐进性"双重差分法进行平行趋势检验，总体上证明了应用双重差分法的前提条件是成立的（郭峰和熊瑞祥，2018）。

综上所述，本部分的分析借助了"渐进性"双重差分模型进行了相关的验证，证明了经理人股权激励的实施对于我国上市公司的经营业绩（质和量）有重要的提升和改善作用，也说明股权激励计划和经营绩效正相关性结论具有稳健性。本部分实证部分从多个角度证明了经理人股权激励的实施对我国上市公司的经营业绩具有提升作用，既从企业经营绩效的"量"上来看，也从企业经营绩效的"质"上来看。同时比较了不同激励工具（限制性股票、股票期权）之间的区别，也从经理人股权激励对不同所有权性质（国企、非国企）的角度进行了分析比较。最后，本部分从投资者因素、管理层因素和大股东因素三个角度分析和证明了经理人股权激励产生作用的机制。本部分认为经理人股权激励和企业经营绩效具有正相关性。本书的假说 7 被证实。

经理人股权激励作为一项约束和激励机制，企业运用经理人股权激励时，能够促使属于股权激励授予对象的经理人拥有更高的经营积极性，使得他们努力工作，完成和超越设定的行权条件，进而提升企业的经营绩效（ROA 等），实现企业绩效多维度（股东回报、盈利能力、成长能力、技术创新能力、市场拓展能力等）的跨越式发展。经理人股权激励计划的激励作用也因此会反映到公司的绩效基本面之上，显著提升上市公司的公司价值（张维迎，2012）。因此，为了使得经理人股权激励更好地发挥作用，上市公司的股权激励制度应该依托于企业良好的内部监督机制，进行有效激励。同时，激励计划的授予条件也需要明确，国企通常会设置较为明确的授予条件，这一点也保障了股权激励的正相关性。

经理人股权激励引起更多的、更复杂的机构投资者持股进行监督，来持续激发经理人的动机性行为，监管部门应该加强对上市公司经理人的引导作用，相关各方需要避免因为股权激励计划授予条件不够明确，使得上市公司的经理人目标偏离，股权激励效果适得其反的问题。另外，金融市场监管层应加强对于上市公司大股东的监督，避免大股东侵占小股东利益的可能，使得其他股东和经理人拥有更多的动机性行为参与到上市公司的治理管理，让经理人股权激励的正相关性作用可以更大限度地发挥出来。

四、股权激励计划正相关性的稳健性检验

为了加强验证分析的可靠性，需要进行稳健性检验，本节从改变实验设计入手，进一步验证结论的稳健性。倾向评分匹配方法作为常见的一种经济统计方法，这种方法通过借助"反事实推断"的方法来对样本进行干预效应的计算。

前面的回归方法使用了全样本，没有排除实施经理人股权激励的公司可能受到控制变量等因素的干扰，所以本书在这一部分中减少样本里企业之间的差别，用更加平衡的样本数据来支持本书经理人股权激励和经营绩效之间具有正相关性的结论。在操作方法上，参考孙菁和鹿瑶（2018）、师倩和高雅妮（2018）的方法。本书用倾向评分匹配方法给每一个发布了股权激励的公司匹配上三个没有发布股权激励的上市公司，并使用"最邻近匹配"方式进行了匹配，希望获得更加精确的分析效果。本节利用更加相近的样本企业来进行比较分析，提高了回归的精确性，评分的依据是前面的控制变量，然后估计出发布股权计划的倾向，再选择发布股权激励计划的倾向性相差不大的样本进行比较。

经理人股权激励与总资产收益率和净资产收益率的关系见表7-17。通常来说，ROA比ROE更难操纵，所以本章更加关心杜邦分析中的指标ROA的变化。ROA应用广泛，如福布斯从1917年开始采用ROA指标来比较工业企业股票与铁路行业股票的业绩。表7-17中的回归（1）~回归（3）选用ROA作为了被解释变量。表7-17回归（3）显示，Treat × Post的回归系数为正数，而且显著。总体上，表7-17结果表明实施职业经理人股权激励计划的企业相比没有实施的企业增加了企业的总资产收益率，在企业经营绩效的"质"上有所提高，而不单

单是让企业规模变大了。解释变量的系数也符合预期,公司的现金流越充裕,公司的规模越大,总资产收益率越高。从 R^2 较高的回归(3)可知,Treat × Post 的模型估计系数在1%的显著性水平上正相关,其值为 0.257。而且,这个系数表明当其他解释变量不变时,如果公司实施了经理人股权激励计划,将引起实施股权激励的公司总资产收益率增加 0.257 个百分点,说明职业经理人股权激励有正相关性。这一结果和马斯洛的需求层次理论相符,马斯洛的需求层次理论认为动机性行为需要外部的约束或激励,如果没有奖励,就不会产生动机性行为,所以有效的股权激励可以持续地激发职业经理人改善公司业绩的动机。

表 7-17　稳健性检验:经理人股权激励对企业盈利能力影响的回归结果

变量	(1) ROA	(2) ROA	(3) ROA	(4) ROE	(5) ROE	(6) ROE
Treat × Post	0.238 * (0.128)	0.490 *** (0.125)	0.257 ** (0.126)	0.667 *** (0.245)	1.005 *** (0.257)	0.460 * (0.257)
Treat	0.784 *** (0.106)	0.592 *** (0.110)	0.589 *** (0.112)	1.616 *** (0.207)	1.271 *** (0.227)	1.316 *** (0.231)
Salecost		1.484 ** (0.646)	1.890 *** (0.631)		2.489 ** (1.181)	3.626 *** (1.123)
Turn		−0.549 ** (0.243)	−0.651 *** (0.247)		−1.287 ** (0.542)	−1.507 *** (0.556)
Leverage		−6.749 *** (0.256)	−7.883 *** (0.312)		−3.439 *** (0.516)	−6.480 *** (0.626)
ATO		1.755 *** (0.106)	1.760 *** (0.106)		3.608 *** (0.225)	3.651 *** (0.227)
Cash		22.710 *** (0.604)	21.660 *** (0.600)		39.120 *** (1.216)	36.920 *** (1.212)
State			−0.250 *** (0.0817)			−0.518 *** (0.175)
Size			0.560 *** (0.0438)			1.333 *** (0.0889)
常数项	1.427 *** (0.472)	7.739 *** (0.485)	−6.509 *** (0.970)	2.748 ** (1.131)	7.718 *** (0.987)	−21.830 *** (1.986)

续表

变量	(1) ROA	(2) ROA	(3) ROA	(4) ROE	(5) ROE	(6) ROE
年份固定效应	控制	控制	控制	控制	控制	控制
行业固定效应	控制	控制	控制	控制	控制	控制
样本观测数	32236	28420	28152	31886	28147	27882
R^2	0.058	0.200	0.208	0.044	0.121	0.131

注：括号里是标准误，*** 代表显著性水平 <0.01，** 代表显著性水平 <0.05，* 代表显著性水平 <0.1。控制了行业和年份固定效应。

资料来源：根据国泰安数据库（CSMAR）计算得到。

表7-17的回归（4）～回归（6）用企业的净资产收益率作为被解释变量。从表7-17中的回归结果可以看到，如回归（5）所示，Treat × Post 的估计系数在1%的显著性水平上呈显著的正相关关系，其值为1.005。这一系数在经济上也是显著的，系数的估计值1.005代表着，如果公司实施了经理人股权激励计划，当其他解释变量不变时，将引起公司净资产收益率增加1.005个百分点。上述结论表明企业的盈利能力得到了提高。

表7-18的实证回归结果表明，如果用企业创新产出作为被解释变量，股权激励作为解释变量，当其他解释变量不变时，若公司实施了经理人股权激励计划，将引起公司专利获得数量和研发支出占比增加。这一实证结果说明，上市公司发布经理人股权激励计划可以增加企业经营绩效的技术创新能力。

表7-18　稳健性检验：经理人股权激励对企业创新产出影响的回归结果

变量	(1) Patent	(2) Patent	(3) Patent	(4) RDR	(5) RDR	(6) RDR
Treat × Post	0.0684 ** (0.0280)	0.0514 * (0.0293)	0.00855 (0.0293)	0.597 *** (0.0914)	0.579 *** (0.0930)	0.584 *** (0.0946)
Treat	0.0511 *** (0.0193)	0.0516 ** (0.0210)	0.105 *** (0.0211)	0.166 *** (0.0532)	0.205 *** (0.0598)	0.158 *** (0.0610)
Salecost		0.0492 (0.0947)	0.207 ** (0.0949)		3.643 *** (0.443)	3.450 *** (0.428)
Turn		-0.220 *** (0.0160)	-0.237 *** (0.0175)		-0.474 *** (0.0758)	-0.458 *** (0.0758)

续表

变量	(1) Patent	(2) Patent	(3) Patent	(4) RDR	(5) RDR	(6) RDR
Leverage		0.224 *** (0.0315)	-0.0583 * (0.0308)		-2.262 *** (0.115)	-2.144 *** (0.116)
ATO		0.0582 *** (0.0147)	0.0402 *** (0.0143)		-0.834 *** (0.0502)	-0.818 *** (0.0509)
Cash		0.481 *** (0.0817)	0.313 *** (0.0813)		1.692 *** (0.290)	1.686 *** (0.297)
State			0.179 *** (0.0156)			-0.150 *** (0.0476)
Size			0.112 *** (0.00690)			-0.0335 * (0.0172)
常数项	-0.192 *** (0.0167)	-0.353 *** (0.0273)	-2.704 *** (0.146)	-0.535 *** (0.110)	0.785 *** (0.153)	1.555 *** (0.375)
年份固定效应	控制	控制	控制	控制	控制	控制
行业固定效应	控制	控制	控制	控制	控制	控制
样本观测数	27181	25102	24894	28787	25102	24894
R^2	0.080	0.086	0.106	0.277	0.320	0.320

注：括号里是标准误，*** 代表显著性水平 < 0.01，** 代表显著性水平 < 0.05，* 代表显著性水平 < 0.1。控制了行业和年份固定效应。

资料来源：根据国泰安数据库（CSMAR）计算得到。

在匹配后，样本企业间的差别得到了减少，用企业创新效率作为被解释变量的结果见表 7-19。表 7-19 显示，企业的现金流增加会引起企业的创新活动效率增加，表 7-19 回归（1）的结果显示，当其他解释变量不变时，若公司实施了经理人股权激励计划，将引起企业经营绩效的战略性维度改善，经理人股权激励和经营绩效之间具有正相关性，虽然增加控制变量后，表 7-19 的回归（2）和回归（3）的估计值不显著。

表 7-19　稳健性检验：经理人股权激励对企业创新活动效率影响的回归结果

变量	(1) Effi	(2) Effi	(3) Effi
Treat × Post	0.0757 * (0.0448)	0.0329 (0.0483)	-0.0320 (0.0471)

续表

变量	(1) Effi	(2) Effi	(3) Effi
Treat	0.0509 (0.0348)	0.0739* (0.0395)	0.152*** (0.0395)
Salecost		0.429** (0.169)	0.811*** (0.169)
Turn		-0.273*** (0.0582)	-0.385*** (0.0659)
Leverage		0.773*** (0.0679)	-0.112 (0.0752)
ATO		0.0576* (0.0344)	0.0610* (0.0333)
Cash		0.728*** (0.188)	0.453** (0.189)
State			0.281*** (0.0324)
Size			0.257*** (0.0194)
常数项	-0.333*** (0.0531)	-0.796*** (0.0801)	-6.178*** (0.420)
年份固定效应	控制	控制	控制
行业固定效应	控制	控制	控制
样本观测数	15348	14035	13887
R^2	0.052	0.064	0.098

注：括号里是标准误，*** 代表显著性水平<0.01，** 代表显著性水平<0.05，* 代表显著性水平<0.1。控制了行业和年份固定效应。

资料来源：根据国泰安数据库（CSMAR）计算得到。

前面的分析是使用的全样本的结果，而这部分的稳健性分析采用了更接近的部分样本，提高了回归的精确性。实施股权激励的上市公司和没有实施股权激励的上市公司在倾向评分匹配后减少了企业特性的不同，在消除了内生性后，本书使用"渐进性"双重差分法分析了经理人股权激励计划与企业经营绩效的关系，回归结果显示，经理人股权激励计划和企业经营绩效之间存在显著的正相关关系，因此股权激励具有正相关性是比较稳健的。本部分内容是对理论部分正相关性的验证，通过从改变实验设计入手，对本章的验证分析结论进行了稳健性检验，本章研究发现，如果上市公司实施经理人股权激励，上市公司的企业经营绩效会得到提高。

第四节 股权激励效应的实证分析：基于上市公司数据的检验

根据前面的研究结果可知，薪酬结构中可变薪酬对企业效益发挥出更大的激励效应。通过前面章节分析可知，可变薪酬是通过考核生产经营活动中绩效增值过程，将员工的薪酬收入与业绩直接挂钩，最终会以奖金、福利和分红等形式支付给员工。因此，每个企业会根据本身行业特征和人力资本结构制定本企业的可变薪酬考核标准。另外，上市公司的信息披露制度中，没有强制要求企业公开可变薪酬的考核标准和结果，研究主题中可变薪酬数据的获取困难。但是，随着现代企业制度的不断完善与发展，股权激励制度成为企业激励员工努力工作的重要方式。因此，本节将更进一步地研究企业薪酬结构安排中管理者[①]的股权激励效应。

一、计量模型的构建

借鉴已有研究管理者股权激励效应的文献（周建波和孙菊生，2003；夏纪军和张晏，2008；苏冬蔚和林大庞，2010），本节构建管理层持股比例对企业效益影响的计量模型。本节选用面板数据的双向固定效应模型评估管理层的股权激励效应，具体表达形式如方程式（7-2）所示。

$$ROA_{ijt} = \chi_0 + \chi_1 Mh\_ratio_{ijt} + \chi_2 X_{ijt} + \chi_3 \sum Industry_{it} + \chi_4 \sum Year_{ij} + \varepsilon_{3ijt}$$
(7-2)

方程式（7-2）中被解释变量为 ROA_{ijt}，代表企业 i 位于行业 j 在第 t 期的企业效益，该指标用企业资产收益率表示。核心解释变量为 Mh_ratio_{ijt}，代表企业 i 位于行业 j 在第 t 期的管理者股权，该指标用企业管理者持股比例表示，是董事会持股数量、监事会持股数量与高管持股数量总和与总股本的比值。X_{ijt} 代表计

[①] 受限于数据可得性，目前整理的数据库资料中仅有管理层的持股数据，员工持股数据的缺乏无法支持研究员工主体持股对企业效益的影响。未来，在能够取得员工数据资源的基础上，本部分研究将继续深入分析员工持股计划与企业效益的内在联系。

量模型中的系列控制变量，其中包括企业基本特征指标和治理结构指标。企业基本特征指标包含企业规模（Size）、托宾 Q 值（Tobinq）、资产负债率（LEV）和全要素生产率（TFP）；治理结构包括了两职合一（Duality）、独立董事占比（Indratio）、第一大股东持股比例（Top1）和前十大股东持股比例（Top10），ε_{3ijt} 代表模型中随机干扰项。另外，计量模型中还同时控制了年份固定效应和行业固定效应，力求使管理层持股比例对企业效益影响的实证分析结果更为稳健。

本节采用的数据主要来自国泰安（CSMAR），其中管理层薪酬结构数据、企业效益数据和公司特征数据主要来自治理结构库。考虑到强制信息披露制度，本书以 2007～2017 年沪深上市公司作为研究对象，数据处理过程及变量的描述性统计分析一致，此处不再赘述。①

二、实证分析过程及结果

考虑面板数据的特点，本节使用双向固定效应模型精准估计管理层持股比例对企业效益的影响方向和影响强度。为了保证实证分析过程的严谨性，本书将逐渐加入控制变量解决遗漏变量偏差问题。在此基础上，方程式（7-2）计量模型的估计结果如表 7-20 所示。

表 7-20　　　　　　　　　管理者股权激励效应的估计结果

变量	（1）Benefit	（2）Benefit	（3）Benefit	（4）Benefit	（5）Benefit
Mh_ratio	0.0072 *** (0.0022)	0.0701 *** (0.0073)	0.0509 *** (0.0103)	0.0373 *** (0.0081)	0.0353 *** (0.0075)
Size	0.0111 *** (0.0004)				0.0274 *** (0.0013)
Tobinq	0.0008 *** (0.0001)				0.0033 *** (0.0002)
LEV	-0.1198 *** (0.0021)				-0.1626 *** (0.0046)
TFP	0.0449 *** (0.0011)				0.0436 *** (0.0018)

---

① 本节中数据的详细处理过程和描述性统计分析见第四章第二节的数据处理及变量描述分析。

续表

变量	(1) Benefit	(2) Benefit	(3) Benefit	(4) Benefit	(5) Benefit
Duality	-0.0019** (0.0009)			-0.0038** (0.0018)	-0.0021 (0.0016)
Indratio	-0.0290*** (0.0070)			0.0099 (0.0138)	0.0044 (0.0128)
Top1	-0.0000 (0.0000)			0.0001 (0.0001)	0.0005*** (0.0001)
Top10	0.0004*** (0.0000)			0.0010*** (0.0001)	0.0001* (0.0001)
常数项	-0.1636*** (0.0088)	0.0319*** (0.0010)	0.0487*** (0.0028)	-0.0109 (0.0077)	-0.4963*** (0.0267)
Year FE	—	No	Yes	Yes	Yes
Industry FE	—	No	Yes	Yes	Yes
R-squared	0.2551	0.0049	0.0185	0.0536	0.2000
Observations	21142	21898	14606	14239	14150

注：①***、**、*分别代表统计显著水平为1%、5%与10%；②括号内数值为标准误差值；③第（1）列为普通最小二乘（OLS）回归结果，第（2）列为没有使用年份固定效应和行业固定效应的面板回归结果，第（3）列为使用年份固定效应和行业固定效应的面板回归结果，第（4）列和第（5）列为逐渐加入控制变量的双向固定效用模型回归结果。

资料来源：根据国泰安数据库（CSMAR）的数据计算所得。

根据表7-20的计量回归结果，本书得出以下结论：

（1）管理层的股权激励效应方向显著为正。表7-20第（5）列中管理层持股比例（Mh_ratio）的估计系数为0.0353，且在1%水平上显著。当管理层持股比例增加1%，企业效益则会显著提升3.53%。这可能是由于以下两点原因：其一，管理层持股作为对管理层的绩效激励方式，旨在能够激发管理者的主动性和积极性，将管理者的个人收益与企业绩效表现相挂钩。管理者个人贡献对应的企业价值增值结果能够直接通过持股比例体现出来。因此，在股权分置改革后股权激励成为很多上市公司管理者绩效管理的重要方式，管理者持股作为可变薪酬的重要内容，必然能够发挥出正向激励作用，带动企业效益的显著提升。其二，在企业治理架构中，管理者是重要的组成部分。根据管理者权力理论，相较于普通员工，管理者在企业价值创造过程中做出的边际贡献更高。基于公司治理的需要，企业对管理者的股权激励必然能够增加管理者对企业效益的边际贡献率，为企业带来更好的绩效表现。

（2）从企业基本特征指标的估计结果来看，企业规模（Size）、托宾 Q 值（Tobinq）和全要素生产率（TFP）均与企业效益呈现出正相关关系；资产负债率（LEV）则与企业效益呈现出负相关关系。其中，企业规模用企业总资产对数值来表示。代表企业资金实力的企业规模越大，其对抗风险能力和创新研发能力会越强，因此企业效益会越高。托宾 Q 值能够在一定程度上代表企业的成长能力，成长能力越强的企业其发展战略的制定会平衡各方主体的利益，往往会有更好的绩效表现。相类似地，企业全要素生产率剔除了企业劳动要素和资本要素的禀赋优势，是代表技术进步的指标。全要素生产率越高，企业的技术水平会越高，技术进步带动的企业效益会有显著提升。而资产负债率代表企业生产运营过程中的财务成本，生产扩大需要支付的负债成本构成了企业的负担。由于财务负担，资产负债率越高的企业，其企业效益会下降。

（3）从企业治理结构指标来看，两职合一（Duality）与企业效益呈现出负相关关系，而独立董事占比（Indratio）、第一大股东持股比例（Top1）和前十大股东持股比例（Top10）都与企业效益呈现出正相关关系。两职合一是董事长与高管兼职，同时负责两个职位要求下的管理工作。两职合一的管理模式容易出现管理者缺乏自我监管的弊端，不利于提升企业效益。独立董事占比体现出管理者内部的权力制衡与监管职能。证监会明令要求，上市公司的独立董事占比不得低于 1/3，较高的独立董事占比体现出企业内部的监管职能，独立董事占比越高的企业会有更高的绩效表现。第一大股东持股比例与前十大股东持股比例能够体现出股权集中度，股权集中度越高的企业能够集中决策，实现股东集体利益与企业效益相挂钩。此时的决策效率较高，能够带动企业的长远发展。只是，第一大股东持股比例的估计系数高于前十大股东持股比例的估计系数。

考虑到双向固定效应模型的估计结果是平均意义上的，因为线性模型的回归是对解释变量的平均值进行估值。为了更加精准地估计管理层股权激励效应的影响，本书将继续使用分位数回归法刻画条件分布在不同分位点时，管理层持股比例对企业效益的激励效应分布情况。借鉴科恩克（Koenker, 2004）的分位数回归分析方法，我们根据管理层持股比例的条件分布拟合其线性模型，将模型残差绝对值的加权平均数作为目标函数，力求更加稳健地评估不同分位数的解释变量系数方向和显著性的变化。表 7－21 显示的是 2007～2017 年管理层持股比例对企业效益影响的分位数回归结果。

表 7-21　　　　　　　管理层股权激励效应的分位数估计结果

变量	(1) QR_10	(2) QR_25	(3) QR_50	(4) QR_75	(5) QR_90
Mh_ratio	0.0206 *** (0.0025)	0.0161 *** (0.0020)	0.0077 *** (0.0016)	-0.0011 (0.0017)	-0.0164 *** (0.0027)
Size	0.0107 *** (0.0004)	0.0056 *** (0.0004)	0.0063 *** (0.0003)	0.0086 *** (0.0004)	0.0112 *** (0.0005)
Tobinq	-0.0003 (0.0002)	0.0009 *** (0.0003)	0.0032 *** (0.0004)	0.0072 *** (0.0006)	0.0117 *** (0.0004)
LEV	-0.1047 *** (0.0036)	-0.0685 *** (0.0022)	-0.0732 *** (0.0017)	-0.0819 *** (0.0025)	-0.0934 *** (0.0037)
Duality	-0.0036 *** (0.0010)	-0.0013 ** (0.0005)	-0.0012 * (0.0007)	0.0006 (0.0007)	0.0019 *** (0.0007)
Indratio	-0.0354 *** (0.0098)	-0.0249 *** (0.0035)	-0.0310 *** (0.0032)	-0.0347 *** (0.0079)	-0.0332 *** (0.0084)
Top1	-0.0001 *** (0.0000)	-0.0001 ** (0.0000)	-0.0000 (0.0000)	0.0000 (0.0000)	0.0001 ** (0.0000)
Top10	0.0005 *** (0.0000)	0.0004 *** (0.0000)	0.0004 *** (0.0000)	0.0003 *** (0.0000)	0.0003 *** (0.0000)
TFP	0.0376 *** (0.0015)	0.0307 *** (0.0012)	0.0337 *** (0.0010)	0.0372 *** (0.0012)	0.0374 *** (0.0018)
常数项	-0.1956 *** (0.0116)	-0.0824 *** (0.0075)	-0.0796 *** (0.0068)	-0.1139 *** (0.0107)	-0.1538 *** (0.0136)
Pseudo R^2	0.1208	0.1276	0.1852	0.2313	0.2657
Observations	21142	21142	21142	21142	21142

注：①***、**、*分别代表统计显著水平为1%、5%与10%；②括号内数值为标准误差值；③第(1)~(5)列分别为10%、25%、50%、75%、90%分位数回归结果。
资料来源：根据国泰安数据库（CSMAR）的数据计算所得。

根据表 7-21 的实证结果，我们发现随着分位数的增加，可决系数也在变大。除了75%分位数回归中管理层持股比例（Mh_ratio）系数不显著外，其余估计系数均在1%水平显著。根据不同分位数下管理层持股比例的估计系数，本书可以更进一步地得到以下结论：首先，较低分位数中管理层持股比例的估计系数方向为正，而较高分位数管理层持股比例的估计系数则为负。这表明管理层持股比例处于较低水平时，股权激励发挥出正向激励作用；而管理层持股比较较高时，持续增加的管理层持股比例则会损害企业效益。其次，管理层持股比例对企业效益的条件分布中两端影响要高于其中间部分的影响。这就是说，提高管理层持股比例对于绩效表现较差和绩效表现较好企业的股权激励效应较大，而中间部分的股权激励效应较小。

三、稳健性分析

前面的实证分析结果论证了薪酬结构设计中管理者持股比例对企业效益的正向影响。为了保证实证结果的可靠性与严谨性，接下来我们将对其进行稳健性检验。第一，替换核心被解释变量。通过替换核心被解释变量的检验方法可以估测计量模型及其回归结果的稳健性。我们分别选择企业总利润（Profit）和企业净利润率（Net_profit）替换原有的资产收益率指标，使用双向固定效应模型估计管理层持股比例对企业总利润和净利润率的影响。第二，改变实证分析方法。如果计量模型及其回归结果是稳健的，那么改变实证研究方法是不会显著地改变原有估计结果的影响方向和显著性的。因此，本书使用门槛回归方法和嵌套联立方程组的方法进行稳健性检验。检验结果如表7-22所示。

表7-22　　　　　　　　股权激励效应的稳健性检验结果

变量	(1) Profit	(2) Net_profit	(3) Single Threshold Model	(4) ROA_liter
Mh_ratio	0.5086 *** (0.1093)	0.4339 *** (0.1167)		0.4805 *** (35.4300)
0b._cat#c.mh_ratio			1.2900 *** (0.3235)	
1._cat#c.mh_ratio			0.9112 *** (0.3175)	
Size	1.2050 *** (0.0193)	1.2037 *** (0.0206)	1.0299 *** (0.0903)	0.0222 *** (26.24)
Tobinq	0.0792 *** (0.0045)	0.0800 *** (0.0048)	0.1104 *** (0.0161)	-0.0005 *** (-5.16)
LEV	-1.5841 *** (0.0713)	-1.6798 *** (0.0763)	-1.1118 *** (0.3414)	

续表

变量	(1) Profit	(2) Net_profit	(3) Single Threshold Model	(4) ROA_liter
Indratio	-0.2691 (0.1868)	-0.3085 (0.1996)	-0.4097 (0.4630)	
TFP	0.7804*** (0.0280)	0.7940*** (0.0299)	-1.1118*** (0.3414)	
Duality	0.0027 (0.0237)	0.0012 (0.0253)		
Top1	0.0069*** (0.0013)	0.0066*** (0.0014)		
Top10	0.0083*** (0.0010)	0.0091*** (0.0011)		
lnAP			-0.1086* (0.0630)	
lnAEP			0.1186* (0.0605)	
常数项	-7.5244*** (0.4105)	-7.6822*** (0.4380)	-2.6977* (1.5909)	-0.5041*** (-25.34)
Year FE	Yes	Yes	—	—
Industry FE	Yes	Yes	—	—
R-squared	0.4134	0.3814	0.4424	-1.394
Observations	13014	12968	2740	22000

注：①***、**、*分别代表统计显著水平为1%、5%与10%；②第（1）~第（3）列括号内数值为标准误差值，第（4）列括号内为双尾检验t值，误差为稳健标准误；③第（1）列和第（2）列为替换核心被解释变量的稳健性检验结果，第（3）列和第（4）列为改变研究方法后的稳健性检验结果。其中，第（3）列为使用门槛回归方法的估计结果，第（4）列为联立方程组回归中嵌套三阶段回归结果。

资料来源：根据国泰安数据库（CSMAR）的数据计算所得。

根据表7-22的稳健性检验结果，我们认为股权激励效应的实证分析结果是稳健的、可靠的。表7-22第（1）列和第（2）列中管理层持股比例（Mh_ratio）的估计系数分别为0.5086和0.4339，且在1%水平上显著，即替换核心被解释变量后的估计结果①与上文实证回归结果相一致，视为通过了稳健性检验。

---

① 受限于篇幅，替换核心被解释变量的稳健性检验的详细估计过程及结果见附录，被解释变量替换为企业总利润的详细估计结果见附录，被解释变量替换为净利润率的估计结果见附录。

表7-22第(3)列和第(4)列中较低持股比例（0b._cat#c.mh_ratio）、较高持股比例（1._cat#c.mh_ratio）和管理层持股比例（Mh_ratio）的估计系数均在1%水平上显著为正，即改变研究方法后管理层持股比例的相关估计系数的方向和显著性没有发生改变[①]。总之，无论是替换核心被解释变量，还是更改实证研究方法，核心解释变量的估计系数方向和显著性均与前文保持一致，因此视为其通过了稳健性检验。（该结果与第六章探究管理层内部的可变薪酬与企业效益间的变动关系结论相同）

四、管理层内部持股比例的异质性分析

通过前面的实证分析结果可知。管理层持股比例对企业效益具有正向激励作用。但是在现代企业制度中，管理层内部会根据治理需求设置不同的岗位，大体来说有董事会、监事会和高管三种职能的管理层职位。虽然整体上我们可以推知管理者的股权激励效应对企业发展具有促进作用，但是内部治理结构中，不同职能的管理者持股是否会呈现出异质性特征？管理者内部不同部门如何配置能够实现权力制衡，有利于企业的长远发展？接下来，本书将进一步研究管理者内部不同群体的持股比例会对企业效益产生何种影响。

首先，参照管理者股权激励效应的计量模型，我们将管理者持股的内部异质性特征分别使用三个计量模型进行实证分析。方程式的具体表达形式如式（7-3）~式（7-5）所示。其中式（7-3）表示董事会持股比例对企业效益影响的计量模型；式（7-4）代表监事会持股比例对企业效益影响的计量模型；式（7-5）则为高管持股比例对企业效益影响的计量模型。

$$ROA_{ijt} = \delta_0 + \delta_1 Bdir\_ratio_{ijt} + \delta_2 X_{ijt} + \delta_3 \sum Industry_{it} + \delta_4 \sum Year_{ij} + \varepsilon_{4ijt} \tag{7-3}$$

$$ROA_{ijt} = \phi_0 + \phi_1 Bsup\_ratio_{ijt} + \phi_2 X_{ijt} + \phi_3 \sum Industry_{it} + \phi_4 \sum Year_{ij} + \varepsilon_{5ijt} \tag{7-4}$$

$$ROA_{ijt} = \varphi_0 + \varphi_1 Bexc\_ratio_{ijt} + \varphi_2 X_{ijt} + \varphi_3 \sum Industry_{it} + \varphi_4 \sum Year_{ij} + \varepsilon_{6ijt} \tag{7-5}$$

方程组中，被解释变量为ROA_{ijt}，代表企业 i 位于行业 j 在第 t 期的企业效益，该指标用企业资产收益率表示。核心解释变量分别为$Bdir\_ratio_{ijt}$、$Bsup\_ratio_{ijt}$和$Bexc\_ratio_{ijt}$，其中$Bdir\_ratio_{ijt}$代表企业 i 位于行业 j 在第 t 期的董事会持股

[①] 受限于篇幅，改变实证分析方法的稳健性检验的详细估计结果及结果见附录，门槛回归的详细估计结果见附录，嵌套联立方程组中管理层持股对企业效益影响的详细估计结果见附录。

比例，该指标用董事会持股数量与管理层持股数量的比值表示；Bsup_ratio$_{ijt}$代表企业 i 位于行业 j 在第 t 期的监事会持股比例，该指标用监事会的持股数量与管理层持股数量的比值表示；Bexc_ratio$_{ijt}$表示企业 i 位于行业 j 在第 t 期的高管持股比例，该指标用高管的持股数量与管理层持股数量的比值代表。三个计量模型中的 X_{ijt} 代表计量模型中的系列控制变量，控制变量选取了企业基本特征指标和治理结构指标。在实证回归过程中，针对管理层内部不同管理者的回归分析选取的控制变量会少有差异，但不影响整体估计结果的稳健性。其中，企业基本特征指标包含企业规模（Size）、托宾 Q 值（Tobinq）、资产负债率（LEV）和全要素生产率（TFP）；治理结构包括了两职合一（Duality）、独立董事占比（Indratio）、第一大股东持股比例（Top1）和前十大股东持股比例（Top10），ε_{4ijt}、ε_{5ijt}和ε_{6ijt}则分别代表了三个模型中的随机干扰项。另外，计量模型组中还同时控制了年份固定效应和行业固定效应。管理层内部不同群体的持股比例对企业效益作用的估计结果如表 7-23 所示。

表 7-23　　　　　　　　管理层内部持股比例的异质性估计结果

变量	(1) Benefit	(2) Benefit	(3) Benefit	(4) Benefit
Mh_ratio	0.0353 *** (0.0075)			
Bdir_ratio		-0.0070 *** (0.0027)		
Bsup_ratio			0.0139 *** (0.0051)	
Bexc_ratio				0.0052 ** (0.0021)
Size	0.0274 *** (0.0013)	0.0262 *** (0.0015)	0.0087 *** (0.0014)	0.0262 *** (0.0015)
Tobinq	0.0033 *** (0.0002)	0.0033 *** (0.0003)	-0.0042 *** (0.0004)	0.0033 *** (0.0003)
LEV	-0.1626 *** (0.0046)	-0.1395 *** (0.0055)	-0.2348 *** (0.0075)	-0.1397 *** (0.0056)
TFP	0.0436 *** (0.0018)	0.0462 *** (0.0022)	0.0390 *** (0.0032)	0.0453 *** (0.0022)

续表

变量	(1) Benefit	(2) Benefit	(3) Benefit	(4) Benefit
Duality	−0.0021 (0.0016)	0.0002 (0.0018)		0.0015 (0.0019)
Indratio	0.0044 (0.0128)	−0.0130 (0.0147)		−0.0120 (0.0148)
Top1	0.0005*** (0.0001)	0.0005*** (0.0001)		0.0005*** (0.0001)
Top10	0.0001* (0.0001)	0.0002*** (0.0001)		0.0002*** (0.0001)
常数项	−0.4963*** (0.0267)	−0.4709*** (0.0321)	−0.0396 (0.0311)	−0.4802*** (0.0322)
Year FE	Yes	Yes	Yes	Yes
Industry FE	Yes	Yes	Yes	Yes
R-squared	0.2000	0.1781	0.1214	0.1768
Observations	14150	10736	10772	10710

注：①***、**、*分别代表统计显著水平为1%、5%与10%；②括号内数值为标准误差值；③第（1）列为管理层持股比例对企业效益影响的回归结果，第（2）列为董事会持股比例对企业效益影响的回归结果，第（3）列为监事会持股比例对企业效益影响的回归结果，第（4）列为高管持股比例对企业效益影响的回归结果。

资料来源：根据国泰安数据库（CSMAR）的数据计算所得。

根据表7-23的实证分析结果，我们可以得到以下结论：

（1）董事会持股比例与企业效益呈现负相关关系。表7-23第（2）列中董事会持股比例（Bdir_ratio）的估计系数为−0.0070，即董事会持股比例增加1%，企业效益会降低0.70%。这可能与董事会的权力职责有关。企业的董事会是常设权力机构，以保证股东大会产生的决策决议按期执行。但是董事会由股东大会产生，其持股比例可能是权力集中的结果，这将会导致股权激励的负面效应。这也间接地表明了在管理者内部对权力监督的重要性。控制变量的估计结果中代表企业资本量的企业规模（Size）与企业效益呈现正相关关系，代表企业成长能力的托宾Q值（Tobinq）与企业效益的关系也表现为正相关，代表企业技术水平的全要素生产率（TFP）与企业效益呈现出显著正相关关系，而资产负债率（LEV）则与企业效益表现为显著的负相关。股权集中度指标中，第一大股东的持股比例（Top1）和前十大股东持股比例（Top10）与企业效益呈现出正相关关系。

（2）监事会持股比例与企业效益呈现出正相关关系。表 7-23 中第（3）列中监事会持股比例（Bsup_ratio）的估计系数为 0.0139，这表示监事会持股比例提高 1%，企业效益会显著提升 1.39%。由此看来，监事会的监督职能发挥出应有的作用。监事会作为企业监管机构，对董事会的决策决议提出有效的建议或质疑，发挥出监管董事会的监督作用。实证估计结果论证了提高董事会股权占比对企业效益的正向影响。而控制变量对企业效益的估计结果中，企业规模（Size）的估计系数显著为正，表明企业资本存量越高，其企业效益会越好。托宾 Q 值（Tobinq）的估计系数则显著为负，表明成长能力越强的企业，其监事会持股比例对企业效益发挥作用的过程中，企业则不会有更好的绩效表现。资产负债率（LEV）的估计系数显著为负，这显示出负债率更高企业的绩效表现会越差。全要素生产率（TFP）的估计系数显著为正，代表技术水平越高、技术进步越快，则企业效益会越高。

（3）高管持股比例与企业效益呈现出正相关关系。表 7-23 中第（4）列中高管持股比例（Bexc_ratio）的估计系数为 0.0052，这显示出高管持股比例增加 1%，企业效益能够提升 0.52%。从经济理论来讲，由董事会选举高管，负责整个企业生产运营活动，具体执行董事会的决议决策。因此，高管需要对企业的绩效表现负责，高管的股权激励效应最为显著。另外，企业高管与董事不得兼任，这间接地保证了监事会监督高管的效率，侧面能够提高企业的生产运营效率，进而提升企业效益。控制变量对企业效益的影响结果来看，企业规模（Size）、托宾 Q 值（Tobinq）、全要素生产率（TFP）、两职合一（Duality）、第一大股东持股比例（Top1）和前十大股东持股比例（Top10）均与企业效益呈现出正相关关系，而资产负债率（LEV）和独立董事占比（Indratio）则与企业效益表现为负相关。

总之，企业内部不同的管理者由于其职责所在，其持股比例对企业效益产生了异质性影响特征。其中，董事会的股权激励呈现出负向影响，而监事会和高管的持股比例则对企业效益产生了正向激励作用，且监事会持股比例的估计系数高于高管的持股比例估计系数，这也间接地说明监事会的股权激励对企业效益的正向影响强度高于高管持股的影响强度。

第八章 股权激励效应的案例分析

本章主要分析了国内外股权激励的实践情况，并以万科集团 2010 年经理人股票期权激励计划作为代表性案例进行分析，从微观角度证明经理人股权激励的实施对于我国上市公司的经营业绩有一定的促进作用。首先，从美国的股权激励设计实践角度出发，分析国外企业股权激励的特点；又从国内国有企业和国内民营企业的股权激励设计实践角度出发，分析各种激励工具的影响程度。然后针对万科集团股权激励计划的背景和效果进行了分析，为其他中国上市公司股权激励方案的实施提供有益的参考。

第一节 国内外案例综述

一、国外企业股权激励的实践与启示

股权激励制度最初产生于美国，1952 年，美国辉瑞公司（Pfizer）管理人员为避免个人薪金被高额所得税征收（当时个人所得税边际税率升到 92%），设计了一个面向全体员工的股票期权计划，这就是最早的股票期权。1956 年，美国潘尼苏拉报纸公司第一次推出员工持股计划（ESOP），随后各类股权激励模式纷纷涌现。到了 20 世纪 60 年代，日本开始实行 ESOP 等形式的股权激励，欧洲其他国家也普遍开始采取股权激励方式。

从美国的股权激励设计实践来看，主要呈现以下几个特点：

（1）多种激励模式相结合，且组合方式灵活多样。比如，Facebook 在 "2012 年度股权激励计划"中选择的激励工具涵盖了股票期权、限制性股票奖励、限制性股票单元（RSU）、股票增值权、业绩股票和股票赠送等类型。美国生物制造公司 Apellis 在 "2017 年度股权激励计划"中选择了股票期权、股票增值权、限制性股票和 RSU 等激励工具。福特公司在其 "2008 年长期激励计划"中选取了基于业绩的限制性股票单元（Performance-based Restricted Stock Unit，PB – RSU）

与股票期权的组合模式。其中，RSU 在美股和港股中较为常见，RSU 是指公司首先授予员工一定数量的虚股（即并非公司真正发行的股票），员工在达到约定的工作年限或业绩考核目标后，可以将约定比例的虚股转为实股。此外，美国企业还会将股票期权进一步分为激励性股票期权（Incentive Stock Option，ISO）和非限定股票股权（Non-qualified Stock Option，NSO），其中 ISO 只能发放给雇员，而 NSO 可以发放给雇员、顾问和经理等；ISO 和 NSO 在税收上也有差异，ISO 的持有者在转让股权时，合格情况下（行权后持有超过一年，且发放后持有超过两年）收益将按长期资本收益计算，可以享受一定税收优惠。

（2）股票期权的授予和行权方式灵活，行权周期较长。以福特公司的股票期权计划为例，采用了"多频次滚动式授予＋浮动式行权价＋长行权周期"的模式。首先，期权在授予时采取多频次、滚动式的授予方式：2008～2015 年共分 8 期，每年 1 期；且每期又分 3 次授予，每年 1 次，每次授予该期期权总数的 1/3，即相当于每年推出一期新的期权计划，每期都不是一次性授予，授予的频次非常高，而且是滚动式的，即上一期还在进行中就接着推出下一期。其次，每次授予时都会重新定价：福特公司每期分 3 次授予的期权行权价格，都不是在每期期初设置一个单一价格，而是每次授予时重新发布公告规定新的行权价格，该批次授予的期权就按照新的行权价格在未来规定的有效期内行权。最后，行权周期长：行权有效期长达 10 年，这样从 2018 年开始有 2008 年授予的期权到期，此后每年都有即将到行权截止期的期权。亚马逊则设置了期权的行权条件，将其与激励对象的工资年限挂钩：在授予日后 1 年，20% 的期权可以行权；授予日后两年，40% 的期权可以行权；两年后，每 3 个月有额外 5% 的期权可以行权，到第 5 年结束，期权 100% 可以行权。整体来看，美国公司的这种期权激励模式可以使持有期权的高管既关注公司的短期业绩，又兼顾公司的长期发展，从而将激励对象与企业的持续、稳定、长期的利益进行捆绑。福特公司的股票期权模式如图 8－1 所示。

（3）RSU 授予和发行条件也非常灵活。仍以福特公司为例，他的 PB－RSU 模式既有转让限制（锁定期），又设置了业绩考核：首先，授予额度取决于授予前一年公司业绩的完成情况，例如预设总额 100 万份，前一年公司业绩完成 91%，那么授予激励对象 91 万份 RSU；授予后，设置 2 年限制期，由于授予股份是虚股，在该限制期内个人无权转让 RSU，也不能获得分红和股息等收益；2 年后，正式发行（发放）对应的股份，获得真实股票后，激励对象就可以进行股票转让获得收益。再如，苹果公司 RSU 的授予和到期时点较为频繁：除 CEO 之外的所有管理层每 2 年可有 1 次的 RSU 授予，多个阶段、分批次发放每次授予的 RSU；因此每 2 年都有新的 RSU 授予，每年也都有以前年度授予的 RSU 到期，对高管进行频繁、持续的激励。

图 8-1 福特公司的股票期权模式

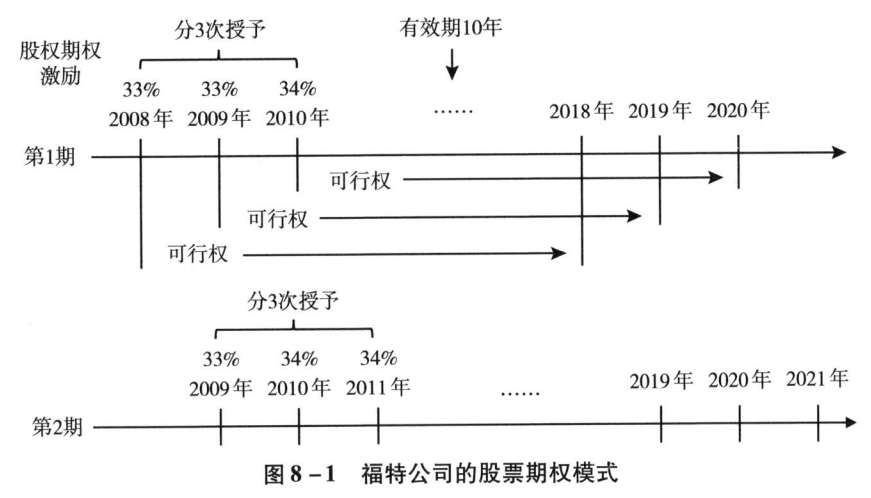

资料来源：笔者根据福特公司公开数据资料绘制。

（4）考核标准包括市值和任期。福特公司直接以个人持有所有形式股权的价值为考核目标，高管从上任开始 5 年时间内，必须达成相应职级的业绩目标，否则将影响个人职务晋升和薪酬水平，该业绩目标即该高管所持有的所有形式的股权价值之和（包括直接或间接获得的普通股、年终限制性股票奖励总额等各类股票）达到基本工资的一定倍数，并由薪酬委员会对高管实行阶段性考核，各职级所对应的业绩目标见表 8-1。苹果公司则是将期权的授予数量与公司股票回报率直接挂钩，在 3 年的业绩考核周期内，每年依据股票回报率在标普 500 指数成分股中的排名位置来决定限制性股票是否可以解锁，以及具体可以解锁多少，具体见表 8-2。此外，苹果公司还设置了基于任期的 RSU，公司将在高管完成约定的任职期限后授予一定数量的 RSU。Snap 公司也采用基于任期的 RSU 模式，RSU 的发放周期为 4 年，在授予后的四个年度内，每年分别发放 10%、20%、30%、40% 的股份。综上所述，市值考核方式直接与管理层利益和公司未来的股价表现相关，因此强制要求高管不断关注公司市值和股价信息；而任期考核一方面让高管的个人利益和公司及股东的长期利益保持一致，另一方面也有利于促进高绩效管理团队的长期稳定性。

表 8-1　　　　　　　　　福特公司高管的业绩考核目标

高管职级	业绩目标（持有股权价值占基本工资的百分比）（%）
执行董事长、总裁、CEO	600
首席运营官	500
执行副总裁	300

续表

高管职级	业绩目标（持有股权价值占基本工资的百分比）（%）
集团副总裁	200
副总裁	100

资料来源：笔者根据相关资料整理。

表 8-2　　　　　　　　苹果公司高管的业绩考核目标

2015~2018 年蒂姆·库克（Tim Cook，苹果公司 CEO）基于业绩的 RSU 授予条件		2018~2020 年苹果高管基于业绩的 RSU 授予条件	
TSR 在标普 500 公司的百分位数	RSU 实际归属额度（%）	TSR 在标普 500 公司的百分位数	RSU 实际归属额度（%）
前 1/3	100	85% 以上	200
前 1/3（不含）~前 2/3	50	55%~85%（不含）	100
后 1/3	0	25%~55%（不含）	25
		25% 以下	0

资料来源：笔者根据相关资料整理。

从美国企业股权激励的效果来看，无论是多种股权激励工具结合，多频次授予、较长行权期，还是市值考核的模式设计，都有利于对高管的更深层次的利益绑定。首先，正是由于各式各样的股权激励工具组合和频繁多次长期的股权激励授予，美股上市公司高管普遍都持有大量的股权、期权或等价物。2016 年，长期薪酬占 CEO 总薪酬的 69%，占其他高管总薪酬的 58%；而长期薪酬中，股票期权、限制性股票的占比都在 30% 以上。其次，正是由于股权激励计划的广泛实施，美股上市公司的高管会自发地通过回购公司股票来维护股价稳定。回购股份在美国往往是公司股价的强力助推器，上市公司择机实施回购虽然有不同目的，但总体上体现了公司股价被低估的情况，会在一定程度上影响市场支持本公司股价。过去 50 年来，回购股份帮助美国部分股票上涨超过 300%。

二、国内企业股权激励的实践与启示

我国股权激励管理办法正在变得更加宽松，新管理办法减少了对企业的约束，因此也有更多的企业推出了股权激励计划，这在一定程度上可以提高公司的竞争力。

根据来自国泰安数据库的数据，本部分统计了自 2006 年以来，我国 A 股市场上宣布实施股权激励计划的上市公司数量情况与频率,对于同一公司同一年的股权激励计划,本部分保留了第一个观测值。由表8-3可见,宣布实施股权激励计划的上市公司的频数与频率都逐年攀升。表8-3显示,我国上市公司股权激励计划呈现快速增长的态势,所以我国A股上市公司股权激励业务已经成为有效的管理模式与企业治理的主流管理办法。

表8-3　　　　　　　发布股权激励计划预案的上市公司分布

年份	频数	频率	累计频率
2006	37	1.86	1.86
2007	16	0.8	2.66
2008	64	3.22	5.89
2009	23	1.16	7.04
2010	76	3.82	10.87
2011	125	6.29	17.16
2012	124	6.24	23.39
2013	156	7.85	31.24
2014	164	8.25	39.49
2015	200	10.06	49.55
2016	243	12.22	61.77
2017	393	19.77	81.54
2018	367	18.46	100.00
总计	1988	100	

资料来源:根据国泰安数据库数据整理。

发布股权激励计划预案的上市公司分布情况见图8-2,图8-2显示,宣布实施股权激励计划的上市公司家数在2011年、2017年分别有着陡然的增长。从2010年开始,上市公司实施股权激励计划的数量逐年增加,这说明股权激励越来越得到上市公司的认可,股权激励已经是当前上市公司吸引人才和保留人才的重要手段。而2017年开始的又一次的快速增长则得益于股权激励管理办法的不断减少约束,推动了上市公司股权激励业务进一步发展壮大。

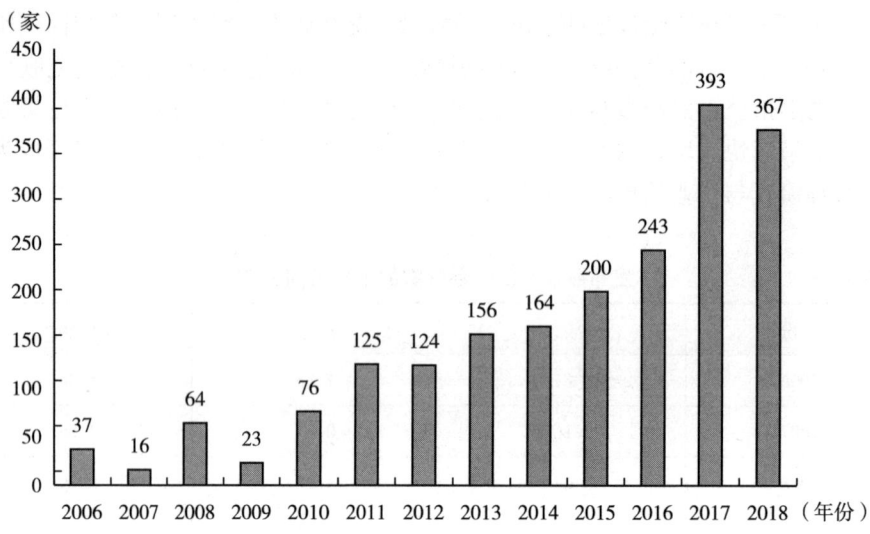

图 8-2　发布股权激励计划预案的上市公司分布

资料来源：根据国泰安数据库数据整理。

根据来自国泰安数据库的数据，表 8-4 是上市公司的股权激励工具分布。数据包括了沪深两市的上市公司。由表 8-4 可见，截至 2018 年 12 月 31 日，上市公司在激励模式的选择上相对非常集中，限制性股票和股票期权模式数量占了激励标的物总数量的绝大部分。其中采用限制性股票的公司样本最多（1233 家），采用股票期权进行激励的公司样本次之（735 家），采用股权增值权的公司最少（20 家）。本书后面的分析显示，在国企和民企样本中，限制性股票都比股票期权更受青睐。结果表明市场更加青睐激励性和约束性更强的限制性股票工具作为激励标的物，可能有助于建立长期有效的激励机制。而且，这一规律在每一年内都成立，即每年中宣布股权激励的公司大多采用限制性股票来激励经理人。

表 8-4　上市公司选择的股权激励工具分布

年份	限制性股票	股票期权	股票增值权
2006	5	32	0
2007	1	13	2
2008	8	55	1
2009	5	18	0
2010	16	59	1
2011	39	83	3
2012	60	60	4

续表

年份	限制性股票	股票期权	股票增值权
2013	88	68	0
2014	105	57	2
2015	149	48	3
2016	186	55	2
2017	313	79	1
2018	258	108	1
总计	1233	735	20

资料来源：根据国泰安数据库数据整理。

（一）国有企业股权激励的实践与启示

1. 实践概况

在国企改革不断深化的大背景下，实施经理人股权激励的国有控股上市公司的数量也呈现了爆发式增长。图8-3显示，2013年以来，国有上市公司发布股权激励预案的数量出现明显上升，尤其是2016~2018年，国有上市公司分别发布了28个、35个、39个股权激励预案，公告数量逐年增加。

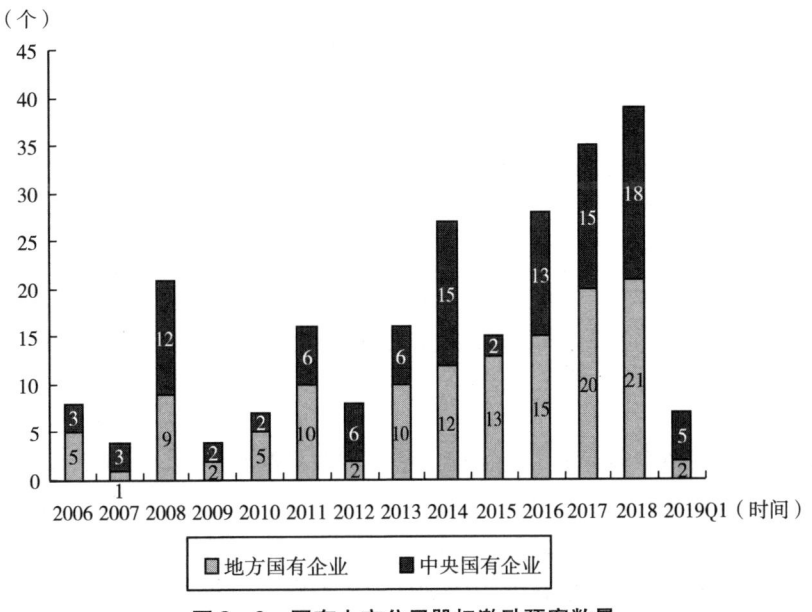

图8-3 国有上市公司股权激励预案数量

资料来源：Wind资讯。

从 2006 年 1 月 1 日《上市公司股权激励管理办法（试行）》（以下简称《管理办法》）实施以来，截至 2019 年第一季度，共有 175 家国有上市公司发布过股权激励预案，其中地方国有企业 97 家、中央国有企业 78 家。从行业分布来看，这些公司共覆盖 44 个证监会行业，其中 TMT、房地产、电气机械和化工等行业发布过股权激励预案的国有企业较多，分别有 25 个、13 个、11 个、10 个公司（见表 8-5）。同时，集团内部有多家公司纷纷推出股权激励计划，比如中国航空工业集团有限公司下属已有 8 家 A 股上市公司公告了股权激励计划，中国远洋海运集团有限公司下属上市公司中远海控、中远海特分别于 2018 年 12 月 4 日和 2018 年 12 月 6 日先后公告了股权激励方案。

表 8-5　　发布过股权激励预案的国有上市公司的行业分布

证监会行业分类	地方国有企业	中央国有企业	国有企业合计
计算机、通信和其他电子设备制造业	7	18	25
房地产业	7	6	13
电气机械及器材制造业	9	2	11
化学原料及化学制品制造业	7	3	10
汽车制造业	5	4	9
软件和信息技术服务业	3	6	9
医药制造业	5	2	7
零售业	3	3	6
专用设备制造业	4	2	6
批发业	4	2	6
其他	43	30	73
合计	97	78	175

注：统计样本为 2006 年 1 月 1 日至 2019 年 3 月 31 日发布过股权激励预案的所有国有上市公司。
资料来源：Wind 资讯。

此外，已有多家国有上市公司推出了多期股权激励计划，比如海康威视目前已推出 4 期限制性股票激励计划，从 2012 年开始每两年推出一期，每期的有效期都长达 10 年，激励股份数从首期的 861 万股上升到第四期的 12120 万股；中国建筑也已经推出三期限制性股票激励计划，激励股份数也从首期的 14678 万股上升到第三期的 59991 万股；烽火通信已经推出两期限制性股票激励计划和一期股票期权计划。

2. 条款设计

从激励对象来看，政策规定国有控股上市公司的"股权激励对象原则上限于上市公司董事、高级管理人员以及对上市公司整体业绩和持续发展有直接影响的核心技术人员和管理骨干"，因此国企股权激励的对象还是限于以董事和职业经理人为代表的小范围人群。

从激励方式来看，国有企业实施的股权激励计划的工具主要为限制性股票和股票期权：2006年至2019年第一季度，地方国企的激励方案中，67个方案选择了限制性股票、58个方案选择了股票期权；央企的激励方案中，48个方案选择了限制性股票、60个方案选择了股票期权；只有2个地方国企的激励方案选择了股票增值权，分别是华菱钢铁于2008年1月发布的激励预案（已实施）、东方明珠于2014年2月发布的激励预案（停止实施）。而从近年来发布的激励预案来看，限制性股票仍然是国企的首选，其次是股票期权：以2017年至2019年第一季度为例，地方国企的激励方案中，29个方案选择了限制性股票、14个方案选择了股票期权；央企的激励方案中，23个方案选择了限制性股票、15个方案选择了股票期权（见图8-4）。基于理论分析，限制性股票比股票期权更受国企青睐的原因可能是：对于国企来说，保增长、调结构是其主要经营目标，国企更希望通过激励在促使核心员工努力工作的同时不要承担过多风险；因此，限制性股票更符合国企的需求，其授予和解锁条件有明确限制但同时可实现性更强，激励对象也会设置合理有效、风险可控的工作目标并努力完成。

从股份来源看，对国企来说，限制性股票的股票来源主要为定向发行的股票，其次为回购的股票，目前只有两个方案的股票来源为股东转让股票；股票期权的股票来源均为定向发行的股票（见表8-6）。

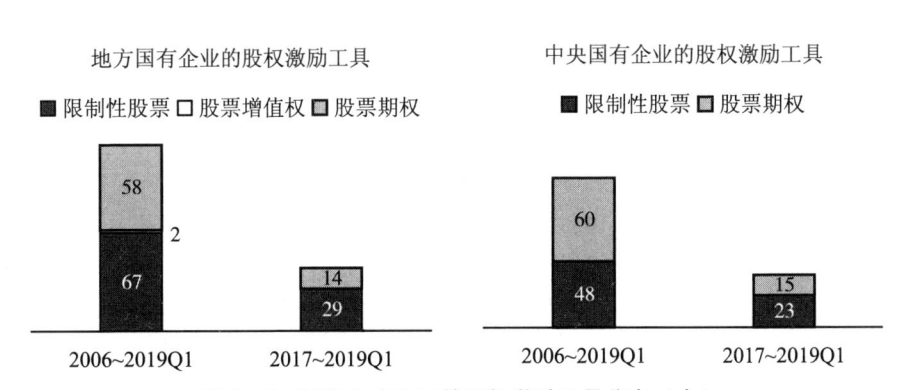

图8-4 国有上市公司的股权激励工具分布（个）

资料来源：笔者根据相关资料整理。

表 8-6　　　　　　　　国有上市公司股权激励的股票来源

公司属性	激励方案	激励方式	预案数量
地方国有企业	限制性股票	股东转让股票	2
		上市公司定向发行股票	58
		上市公司提取激励基金买入流通 A 股（回购）	7
	股票增值权	股票增值权	2
	股票期权	行权股票来源为上市公司定向发行股票	58
中央国有企业	限制性股票	上市公司定向发行股票	43
		上市公司提取激励基金买入流通 A 股	5
	股票期权	行权股票来源为上市公司定向发行股票	60
总计			235

注：统计样本为 2006 年 1 月 1 日至 2019 年 3 月 31 日发布过股权激励预案的所有 A 股上市公司。
资料来源：Wind 资讯。

从激励数量来看，国企对于国有股权的使用更为审慎，政策规定国有控股上市公司授予的股权总量应控制在股本总额的 0.1%～10%。如果是首次授予，则应控制在 1% 以内；而政策对于民企的规定就更为宽松，只要求全部有效期内的激励股票总数累计占比不超过 10%。从实践来看，国有企业授予的股份数占总股本的比例相对其他企业更低，央企和地方国企的中位数分别为 1.000% 和 1.092%，低于民企的 1.989%。但也存在特例，比如财政部下属的隆平高科，于 2008 年 4 月发布股票期权激励预案，激励数量占当时总股本的 10%，但该预案已于 2010 年停止实施，再比如深圳市国资委下属的怡亚通，于 2018 年 2 月发布股票期权激励预案，激励数量占当时总股本的 9.899%，已于 2018 年 6 月实施（见表 8-7）。

表 8-7　　　　上市公司股权激励的股份总数占总股本比例　　　　单位：%

公司属性	最小值	p25	中位数	p75	最大值	均值
中央国有企业	0.003	0.829	1.000	2.268	10.000	1.735
地方国有企业	0.012	0.916	1.092	2.498	9.899	1.893
民营企业	0.001	1.070	1.989	3.028	9.996	2.354
公众企业	0.080	0.994	2.229	3.976	9.900	2.744
集体企业	0.250	1.302	2.401	3.700	6.690	2.744
外资企业	0.320	0.915	1.602	2.689	6.375	1.975
其他企业	0.940	0.991	1.686	3.568	4.920	2.282

注：统计样本为 2006 年 1 月 1 日至 2019 年 3 月 31 日发布过股权激励预案的所有 A 股上市公司。
资料来源：Wind 资讯。

从激励方案的时间模式来看，国有企业激励方案的有效期略长于其他企业，由图8-5可见，央企和地方国企的激励有效期平均值分别为5.94年和8~19年，而民企只有4.4年，较长的有效期说明国企更注重长期激励。此外，在激励计划的有效期内，均采用分次匀速实施的方式，图8-6表明，大部分国企激励方案的时间模式为"2+3"模式，即2年的锁定期+3年的解锁期（或行权期），其次是"3+3"模式。

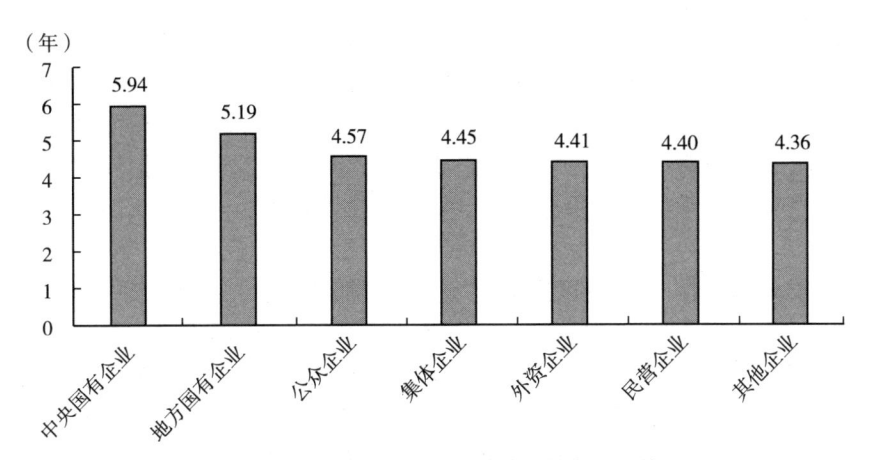

图8-5 上市公司股权激励的有效期平均值

企业类型	有效期（年）
中央国有企业	5.94
地方国有企业	5.19
公众企业	4.57
集体企业	4.45
外资企业	4.41
民营企业	4.40
其他企业	4.36

注：统计样本为2006年1月1日至2019年3月31日发布过股权激励预案的国有上市公司。
资料来源：Wind资讯。

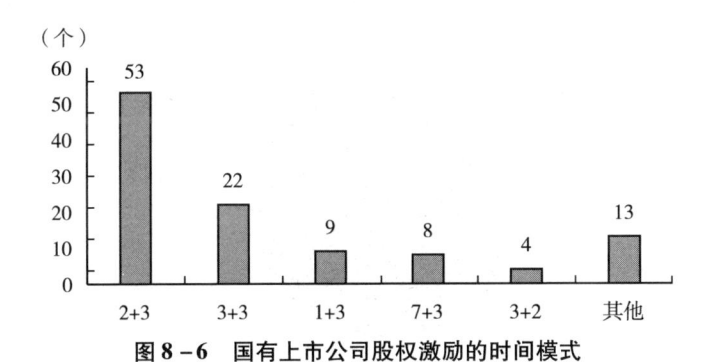

图8-6 国有上市公司股权激励的时间模式

模式	数量（个）
2+3	53
3+3	22
1+3	9
7+3	8
3+2	4
其他	13

注："2+3"表示2年锁定期，3年解锁期或行权期，下同。
资料来源：Wind资讯。

从授予条件来看，国企通常会设置较为明确的授予条件。比如兖州煤业于2018年12月公布的股票期权激励预案中，设置了净利润增长率、每股收益等公司业绩考核指标；东方明珠于2016年9月公布的限制性股票激励预案中，在设置营业收入、收入增长率和扣非每股收益等经济性考核指标以外，还设置了受众反应（智能终端用户数量）和社会影响指标（获得全国文化企业 30 强的称号）；宝钢股份和中国联通于 2017 年发布的限制性股票激励预案中，均设置了个人业绩考核指标。国有企业设置严格的授予条件，一定程度上有助于存量国有资产保值增值，但授予条件是行权条件的设置基准，前者设置过高会影响企业确定合理的行权条件，间接可能导致股权激励计划的失败。

从解锁和行权条件来看，国企的设计也更为严格。比如宝钢股份与 2017 年 11 月发布的限制性股票预案中，对于解除限售的规定就非常严格，第一个限售期解除限售的条件包括了吨钢 EBITDA 相对国内及全球对标钢铁企业的排名、国资委分解的 EVA 目标、利润总额的复合增长率及相对"国内 8 家对标钢铁企业"利润总额均值的倍数等一系列指标。由此可见，国企关注的业绩指标更多，并且与上级主管部门下发的业绩目标挂钩，显示出较强的规模导向以及保持行业地位的决心。

从审批流程来看，实施股权激励的上市公司都经历了"制订方案—上报审批或者备案—内部决策批准"三个环节，但国有上市公司面对的审批环节更多，如各级国有控股股东、实际控制人、国资委、省政府、市政府等。图 8-7 显示，国有上市公司于 2006 年至 2019 年第一季度期间公布的 235 个股权激励方案中，有 45 个停止实施，有 1 个未获得股东大会通过（深高速于 2016 年 9 月发布的限制性股票预案），因此大部分国有上市公司的股权激励计划都可以顺利实施。

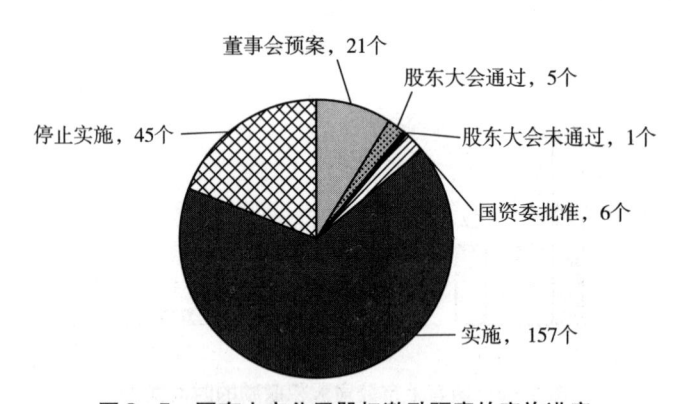

图 8-7　国有上市公司股权激励预案的实施进度

资料来源：笔者根据相关资料整理。

（二）民营企业股权激励的实践与启示

1. 实践概况

整体来看，从 2006 年以来，民营上市公司发布的股权激励预案数量呈不断上升的趋势，尤其是 2017 年和 2018 年预案数量出现了明显增长，分别有 362 个、382 个激励预案发布（见图 8-8）。

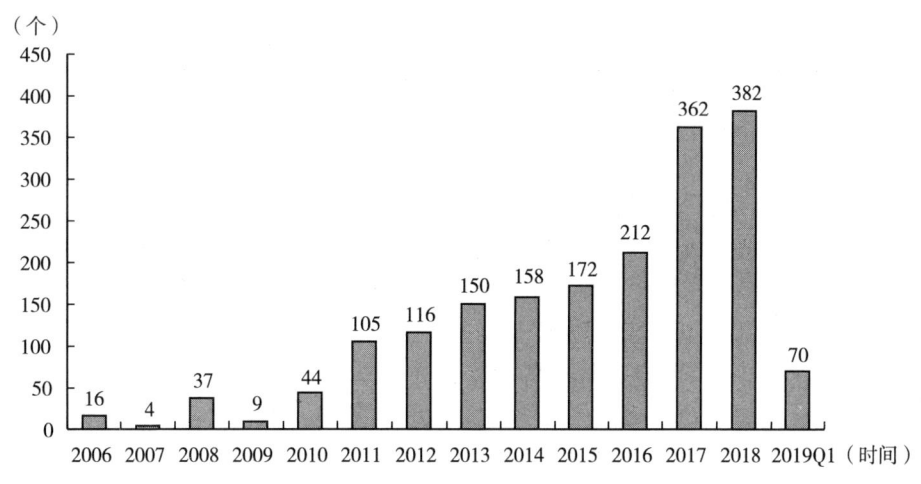

图 8-8　民营上市公司股权激励预案数量

（个）
- 2006: 16
- 2007: 4
- 2008: 37
- 2009: 9
- 2010: 44
- 2011: 105
- 2012: 116
- 2013: 150
- 2014: 158
- 2015: 172
- 2016: 212
- 2017: 362
- 2018: 382
- 2019Q1: 70

资料来源：笔者根据相关资料整理。

2006 年至 2019 年第一季度，共有 1105 个民营上市公司发布过股权激励预案，覆盖 64 个证监会行业，其中计算机、信息技术、电气机械等行业有比较多的民营上市公司发布过股权激励预案（见表 8-8）。

表 8-8　发布过股权激励预案的民营上市公司的行业分布

证监会行业分类	民营上市公司
计算机、通信和其他电子设备制造业	133
软件和信息技术服务业	107
电气机械及器材制造业	104
医药制造业	85
化学原料及化学制品制造业	66
专用设备制造业	62
通用设备制造业	39
汽车制造业	33
房地产业	30
互联网和相关服务	29

续表

证监会行业分类	民营上市公司
其他	417
合计	1105

注：统计样本为 2006 年 1 月 1 日至 2019 年 3 月 31 日发布过股权激励预案的所有民营上市公司。
资料来源：笔者根据相关资料整理。

部分民企上市公司采用了多期激励计划重叠推进的方式。以汉得信息为例，从 2011 年登陆创业板以来，平均每年推出一期限制性股票激励计划，截至 2018 年 12 月已经公告了八期，激励人数从首期的 266 人最高增长至第六期的 921 人，授予权益总量从首期的 550 万份增长至 4317 万份，公司市值也从首期公告日时的 270 亿元增长至八期公告日时的 808 亿元，增长 3.25 倍。此外，用友网络、美的集团等民营上市公司也公告了多期股权激励预案。这种滚动增加、分期行权和解锁的方式，使得激励对象手上总会有一部分尚未行权的期权或尚未解锁的股票，进而帮助公司留住员工，发挥股权激励"金手铐"的作用。公告股权激励预案数量最多的民营上市公司如表 8-9 所示。

表 8-9　　　　　公告股权激励预案数量最多的民营上市公司

公司名称	激励方式	预案数量	实施进度
汉得信息	限制性股票	8	实施
用友网络	限制性股票	4	实施
	股票期权	4	
美的集团	股票期权	5	实施
	限制性股票	2	
正邦科技	限制性股票	4	2008 年 10 月公告的限制性股票激励预案已停止实施，其他预案均已实施
	股票期权	3	

注：统计样本为 2006 年 1 月 1 日至 2019 年 3 月 31 日发布过股权激励预案的所有民营上市公司。
资料来源：笔者根据相关资料整理。

2. 条款设计

从激励方式来看，民营企业选择的股权激励方式主要为限制性股票和股票期权，2006 年至 2019 年第一季度，民营上市公司共发布了 1188 个限制性股票的激励方案，其次是股票期权方案 628 个，股票增值权方案只有 21 个；从近年来的情况看，仍然维持了这一趋势，以限制性股票为主，股票期权为辅（见图 8-9）。

■ 限制性股票　□ 股票增值权　▨ 股票期权

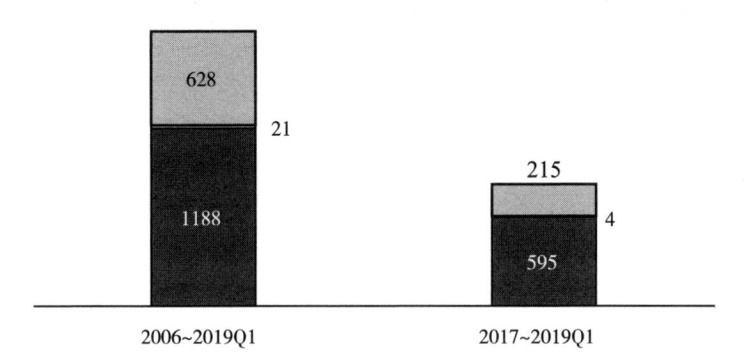

```
         628
          21
         1188          215
                        4
                       595

      2006~2019Q1   2017~2019Q1
```

图 8-9　民营上市公司的股权激励工具分布（个）

资料来源：笔者根据相关资料整理。

从股份来源看，限制性股票和股票期权的股份来源主要是上市公司定向增发的股票。此外，在 2018 年股市低迷及回购新规出台的背景下，许多上市公司开始关注到回购型股权激励，2018 年至 2019 年第一季度期间，民营上市公司发布的回购型限制性股票预案达到了 29 个（2006～2017 年的 12 年间也只有 22 个）。相对于定增型激励，回购型激励对于公司现金流的压力较大，但优点是不会稀释老股东股权，且公司可以自主定价，比如九阳股份于 2018 年 4 月公告限制性股票激励计划，股份来源是从二级市场回购，授予价格是 1 元/股（《管理办法》规定不得低于股票面值，1 元已是法定最低价）；用友网络于 2018 年 8 月公告的激励计划也是采用了回购型限制性股票的方式，授予价格是回购均价的 25%；除此以外，更多的则是回购均价的五折（见表 8-10）。

表 8-10　民营上市公司股权激励的股票来源

激励方式	股票来源	股权激励预案数量（个）
限制性股票	股东转让股票	6
	上市公司定向发行股票	1131
	上市公司提取激励基金买入流通 A 股（股份回购）	51
股票增值权	股票增值权	21
股票期权	授予期权，行权股票来源为股东转让股票	2
	授予期权，行权股票来源为上市公司定向发行股票	626
总计		1837

注：统计样本为 2006 年 1 月 1 日至 2019 年 3 月 31 日发布过股权激励预案的所有民营上市公司。

资料来源：笔者根据相关资料整理。

从激励方案的时间模式来看,民企上市公司也采用的是分期行权和解锁的模式,大部分民企采用"1+3"的模式,其次采用较多的模式是"2+3"(见图8-10)。

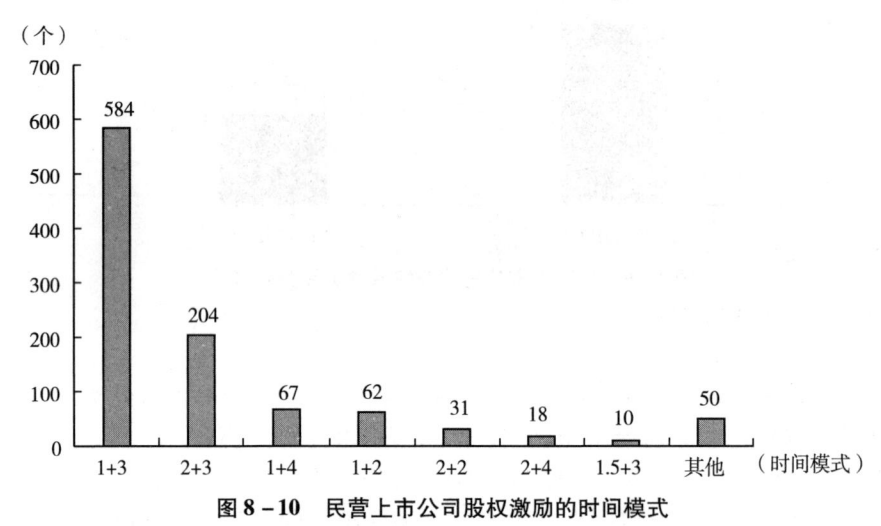

图8-10 民营上市公司股权激励的时间模式

注:统计样本为2006年1月1日至2019年3月31日发布过股权激励预案的所有民营上市公司。
资料来源:笔者根据相关资料整理。

从授予条件和行权/解锁条件来看,民企相对国企更为宽松,但近年来民企的考核指标也更趋多元化。比如:除公司层面外,还对子公司、业务板块、业务部门等提出了业绩考核要求。利君股份于2018年6月公告的《2018年限制性股票激励计划》中,解锁条件是基于其全资子公司德坤航空的营业收入和净利润两个指标;用友网络于2018年8月公告的《2018年股票期权与限制性股票激励计划》要求对公司独立业务单元进行考核;熙菱信息于2018年8月公告的《2018年限制性股票激励计划》对公司除新疆以外其他地区的营业收入增长率提出要求。除基本的财务指标外,一些民营上市公司还对主营业务和市值管理等方面提出考核要求:温氏股份于2018年1月公告的《2018年限制性股票激励计划》将商品肉猪销售头数的增长率纳入激励计划考核指标;深冷股份于2018年3月公告的《2018年限制性股票激励计划》对公司的市值增长率提出了考核要求。

从实施进度来看,大部分民营上市公司的股权激励计划都能够顺利实施,从2006年以来公告的1837个股权激励预案中,只有223个停止实施、7个未获得股东大会通过(见图8-11)。

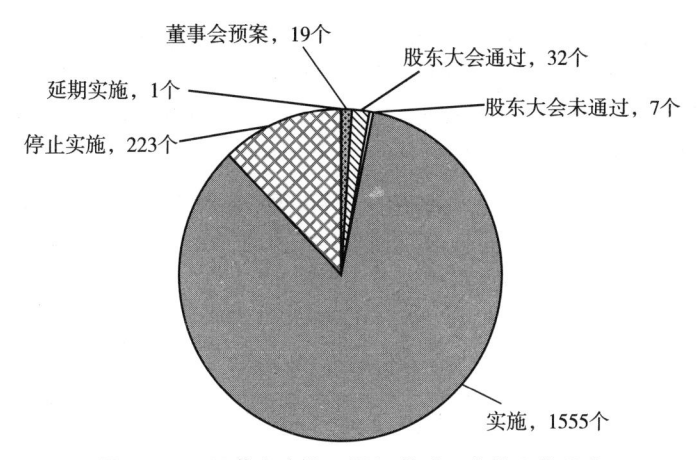

图 8-11　民营上市公司股权激励预案的实施进度

注：统计样本为 2006 年 1 月 1 日至 2019 年 3 月 31 日发布过股权激励预案的所有民营上市公司。
资料来源：笔者根据相关资料整理。

第二节　万科股权激励案例分析

一、万科集团概况

在分析了我国国企和民企的股权激励实践的基础上，下面针对万科股权激励案例进行具体分析。根据万科的官网信息，万科企业股份有限公司在 1984 年正式成立。万科集团早期经营电器方面的销售。在这之后，万科集团逐渐开始使用多元化的企业经营策略。经过三十多年的业务经营，目前万科已经发展为了国内知名的住宅建设商、服务提供商。就万科集团的业务范围而言，万科集团围绕着长三角、珠三角和环渤海及其他重点城市进行发展和经营。万科集团盈利能力、技术能力和市场能力突出，凭借着多元化的产品和服务多次获奖。例如，万科集团被评为了 2008 年度的"中国最具竞争力品牌"。在 2016 年，万科集团第一次进入了媒体报道的"世界 500 强"榜单，万科集团的位次成绩不错，在"世界 500 强"榜单的第 356 位。之后，万科集团保持了良好的经营策略，在 2017 年和 2018 年万科集团也被评为了"世界 500 强"企业，分别处在榜单的第 307 位和榜单的第 332 位。在 2017 年，万科集团出现了较大的股权变动，万科集团采用混合所有制结构，深圳地铁集团成为万科集团第一大股东。值得一提的是，万科企业股份有限公司是交叉上市的公司（万科于 2014 年 B 股转为 H 股），港股的证券代码为 02202.HK（万科企业）。万科集团采用这样的"双平台"模式具有协同作用的优势，帮助万科集团提升公司治理水平和运营效率。

根据来自东方财富 Choice 数据库的数据，万科集团的相关基本信息见表 8–11。根据资料显示，万科集团的成立日期是 1984 年 5 月 30 日，于 1991 年 1 月 29 日在深交所上市，万科集团职工总数较多，约为 104300 人，由此可见万科集团已经是我国国内较为成熟的房地产企业。万科集团的主营范畴是房地产业务及投资零售业务。由此可见，万科集团的案例能够普遍概括企业激励计划中的问题，因此，从万科集团实施股权激励计划中分析出来的结论与经验可以给如何完善其他企业的股权激励计划以启发。

表 8–11　　　　　　　　　万科集团相关基本信息

公司全称	万科企业股份有限公司	公司注册资本（元）	11302143001
公司成立日期	1984 年 5 月 30 日	证监会行业	房地产业
公司上市日期	1991 年 1 月 29 日	公司最终控制人	无
公司实际控制人	无	董事长	郁亮
法定代表人	郁亮	董事会秘书	朱旭
公司总经理	祝九胜	职工总数（人）	104300
所在国家	中国	主营产品	房地产业务及投资零售业务
所在省份	广东	所在城市	深圳市

资料来源：东方财富 Choice 数据库。

万科集团于 2010 年公布了股票期权计划预案。万科集团在 2010 年前后（2006~2015 年）的企业经营绩效指标见表 8–12。表 8–12 显示，相对于房地产行业的平均毛利率 26.53%，万科的毛利率显著更高一些（大于 30%），相对于房地产行业的平均净利率 7.98%，万科的净利率也要显著更高一些（大于 10%）。同时，营业总收入同比增长率等指标多年以来均保持着较高的水平。由此可见，万科集团的经营业绩相对行业平均水平而言更好，也更加的稳定。

表 8–12　　　　　　　　　万科集团经营绩效信息　　　　　　　　　单位：%

指标	2015 年	2014 年	2013 年	2012 年	2011 年	2010 年	2009 年	2008 年	2007 年	2006 年
净资产收益率	18.09	17.86	19.66	19.66	18.17	16.47	14.26	12.65	16.55	15.39
总资产净利率	4.64	3.91	4.27	4.64	4.53	5.00	5.01	4.23	7.09	6.74
投入资本回报率 ROIC	9.65	9.06	9.76	10.26	9.85	9.03	7.93	6.77	11.75	11.44
销售毛利率	29.35	29.94	31.47	36.56	39.78	40.70	29.39	39.00	41.99	36.15

续表

指标	2015年	2014年	2013年	2012年	2011年	2010年	2009年	2008年	2007年	2006年
销售净利率	13.27	13.18	13.51	18.19	16.16	17.43	13.15	11.32	14.97	13.52
资产负债率	77.70	77.20	78.00	78.32	77.10	74.69	67.00	67.44	66.11	65.04
资产周转率	0.35	0.30	0.32	0.31	0.28	0.29	0.38	0.37	0.47	0.50
销售商品提供劳务收到现金/营业收入	98.14	114.97	113.31	112.60	144.39	173.76	117.83	104.37	125.86	106.39
营业总收入同比增长	33.58	8.10	31.33	43.65	41.54	3.75	19.25	15.38	98.27	69.70
营业利润同比增长	32.60	2.96	15.46	33.30	32.52	36.96	36.46	16.83	123.32	74.99
归属母公司股东的净利润同比增长	15.08	4.15	20.46	30.40	32.15	36.65	32.15	16.74	110.81	70.17

资料来源：东方财富 Choice 数据库。

下面将从万科集团的股权结构着手分析。万科集团的股权结构（十大股东信息）见表 8-13，数据来源于万科集团的 2010 年年报。由表 8-13 可见，万科集团的持股比例相对分散。在 2010 年，万科集团的持股比例最大的是华润股份有限公司。根据华润公司官网的信息，华润（集团）有限公司是较为成熟的企业。华润注册在香港。1938 年，华润的前身"联和行"在香港地区成立，"联和行"在 1948 年改名为了现在的华润公司。根据华润官网的信息，华润股份有限公司经营的范围主要是地产、电力和服务业。华润公司的类型是中央企业。华润公司也多次获奖。2016 年，华润集团被评为了 2016 年世界企业 500 强。在 2017 年，华润集团被评为世界企业 500 强的第 86 名，而且表现出不断向好发展的趋势。华润股份有限公司持有万科集团 14.73% 的股份。

表 8-13　　　　　　　　　　万科集团十大股东信息

股东名称	股东类型	股份类型	持股数（股）	占股比例（%）
华润股份有限公司	其他	A 股	1619094766	14.73
刘元生	个人	A 股	133791208	1.22
中国银行—易方达深证 100 交易型开放式指数证券投资基金	基金	A 股	112282473	1.02
中国建设银行—博时主题行业股票证券投资基金	基金	A 股	107000000	0.97

续表

股东名称	股东类型	股份类型	持股数（股）	占股比例（%）
博时价值增长证券投资基金	基金	A 股	100000000	0.91
中国工商银行—融通深证 100 指数证券投资基金	基金	A 股	93309734	0.85
中国人寿保险股份有限公司—分红—个人分红—005L—FH002 深	保险	A 股	91741448	0.83
中国人寿保险股份有限公司—传统—普通保险产品—005L—CT001 深	保险	A 股	79567826	0.72

资料来源：万科集团 2010 年年报。

此外，万科集团的排名第二、第三、第四的大股东持股比例均较低（1%左右），香港仁达国际有限公司董事长刘元生先生是万科第一大自然人股东。而且第二、第三、第四的大股东持股比例之和也较低。闫俊伊（2019）认为像这样比较分散的股权结构在我国的 A 股大型上市公司之中是较为少见的，而且这样的股权结构导致万科集团的管理人员虽然有控制权但没与其职位相对的权力，不能够影响公司的经营策略与活动。万科集团分散的股权结构有对职业经理人增加管理权、对公司加强控制的内在需求。

万科集团 2012 年（即股权激励两年之后）的十大股东信息见表 8-14，数据来源于万科集团的 2012 年年报。由表 8-14 可见，万科集团的持股比例仍旧相对分散。万科集团的持股比例排名最大的依旧是华润股份有限公司。但是相对于 2010 年的十大股东信息出现了一些变化，主要体现在：一方面，自然人刘元生由原来的第二大股东变为了目前的第四大股东；另一方面，基金和保险公司的持股比例有所上升，甚至有 QFII（Qualified Foreign Institutional Investors），即合格的境外机构投资者（瑞士联合银行集团，UBS AG）进入了万科的十大股东之席。这些投资者的变化反映出了自万科集团 2010 年实施股权激励计划之后，吸引了更多的机构投资者进行增持，这会对万科集团相对分散的股权结构有一定的缓解作用，同时也增加了股东对管理层的监督，满足了经理人的较高层次需求。结果显示，企业股权激励计划产生正相关性的机制分析也得到了实践视角的支持。

表 8-14　　　　　　万科集团十大股东信息（续）

股东名称	股东类型	股份类型	持股数（股）	占股比例（%）
华润股份有限公司	其他	A 股	1619094766	14.72
中国人寿保险股份有限公司—分红—个人分红—005L—FH002 深	保险	A 股	139383483	1.27

续表

股东名称	股东类型	股份类型	持股数（股）	占股比例（%）
中国银行—易方达深证 100 交易型开放式指数证券投资基金	基金	A 股	134010293	1.22
刘元生	个人	A 股	133791208	1.22
中国工商银行—融通深证 100 指数证券投资基金	基金	A 股	103099063	0.94
博时价值增长证券投资基金	基金	A 股	91738052	0.83
中国民生银行—银华深证 100 指数分级证券投资基金	基金	A 股	90989392	0.83
瑞士联合银行集团 UBS AG	QFII	A 股	85526491	0.78

资料来源：万科集团 2012 年年报。

二、万科集团股权激励计划背景分析

万科集团发展较为成熟，也是国内上市公司中第一家尝试股权激励计划的公司。万科在 1999 年就首次采用了股权激励方案，但是因为当时的基本市场并不完善，数据也相对欠缺，所以本章选取了万科集团 2010 年实施股权激励的案例进行分析。

万科集团在 2010 年公布了 2011~2016 年的新的股票期权激励计划，根据胡殷祺（2017）、闫俊伊（2019）等的分析，这一计划产生的背景原因是宏观和行业等因素的变化，下面是背景原因的总结：

（1）在宏观因素层面，美国的"次贷危机"从 2006 年春季开始逐步表现出来，并在后续严重冲击了世界其他经济体，给世界经济造成了较为严重的经济损失。在 2008 年全球金融危机全面爆发的背景之下，海外市场不断疲软，而且国内的经济、金融市场也被严重影响，我国的房地产行业也因此次金融危机而出现业绩下滑的情况。为此，我国的房地产行业企业普遍希望能借助股权激励来改善企业的经营绩效。

（2）在行业因素层面，我国国内房地产行业在进入 2008 年的低迷之后，在 2009 年又逐渐恢复起来。部分热钱涌入使得房价出现了一定的攀升态势，国家的相关部门为了避免这种趋势也在制定新的办法，在 2010 年 4 月，国务院等机构发布了《关于坚决遏制部分城市房价过快上涨的通知》，该通知也被业界简称为"新国十条"。随着新规定"新国十条"的颁布，国家部门逐渐开始对我国房地产行业进行新的调控，努力解决房地产市场出现的新的问题。因为新一轮的调控政策，房地产行业的业绩再次出现大规模增长情况比较困难，我国房地产业的经营也增加了不确定性。万科等公司的业绩也随之增加了不稳定性。于是，在新的监管措施下，许多的房地产企业（包括万科集团等），都寄希望于股权激励这种现代公司管理机制能够激发出企业的核心员工的工作积极性，以此提高企业的管理效率，进而使公司的业绩得到进一步的提升。

（3）在集团因素层面，万科集团2010年发布股权激励预案除了有提升企业经营绩效的目的之外，对企业的员工进行留存也是万科集团实施此次股权激励的原因。在全球宏观经济疲软、销售业绩不景气的背景下，"新国十条"等调控给了房地产公司的经理人较大的压力，公司的员工离职数量也在不断增加，在2007年，万科集团员工人数就曾出现了较大的减少。本书表7-1评价体系显示，员工留存率也是企业绩效评价体系的重要组成部分。因为企业员工人数的减少会降低企业生产销售能力，也会使得新的招聘有较大的成本，所以在宏观条件充满不确定性下，上市公司都希望能借助股权激励来保留核心员工和人才。万科集团实施2010年股权激励可以发挥出股权激励保留核心员工和人才的重要作用，也能帮助股东和高管建立清晰的业绩目标，在新的行业竞争环境下先行一步，提升公司的经营业绩。

（4）在股权因素层面，正如前面对万科集团股权结构的分析，利用股权激励计划减少委托代理成本也是万科集团的目的之一。由于万科集团存在着比较分散的股权结构，所以万科集团的股东的控制力与监管程度不够强，万科集团的股东与企业的管理层之间存在着一些监督方面的问题，这也会造成管理者违背股东的意愿来经营公司。可见，造成这一代理问题的主要原因是激励和股东监督的缺失，因此万科集团需要股权激励计划来激励并且督促各个区域的分公司及业务部门的企业高管，这也是万科集团在2010年发布股权激励计划的原因之一。

上述各个层面的原因都促使万科集团在此时发布经理人股票期权激励计划，在下面，本章进一步分析万科集团此次经理人股票期权激励方案的具体细节和实施办法。

股票期权常被用于股权激励方案，万科集团2010年经理人股票期权激励方案也把股票期权作为工具。在考核万科集团的经理人员具备了期权的授予条件之后，万科集团依据激励方案的规定给予经理人员对应的股票期权。万科集团对行权条件有着严格的规定。需注意的是，股票期权并不是授予就可以直接行权，计划规定激励计划给予的股票期权有一年的等待期，从股票期权的授权日起至满一年期权是不能行权的，设定安排在等待期过之后才能行权。在等待期后的每个可行权期内，万科集团激励计划规定获得激励的高管需要根据自身是否满足行权条件来判断有无实施股票期权行权的权利。而且在整个计划的三个行权期内，如果属于激励对象的管理人员不及时行权，没有行权的股票期权也会在行权期过后变为废纸。参考万科集团的年报、公告和胡殷祺（2017）、闫俊伊（2019）的分析，本节依次从以下七个方面介绍万科集团此次经理人股票期权激励计划。

（1）股票期权计划标的情况。为了激励计划募集了股票，万科集团通过定向增发的方式募集了2010年经理人股票期权计划的股票标的。这些股票可以被用来支付给计划实施激励的管理人员。在数量方面，万科集团共计给予了员工1.1亿份的股票期权，这些期权在满足一定条件的情况下，能够在未来换成万科的股权，实现给员工完成业绩目标的报酬。

（2）股票期权计划激励的管理人员。根据2011年3月公布的《万科企业股份有限公司A股股票期权激励计划（草案修订稿）》、胡殷祺（2017）、闫俊伊（2019）的分析，万科集团此次经理人股票期权激励计划一共给800多位公司管理人员发放了总计1.1亿份的期权激励。这些员工是万科集团的重要人才，既有企业总部和下属公司工作的董事、高管，也有业绩出众的企业核心员工等。激励计划的总人数占到了万科集团总员工数量的近4%。万科的激励计划规定，这次股权激励的对象不包含一些特殊的员工，比如企业的某些监事，为了激励计划有针对性，万科的计划规定激励对象范畴也不涵盖比较有影响力的股东和某些特殊的情况。根据2011年3月公布的企业股权激励计划方案的修订稿规定的授予的股票期权的分配情况，本章总结的授予的股票期权在各激励对象间的分配情况见表8-15。由表8-15名单可见，包括万科董事会主席王石、万科总裁郁亮、执行副总裁刘爱明等在内的多名万科集团高级职业经理人和核心业务骨干人员均被囊括在了这次的股权激励计划的授予对象名单之中，这也充分反映了万科集团利用股权激励计划来增强股东与管理层目标的一致性，充分绑定核心人才、提高核心人才留存率，做大做强企业的主要目的。

表8-15　　　　　　　　万科集团2010年股权激励授予对象

序号	员工姓名	职位	股票期权数量（万份）	占本次拟授予期权比重（%）
1	王石	董事会主席	660	6.00
2	郁亮	总裁	550	5.00
3	刘爱明	执行副总裁	220	2.00
4	丁长峰	执行副总裁	220	2.00
5	解冻	执行副总裁	220	2.00
6	张纪文	执行副总裁	220	2.00
7	莫军	执行副总裁	220	2.00
8	肖莉	执行副总裁	220	2.00
9	王文金	执行副总裁	220	2.00

续表

序号	员工姓名	职位	股票期权数量（万份）	占本次拟授予期权比重（%）
10	杜晶	执行副总裁	210	1.91
11	周卫军	执行副总裁	200	1.82
12	袁伯银	执行副总裁	200	1.82
13	毛大庆	执行副总裁	200	1.82
14	谭华杰	董事会秘书	160	1.45
15	其他核心业务人员		7280	66.18

资料来源：万科集团 A 股股票期权激励计划（草案修订稿）。

（3）股权激励方案有效期与时间安排。万科集团2010年经理人股票期权激励计划政策的有效期是5年，并分为三个行权期，计划规定，从股票期权授予日起，通过一年等待期后并在合适的条件下，管理人员可以有40%、30%、30%的股票期权被实施行权换取股票。计划也规定了没有满足行权要求的情况：如果管理人员持有的股票期权没能满足行权的规定，期权会被企业在行权期满后无偿回收而且注销。不论企业绩效到底是"结果"还是"行为"，计划设定等待期和无偿回收的条款使得万科此次激励计划的激励对象更加关注企业的经营管理行为，不愿意轻易从万科离职。万科集团在实施股权激励计划的5年内高级职业经理人的变动较少，也充分证明了这一点。万科集团通过股权激励计划的实施，总体达到了增加核心人才和骨干人才留存率、提升经营绩效的目的。根据2011年3月公布的激励计划（草案修订稿）和胡殷祺（2017），万科集团2010年股权激励时间安排的总结见表8-16。

表8-16　　　　万科集团2010年股权激励时间安排

阶段名称	时间与安排	可行权比例（%）
授权日	股权激励计划获得股东大会通过之后的30日之内	无
等待期	从激励计划授予日起到授予日起的12个月内的最后一个交易日为止	无
第一个行权期	从激励计划授予日起12个月后的首个交易日起到授予日起36个月的最后一个交易日为止	40
第二个行权期	从激励计划授予日起24个月后的首个交易日起到授予日起48个月的最后一个交易日为止	30

续表

阶段名称	时间与安排	可行权比例（%）
第三个行权期	从激励计划授予日起36个月后的首个交易日起到授予日起60个月的最后一个交易日为止	30

资料来源：万科集团A股股票期权激励计划（草案修订稿）和胡殷祺（2017）。

（4）激励计划的行权价格。万科集团激励计划也规定了行权价格。根据企业发布的激励计划草案修订稿，计划可供选择的有两个股票价格，第一个价格是万科集团此次经理人股票期权激励方案宣布前一天万科的收盘价8.89元人民币，第二个价格是激励政策发布前一段时间内万科的收盘价均值8.59元人民币。根据激励计划的设定，万科集团此次股权激励方案的初始行权价是更高的价格，也就是8.89元的价格。激励计划也规定在股票期权有效期内的派息等会对行权价进行调整。

（5）股权激励对发生股权融资后行权条件的修正。激励计划规定，如果万科集团发生了股权融资，需对行权条件进行修正，计算行权条件时需要排除企业融资所产生的影响，以便于确定企业股权激励计划合适的行权条件。

（6）股权激励关注的业绩指标。胡殷祺（2017）和闫俊伊（2019）指出万科集团2010年经理人股票期权激励计划利用了全面摊薄净资产收益率（ROE）和净利润增长率作为股票期权行权的业绩指标。激励计划规定，净资产收益率的衡量基于净资产和净利润增长率两个指标条件，根据本书企业经营绩效指标体系的构建研究，这些核心业绩指标在企业经营绩效中占有重要地位。

（7）股票期权可行权要求。根据计划，万科集团2010年经理人股票期权激励计划的具体条件是：激励计划有效期内，每年归属于万科股东的净利润大于等于前三个年度的归属于万科股东的净利润的均值。在计划业绩衡量可行权条件时，万科集团每个行权期会用上一年度的归属于上市公司股东的净利润为基础计算出集团当年的净利润增长率，参考闫俊伊（2019），这次股权激励计划的详细的可行权条件见表8-17。

表8-17　　万科集团2010年股权激励各行权期的可行权条件

行权期	行权百分比（%）	计划行权条件
第一个行权期	40	T年万科全面摊薄净资产收益率大于等于14%，T年相比T-1年的净利润增长率大于等于20%
第二个行权期	30	T+1年万科全面摊薄净资产收益率大于等于14.5%，T+1年相比T-1年的净利润增长率大于等于45%

续表

行权期	行权百分比（%）	计划行权条件
第三个行权期	30	T+2年万科全面摊薄净资产收益率大于等于15%，T+2年相比T-1年的净利润增长率大于等于75%

资料来源：万科集团A股股票期权激励计划（草案修订稿）和胡殷祺（2017）。

三、万科集团股权激励计划效果分析

根据万科集团公告资料显示，万科集团2010年经理人股票期权激励计划利用全面摊薄净资产收益率（ROE）和净利润增长率作为股票期权行权的业绩指标。万科集团2010年的激励计划规定，净资产收益率的衡量基于净资产（净资产为归属于上市公司股东的净资产）。净利润增长率的衡量基于归属于企业股东并扣除非经常性损益后的净利润。这些业绩指标的选取激发了万科集团经理人努力经营、降低成本的动力，下面用数据对经理人股权激励计划和经营绩效的正相关性进行验证分析。

为了方便比较万科集团2010年股权激励计划各行权期的完成情况，参考企业年报披露和闫俊伊（2019），表8-18总结了万科集团2010年股权激励各行权期行权条件完成情况。通过对比各行权期的业绩要求与业绩表现，能够明显地发现，万科集团2010年的股权激励计划中的行权条件均已经达成，取得了计划所预期的效果，而且从万科激励计划设定的绩效指标（ROE、净利润增长率）上也可以看出来，此次万科集团实施的股权激励方案相对很成功，实际的ROE、净利润增长率均远超行权条件的要求。例如，在第一个行权期内，激励计划设定的业绩目标为万科的ROE大于等于14%，而且相对于2010年净利润增长率大于等于20%，激励结果为万科的ROE为18.17%，大于计划要求的14%，万科2011年相对于2010年净利润增长率为32.15%，大于20%。万科集团的2010年经理人股票期权激励计划案例进一步证实了股权激励计划能够激发我国上市公司的业绩增长的发现。

表8-18　万科集团2010年股权激励计划各行权期行权条件完成情况

行权期	激励目标	激励计划结果	完成与否
第一个行权期	万科的ROE大于等于14%，而且相对于2010年净利润增长率大于等于20%	万科的ROE为18.17%，企业相对于2010年净利润增长率为32.15%	已完成

续表

行权期	激励目标	激励计划结果	完成与否
第二个行权期	万科的 ROE 大于等于 14.5%，而且相对于 2010 年净利润增长率大于等于 45%	万科的 ROE 为 19.66%，企业相对于 2010 年净利润增长率为 72.83%	已完成
第三个行权期	万科的 ROE 大于等于 15%，而且相对于 2010 年净利润增长率大于等于 75%	万科的 ROE 为 19.66%，企业相对于 2010 年净利润增长率为 107.59%	已完成

资料来源：东方财富 Choice 数据库和闫俊伊（2019）。

根据统计自东方财富 Choice 数据库的数据，万科集团在 2010 年前后经营绩效情况见表 8-19。由表 8-19 可见，在 2010 年后，万科集团的业绩指标显示出了稳步增加的态势，在 2013 年，万科集团的净资产收益率（ROE）从 2010 年的 16.47% 增长到了 19.66%。万科的营业总收入同比增长率也从 2010 年的 3.75% 增长到了 2013 年的 31.33%，有了显著的增长。在 2015 年万科也保持在了 18.09% 的较高水平。同时，由前文可知企业经营绩效包含了员工留存率。由表 8-19 可见，万科集团实际的 ROE、净利润增长率均远超行权条件的要求，万科集团的员工人数也保持着稳定的增长，没有出现类似之前 2007 年员工人数减少的情况，这说明万科集团此次股权激励计划起到了改善企业经营绩效、留存核心员工的重要作用，达到了股权激励计划的主要目的。

表 8-19　　　　　　　　　　万科集团 2010 年前后经营绩效

指标	2015年	2014年	2013年	2012年	2011年	2010年	2009年	2008年	2007年	2006年
净资产收益率（%）	18.09	17.86	19.66	19.66	18.17	16.47	14.26	12.65	16.55	15.39
总资产净利率（%）	4.64	3.91	4.27	4.64	4.53	5.00	5.01	4.23	7.09	6.74
投入资本回报率 ROIC（%）	9.65	9.06	9.76	10.26	9.85	9.03	7.93	6.77	11.75	11.44
销售毛利率（%）	29.35	29.94	31.47	36.56	39.78	40.70	29.39	39.00	41.99	36.15
销售净利率（%）	13.27	13.18	13.51	18.19	16.16	17.43	13.15	11.32	14.97	13.52
资产负债率（%）	77.70	77.20	78.00	78.32	77.10	74.69	67.00	67.44	66.11	65.04
资产周转率（倍）	0.35	0.30	0.32	0.31	0.28	0.29	0.38	0.37	0.47	0.50
营业总收入同比增长（%）	33.58	8.10	31.33	43.65	41.54	3.75	19.25	15.38	98.27	69.70

续表

指标	2015年	2014年	2013年	2012年	2011年	2010年	2009年	2008年	2007年	2006年
营业利润同比增长（%）	32.60	2.96	15.46	33.30	32.52	36.96	36.46	-16.83	123.32	74.99
归属母公司股东的净利润同比增长（%）	15.08	4.15	20.46	30.40	32.15	36.65	32.15	-16.74	110.81	70.17
员工人数（人）	42295	40647	35330	31019	27951	22850	17616	16515	6464	13402

资料来源：东方财富 Choice 数据库。

以上分析说明万科集团股权激励计划效果在经营绩效、留存员工方面均较为显著，也验证了经理人股权激励计划和经营绩效的正相关性。为了应对宏观和行业经济的快速变化，万科集团及时出台了激励政策，并设定了细致的业绩计算规定和严格的行权条件，激发出了员工的工作积极性，改善了企业的经营绩效，保障了万科集团 2010 年经理人股票期权激励计划的顺利完成，取得预期的效果。

万科集团 2010 年经理人股票期权激励计划利用了全面摊薄净资产收益率（ROE）和净利润增长率作为激励计划的股票期权行权的业绩指标，行权条件较为严格。激励计划通过给予经理人物质激励和精神激励，统一股东与经理人的利益目标。经理人努力经营，达到了行权条件的要求，也达到了改善企业经营绩效、留存员工的重要目的。万科集团此次的经理人股票期权激励计划是成功的，并表明经理人股票期权激励计划在中国上市公司治理中有重要作用。此外，本章对于万科集团经理人股票期权激励计划的分析与讨论也可以为其他中国上市公司股权激励方案的实施提供有益的参考。

第九章 "限薪令"对企业效益影响的研究

本章以 2015 年的薪酬管制政策构建准自然实验，采用基于倾向得分匹配的双重差分模型（PSM - DID），刻画了政策冲击下通过激励损耗效应、成本效应和对策效应三个渠道作用于企业生产经营活动的内在机理，估测了企业效益的变动结果。本章的结构如下：首先，给出"限薪令"的政策背景；其次，在理论推演部分研究了基于政策冲击下企业内部薪酬分配变动对企业效益产生影响的过程，并且提出对应的三个研究假说；再次，探究"限薪令"对企业效益的深远影响及其内在作用机理；最后，本章还分别从企业的所有制结构、企业所处地域特征和行业特征分类的不同维度研究政策冲击的异质性问题。

第一节 政策背景

改革开放为我国经济腾飞提供了契机，在企业效率快速提高的同时，国有企业管理人员因为"企业家"和"政治官员"的身份享受到渐进式市场化改革的双重福利。与此同时，国有企业管理人员的"天价薪酬"引起社会各界的广泛关注，也成为学者们研究的学术热点之一。为了保证国有企业合理有序地健康发展，同时兼顾到社会的公平正义，形成"橄榄形"收入分配格局，政府开始出台并逐步推进薪酬管制方案，以期在不同经济发展阶段平衡"管理层积极性"与"社会公平"的关系。薪酬管制，就是对企业管理者的薪酬实行管制，也称为"限薪令"。整体来讲，中国与国外薪酬管制的具体实施内容有所区别。国外研究薪酬管制的文献中，更多地强调在企业治理结构和税收方面对管理者实行限薪（Pennathur and Shelor，2002；Jarque，2008）。国内的研究中主要实施对象为中央国有企业的直接负责人，地方国有企业参照中央国有企业执行相关制度，也被纳入薪酬管制的广义范畴。我国"限薪令"政策更加关注管理者与企业普通员工的薪酬差距（陆正飞等，2012）。

一、"限薪令"的改革历程

国外研究表明管理者薪酬管制在不同经济发展阶段显示出不同的政策侧重点。按照政策颁布的具体时间来看，有以下重要政策节点：首先，美国于1993年颁布实施的"百万美元规则"（million dollar rule）[1] 从所得税的角度要求企业管理者在扣除所得税之前的非绩效薪酬缴纳比例不得超过百万美元的最高标准。其次，美国于2002年再次颁布了《萨班斯-奥克斯利法案》（SOX法案）[2]，该法案根据世界通讯公司、安然有限公司等财务欺诈事件中得出的经验教训，强调了企业管理者和证券监管委员会需要承担的法律责任问题。2016年，美国监管机构迫于大量游行示威活动[3]提出新规定：华尔街企业高管的薪酬支付方式面临更加苛刻的限制。然而，历时五年、经过六方监管部门共同商讨的薪酬提案需要参议院和众议院正式法案才能得以实施。

国内的薪酬管制政策以政府监管职能的归位[4]开始，中国政府在多年实践中探索的方法主要有两种：对管理者薪酬水平进行管制和规范管理者的业绩考核标准。从时间分布来看，重要政策分界点以重要文件的颁布实施为主要标志。

首先，对管理者薪酬管制。2008年金融危机在全球蔓延，宏观经济下行压力巨大，企业经济效益受到严重冲击。在此背景下政府出台系列政策，规范管理者薪酬水平，薪酬管制开始在中央国有企业范围内实施。2009年人力资源和社会保障部联合中央组织部、国资委、财政部、审计署等六部门下发文件《关于进一步规范中央企业负责人薪酬管理的指导意见》[5]。同时期，财政部办公厅向相

---

[1] 百万美元规则是指1993年对美国《国内税收法典》第162条款进行重大修改，重新颁布的《税收多用途调整法》（RRA93）重点把企业管理者（主要指总经理和其他四名收入最高的管理者）薪酬分为绩效性薪酬和非绩效薪酬两大类。

[2] 《萨班斯-奥克斯利法案》（SOX法案）：全称为《2002年公众公司会计改革和投资者保护法案》，是由参议院银行委员会主席萨班斯（Paul Sarbanes）和众议院金融服务委员会（Committee on Financial Services）主席奥克斯利（Mike Oxley）联合提出的法案，该法案在美国《1933年证券法》《1934年证券交易法》基础上做出的大幅修订，在公司治理、会计职业监管、证券市场监管等方面从过去的信息披露转向实质性的监管。

[3] 2016年4月开始，美国多地开展抗议"金钱政治"的游行示威活动。内容参见：http://news.ifeng.com/a/20160418/48495934_0.shtml。

[4] 2003年3月10日，第十一届全国人大一次会议第三次会议决议表决同意设立国务院国有资产监督管理委员会（State-owned Assets Supervision and Administration Commission of the State Council, SASAC），代表国家履行出资人职责，这是政府对企业监督管理职能归位的重要标志。

[5] 该文件于2009年6月10日在国务院常务会议中获得原则性通过，原计划将于2009年7~8月颁布执行。而后推迟至2009年9月由人力资源和社会保障等六部门联合下发指导意见，对央企负责人薪酬管理的基本原则、适用范围、薪酬支付、补充保险、职务消费、组织实施和监督管理等方面做出规范，要求国有企业高管的薪酬管理按照此办法执行。详细内容参见：http://www.gov.cn/gzdt/2009-10/10/content_1435373.htm。

关单位印发《金融类国有及国有控股企业负责人薪酬管理办法》①，要求严格限制金融行业高管的畸高薪酬，明确规定国有金融企业的负责人税前年薪最高不得超过280万元人民币，并依法缴纳个人所得税。随着中央企业负责人薪酬管制政策的不断推进，2014年8月29日，中共中央政治局召开全体会议，审议通过《中央管理企业负责人薪酬制度改革方案》。该项决议于2015年1月1日起正式实施，要求将企业管理者薪酬与员工薪酬差距控制在合理范围内②，同时配合各项严格的监督管理措施，标志着中央企业负责人的薪酬待遇及履职待遇管理进入新的历史阶段。地方国有企业负责人薪酬开始纳入薪酬管制的范畴，全国各省陆续推出地方国有企业负责人的薪酬改革方案③，史称"最严限薪令"。

其次，规范管理者的业绩考核标准。2014年的中共中央政治局会议中，《关于合理确定并严格规范中央企业负责人履职待遇、业务支持的意见》文件获得审议通过，文件中对国有企业的管理者薪酬水平、职务消费、职务待遇和业务消费等内容做出明确规定，且将中央国有企业负责人的薪酬标准由绩效年薪和基本年薪两个部分，调整为基本年薪、任期激励收入和绩效年薪三个部分按比例加总构成。党的十九大报告中明确提出"调节过高收入，促进收入分配更合理、更有序"，再次明确国家建立完善按要素分配的体制机制的决心。2018年12月14日经国务院国有资产监督管理委员会审议通过的《中央企业负责人经营业绩考核办法》④于2019年4月1日起正式施行，文件要求根据企业功能类别考核负责人薪酬待遇，将管理者薪资待遇与企业效益挂钩，建立切实有效的激励约束机制。

二、"限薪令"的政策效果

"限薪令"的出台引发了学者们广泛的争议。其中争议最多的一个问题为，"限薪令"是否会降低企业高级管理人员工作的积极性，甚至会引发国有企业高管人员的离职潮，从而损害企业效益。对于薪酬管制的政策效果，国内外学者一直存在着较大的争议。具体来说，主要有以下观点：

一方面，部分学者认为"限薪令"政策能够显著地降低管理者薪酬，限薪效果显著。从国外的近些年研究来看，有的学者认为薪酬管制政策能够发挥积极作用，限制企业中高级管理者高薪酬的增长速度，有效解决社会公平问题。以美国

---

① 详细内容参见：http://www.gov.cn/gzdt/2010-06/18/content_1630037.htm。
② 2014年末"限薪令"中剔除当年物价波动，换算可知中央企业负责人薪酬与员工平均薪酬差距为7~8倍。
③ 根据省区市的两会政府工作报告的统计报告显示，全国各省区市陆续推进地方国企负责人的薪酬制度改革，详细内容参见：http://www.gov.cn/xinwen/2015-03/02/content_2823861.htm。
④ 国资委政策文件的详细内容参见：http://www.sasac.gov.cn/n2588035/n2588320/n2588335/c10652592/content.html。

银行业为例，有学者（John et al.，2007）认为薪酬管制能够解决管理者的委托代理问题和风险转移问题。实证研究结果表明，薪酬管制有效地降低了薪酬—绩效的敏感度，限薪效果显著。与此相类似，有学者（Perry and Zenner，2001）研究发现美国"百万美元规则"使管理者薪酬增幅放缓。霍尔和利伯曼（Hall and Liebman，2000）的研究结论与其保持一致。有学者（Geddes and Vinod，2002）利用美国20世纪70~80年代的面板数据研究发现放松薪酬监管增加了企业承受的风险率，这从反方向论证了薪酬管制政策存在的必要性。有学者（Jarque，2008）认为薪酬管制政策通过公司治理实践能够在企业内部催生一个良性运转的监管部门，薪酬能够发挥正向激励作用。国内部分学者结合中国的国情研究薪酬监管政策的实施效果，得出类似的研究结论。常风林等（2017）的研究表明虽然2009年出台的《关于进一步规范中央企业负责人薪酬管理的指导意见》在统计上可以视为无效，但是双重差分的实证分析则论证了"八项规定"和2015年的限薪政策能够有效地限制管理者薪酬的快速增长，薪酬下降比例为3%~6%。杨青等（2018）将政策研究对象细分为竞争性中央国有企业和垄断性中央国有企业，实证检验结果表明竞争性央企的管理者薪酬水平和企业内部的薪酬差距显著降低，尤其是企业治理结构越差、竞争愈加激烈、行业平均增长率愈高的企业越能反映出薪酬管制政策的干预效果。

另一方面，部分国内外学者的研究结果表明"限薪令"政策并未实现有效限制管理者畸高薪酬的政策效果，甚至会引发寻租、腐败等消极影响。从国外的研究结果来看，从劳动力市场的资源配置、企业本身的经济效益等不同的角度分析薪酬管制政策的消极影响。有学者（Palia，2000）对比分析薪酬管制政策在不同行业产生的经济后果，发现薪酬监管较严格时，行业内容易引进较低教育程度的管理者；但薪酬监管宽松时，往往能够吸引较高教育程度的管理者。因此，薪酬管制政策在一定程度上出现了"劣币驱逐良币"的消极后果，导致人才的流失和劳动力市场的资源错配。还有部分学者认为薪酬管制政策给企业的生存发展带来消极影响，导致企业收益下降（Maisondieu – Laforge et al.，2006；Chhaochharia and Grinstein，2007）。有学者（De and Grinstein，2011）发现当企业制定较为详尽的绩效薪酬合约时，管理者才会贯彻执行薪酬管制条例，但是缺乏实证证据支持企业执行该项政策的企业效益结果。也有学者（Cieślak，2008）给出了实证证据，通过研究2001~2013年瑞典家族企业上市公司CEO的敏感度，发现欧洲这一时期的高管薪酬管制政策使控股股东将其个人利益与CEO的利益紧密相连，但是与企业财务绩效的关联度大大下降，薪酬管制政策没有达到预期的政策效果。

国内的学者也得出相似的实证检验结果。早期研究主要集中于政治关联对企业薪酬绩效敏感度、企业未来价值的影响。刘慧龙等（2010）认为相较于非国有控股企业，国有控股企业中政治关联度越高的企业面对薪酬政策时会出现较低的薪酬业绩敏感度，内部员工的冗余度更高。薪酬管制政策的出台依然无法抑制高管薪酬的快速增长，这样的超额薪酬根本无法发挥激励作用，仅仅是其寻租能力的补偿（唐松和孙铮，2014），没有达到预期的政策效果。张楠和卢洪友（2017）通过构建政府与管理者谈判的动态博弈模型，分析"限薪令"政策下管理者的契约选择，并且以薪酬管制政策作为准自然实验研究限薪政策的效果。研究发现"限薪令"没有降低国有企业管理者的薪酬水平，在职消费成为许多管理者寻求隐性收入的替代选择。

第二节 "限薪令"对企业效益影响的理论分析

一、"限薪令"的激励损耗效应

首先，委托代理理论认为，实现剩余索取权和控制权分离是现代企业的重要激励措施（Jensen and Meckling，1976），即允许管理层拥有一定的剩余索取权，使管理层薪酬水平的变动与企业效益变化呈同方向关系（Ntim et al.，2017）。管理层薪酬水平越高，越能激发管理者工作的积极性，创造出更高的企业效益；反之，则会降低企业效益（杜兴强和王丽华，2007；辛清泉和谭伟强，2009）。其次，国有企业高管是带有行政任命的特殊角色，国资委出台的"限薪令"对国有企业高管有较强的约束力，导致国有企业管理者薪酬水平显著下降、薪酬增长率放缓（John et al.，2007；张楠和卢洪友，2017）。最后，"限薪令"政策限制管理者薪酬水平，导致管理者缺乏投入工作的积极性，直接损害了企业效益。因此，提出本章假说1。

假说1：由于管理者薪酬水平下降，"限薪令"政策会损害企业效益。

二、"限薪令"的成本效应

首先，普通员工工资变动会直接影响企业的劳动成本。因此，企业是普通员工薪酬水平变动的直接冲击载体（钱雪亚等，2016），普通员工薪酬水平与企业效益呈反方向变动关系。具体来说，企业普通员工薪酬水平下降，导致劳动成本费用率会下降，企业效益会提高。其次，"限薪令"政策会降低普通员工薪酬水平。根据管理者权力理论，管理者在劳动市场的议价能力远超普通员工（Dittrich and Silvio，2015）。虽然"限薪令"政策的直接对象是管理层薪酬，但是基于政策变动带来的菜单成本，普通员工薪酬也会间接地受到政策负向冲击。最后，现阶段我国低劳动成本的要素优势逐步弱化甚至消失（黄群慧和李晓华，2015；陆旸和蔡昉，2016），但是企业对持续上涨工资的承受能力有限（姚先国等，2013）。"限薪令"政策的出台会降低普通员工薪酬水平，企业的成本费用率会有所下降，因此限薪政策会提升企业效益。据此，提出本章假说2。

假说2：假说1成立的前提下，"限薪令"政策会影响企业普通员工的薪酬水平，由于薪酬变动对企业劳动成本的直接效应，这导致"限薪令"会提高企业效益。

三、"限薪令"的对策效应

首先，管理者的持股比例会影响企业效益。管理层持股是将薪酬激励机制内生化的约束制度（Jensen and Meckling, 1976），缩小管理者个人利益与股东利益的实际差异，使管理者有足够动机最大化企业效益（Shue and Townsend, 2017），实现个人利益与企业利益的激励相容。国内外学者的研究论证了上市公司股权激励措施的有效性，管理层持股与企业效益呈现正相关（Fuerst and Kang, 2004；Oswald and Jahera, 2010；魏刚，2012；Demarzo and Sannikov, 2016）。其次，"限薪令"政策会间接地调整管理者努力方向，使其由过去单一的薪酬水平激励到现在包含基本薪酬、绩效薪酬和任期激励收入的多元化激励机制。就现金薪酬激励而言，"限薪令"政策的出台使得管理者的薪酬激励短期不足，部分管理者将政治迎合、在职消费，甚至是非法寻租获利作为缺乏理性的替代选择（陈信元等，2009；徐细雄和刘星，2013）。党的十八大以来，随着国家惩治腐败的工作力度逐渐加大，管理者开始理性地搜寻增加个人利益的路径，股权激励成为理性选择（Jarque, 2008；Agrawal and Nasser, 2019）。最后，"限薪令"政策并非是一种惩罚手段，而是差异化薪酬的市场化激励方式。通过政策能够区分管理者不合理的畸高薪酬与匹配个人能力的合理激励收入，这将使得管理者个人收益与企业绩效激励相容（Chen et al., 2019）。据此，提出本章假说3。

假说3：在假说1成立的前提下，"限薪令"政策能够规范劳动力市场的薪酬议价机制，引导管理者通过提高持股比例获得合理的高收入，显著地提升企业效益。

政策冲击对企业效益影响的理论机制如图9-1所示。

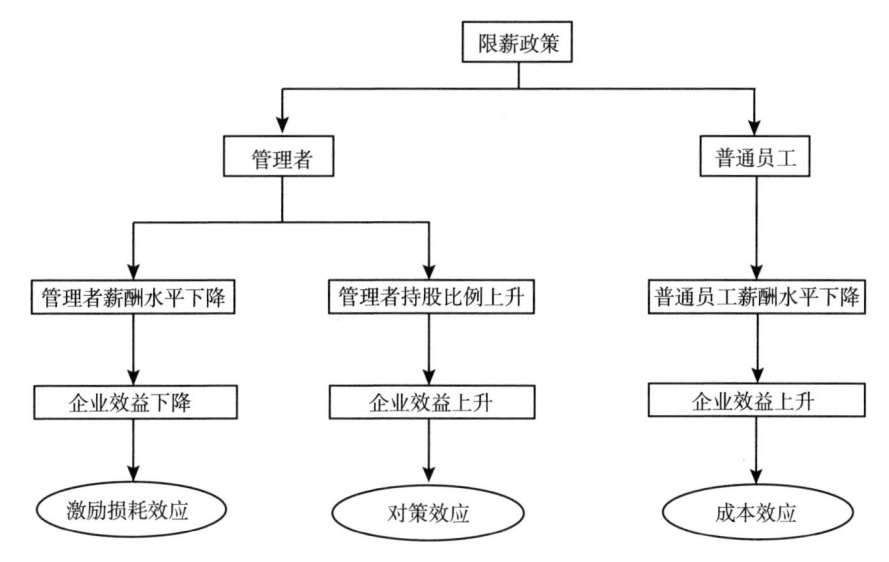

```
                         ┌─────────┐
                         │ 限薪政策 │
                         └────┬────┘
                    ┌─────────┴─────────┐
               ┌────┴────┐         ┌────┴────┐
               │ 管理者  │         │ 普通员工│
               └────┬────┘         └────┬────┘
          ┌─────────┴─────────┐         │
   ┌──────┴──────┐     ┌──────┴──────┐  ┌──────┴──────┐
   │管理者薪酬水平│     │管理者持股比例│  │普通员工薪酬 │
   │    下降     │     │    上升     │  │  水平下降   │
   └──────┬──────┘     └──────┬──────┘  └──────┬──────┘
   ┌──────┴──────┐     ┌──────┴──────┐  ┌──────┴──────┐
   │ 企业效益下降│     │ 企业效益上升│  │ 企业效益上升│
   └──────┬──────┘     └──────┬──────┘  └──────┬──────┘
    ╭─────┴─────╮       ╭─────┴─────╮    ╭─────┴─────╮
    │激励损耗效应│       │  对策效应 │    │  成本效应 │
    ╰───────────╯       ╰───────────╯    ╰───────────╯
```

图 9-1　政策冲击对企业效益影响的理论机制

资料来源：笔者根据研究内容绘制。

第三节　实证模型的构建及变量的描述性统计

随着现代计量经济学的不断发展，准自然实验的研究方法逐渐被应用到实证分析过程中。结合本书的研究主题，限薪政策的出台构建了一次准自然实验，本章将选取双重差分法（DID）研究政策冲击下薪酬分配对企业效益的影响。

一、计量模型的构建

本章研究目的是分析薪酬管制政策是否会通过影响薪酬结构的变动进而损害企业效益。双重差分法是目前学术界进行政策效应评估的常用方法之一。2014年末出台的"限薪令"为评估政策效果提供了"准自然实验"。薪酬管制政策对象为中央国有企业的直接负责人，地方国有企业参照中央国有企业负责人管理办法规范其管理层薪酬水平，非国有企业不受该项政策的直接影响，因此将国有企业设定为实验组，非国有企业设定为对照组。双重差分法的使用需要满足同质性和随机性的前提条件，因此需要进行平行趋势假说检验。

平行趋势假说检验旨在满足政策颁布前，国有企业与非国有企业的效益变动趋势基本一致的条件下，以此消除样本选择性偏误。本书使用伯特兰和穆莱纳森（Bertrand and Mullainathan，2003）的检验方法：以企业效益为被解释变量，国有企业在薪酬管制政策前年份、政策当年以及政策实施后年份的观测值为解释变量进行回归分析。如果国有企业的企业效益在政策出台前变化趋势一致，那么国有企业在政策实施前的回归系数不显著；同时，由于政策冲击，国有企业在政策实施年份后的回归系数显著。回归结果如表9-1所示，表9-1第（1）列和第（2）列的回归系数均在1%水平显著，由此可知政策出台前实验组和对照组之间存在系统性差异，直接使用双重差分法将会产生选择性偏误。为保证下面实证分析的严谨性和稳健性，更进一步地对中央国有企业与非国有企业样本组、地方国有企业与非国有企业样本组进行平行趋势检验，回归结果如表9-1第（3）~第（6）列所示，类似的未通过平行趋势假说检验。

表9-1　　　　　　　　　　平行趋势假说检验

变量	国有企业与非国有企业		央企与非国有企业		地方国企与非国有企业	
	（1）Benefit	（2）Benefit	（3）Benefit	（4）Benefit	（5）Benefit	（6）Benefit
Post × Treated_SOE-2008	-0.01730*** (-3.08)	-0.01649*** (-2.79)	0.00374 (0.46)	0.00335 (0.48)	-0.01814*** (-4.26)	-0.00948 (-1.28)
Post × Treated_SOE-2009	-0.03093*** (-5.07)	-0.02334*** (-3.15)	0.000360 (0.04)	-0.000470 (-0.05)	-0.01884*** (-2.59)	-0.0177 (-1.51)
Post × Treated_SOE-2010	-0.02054*** (-4.37)	-0.01381*** (-2.74)	-0.00441 (-0.66)	-0.00671 (-1.14)	-0.00361 (-1.20)	-0.00658 (-1.13)
Post × Treated_SOE-2011	-0.01861*** (-3.87)	-0.01665*** (-3.10)	-0.00510 (-0.81)	-0.00482 (-0.81)	-0.00841** (-2.23)	-0.0102 (-1.39)
Post × Treated_SOE-2012	-0.01647*** (-3.05)	-0.01618*** (-2.76)	-0.00707 (-1.04)	-0.00432 (-0.63)	-0.01776*** (-5.73)	-0.02134*** (-2.80)
Post × Treated_SOE-2013	-0.01901*** (-3.46)	-0.01588*** (-3.03)	-0.00838 (-1.27)	-0.00721 (-1.00)	-0.02013*** (-4.23)	-0.02481*** (-3.65)
Post × Treated_SOE-2014	-0.01871** (-2.53)	-0.01695*** (-2.75)	0.00262 (0.42)	0.00277 (0.37)	-0.02979*** (-7.64)	-0.03908*** (-3.98)
Post × Treated_SOE-2015	-0.01845*** (-3.24)	-0.01422** (-2.51)	-0.00128 (-0.20)	-0.00288 (-0.35)	-0.03417*** (-9.76)	-0.04729*** (-5.93)
Post × Treated_SOE-2016	-0.01417** (-2.48)	-0.01056* (-1.81)	-0.00157 (-0.24)	0.00136 (0.19)	-0.02633*** (-8.20)	-0.04142*** (-4.54)

续表

变量	国有企业与非国有企业		央企与非国有企业		地方国企与非国有企业	
	(1) Benefit	(2) Benefit	(3) Benefit	(4) Benefit	(5) Benefit	(6) Benefit
Post × Treated_SOE - 2017	0.000630 (0.08)	-0.00409 (-0.54)	-0.00507 (-0.70)	0.00360 (0.46)	-0.01681 *** (-5.32)	-0.03329 *** (-3.16)
常数项	0.05242 *** (27.75)	-0.30894 *** (-3.99)	0.05068 *** (20.61)	-0.3739 *** (-5.03)	0.05053 *** (21.21)	-0.42836 *** (-3.28)
行业固定效应	是	是	是	是	是	是
年份固定效应	是	是	是	是	是	是
控制变量	不控制	控制	不控制	控制	不控制	控制
R^2	-0.133	-0.126	-0.0965	-0.0915	-0.109	-0.106
样本观测值	16000	14000	6700	6100	4400	4000

注：*** 表示 $p<0.001$，** 表示 $p<0.01$，* 表示 $p<0.05$。
资料来源：根据国泰安数据库（CSMAR）和中国研究数据平台（CNRDS）的数据计算所得。

倾向得分匹配（PSM）方法能够较好地解决选择性偏误和内生性问题。即通过倾向得分匹配选择对照组观测值，尽可能拟合薪酬管制政策随机实验的条件，对比分析实验组的显著差异。为方便分析下面的实证结果，在进行 PSM - DID 估计前，先对样本的倾向得分匹配进行平衡性检验，检验匹配变量选取得是否合理或者匹配方法是否恰当。平衡性检验结果如表 9 - 2 所示，根据罗森鲍姆和鲁宾（Rosenbaum and Rubin，1985）提出的检验标准进行判断，匹配变量的标准偏差绝对值均小于 20%，且匹配后的 t 检验结果显示不存在显著性差异。据此，本书的匹配方法和匹配变量选取是恰当的，接下来的实证结果是有效的。

表 9 - 2　　　　　　　　匹配变量的平衡性检验结果

变量	处理	均值		标准偏差（%）	标准偏差减少幅度（%）	t 统计量
		实验组	对照组			
Size	匹配前	4.600	0.480	10.700	74.100	8.250
	匹配后	2.400	1.400	2.800		4.150
LEV	匹配前	4.612	4.839	-7.300	26.500	-5.200
	匹配后	4.606	4.439	5.400		3.590

续表

变量	处理	均值 实验组	均值 对照组	标准偏差（%）	标准偏差减少幅度（%）	t统计量
Tobinq	匹配前	1.718	3.086	-19.100	89.400	-12.700
	匹配后	1.724	1.869	-2.000		-2.830
Indratio	匹配前	0.366	0.374	-15.600	55.800	-11.090
	匹配后	0.366	0.362	6.900		4.820
lnAMP	匹配前	12.487	12.273	31.200	90.800	2.270
	匹配后	12.481	12.501	-2.900		-1.730
MHratio	匹配前	0.005	0.212	-126.300	98.300	-8.710
	匹配后	0.005	0.008	-2.200		-7.440

资料来源：根据国泰安数据库（CSMAR）和中国研究数据平台（CNRDS）的数据计算所得。

考虑到政策冲击的外生性和政策实施对象的限制，受到政策冲击的实验组样本和未受到政策冲击的控制组样本会因政策作用产生变化，因此双重差分模型能够控制两组之间的系统性差异并且体现出政策实施前后实验组和控制组的变化，进而评估政策效果。根据前面的理论分析和前提假说，将基于倾向得分匹配的双重差分法（PSM-DID）计量模型设定为方程式（9-1），用以解释政策冲击下薪酬结构对企业效益的影响。具体来说，计量模型设定为如下形式：

$$\text{Benefit}_{ijt} = \alpha_0 + \alpha_1 \text{Post}_t \times \text{Treated}_i + \alpha_2 \text{Post}_t + \alpha_3 \text{Treated}_i + \alpha_4 X_{ijt} + V_j + U_t + \varepsilon_{ijt}$$

(9-1)

其中，Benefit_{ijt}代表第 i 个企业处于 j 行业在第 t 期的企业效益，根据已有文献（方军雄，2011），本章选取资产收益率代表企业效益。交互项（$\text{Post}_t \times \text{Treated}_i$）刻画了"限薪令"政策对企业效益的影响，是本章的核心解释变量。Post_t代表政策时间变量，取值 1 表示政策实施后的年份，取值 0 表示政策实施前的年份。Treated_i代表分组变量，取值 1 表示实际控制人性质属于国有企业，取值 0 表示为非国有企业。ε_{ijt}代表随机干扰项。另外，本书选取企业特征和治理结构等指标作为控制变量，企业基本特征变量包括代表企业运营规模的企业规模（Size），衡量企业偿债能力的资产负债率（LEV）和代表企业成长能力的托宾 Q 值（Tobinq）；治理结构中包括了董事会规模（Directors）、监事人数（Supervisors）、高管人数（Executives）、独立董事占比（Indratio）和两职合一（Duality）。

二、相关变量说明

本书以 2015 年为政策时点，构建薪酬管制政策准自然实验（2007~

2017年），分析企业层面"限薪令"的市场反应，研究薪酬管制通过薪酬结构影响企业效益的估计结果和内在作用机理。书中采用的数据主要来自国泰安（CSMAR）和中国研究数据平台（CNRDS），其中，管理层薪酬数据、绩效数据和公司特征数据主要来自国泰安（CSMAR）治理结构库；普通职工薪酬数据来自国泰安（CSMAR）财务报表库；实际控制人数据源自中国研究数据平台（CNRDS），以股票代码作为标准匹配各项数据来源，构建面板数据库。通过对强制信息披露平台（巨潮资讯网）[①]的样本进行抽样对比，以确保数据有效性。考虑到强制信息披露制度[②]，本章以 2007~2017 年沪深上市公司作为研究对象。另外，对数据作如下处理：（1）剔除缺失值严重的样本；（2）考虑到财务报表的特殊性，剔除金融类上市公司；（3）剔除特别处理（ST）、特别转让（PT）的上市公司样本，以消除极端值对研究结果的影响。最终，我们获得 26264 个样本观测值，构建了面板数据库。

在变量选择上，本书重点关注的核心变量有资产收益率（ROA）、管理层平均薪酬（AMP）和交互项（Post × Treated）。另外，根据已有文献，本书选取企业特征（包括企业规模、资产负债率、资本密集度、企业性质、行业性质和地区特征）和治理结构（包括两职合一、董事监事规模、独立董事占比、管理层持股比例）等指标作为控制变量。在实证分析部分，将表 9-3 的指标纳入实证模型中进行分析与检验。

表 9-3　　　　　　　　　　　　变量定义表

变量	变量符号	变量名称	指标说明
企业绩效	Benefit	企业效益	选取净资产收益率值
	EPS	每股收益	股东分红时的每股收益
	TSE	主营业务利润率	主营业务利润/主营业务收入
薪酬指标	GAP	管理层与普通员工相对薪酬差距	借鉴研究者（Faleye et al., 2013；Banker et al., 2016）的指标算法进行测算
	AMP	管理层平均薪酬	同上
	AEP	普通职工平均薪酬	同上

---

① 详尽内容参见：http://www.cninfo.com.cn/cninfo-new/index。
② 2006 年 12 月 13 日，中国证券监督管理委员会第 196 次主席办公会议审议通过《上市公司信息披露管理办法》，自公布之日起执行，该项部门规章是对上市公司及其他信息披露义务人信息披露行为的总括性规范。

续表

变量	变量符号	变量名称	指标说明
管理层结构	Directors	董事规模	董事（含董事长）的人数
	Supervisors	监事规模	监事（含监事主席）的人数
	Executives	高管人数	年报中披露的高级管理人员的总人数，高级管理人员含总经理、总裁、CEO、副总经理、副总裁、董秘和年报上公布的其他管理人员（包括董事中兼任的高管人员）
	Y0401b	股东人数	股东大会的规模
股权结构	Largestholderate	第一大股东持股比例（%）	第一大控股股东的持股比例
	H10	股权集中度	H10 = toptenholdersrate * toptenholdersrate，其中 toptenholdersrate 表示前十大股东的持股比例
	MHratio	管理层持股比例（%）	管理层持股/总股本
	Duality	两职合一	虚拟变量，取值为1表示董事与高管兼任，否则为不兼任
	Indratio	独立董事占比	独立董事人数占董事会规模的比例
企业特征	Size	企业规模	ln（总资产），表示企业的运营规模
	LEV	资产负债率	负债总值除以资产总值，表示企业的偿债能力
	Tobinq	托宾Q值	表示企业的成长能力
	State_owned Private foreign_owned	企业性质	虚拟变量，以实际控制人性质为划分标准，1代表国有企业；2代表民营企业；3代表外资企业；4代表其他
	Equitynatureid	产权属性	虚拟变量，取1时为国有企业；取0时，为非国有企业
	Dummytype	企业级别	虚拟变量，取值为1时代表中央国有企业；取值为0时代表地方国有企业
	Nnindcd	行业代码	根据证监会2012年分类细则对上市公司行业分类
	Officeaddress	区域属性	虚拟变量，以办公地址为准分为东部地区、中部地区、东北地区和西部地区

资料来源：根据国泰安数据库（CSMAR）和中国研究数据平台（CNRDS）的数据计算所得。

三、变量的描述性统计

为分析薪酬管制政策出台前后的分布差异，以政策实施年份为分界点，

2007~2014年为政策前的样本数据，共有16783个观测值，占所有企业比例为63.9%，其中中央国有企业为2547个，占比约为71.77%；地方国有企业为5069个，占比约为73.1%。2015~2017年为政策后样本数据，共有9481个观测值，占所有企业比例为36.1%，其中中央国有企业为1002个，占比约为28.23%；地方国有企业为1865个，占比约为26.9%。

本书主要变量的描述性统计如表9-4所示。衡量企业绩效的资产收益率均值为0.042，但变化幅度较大。薪酬类的指标反映企业内部不同群体的平均薪酬及其相对差距，波动幅度相对较大。管理层薪酬水平和普通员工薪酬水平越高，表示群体收入越高；薪酬差距越大，代表不同群体间的差距越大，不平等程度越高。管理层结构、股权结构和企业特征作为实证分析的控制变量，用于搜寻能够最大程度匹配处理组特征的基准指标。

表9-4　　　　　　　　　　数据描述性统计分析

变量标识	样本	均值	标准差
Benefit	25286	0.042	0.182
EPS	24910	0.390	0.635
TSE	25289	5.331	37.177
lnAMP	22662	12.373	0.700
lnAEP	18989	10.792	0.991
MHratio	21624	0.123	0.202
Post	25289	0.368	0.482
Treated_SOE	23259	0.426	0.494
Size	25289	21.973	1.368
LEV	25286	0.449	0.834
Tobinq	24029	2.494	7.201
Directors	22707	8.830	1.824
Supervisors	22799	3.691	1.211
Executives	22699	6.461	2.441
Duality	22479	1.755	0.430
Indratio	22705	0.371	0.055

资料来源：根据国泰安数据库（CSMAR）和中国研究数据平台（CNRDS）的数据计算所得。

第四节 实证估计结果及分析

一、实证分析过程

政府颁布"限薪令"的初始目标是能够有效控制中央国有企业负责人薪酬的过快增长,因此评估薪酬管制政策对管理层薪酬的管控效果是实证分析部分的重要内容之一。本书使用的基于倾向得分匹配的双重差分(PSM – DID)模型能够在一定程度上解决样本选择性偏差和遗漏变量等计量问题。除此之外,我们通过一系列处理方法获得更加稳健可信的计量结果。

首先,我们使用双向固定效应模型估计方程式(9 – 1),这样可以同时控制每个行业不随时间变化的变量和受时间变化但不受行业变化影响的因素。考虑到本章的样本数据为面板数据,固定效应模型试图解释在控制时间变量和行业变量后,薪酬管制政策如何通过薪酬分配对企业效益的影响,精准识别其因果关系。

其次,通过逐渐缩小样本范围,更加精准地识别控制实验组与对照组之间的系统性差异,解决实验组和控制组可比性不足的问题。在模型进行回归时,分别对全样本、国有企业和 PSM 样本的不同组别进行差分估计,方便实现在不同组别间对比分析管理层薪酬和企业绩效的微妙差异,力求更加准确地刻画薪酬管制政策通过薪酬分配对企业效益的影响结果及作用过程。

最后,为了进一步控制遗漏变量的影响,保证计量结果的稳健性,我们通过先引入核心解释变量再加入系列控制变量的方法进行差分估计。交互项作为核心解释变量说明薪酬政策的影响结果,我们将其作为基准回归;再纳入管理层结构、股权结构和企业基本特征指标作为控制变量,进一步准确地估计薪酬管制政策通过薪酬分配问题对企业效益的影响。通过聚类稳健性标准误可以消除异方差和聚类误差项的干扰,聚类变量选择企业。

二、实证估计结果

衡量"限薪令"政策是否会损害企业效益的直接方法是对比分析政策实施前后企业效益的差异性,即企业效益的估计结果。接下来,本章将分别对国有企业样本组和 PSM 样本组按照模型(9 – 1)进行回归,验证政策冲击对企业效益的影响,回归结果如表 9 – 5 所示。

表9-5 企业效益基于倾向匹配得分的双重差分（PSM-DID）估计结果

变量	国有企业样本组			PSM 样本组		
	(1) Benefit	(2) Benefit	(3) Benefit	(4) Benefit	(5) Benefit	(6) Benefit
Post × Treated			0.00471 * (1.95)	0.00596 *** (2.90)	0.00492 ** (2.50)	0.00605 *** (2.81)
Post × Treated_SOE	0.00784 *** (2.98)	0.00605 *** (3.31)				
Post	-0.02790 *** (-7.03)	-0.04470 *** (-9.29)	-0.02162 *** (-5.50)	-0.04549 *** (-7.30)	-0.02185 *** (-4.42)	-0.04470 *** (-7.37)
Treated_SOE	-0.02885 *** (-3.47)	-0.02477 ** (-2.51)				
Treated			-0.03070 *** (-4.29)	-0.02444 ** (-2.47)	-0.03148 *** (-4.06)	-0.02477 *** (-2.76)
Size		0.02775 *** (13.41)		0.02819 *** (10.91)		0.02775 *** (10.02)
Tobinq		0.00388 *** (5.52)		0.00387 *** (5.85)		0.00388 *** (5.74)
LEV		-0.17109 *** (-13.78)		-0.17158 *** (-10.66)		-0.17108 *** (-10.98)
Directors		0.00122 (1.34)		0.00194 ** (2.18)		0.00122 (1.48)
Executives		0.00067 (1.14)		0.00119 ** (2.52)		0.00067 (1.39)
Supervisors		-0.00102 (-0.86)		-0.00148 (-1.10)		-0.00102 (-0.79)
Indratio		0.01070 (0.54)		0.01580 (0.76)		0.01070 (0.55)
Duality		-0.00158 (-0.82)		-0.00396 ** (-2.08)		-0.00158 (-0.79)
MHratio		0.03850 *** (4.48)		0.03903 *** (4.10)		0.03850 *** (3.20)

续表

变量	国有企业样本组			PSM 样本组		
	(1) Benefit	(2) Benefit	(3) Benefit	(4) Benefit	(5) Benefit	(6) Benefit
常数项	0.06876*** (13.02)	-0.48151*** (-10.19)	0.06900*** (15.63)	-0.47812*** (-9.69)	0.05124*** (4.33)	-0.48151*** (-8.44)
行业固定效应	是	是	是	是	是	是
年份固定效应	是	是	是	是	是	是
A-R²	-0.13400	0.01110	-0.13700	0.01070	-0.13500	0.01110
样本观测值	16000	14000	14000	14000	14000	14000

注：①***、**、*分别代表双尾检验的统计显著水平为1%、5%与10%；②括号内数值为t值，标准误为稳健标准误，下同；③第（1）列和第（2）列为国有企业与非国有企业样本组的DID回归结果，其中第（1）列为基准回归结果；第（2）列为加入系列控制变量后的DID回归结果；④第（3）列至第（6）列为PSM样本组的DID回归结果，其中，第（3）列为基准回归结果；第（4）列为加入企业基本特征控制变量后的PSM-DID回归结果；第（5）列为加入公司治理特征变量后的PSM-DID回归结果；第（6）列为加入所有控制变量后的PSM-DID回归结果。

资料来源：根据国泰安数据库（CSMAR）和中国研究数据平台（CNRDS）的数据计算所得。

表9-5的回归结果表明，薪酬管制政策显著地提升了企业效益，为企业带来了更好的绩效表现。具体来说，可以从中得到以下几点结论：

（1）无论是国有企业与非国有企业样本组的双重差分（DID）估计结果，还是基于倾向匹配得分的双重差分（PSM-DID）估计结果，"限薪令"政策都显著地提升了企业效益。具体结果见表9-5第（1）列，核心解释变量交互项（Post×Treated_SOE）系数为0.00784，且在1%水平上显著，这表明薪酬政策的出台显著地增加了国有企业的效益。接下来，为了更加精准地识别薪酬管制对企业效益的影响，本书研究发现基于倾向匹配得分的双重差分（PSM-DID）估计结果与国有企业样本组的估计结果大体一致。如表9-5中第（6）列显示，核心解释变量的交互项系数显著为正。这更进一步说明，初始目标瞄准限制管理者薪酬的"限薪令"政策意外地改善企业的经营状况，在经济下行的高压之下激发了企业发展的内生动力，表现为更高的企业效益。本章的假说1被证伪。

（2）政策时间变量（Post）的估计系数表明政策实施年份后的企业效益相较于之前有显著下降，如表9-5第（3）列中政策时间（Post）的回归系数显著为负。一方面，全球经济下行压力显著，中国作为世界经济的引擎必然受其影响，大部分企业会面临经济增长率下滑的风险（刘伟和苏剑，2016）；另一方面，目前中国处于经济结构调整的阵痛期，过去利润率较高的落后产能正面临优化升级的困境，创新型国家的繁荣更是需要承受前期大量研发成本带来的低绩效后果（陈彦斌和王兆瑞，2019）。另外，处理变量（Treated）的估计系数同样显著为负，即实验组企业效益相较于对照组企业显著下降了3.07%，这与国有企业的性质和职能有关。从企业性质的角度来看，国有企业是市场主体的重要组成部分，服从市场经济的基本发展规律，但是相较于非国有企业却面临缺乏经济活力、体制僵化、经济效率低下的发展弊端；从企业职能角度来讲，国有企业肩负着经济发展不能背离社会主义方向的责任，在追逐企业效益的同时需要兼顾公益性的社会职责，使得国有企业必须面临效率与公平取舍的艰难选择（黄速建等，2018）。

（3）企业基本特征和治理结构都会影响企业效益。表9-5第（4）列的回归结果中资产负债率（LEV）的回归系数显著为负，即企业资产负债率越高，其债权人风险越大。因此，在融资环境不利的条件下，更多的企业选择趋于保守的投资战略，以避免遭受更大的负面冲击。表9-5第（5）列回归结果显示，两职合一（Duality）的回归系数显著为负；独立董事占比（Indratio）的回归系数为正，但不具备统计上的显著性。作为公司治理机制的重要组成部分，基于对股东负责的职责目标，董事会发挥的战略作用更为突出，因此更大的董事会规模更能拟合股东利益共享的基本诉求。但董事会内部会存在董事与高管兼任的治理方式，这种治理模式虽然能够尽可能实现内部信息对称，使管理者制定切合实际的运营决策；但是却存在管理者权力过于集中，损害企业效益的弊端。而较高的独立董事占比能够极大程度发挥监管作用，制衡管理者的内部权力，达到降低代理成本、提高企业效益的目标。

三、政策冲击的动态效应

任何政策的经济效果都会受到诸如宏观经济因素、异质性和政策级别等多重复杂因素的影响，产生政策滞后效应，这是政策制定与执行过程中的客观规律。因此，薪酬管制政策对企业效益的影响需要通过时间维度进行动态评估。具体来说，在对企业效益双重差分模型（PSM-DID）的计量回归中，本节将先前的核心解释变量固定交互项（Post×Treated）调整为处理变量（Treated）与各个年份逐年回归，分析"限薪令"对企业效益影响的滞后效应。另外，为了保证分析的全面性，本书分别对国有企业与非国有企业样本组、PSM样本组进行动态效应回归，对比分析该项政策的动态经济后果（见表9-6）。

表 9-6　　　　　　　　政策冲击对企业效益的动态影响

变量	静态效应		动态效应	
	国企样本组	PSM 样本组	国企样本组	PSM 样本组
	(1) Benefit	(2) Benefit	(3) Benefit	(4) Benefit
Post × Treated	0.00605 *** (3.31)	0.00605 *** (2.81)		
Post × Treated - 2008			-0.00558 (-0.97)	-0.00558 (-1.05)
Post × Treated - 2009			-0.00737 (-1.57)	-0.00737 (-1.54)
Post × Treated - 2010			0.00925 ** (2.22)	0.00925 ** (2.26)
Post × Treated - 2011			0.00554 (1.38)	0.00554 (1.27)
Post × Treated - 2012			0.00281 (0.74)	0.00281 (0.74)
Post × Treated - 2013			0.00240 (0.59)	0.00240 (0.61)
Post × Treated - 2014			-0.00334 (-0.78)	-0.00334 (-0.84)
Post × Treated - 2015			0.00453 (0.86)	0.00453 (1.01)
Post × Treated - 2016			0.00809 * (1.96)	0.00809 * (1.87)
Post × Treated - 2017			0.00979 * (1.68)	0.00979 * (1.83)
常数项	-0.48151 *** (-10.19)	-0.48151 *** (-8.44)	-0.48281 *** (-9.23)	-0.48281 *** (-8.30)
年份效应	是	是	固定	固定
行业效应	是	是	固定	固定

续表

变量	静态效应		动态效应	
	国企样本组	PSM 样本组	国企样本组	PSM 样本组
	（1）Benefit	（2）Benefit	（3）Benefit	（4）Benefit
控制变量	不控制	控制	不控制	控制
R^2	0.01110	0.01110	0.0123	0.0123
样本观测值	16000	14000	14000	14000

注：①***、**、* 分别代表双尾检验的统计显著水平为1%、5%与10%；②第（1）列和第（2）列为静态效应回归结果；第（3）列和第（4）列为动态效应回归结果；③受篇幅限制，只汇报核心解释变量的回归结果，控制变量估计结果不在书中汇报。

资料来源：根据国泰安数据库（CSMAR）和中国研究数据平台（CNRDS）的数据计算所得。

表9-6汇报了"限薪令"政策分年份的动态效应结果。我们可以得到以下结论：

（1）薪酬管制政策对企业效益动态影响的方向由负变正。表9-6中第（3）列和第（4）列的回归系数都存在由负值逐渐变为正值的变动趋势，这表明初期政策对企业效益的影响是负向冲击，降低了企业效益；随着政策逐渐推进和企业内部多方力量共同博弈，企业效益逐渐得到提升，政策的正向作用逐步显现。

（2）"限薪令"对企业效益动态影响的强度由弱变强。回归结果中的交互项系数逐渐增大，且越发显著，表示薪酬管制政策由过去几乎对企业效益没有影响开始逐渐发挥作用，对企业效益的影响强度逐渐增大。

（3）通过对比分析国有企业样本组和PSM样本，发现两个组别企业效益的动态影响保持一致，这也论证了本书分析的全面性和严谨性。另外，比较企业效益的静态影响和动态影响发现，政策冲击的静态影响显著为正，体现为该项政策的整体效果；但动态影响却是更加精准地识别不同年份中政策的时间滞后效应，这样更加细致地考察了薪酬管制对企业效益影响的变动细节。

四、稳健性分析

接下来通过两方面的稳健性测试，进一步保证实证结果的可靠性，测试结果整体上没有改变原有的研究结论。

（一）安慰剂测试

通过人为地改变薪酬政策的政策时间，构建反事实描述，如果其结果的显著性发生改变，则视为通过安慰剂测试。人为改变政策时间有两种方式：一种是延迟政策时间，另一种是提前政策时间。为此，我们将薪酬管制政策时间分别人为地向前调整一期和向后调整一期，使准自然实验的样本区间落在真实实验之前（向前调整一期）和真实实验之后（向后调整一期），进而重新观测双重差分模型（PSM‑DID）的回归结果。表9‑7中第（1）列和第（2）列的回归结果显示：核心解释变量交互项（Post×Treated）回归系数不显著，即通过了安慰剂测试，说明实证回归结果具有稳健性。

表9‑7　　　　　　　　　　　稳健性检验

变量	(1) Benefit	(2) Benefit	(3) EPS	(4) TSE
Post×Treated			0.10382*** (4.41)	1.96959*** (4.52)
Post2014×Treated	0.00420 (1.55)			
Post2016×Treated		0.00514 (1.60)		
Post×Treated			-0.37175*** (-14.65)	1.69079** (2.40)
Post2014	-0.03375*** (-4.75)			
Post2016		-0.04001*** (-8.02)		
Treated	-0.02937** (-2.40)	-0.02299*** (-3.01)	-0.13882*** (-4.29)	-0.74822* (-1.76)
Size	0.01640*** (6.28)	0.02680*** (11.20)	0.25282*** (12.11)	1.06889** (2.43)
LEV	-0.17141*** (-11.02)	-0.00721** (-2.15)	-0.92909*** (-20.96)	-5.12269*** (-9.04)
Tobinq	0.00414*** (3.98)	0.00375*** (5.66)	0.03458*** (8.80)	-0.06540 (-1.16)
Directors	0.00193** (2.07)	0.00133* (1.66)	-0.00856 (-1.33)	-0.11200 (-0.63)

续表

变量	(1) Benefit	(2) Benefit	(3) EPS	(4) TSE
Executives	0.00074 (1.52)	0.00072* (1.93)	0.00763** (2.00)	-0.03990 (-0.62)
Supervisors	-0.00136 (-0.96)	-0.00099 (-0.81)	-0.00754 (-0.71)	0.10800 (0.41)
Indratio	0.02130 (1.00)	0.01250 (0.73)	0.02540 (0.16)	2.49000 (0.56)
Duality	-0.00396* (-1.86)	-0.00133 (-0.83)	-0.02100 (-1.14)	0.37700 (0.97)
MHratio	0.06665*** (9.00)	0.03519*** (3.98)	0.36836*** (7.02)	1.37492** (2.40)
常数项	-0.31985*** (-5.71)	-0.48824*** (-11.21)	-4.55161*** (-10.36)	-21.00000** (-2.54)
行业固定效应	是	是	是	是
年份固定效应	是	是	是	是
$A-R^2$	-0.104	0.0165	-0.0170	0.0820
样本观测值	14000	14000	14000	14000

注：①***、**、*分别代表双尾检验的统计显著水平为1%、5%与10%；②第（1）列和第（2）列为安慰剂测试的回归结果；第（3）列和第（4）列为企业效益替代指标的回归结果。
资料来源：根据国泰安数据库（CSMAR）和中国研究数据平台（CNRDS）的数据计算所得。

（二）替换核心被解释变量

为进一步验证已有分析结果的有效性，本节寻找企业效益的替代指标，检验实证结果的稳健性。企业效益的考核有不同的层级体系，目前学界研究使用的主要是二级财务指标体系，因此我们分别用每股收益（EPS）、股东权益（TSE）[①]作为替代指标进行回归分析，以检验实证结果的稳健性。表9-7中第（3）列和第（4）列的回归结果显示，企业效益替代指标的交互项系数符号和显著性没有发生明显变化，与前面研究结论一致，研究结果具有稳健性。

---

① 根据利益相关者理论，企业效益评价应以企业价值最大化为导向，相较于单一的利润指标，本书认为股东权益的相关指标更拟合企业价值最大化目标，因此将每股收益（EPS）、股东权益（TSE）作为资产收益率（ROA）的替代指标进行稳健性检验。

第五节 "限薪令"影响企业效益的机制分析

一、激励损耗效应的实证检验

参照系数乘积法（Bootstrap）[①]的基本步骤（温忠麟，2014），本书以管理层薪酬（AMP）为中介变量进行中介效应模型分析。上面的实证分析结果表明，方程式（9-1）的核心解释变量交互项（Post×Treated）的回归系数显著为正，则以中介效应立论。因此，第一步，我们将中介变量管理层薪酬（AMP）作为被解释变量，以交互项（Post×Treated）为核心解释变量，政策时间变量（Post）、分组变量（Treated）作为解释变量，同时对系列控制变量进行计量回归。具体表达形式如方程式（9-2）所示。

$$AMP_{ijt} = \beta_0 + \beta_1 Post_t \times Treated_i + \beta_2 Post_t + \beta_3 Treated_i + \beta_4 X_{ijt} + V_j + U_t + \varepsilon_{1ijt} \quad (9-2)$$

第二步，我们将企业效益（Benefit）作为被解释变量，以交互项（Post×Treated）和中介变量管理层薪酬（AMP）为核心解释变量，并且将政策时间变量（Post）、分组变量（Treated）和控制变量纳入中介效应模型。具体表达形式如方程式（9-3）所示。

$$Benefit_{ijt} = \gamma_0 + \gamma_1 Post_t \times Treated_i + \gamma_2 AMP_{ijt} + \gamma_3 Post_t \\ + \gamma_4 Treated_i + \gamma_5 X_{ijt} + V_j + U_t + \varepsilon_{2ijt} \quad (9-3)$$

回归结果如表 9-8 所示，第（2）列回归结果中 β_1 的系数显著为负，表明薪酬管制政策显著地降低管理层的薪酬水平；第（3）列回归结果中 γ_2 的系数显著为正，论证了管理者薪酬水平的激励效应，即管理层的薪酬水平与企业效益之间为显著正相关。

[①] 目前国内外学者普遍认为系数乘积法能够相对有效地检验中介效应模型。系数乘积法（Bootstrap）是目前较为流行的系数乘积检验法，该方法通过检验系数乘积的显著性进而判断中介模型是否存在中介效应。即对总体样本重复抽样产生系数乘积法（Bootstrap）样本，再将系数乘积法（Bootstrap）样本的系数乘积排序，如果偏差校正后95%置信区间内不包含0，则证明系数乘积显著，中介效应存在；否则，该中介变量不存在中介效应（Fritz and MacKinnon, 2008; MacKinnon et al., 2004）。为保证分析的全面性，本节依然沿用实证部分使用的倾向得分匹配后双重差分法（PSM-DID），论证"限薪令"对企业效益影响的内在机制。当然，接下来的分析同样使用实证部分提到的稳健性检验，回归结果依然稳健。

表 9-8　　　　　　　　　　管理层薪酬的中介效应检验

变量	(1) Benefit	(2) lnAMP	(3) Benefit
Post × Treated	0.00605 *** (3.06)	-0.02738 ** (-2.02)	-0.00527 *** (-2.67)
lnAMP			0.02261 *** (11.46)
Post	-0.04470 *** (-7.83)	0.07745 *** (4.66)	-0.02298 *** (-5.60)
Treated	-0.02477 ** (-2.50)	-0.13652 *** (-3.93)	-0.01770 *** (-2.60)
Size	0.02775 *** (10.38)	0.32848 *** (25.28)	0.02775 *** (9.51)
Tobinq	0.00388 *** (5.55)	0.00319 (0.49)	-0.00056 (-0.34)
LEV	-0.17108 *** (-10.92)	0.08387 ** (2.44)	-0.14629 *** (-11.70)
Directors	0.00122 (1.52)	-0.01772 *** (-4.48)	0.00138 ** (2.25)
Executives	0.000670 (1.41)	-0.00478 ** (-2.20)	0.00095 ** (2.44)
Supervisors	-0.00102 (-0.84)	-0.02868 *** (-3.50)	-0.00161 (-1.41)
Indratio	0.01070 (0.59)	0.62006 *** (6.27)	
Largestholderate		-0.00353 *** (-5.63)	0.00046 *** (4.36)
常数项	-0.48151 *** (-8.74)	5.32021 *** (17.18)	-0.19312 *** (-6.73)
行业固定效应	是	是	是
年份固定效应	是	是	是
R^2	0.0111	0.202	0.000240
样本观测值	14000	21000	21000

注：①***、**、*分别代表双尾检验的统计显著水平为1%、5%与10%；②括号内数值为 t 值，标准误为稳健标准误，表中结果均为 PSM 样本组回归结果汇总。

资料来源：根据国泰安数据库（CSMAR）和中国研究数据平台（CNRDS）的数据计算所得。

第三步，判断是否存在中介效应及其占总效应比例。由于回归系数 β_1 与 γ_2 两者都显著，且系数乘积 $\beta_1 \times \gamma_2$ 与系数 γ_1 都为负号，所以判定中介变量管理层薪酬具有部分中介效应。更进一步地，方程式（9-3）中回归系数 γ_1 显著为负，因此中介变量（AMP）对企业效益有直接负向影响，中介效应显著。

根据表 9-8 的回归结果可知：首先，管理层薪酬的中介效应方向显著为负。由于薪酬激励机制，管理层薪酬水平的下降会打击管理者经营管理的主动性和积极性，甚至会损害企业效益。薪酬管制政策显著地降低了管理者的薪酬水平，这也势必会降低企业效益。其次，管理层薪酬的中介效应影响较大。管理层薪酬水平发挥的中介效应占总效应的比例为 10.232%（见表 9-11），这表明由于管理者薪酬的下降，政策冲击导致该项政策极大地损害了企业效益。薪酬水平激励机制的负向作用逐渐显现，管理者薪酬水平的中介效应影响不容忽视。总之，薪酬管制政策在降低管理者薪酬的同时也损害了企业效益。本章的假说 1 被证实。

二、成本效应的实证检验

虽然薪酬管制政策的直接对象是管理层薪酬，但是作为企业利益的共同体，普通员工薪酬水平也会间接地受到一定程度影响。因此，接下来我们将普通员工薪酬作为中介变量纳入中介效应模型，根据系数乘积法（Bootstrap）进行中介效应检验，检验其对企业效益的影响。首先，将中介变量普通员工薪酬（AEP）作为被解释变量，交互项（Post × Treated）为核心解释变量，同时把政策时间变量（Post）、分组变量（Treated）和系列控制变量纳入计量模型进行回归分析。具体表达形式如方程式（9-4）所示。

$$\text{AEP}_{ijt} = \eta_0 + \eta_1 \text{Post}_t \times \text{Treated}_i + \eta_2 \text{Post}_t + \eta_3 \text{Treated}_i \\ + \eta_4 X_{ijt} + V_j + U_t + \varepsilon_{3ijt} \qquad (9-4)$$

其次，企业效益（Benefit）作为被解释变量，交互项（Post × Treated）和中介变量普通员工薪酬（AEP）为核心解释变量，纳入中介效应模型。具体表达形式如方程式（9-5）所示。

$$\text{Benefit}_{ijt} = \theta_0 + \theta_1 \text{Post}_t \times \text{Treated}_i + \theta_2 \text{AEP}_{ijt} + \theta_3 \text{Post}_t \\ + \theta_4 \text{Treated}_i + \theta_5 X_{ijt} + V_j + U_t + \varepsilon_{4ijt} \qquad (9-5)$$

普通员工薪酬中介效应检验如表 9-9 所示。

表 9-9　　普通员工薪酬的中介效应检验

变量	(1) Benefit	(2) lnAEP	(3) Benefit
Post × Treated	0.00605 *** (2.62)	-0.01710 (-0.43)	0.00576 ** (2.37)
lnAEP			-0.00060 (-0.78)
Post	-0.04470 *** (-7.58)	-0.50715 *** (-9.65)	-0.04082 *** (-6.85)
Treated	-0.02477 ** (-2.53)	-0.0388 (-0.53)	-0.02609 ** (-2.01)
Size	0.02775 *** (9.94)	-0.0388 (-1.57)	0.03059 *** (11.80)
Tobinq	0.00388 *** (5.26)	0.00738 (1.10)	0.00502 *** (7.03)
LEV	-0.17108 *** (-11.06)	0.22782 ** (2.28)	-0.17161 *** (-8.82)
Directors	0.00122 (1.47)	-0.00231 (-0.20)	0.00208 * (1.67)
Executives	0.00067 (1.57)	0.00549 (0.89)	0.00116 *** (2.80)
Supervisors	-0.00102 (-1.01)	0.01330 (0.48)	-0.00241 (-1.55)
Indratio	0.01070 (0.52)	0.00531 (0.02)	0.02740 (1.06)
Duality	-0.00158 (-0.79)	0.13833 *** (3.66)	-0.00385 * (-1.73)
常数项	-0.48151 *** (-8.18)	11.49626 *** (22.68)	-0.54951 *** (-11.09)
行业固定效应	是	是	是
年份固定效应	是	是	是
A-R²	0.0111	-0.0243	-0.0117
样本观测值	14000	12000	12000

注：① ***、**、* 分别代表双尾检验的统计显著水平为1%、5%与10%；②括号内数值为 t 值，标准误为稳健标准误，表中结果均为PSM样本组回归结果汇总。

资料来源：根据国泰安数据库（CSMAR）和中国研究数据平台（CNRDS）的数据计算所得。

最后，根据表 9-9 的回归结果判断普通员工薪酬（AEP）的中介效应情况。由于回归系数 η_1 和 θ_2 都不显著，因此需要进一步进行系数乘积检验。系数乘积法（Bootstrap）的系数乘积检验结果显示：系数乘积 $\eta_1 \times \theta_2$ 不会落入包含 0 的置信区间。更进一步地，表 9-9 第（3）列回归结果中交互项（Post × Treated）的回归系数显著为正，且与系数乘积 $\eta_1 \times \theta_2$ 的符号一致，因此存在部分中介效应。据此，可以得到以下两点结论：

（1）普通员工薪酬（AEP）的中介效应方向显著为正。表 9-9 第（3）列的回归系数 θ_1 显著为正，表明普通员工薪酬水平下降后带来了更高的企业效益。普通员工的薪酬水平是企业经营成本的重要组成部分，在生产规模和技术水平等保持不变的前提下，普通员工较低的薪酬水平将对应较低的人工成本或者企业生产运营中直接劳动成本占比下降。根据成本—收益分析法，这将极大地提升企业效益。第（2）列的回归系数 η_1 为负值，表明薪酬管制政策降低了普通员工的薪酬水平，但不具备统计上的显著性。因此，普通员工薪酬水平下降会直接降低企业生产成本。由于工资的直接价格效应，薪酬水平下降后使企业获得更高的效益。

（2）普通员工薪酬（AEP）的中介效应影响程度较弱。普通员工薪酬（AEP）的部分中介效应占总效应比例为 0.170%（见表 9-11），这一部分劳动成本的波动会提升企业效益，但是与更大幅度下降的管理层薪酬相比，企业更关心的是缺乏薪酬激励的管理者可能会导致高素质人才离职引发企业的利润波动。即"限薪令"降低了普通员工的薪酬水平亦是劳动成本的下降，由此对企业效益的影响程度较小。本章的假说 2 被证实。

三、对策效应的实证检验

最后，本书将管理层持股比例纳入中介效应模型，研究薪酬管制政策下管理层股权激励的路径会如何影响企业的绩效表现。根据前面分析，企业效益的回归结果表明，交互项（Post × Treated）的回归系数显著为正，中介效应立论。接下来，第一步，我们将中介变量管理层持股比例（MHratio）作为被解释变量，以交互项（Post × Treated）为核心解释变量，同时纳入政策时间变量（Post）、分组变量（Treated）和系列控制变量进行计量模型回归。具体表达形式如方程（9-6）所示。

$$MH_{ijt} = \delta_0 + \delta_1 Post_t \times Treated_i + \delta_2 Post_t + \delta_3 Treated_i + \delta_4 X_{ijt} + V_j + U_t + \varepsilon_{5ijt}$$

$$(9-6)$$

第二步，企业效益（Benefit）作为被解释变量，交互项（Post × Treated）和中介变量管理层持股比例（MHratio）为核心解释变量，纳入中介效应模型进行回归分析。具体表达形式如方程式（9-7）所示。

$$\text{Benefit}_{ijt} = \varphi_0 + \varphi_1 \text{Post}_t \times \text{Treated}_i + \varphi_2 \text{MH}_{ijt} + \varphi_3 \text{Post}_t + \varphi_4 \text{Treated}_i + \varphi_5 X_{ijt} + V_j + U_t + \varepsilon_{6ijt} \quad (9-7)$$

管理层持股比例的中介效应检验如表9-10所示。

表9-10　　　　　　　　管理层持股比例的中介效应检验

变量	(1) Benefit	(2) MHratio	(3) Benefit
Post × Treated	0.00803 *** (3.51)	0.05155 *** (20.20)	0.00605 ** (2.25)
MHratio			0.03850 *** (4.88)
Post	-0.04737 *** (-8.24)	-0.06938 *** (-14.70)	-0.04470 *** (-8.18)
Treated	-0.02663 *** (-2.75)	-0.04840 *** (-9.10)	-0.02477 ** (-2.24)
Size	0.02788 *** (10.05)	0.00330 (1.57)	0.02775 *** (10.09)
Tobinq	0.00391 *** (5.26)	0.00077 * (1.90)	0.00388 *** (6.22)
LEV	-0.17304 *** (-11.36)	-0.05104 *** (-8.95)	-0.17108 *** (-13.40)
Directors	0.00121 (1.48)	-0.000210 (-0.34)	0.00122 (1.29)
Executives	0.00072 * (1.71)	0.00129 *** (2.73)	0.00067 (1.16)
Supervisors	-0.00104 (-1.02)	-0.00054 (-0.59)	-0.00102 (-0.70)
Indratio	0.00984 (0.48)	-0.02140 (-1.50)	0.01070 (0.63)
Duality	-0.00163 (-0.82)	-0.00123 (-0.37)	-0.00158 (-0.73)
常数项	-0.47746 *** (-8.12)	0.10519 ** (2.34)	-0.48151 *** (-8.51)

续表

变量	(1) Benefit	(2) MHratio	(3) Benefit
行业固定效应	是	是	是
年份固定效应	是	是	是
$A-R^2$	0.00917	-0.0368	0.0111
样本观测值	14000	14000	14000

注：① ***、**、* 分别代表双尾检验的统计显著水平为 1%、5% 与 10%；②括号内数值为 t 值，标准误为稳健标准误，表中结果均为 PSM 样本组回归结果汇总。
资料来源：根据国泰安数据库（CSMAR）和中国研究数据平台（CNRDS）的数据计算所得。

第三步，根据表 9-10 的回归结果判断管理层持股比例（MHratio）的中介效应情况。表 9-10 第（2）列的回归系数 δ_1 和第（3）列的回归系数 φ_2 都显著为正，第（3）列回归系数 φ_1 显著为正，并且系数乘积 $\delta_1 \times \varphi_2$ 与系数 φ_1 同为正号，因此判断中介变量管理层持股比例（MHratio）存在部分中介效应。据此，本书认为：

（1）管理层持股比例的中介效应方向显著为正。第（3）列中回归系数 φ_1 显著为正，意味着管理层的股权激励机制发挥积极作用，管理层持股比例越高，企业绩效表现越好。第（2）列回归系数 δ_1 显著为正，表示"限薪令"政策显著增加了管理者的持股比例，因此管理者的个人收益与企业效益直接关联，股权激励机制发挥了正向激励作用，带来了企业效益的提升。

（2）管理层持股比例的中介效应影响重大。管理层持股比例的中介效应占总效应比例为 24.716%（见表 9-11），即薪酬管制政策能够显著地提高管理者持股比例，进而大幅度提升企业效益。本章的假说 3 被证实。在"限薪令"政策提升企业效益的过程中，管理者股权激励机制的影响不容小觑。由于股权激励机制极大地激发了管理者的积极性，其影响程度远超管理者薪酬水平的激励方式。这也是薪酬管制政策在降低管理者薪酬水平后，企业效益非降反升的重要原因。

表 9-11　　　　　　政策冲击下薪酬分配变量的中介效应汇总

中介变量	抽样次数	Bootstrap percentile confidence interval 95%	Bootstrap bias-corrected confidence interval 95%	Bootstrap 检验	中介效应	部分中介效应占总效应比例
AMP	5000	0.0029622（U） 0.0015478（L）	0.003184（U） 0.001795（L）	—	-0.0006191	10.232%

续表

中介变量	抽样次数	Bootstrap percentile confidence interval 95%	Bootstrap bias-corrected confidence interval 95%	Bootstrap 检验	中介效应	部分中介效应占总效应比例
AEP	5000	−0.0000245（U） −0.0003664（L）	−0.0000288（U） −0.0003766（L）	通过	0.00001026	0.170%
GAP	5000	0.0000219（U） −0.0000928（L）	0.0000239（U） −0.0000842（L）	未通过	—	—
MHratio	5000	−0.0000143（U） −0.0002535（L）	−0.0000232（U） −0.000264（L）	—	0.00198468	24.716%

资料来源：根据国泰安数据库（CSMAR）和中国研究数据平台（CNRDS）的数据计算所得。

概而言之，管理者薪酬水平、普通员工薪酬水平和管理层持股比例三个中介变量对企业效益的影响各具特色：(1) 影响方向。管理者薪酬水平对企业效益的中介作用方向为负，而普通员工薪酬和管理层持股比例对企业效益的中介作用方向为正。管理者限薪会削弱管理者工作的积极性和努力程度，损害企业效益。同时，薪酬管制政策基于联动效应使普通员工薪酬也面临薪酬下降的困境，但是劳动成本的直接下降导致企业成本减负、效益增加。管理层持股作为管理者的理性替代选择，将管理者个人利益与集体利益统一，激励管理者奋发有为，带领企业走出低效困境。(2) 影响强度。普通员工的中介效应占比极低，影响较弱；管理者薪酬的中介效应占比较高；管理层持股比例的中介效应占比最高。比较而言，管理者股权激励的中介效应占总效应比例远高于薪酬水平的中介效应比例。这也是降薪非但没有使管理者缺乏工作热情和努力动机的原因，反而由于股权激励促使管理者追逐更高的企业效益，企业效益非降反升，实现各方利益主体的激励相容。

第六节 "限薪令"影响企业效益的异质性分析

值得一提的是，政策冲击通过薪酬分配对企业绩效的影响存在异质性，即企业层面的不同特征会使"限薪令"政策对企业效益的冲击产生不同的变化趋势。例如，政策冲击基于不同实际控制人性质而对企业效益的影响存在差异。市场化趋势下，民营企业和外资企业也在不同程度上受到薪酬管制的政策冲击。中国不同地区的经济发展存在地域差异性，经济发展水平更高、开放水平更高、市场化程度更强的东部地区可能会比其他地区受政策影响更大。因此，简单的双重差分估计会受限于企业本身存在的异质性影响（Heckman et al.，1996）。为保证分析的全面性，本书从所有制结构、地域特征和行业特征分类研究异质性问题。

一、按所有结构分类的分析

国泰安（CSMAR）数据库中实际控制人性质以股权性质文件为界定标准，通过股权性质编码（Equity Nature ID）可以将其分为国有企业、民营企业、外资企业和其他。类似地，首先，本书用实际控制人性质与薪酬管制政策的政策变量、处理变量组成交互项，形成回归模型的核心解释变量，借以判断薪酬管制政策对不同性质企业的企业效益的影响。其次，本书以企业效益（Benefit）作为被解释变量，通过差分模型分析政府薪酬管制政策通过薪酬分配对企业效益的异质性影响，判断政策效果。具体的估计结果如表9-12所示。

表9-12　　　薪酬管制政策对不同所有制结构企业的异质性影响

项目	(1) Benefit	(2) Benefit
国有企业效应	-0.00420 (-0.70)	-0.0134*** (-6.10)
民营企业效应	-0.0082* (-1.71)	-0.0075*** (-4.13)
外资企业效应	-0.00210 (-0.12)	-0.00400 (-0.68)
国有企业	0.00660 (0.70)	0.0181*** (4.78)
民营企业	0.0314*** (3.95)	0.0357*** (10.71)
外资企业	0.0143 (1.04)	0.0134*** (2.81)
常数项	0.0232*** (3.52)	-0.1418*** (-7.68)

续表

项目	（1）Benefit	（2）Benefit
控制变量	不控制	控制
固定效应	是	是
可决系数	-0.160	-0.0165
观测值个数	26000	22000

注：括号内代表 t 检验结果，***、**、* 分别代表1%、5%与10%的显著性水平。为节省篇幅，本表未汇报控制变量的系数。

资料来源：根据国泰安数据库（CSMAR）和中国研究数据平台（CNRDS）的数据计算所得。

表9-12估计结果中第（1）列和第（2）列显示出薪酬管制政策对不同所有制结构企业的企业效益影响。在企业绩效方面，相较于其他企业，国有企业、民营企业和外资企业都在1%水平上显著为正，表示国有企业绩效增长1.81%，民营企业绩效增长3.57%，外资企业绩效增长1.34%。其次，在考虑"限薪令"的政策冲击时，不同性质企业的市场反应不尽相同。企业绩效方面，国有企业和民营企业在1%水平显著为负，表明相较于上市公司中处于上升期的新三板、创业板等充满活力的企业，国有企业的绩效下降1.34%，民营企业下降0.75%，外资企业不受政策影响。总体来说，针对不同性质的企业，薪酬管制政策对国有企业的企业效益影响最大，民营企业次之，外资企业基本不受影响。

二、按经济地域分类的分析

考虑到中国上市公司归属地不同的经济发展状况，政府"限薪令"的市场反应也会存在诸多差异。因此，根据国家统计局的经济区域分类，本书根据上市公司办公地址所属省份进行划分，分为东部地区、东北地区、中部地区和西部地区四个经济区域。以西部地区作为参考标准，通过地域变量与政策变量、处理变量的交互项系数研究不同经济地域的政策效应。回归结果如表9-13所示。

表9-13　　　　　薪酬管制政策对不同经济地域企业的异质性影响

项目	（1）Benefit	（2）Benefit
东部地区效应	0.0503*** (3.78)	0.0503*** (3.77)

续表

项目	(1) Benefit	(2) Benefit
东北地区效应	-0.0142 (-0.38)	-0.0143 (-0.38)
中部地区效应	-0.0135 (-0.53)	-0.0136 (-0.53)
常数项	0.0538 (0.41)	0.0499 (0.38)
控制变量	不控制	控制
固定效应	是	是
可决系数	-0.136	-0.136
观测值个数	9200	9200

注：括号内代表 t 检验结果，***、**、* 分别代表 1%、5% 与 10% 的显著性水平。为节省篇幅，本表未汇报控制变量的系数。

资料来源：根据国泰安数据库（CSMAR）和中国研究数据平台（CNRDS）的数据计算所得。

根据表 9-13，我们可以推知：薪酬管制政策基于不同经济地域对企业效益的影响结果呈现出较大差异。表 9-13 中第（2）列的估计系数显示相较于西部地区的企业而言，东部地区企业的经济效益有显著的提升，而中部地区和东北地区企业的经济效益却有所下降。这主要是由于各个地区经济发展特征和市场化程度有关。东部地区的市场化程度更高，市场竞争环境更为激烈，政府能够适当承担监管职责，因此这一地区的企业往往会有更高的企业效益。由此说明，市场化程度更高、经济发展更快和对外开放程度更高的东部地区对薪酬管制政策的市场反应更敏感，更能相对约束管理层薪酬的过快增长，带来企业绩效的提升。只是，中部地区和西部地区对应的估计系数为负值，且不具备统计上的显著性，在此不再一一赘述。

三、按行业特征分类的分析

不同行业的企业绩效会受到宏观经济因素和其本身行业特征等诸多因素的影响。为了进一步研究政府薪酬管制政策对不同行业企业的影响，根据中国证监会（CSRC）（2012 年版）《上市公司行业分类指引》为划分标准，本书将上市公司所属行业进行分类，剔除缺失值较多的样本数据，共筛选出 14 个行业的数据。以农林牧副渔业作为参考标准，我们通过行业变量与政策变量、处理变量的交互项系数评估政府薪酬管制政策对不同行业企业的政策影响。具体的估计结果如表 9-14 所示。

表 9-14　　薪酬管制政策对不同行业企业的异质性影响

项目	(1) Benefit	(2) Benefit
行业政策效应	0.0452* (1.82)	0.0452* (1.82)
采矿业	-0.0506 (-1.53)	-0.0506 (-1.53)
制造业	-0.0526** (-2.06)	-0.0526** (-2.06)
电力、热力、燃气及水生产和供应业	-0.0585** (-2.20)	-0.0585** (-2.20)
建筑业	-0.0417 (-1.64)	-0.0417 (-1.64)
批发和零售业	-0.0477* (-1.85)	-0.0477* (-1.85)
交通运输、仓储和邮政业	-0.0440* (-1.65)	-0.0440* (-1.65)
信息传输、软件和信息技术服务业	-0.0524* (-1.86)	-0.0524* (-1.86)
金融业	-0.0490* (-1.91)	-0.0490* (-1.91)
房地产业	-0.0428 (-1.39)	-0.0428 (-1.39)
租赁和商务服务业	-0.0497* (-1.74)	-0.0497* (-1.74)
科学研究和技术服务业	-0.0694** (-2.57)	-0.0694** (-2.57)

续表

项目	(1) Benefit	(2) Benefit
居民服务、修理和其他服务业	0.0340** (2.05)	0.0340** (2.05)
卫生和社会工作	-0.0897*** (-3.52)	-0.0897*** (-3.52)
文化、体育和娱乐业	-0.0309 (-1.19)	-0.0309 (-1.19)
常数项	0.00190 (0.10)	0.00190 (0.10)
控制变量	不控制	控制
可决系数	0.0139	0.0137
观测值个数	893	892

注：括号内代表 t 检验结果，***、**、* 分别代表 1%、5% 与 10% 的显著性水平。为节省篇幅，本表未汇报控制变量的系数。另外，住宿和餐饮业、水利、环境和公共设施管理业、教育缺失值较多，不作为行业异质性的研究对象。

资料来源：根据国泰安数据库（CSMAR）和中国研究数据平台（CNRDS）的数据计算所得。

根据表 9-14，我们可以推知薪酬管制政策对不同行业企业效益产生不同的影响。表 9-14 中第（2）列的估计结果中，首先，除了交通运输、仓储和邮政业以及文化、体育和娱乐业这两个行业外，大部分行业对其反应并不敏感。交通运输、仓储和邮政业的管理层薪酬增加了 4.3 元，这得益于互联网的快速发展，电商产业的迅速崛起；相反，国家新闻出版广电总局近年来加大对影视行业的整顿力度，出台"明星限薪令"，限制娱乐行业的"天价薪酬"，因此娱乐业的管理层薪酬明显下降，降幅约为 1.9 万元。其次，就薪酬管制政策对不同行业企业效益影响的估计结果来看，总体上企业绩效得到提升，约为 4.52%。具体来看，传统行业的企业效益有所下降，而新兴服务业和高新技术产业的企业效益有所增加。这主要是由于科学技术的技术溢出效应所致。近年来，随着互联网技术和人工智能的兴起，科学技术对产业结构和企业效益的冲击异常显著，传统行业受到巨大的负面冲击，例如传统的零售业逐渐被新型的互联网经济行业取代，大量的零售业被迫关停，业绩受到巨大冲击。互联网时代背景下的新型服务类行业，例如现代物流服务业逐渐兴起，获得极高的利润。

第十章 研究结论与政策建议

本书主要研究了企业内部薪酬分配对企业效益影响的估计结果和作用机制。本章作为最后一章节，我们首先是对本书的研究结论进行总结概括，主要从薪酬水平、薪酬差距、薪酬结构、股权激励、"限薪令"五个角度出发，结合前面章节谈及的相关理论分析和实证分析，探究对企业效益影响的研究结论。其次，针对前面的研究结论，同样是从薪酬水平、薪酬差距、薪酬结构、股权激励、"限薪令"五个角度出发，秉着理论与实践相结合的思想，探究对企业效益影响的政策启示。

第一节 本书的研究结论

一、薪酬水平对企业效益影响的研究结论

第一，通过理论模型分析，发现员工的薪酬水平通过协同效应影响企业效益的变动，即企业为员工支付的薪酬水平与企业效益之间存在互为因果、相互影响的变化关系。这主要是由于两者间的协同效应所致。一方面，薪酬水平对企业效益的正向作用，也就是员工的薪酬水平发挥出正向激励作用。另一方面，企业效益对员工的薪酬水平存在利润分享的影响结果，生产活动的利润所得必然体现为提高员工的薪酬水平，将企业活动的收益惠及参与生产活动的企业员工。

第二，通过深入探究管理层和普通员工的薪酬水平与企业效益间的变动关系。发现管理层薪酬水平与企业效益的关系体现为单向影响关系，较高的企业效益会显著提高管理层的平均薪酬，但是管理层的平均薪酬对企业效益的正向激励效应却不具备统计上的显著性。普通员工群体的薪酬水平与企业效益的关系则表现为相互促进、互为因果的互动关系。这与员工平均薪酬和企业效益的协同效应关系相一致，即普通员工薪酬水平越高，薪酬越能发挥出激励作用，企业效益会越高；而企业获得更高收益时，发展的成果必将惠及所有参与生产活动的员工，

因此普通员工的薪酬水平也会越高。总之，企业内部不同群体的薪资水平对企业效益的影响差异，主要体现在两个方面：(1) 影响方向。管理者参与企业的利润分享过程，但其薪酬水平对企业效益的激励作用却不显著。普通员工的薪酬水平对企业效益发挥出激励作用，企业利润会分享给普通员工，体现为不断提高普通员工的薪酬水平。(2) 影响强度。普通员工群体的薪酬水平激励效应的强度更高；而企业效益对不同群体薪酬水平的分享强度来看，管理者群体的利润分享强度更高。这与员工个体的资源禀赋有关，拥有更高资源禀赋和权力的管理者，其提供的个人努力会对企业效益有更高的边际贡献，进而导致其比普通员工分享企业效益的强度更高。仅就薪酬水平这一分配形式，普通员工的收入来源较为单一，薪酬水平是普通员工的重要收入渠道，其对普通员工个人生活和工作的激励效应更为显著，因此企业效益会受其影响得到显著的提升。

二、薪酬差距对企业效益影响的研究结论

第一，通过理论模型分析，发现企业内部的薪酬差距对企业效益具有激励效应。数理推导的研究结果表明企业内部薪酬差距对企业效益的影响结果表现为非对称的激励效应。具体来说，薪酬差距与企业效益表现为倒"U"型的变动关系，当企业内部薪酬差距处于较低水平时，薪酬差距能够激励员工努力工作以追赶更高薪酬收入的员工，这样良性循环的锦标赛竞争模式显著地提升了企业效益，薪酬差距与企业效益表现为正相关关系。到达拐点后，此时持续扩大的薪酬差距，基于社会公平理论反而会损害员工的积极性，不利于组织内部的协作共赢，甚至会损害了企业效益，薪酬差距与企业效益表现为负相关关系。更进一步地，通过门槛模型研究了管理者内部薪酬差距与企业效益的关系，发现管理者内部薪酬差距存在门槛值，但是无论较低的薪酬差距，还是较高的薪酬差距都对企业效益产生积极影响，即管理者间的薪酬差距对企业效益的影响仅体现为显著的正向激励。相比较而言，管理者较低薪酬差距的激励强度更高，也就是说处于较低薪酬差距时，管理者内部薪酬差距激发出其工作的积极性和主动性，使得企业获得更高的利润。而当薪酬差距拉大到一定程度时，管理者内部薪酬差距的追赶作用在逐渐减弱，降低了其激励作用，这将导致较低薪酬差距的管理者团队能够为企业创造出更高的企业效益。最后，通过比较企业内部薪酬差距和管理者内部薪酬差距分别对企业效益的影响，我们发现管理者内部薪酬差距对企业效益的激励作用要远高于企业内部薪酬差距的影响力，即企业内部薪酬差距对企业效益的影响结果支持了权变理论，管理者内部薪酬差距对企业效益影响的估计结果则支持了锦标赛理论。

第二，通过异质性分析，即分别从企业层面和群体层面研究企业内部薪酬差

距对企业效益的影响。首先，从企业层面的异质性特征来看，本书以企业平均薪酬作为考察标准，当企业平均薪酬较低时，企业内部薪酬差距对企业效益发挥出正向激励作用，当企业平均薪酬较高时，薪酬差距对企业效益仍然发挥出正向激励作用，并且企业平均薪酬较高时，薪酬差距的激励强度更高。这主要是由于在较为完善的市场环境中，通过优胜劣汰的激烈竞争，为员工支付较高薪酬水平的企业往往具有良好的工作环境、完备的晋升路径、合理的人力资本制度设计和雄厚的企业实力。综合来说，这样较为成熟的企业也会吸引高素质人才，合理的薪酬差距必然能够激发出高禀赋人才的工作热情，进而会显著地提升企业效益。其次，从群体层面的异质性特征来看，本书分别以管理者群体和普通员工群体的薪酬收入作为门槛变量，分析了企业内部薪酬差距会对企业效益产生的影响。一方面，普通员工薪酬水平作为门槛变量时，企业内部薪酬差距能显著地提升企业效益。只是普通员工获得较低薪酬水平时，相较于获得较高薪酬水平的普通员工，薪酬差距的激励效应强度更高。另一方面，管理者薪酬水平作为门槛变量时，企业内部薪酬差距与企业效益的关系呈现为先增加后下降的倒"U"型变动趋势。管理者薪酬水平较低时，薪酬差距会促进员工努力工作，追赶效应导致企业带来更好的绩效表现。但管理者获得较高的薪酬水平时，薪酬差距反而会破坏团队协作的凝聚力，激发出恶性竞争，导致企业效益受到明显损害。

三、薪酬结构对企业效益影响的研究结论

第一，通过理论分析，发现企业的薪酬结构通过激励效应影响企业效益变化过程。薪酬结构是现代企业中人力资本的重要制度设计，企业旨在通过不同形式的薪酬设计合理地控制成本，能激励不同岗位和不同层级的员工，激发其参与企业生产经营活动的积极性和主动性。数理推导过程表明薪酬结构对企业效益的影响表现为正向的激励作用，即固定薪酬对企业效益产生促进作用，可变薪酬对企业效益的影响类似地表现为正向激励作用。一方面，固定薪酬对企业效益有显著的激励作用，能够为普通员工带来心理满足程度，为其心理账户增加安全感，进而显著地提升企业效益。固定薪酬作为事前激励，用以抗击经济生活中的不确定性，激励员工投入更多工作时间努力工作，进而能够使得企业获得更高的绩效表现。另一方面，可变薪酬能够显著地提升企业效益，即为员工支付较高的可变薪酬，能够体现出优胜劣汰的竞争法则，差异化薪酬的激励策略能够激发出员工的努力程度，这在一定程度上体现出机会均等的企业内部竞争环境。也就是能力越强的员工越能够适应可变薪酬的竞争原则，高素质人才的集聚效应能够显著地提升企业效益。

第二，通过中介效应分析，固定薪酬和可变薪酬基于资本存量、员工受教育程度和员工人数三个变量对企业效益产生中介效应。首先，固定薪酬对企业效益

的中介效应。其研究结果显示：(1) 固定薪酬通过资本存量的机制变量对企业效益产生了积极影响，其中介效应占总效用比例最高。资本存量代表企业的资本实力，实力雄厚的企业能够为员工支付更高的固定薪酬，更高的固定薪酬增加了员工心理账户的满足程度，这将激励员工更加努力的工作，进而能够显著地提升企业效益。(2) 固定薪酬通过员工受教育程度的机制变量对企业效益发挥出积极影响，其中介效应占总效用比例较低。较高固定薪酬对较低受教育程度的劳动者更有吸引力，但较低受教育程度的员工对应较低的直接劳动成本，这样反而会提升企业效益。(3) 固定薪酬通过员工人数的机制变量对企业效益类似地产生了积极影响，其中介效应占总效用比例较低。较高的固定薪酬会使企业人事部门合理控制员工人数，这是基于减轻劳动成本的负担考虑。雇用较低员工人数反而会显著地提升企业效益。其次，可变薪酬对企业效益的中介效应。其研究结果显示：(1) 可变薪酬通过资本存量对企业效益产生积极影响，其中介效应占总效用比例最高。资本存量越高的企业往往拥有雄厚的资本实力，这可以提供更高可变薪酬支付给能力更高的员工，使得能力更强员工为企业价值做出较高的边际贡献，因此企业会有更好的绩效表现。(2) 可变薪酬通过员工受教育程度的中介作用使得企业获得更高的价值，其中介效应占总效用比例较低。较高受教育程度的员工更愿意通过可变薪酬提高个人收入，因此较高受教育程度的员工会更加努力的工作，这将为企业创造更高的企业价值。(3) 可变薪酬通过员工人数的中介作用使得企业拥有更好的绩效表现，其中介效应占总效用比例较低。支付更高的可变薪酬会让企业权衡如何控制企业用工规模。合理使用一定人数的员工能够控制用工成本，因此会显著地提升企业效益。

第三，通过拓展性分析管理层持股比例对企业效益的影响，发现管理层持股作为可变薪酬的一种具体支付形式，对企业效益具有显著的激励作用。分位数回归的实证结果表明管理者股权激励效应的两端影响要高于中间部分的影响，较高的管理者持股比例对企业效益的影响要比处于中间水平企业的激励效应更小，而较高效益水平和较低效益水平企业的影响则更强。本书还对管理层持股的异质性特征进行深入分析，估计结果中监事会持股比例和高管持股比例与企业效益呈现出同方向变动关系，监事会持股比例和高管持股比例越高，企业效益会越好；董事会持股比例则与企业效益呈现出反方向变动关系，董事会持股比例越高，则会损害企业效益。

四、股权激励对企业效益影响的研究结论

第一，通过理论模型分析，发现经理人股权激励有助于提升企业经营业绩。经理人股权激励作为如今公司薪酬支付、公司治理的重要手段，能够统一股东和

经营者的价值和目的，使两者利益趋于一致，从而降低委托代理成本，合理配置企业控制权，提升企业的经营绩效。首先，本书从多个角度证明了经理人股权激励的实施对于我国上市公司的经营业绩的提升作用，既从企业经营绩效的"量"上来看，也从企业经营绩效的"质"上来看，也比较了不同激励工具（限制性股票、股票期权）之间的区别，同时也从经理人股权激励对不同所有权性质（国企、非国企）的角度进行了对比。研究发现，经理人股权激励有助于企业创新。经理人股权激励既是动力，又是压力。除了使得经理人努力提升企业的经营绩效之外，经理人股权激励有助于企业加大企业的技术创新能力，这是因为更加具有创造力的企业会给具有股权激励的经理人更高的回报。现代经济是创新的经济，投资者、监管层和企业家都可以以股权激励来促进公司的企业创新。经理人股权激励产生作用需要良好公司治理的环境。其次，本书从机构投资者增持、监督管理层以及约束大股东三个角度分析和证明了经理人股权激励产生作用的机制。

第二，通过回顾总结国内外企业职业经理人股权激励的主要做法，分别从实证分析、正反两方面案例分析研究探讨职业经理人股权激励与企业经营绩效的内在关系，进而在实践层面，为经理人股权激励计划的实施提供了具有应用价值的参考意见与政策建议。研究结构发现，经理人股权激励并不是独立于公司治理和企业环境而独立存在的，需要良好的公司治理环境和稳定的股权结构来保证激励计划达到预期的效果。本书的案例分析是对前文结论的应用和验证，案例分析显示实践中需要在合理分析企业环境的基础上再进行必要的激励。

五、"限薪令"对企业效益影响的研究结论

第一，通过理论模型分析，发现政策冲击下企业效益得到显著的提升。经济高压之下的薪酬管制政策激发出企业内部不同主体的经济活力，因此该政策极大地改善了企业的经营状况，显著地提升了企业效益。而且，政策冲击的动态效应估计结果显示由于政策的滞后性，政策冲击对企业效益的影响方向由负变正，且动态效应的强度由弱变强。

第二，通过中介效应分析，政策冲击下企业效益得到改善的作用机制主要是通过激励损耗效应、成本效应和对策效应三个渠道实现的。首先，管理层薪酬水平变动导致薪酬激励机制发挥作用，进而引致企业效益发生变化。管理层薪酬的中介效应方向显著为负，且该中介变量的中介效应占总效应的比例较高。由于管理者薪酬的下降，政策冲击导致该项政策极大地损害了企业效益。其次，普通员工薪酬的变动会影响企业的劳动成本，企业生产成本的变动则会直接作用于企业效益。普通员工薪酬的中介效应方向显著为正，且该中介变量的中介效应占总效应的比例较低。在生产规模和技术水平等保持不变的前提下，普通员工较低的薪

酬水平将对应较低的人工成本或者企业生产运营中人工成本占比下降。根据成本—收益分析法，这将极大地提升企业效益。最后，管理层持股比例可能会成为管理者个人利益的替代选择，股权激励机制会极大地影响企业效益。管理层持股比例的中介效应方向显著为正，且该中介变量的中介效应占总效应的比例最高。薪酬管制政策能够显著地提高管理者持股比例，进而大幅度提升了企业效益。

第三，通过异质性分析，即分别从企业的所有制结构、企业所处地域特征和行业特征分类的不同维度研究政策冲击的异质性问题。首先，相较于其他企业，政策冲击下国有企业绩效增长 1.81%，民营企业绩效增长 3.57%，外资企业绩效增长 1.34%。其次，相较于西部地区的企业而言，东部地区企业的经济效益有显著的提升，而中部地区和东北地区企业的经济效益却有所下降。最后，传统行业的企业效益有所下降，而新兴服务业和高新技术产业的企业效益有所增加。

第二节　政策启示

根据国家统计局的数据资料核算可知，2008 年前后我国各个层面的收入差别指标越过拐点（陈宗胜等，2018），收入分配差别开始进入下降预期的通道。未来，政府、企业和劳动者个人需各方协作，使收入分配的格局更加合理有序。针对本书探究内容，企业薪酬分配对企业效益影响的理论分析与实证检验结果为我们提供了以下政策启示。

一、薪酬水平对企业效益影响的政策启示

薪酬水平对企业效益影响的研究结果表明给员工支付的薪酬有显著的激励作用。因此，提高员工的薪酬收入是保证企业长远发展的经济动力和源泉。针对提高员工薪酬水平，可以从以下几个方面着手：其一，由于要素之间存在可替代性属性，单纯地增加劳动者的薪酬收入反而会降低劳动收入份额。此时，扩大劳动力市场的就业规模才是有效途径。就业规模的扩大和就业岗位的增加能够有效提升劳动报酬占比，提高人力资本的就业水平和职业素养。其二，国家在工资制度的调控过程中，要注重提高劳动报酬占比，将薪酬增长比率与企业经营利润相挂钩，确保劳动者们能够共同分享国家繁荣、行业进步和企业成长的发展成果。其三，随着现代社会管理制度的不断推进，企业应该为员工提供就业培训、职业晋升、技术培训和团队建设等各种提升其人力资本素质的途径。这样才能既保证现有员工的素质提升，也能使企业获得更好的绩效表现。

二、薪酬差距对企业效益影响的政策启示

薪酬差距对企业效益影响的研究结果显示,要重视薪酬差距会对员工和企业产生的影响,适当的薪酬差距能够产生促进作用,过大的薪酬差距必然会损害员工的积极性和组织协作能力。因此,未来要提倡机会均等的薪酬分配思想,缓解收入分配差距,提高企业效益。考虑政策影响的前提条件下,企业的薪酬差距源自努力不平等和机会不平等。如果仅是个人努力不均等造成的薪酬差距,则可认为薪酬分配不公导致的企业效益受损归于员工个人的责任。但机会不平等造就的薪酬分配问题值得关注,并且可以通过政策将其负面作用最小化。首先,借鉴罗默的分析框架,未来以经验数据为基础,将事前设计和事后评价相结合的路径有助于机会均等。事前通过找到干预工具,科学合理地设计机会均等的干预政策;事后对干预工具的实施效果加以评价,这能够在一定程度上保证薪酬分配的机会均等。其次,结合中国的基本国情和社会情境,企业层面的机会不均等源自社会关系。打破人才选拔的垄断壁垒,避免企业的用人唯亲和直系亲属规避原则都是打破社会关系破坏机会均等的有效措施。

三、薪酬结构对企业效益影响的政策启示

首先,面板固定效应模型的研究结果显示出薪酬结构中的固定薪酬组成部分会对企业效益有显著的促进作用。固定薪酬中有个人禀赋决定的职务工资,还有很大比例的社会保险费用的支出。从企业层面来说,个人能力决定的职务工资主要取决于个人的努力。企业在规范用工制度之外,固定薪酬中的社会保险收入还需要社会、企业和员工多方共同协作才能加以改善。其一,政府应该发挥监管作用,做出适当的干预措施来规范企业的用工行为、指定合理适用的社会保险缴费比率和优化社会保险缴费制度。另外,国家针对社会保险缴费的税费优惠政策能够显著地减轻企业负担,为企业发展提供政策支持,应该将其试行推广。其二,企业作为社会保险的缴费主体,一方面要依法按时为员工缴纳社会保险;另一方面还要优化企业人事制度,建立符合企业发展需要和员工个人利益的企业年金制度,多样化固定薪酬的支出形式,服务于企业的生产活动。其三,员工个人通过固定薪酬获得工作生活的基本安全感,更应该通过个人努力提高自身的素质和技能,匹配更高水平的固定薪酬,提高个人对企业效益的边际贡献程度。

其次,可变薪酬对企业效益的激励作用需要企业优化制度、提供公平竞争的工作环境来加以实现。可变薪酬作为个人努力可以量化的部分,合理的可变薪酬制度能够激发出员工的工作热情和努力程度,进而提升企业效益。具体来说,可

以通过以下几个途径提高可变薪酬对企业效益的激励作用。其一，优化企业薪酬结构的制度设计，多样化可变薪酬的组成形式，积极探索提升企业效益的薪酬支付形式，建立与企业发展阶段相适应的可变薪酬激励制度。其二，股权是现代企业可变薪酬的重要组成形式。管理层股权激励作用的实现需要制定合理的管理者绩效考核制度标准，强化企业内部控制，防止管理者牺牲企业利益谋求自身利益的寻租行为。员工持股计划也逐渐被许多企业纳入股权制度方案，尤其是针对部分核心技术员工，员工持股在保证将员工利益与企业利益目标一致性的前提条件下，能够对员工发挥显著的激励作用。其三，对于一些中小型企业，没有足够的资金实力维持类似于股权的可变薪酬激励形式，但仍需企业依据自身发展状况制定奖金福利制度，比如计件工资制度、全勤奖励等可变薪酬的支付形式。

四、股权激励对企业效益影响的政策启示

股权激励对企业效益的影响结果显示，职业经理人股权激励使职业经理人与企业所有者具有相同的目标与利益诉求，共同分享利润并承担风险的一种长期激励机制。因此，要倡导股权激励的实施，将职业经理人的利益与企业原有股东的利益、将经理人的发展目标与企业的发展目标统一起来，将二者的利益绑定起来，充分调动职业经理人经营行为的积极性与主动性，缓解寻租动机，努力提升经营绩效。首先，通过股权激励计划增强职业经理人等核心人才干事创业的动力与积极性，从机制层面减少了委托代理成本，不断促进和实现企业经营绩效的改善和增长。其次，通过经理人股权激励引起更多的更复杂的机构投资者持股进行监督，来持续激发经理人的动机性行为，监管部门应该加强对上市公司经理人的引导作用，相关各方需要避免因为股权激励计划授予条件不够明确，使得上市公司的经理人目标偏离、股权激励效果适得其反的问题。另外，金融市场监管层应加强对于上市公司大股东的监督，避免大股东侵占小股东利益的可能，使得其他股东和经理人拥有更多的动机性行为参与到上市公司的治理管理，让经理人股权激励的正相关性作用可以更大限度地发挥出来。最后，通过开展职业经理人股权激励，构建了经理人与股东一致的企业发展目标和利益关系，减少了经营和决策的信息不对称性等问题，降低了委托代理成本，有利于建设和形成利益与目标一致的公司治理机制，并结合企业自身的实际情况，选择相应的股权激励工具，以实现分工合理、权责清晰、相互制衡的公司治理机制。

五、"限薪令"对企业效益影响的政策启示

首先，管理者权力是一把"双刃剑"，合理利用好管理者权力的最佳路径是

"将权力关进制度的笼子"。尤其是在企业实践过程中，规范管理者权力做好企业内部和管理团队的内部控制建设需要做好下面的基本工作：其一，在产业结构调整升级和管理体制转轨的时代背景下，企业必须使管理者学会正确行使权力，保证管理者权力发挥出正向激励效应。这就要求管理者提高自身素质和管理水平，合法合理地行使其拥有的管理权力，整合利用好企业内部的各种资源，使得企业效益能够得到显著提升。其二，注重管理者团队的选择与培养。为了使管理者权力形成长效的运行机制，必须重视管理者团队的合理配置。比如可以适当地提高选拔高学历管理者的比例，恰当地配置一定比例的女性管理者，且要考虑到管理者团队内部的年龄异质性可能会对企业效益的消极影响。其三，保证管理者团队的稳定性和持续性，有效避免管理者团队成员频繁变动，割裂管理者团队的长期合作机制。管理者团队成员的波动会显著地降低企业效益，而管理者团队的长期合作能够强化对管理理念的认同感，精准把控企业的生产风险，提高有效沟通的合作收益，进而提升企业效益。其四，管理者权力的制度约束中，要注重正式规则的规章制度建设和非正式规则的企业文化相结合的约束权力的管理形式。过去团队成员盲目服从个人意志的错误行为会损害治理效率，应该在企业核心价值观和企业文化的基础上，构建共同遵守且团队成员认可的制度细则和问责机制，强化企业价值目标的利益导向。

其次，针对薪酬而出台执行的收入分配政策，需要国家、企业和个人多方共同努力保证政策的执行效果，保证企业高质量发展和员工报酬的公平分配。具体来说，其一，政府部门在指定薪酬监管的政策时要权衡各方的经济利益，尤其是在不同所有制结构、不同行业和不同经济地域的企业需考虑企业的异质性特征，制定出符合地方特色的差异化薪酬制度和策略。例如，最低工资制度中最低工资标准的设定要避免"一刀切"，应该因地制宜地指定符合各地的标准线。其二，任何政策的经济效果都具有滞后性，经济政策的积极影响需要时间进行检验。因此，某项政策出台后，应该给予充足的时间推进落实该项政策，避免陷入"阵地战"式改革的尴尬情境。其三，随着现代科学技术的进步和发展，互联网技术和社会媒体日渐强大，形成周密的舆论监督环境。政策效果需要社会各方的监督，通过开放包容的社会监督机制，能够及时反馈某项政策的弊端和社会各方的呼声，这样能够为下一步的政策调整树立起一道坚实的舆论防护网。

最后，党的十九大报告明确指出，中国经过 40 多年的改革开放，收入分配格局和收入分配差别程度逐步得到改进。从收入分配制度改革的角度来说，为保证企业的薪酬分配能够对企业效益有正向影响，需要从以下几个方面做出调整和努力。其一，完善初次分配的体制机制。中国目前处于社会主义初级阶段，企业生产经营活动中面临的收入分配问题极为复杂，需要进一步理顺初次分配的关系。就企业层面的问题而言，重在体现出贡献原则、促进就业和同工同酬，完善工资集体协商制度和最低工资制度。其二，健全再分配体制机制。例如合理的税收制度能够调节收入分配格局。中国的个人所得税制度的实际调节作用不显著，就企业薪酬分配问题来说，亟须公平为导向、提高收入分配能力的所得税制度。其三，促进建立公正合理、公开透明的收入分配秩序。劳动力市场是提供企业需求的劳动要素和员工供给个人劳动的市场关系总和。通过制定严格的法律规章制度规范劳动力市场的用工秩序，保证劳动力合理有序的流动，打破不合理的竞争壁垒，按照优胜劣汰的竞争原则匹配企业与员工的用工制度。

参 考 文 献

[1] 蔡锐. 企业内剥夺：表现、成因及影响——家族企业职业经理人管理者权力探析 [J]. 中国流通经济, 2012, 26 (5): 106-109.

[2] 蔡芸, 陈淑玉, 任成. 高管—员工薪酬差距对企业绩效的影响——基于沪深 A 股上市公司的面板门限回归分析 [J]. 北京工商大学学报 (社会科学版), 2019, 34 (2): 52-62.

[3] 柴才, 黄世忠, 叶钦华. 竞争战略、高管薪酬激励与公司业绩——基于三种薪酬激励视角下的经验研究 [J]. 会计研究, 2017 (6): 45-52, 96.

[4] 常风林, 周慧, 岳希明. 国有企业高管"限薪令"有效性研究 [J]. 经济学动态, 2017 (3): 40-51.

[5] 常亚青, 宋来. 中国企业相对效率和全要素生产率研究——基于 37 个行业 5 年数据的实证分析 [J]. 数量经济技术经济研究, 2006 (11): 3-12, 30.

[6] 陈丁, 张顺. 薪酬差距与企业绩效的倒 U 型关系研究——理论模型与实证探索 [J]. 南开经济研究, 2010 (5): 35-45.

[7] 陈冬华, 范从来, 沈永建, 等. 职工激励、工资刚性与企业绩效——基于国有非上市公司的经验证据 [J]. 经济研究, 2010 (7): 116-129.

[8] 陈胜蓝, 卢锐. 新股发行、盈余管理与高管薪酬激励 [J]. 管理评论, 2011, 23 (7): 155-162.

[9] 陈文强, 贾生华. 股权激励存在持续性的激励效应吗？——基于倾向得分匹配法的实证分析 [J]. 财经论丛, 2015 (9): 59-68.

[10] 陈信元, 陈冬华, 万华林, 等. 地区差异、薪酬管制与高管腐败 [J]. 管理世界, 2009 (11): 130-143, 188.

[11] 陈艳艳. 我国股权激励经济后果的实证检验 [J]. 南方经济, 2012 (10): 123-134.

[12] 陈彦斌, 王兆瑞. 经济下行压力下的风险研判及宏观政策应对 [J]. 经济纵横, 2019 (1): 58-68.

[13] 陈宗胜. 公有经济发展中的收入分配差别理论模型与假说 (Ⅰ): 劳动差别——生计剩余模型 [J]. 南开经济研究, 1991a (3): 3-12, 60.

[14] 陈宗胜. 论企业家主权 [J]. 南开学报 (哲学社会科学版), 1988

(4): 14.

[15] 陈宗胜. 体制变革中的宏观经济分析 [J]. 经济研究, 1988 (7): 3-10.

[16] 陈宗胜. 价格管制复归的制度变迁研究——天津市鸡蛋价格管制剖析 [J]. 经济研究, 1997 (11): 70-81.

[17] 陈宗胜. 改革、发展与收入分配 [M]. 上海: 复旦大学出版社, 1999: 97-111.

[18] 陈宗胜. 公有经济发展中的收入分配差别理论模型与假说 (Ⅱ): 两部门模型、总模型及倒U假说 [J]. 南开经济研究, 1991b (4): 13-19.

[19] 陈宗胜. 经济发展中的收入分配 [M]. 上海: 上海三联书店, 1991.

[20] 陈宗胜. 倒U曲线的"阶梯形"变异 [J]. 经济研究, 1994 (5): 55-59, 33.

[21] 陈宗胜. 中国城市居民收入分配差别现状、趋势及影响因素——以天津市为案例 [J]. 经济研究, 1997 (3): 21-31, 39.

[22] 陈宗胜, 周云波. 体制改革对城镇居民收入差别的影响——天津市城镇居民收入分配差别再研究 [J]. 中国社会科学, 2001 (6): 54-62, 205.

[23] 陈宗胜, 周云波. 再论改革与发展中的收入分配 [M]. 北京: 经济科学出版社, 2002.

[24] 陈宗胜, 等. 中国居民收入分配通论: 由贫穷迈向共同富裕的中国道路与经验——三论发展与改革中收入差别变动 [M]. 上海: 格致出版社, 上海三联书店, 上海人民出版社, 2018.

[25] 程虹. 管理提升了企业劳动生产率吗?——来自中国企业—劳动力匹配调查的经验证据 [J]. 管理世界, 2018, (2): 87-99, 194.

[26] 陈勇, 廖冠民, 王霆. 我国上市公司股权激励效应的实证分析 [J]. 管理世界, 2005 (2): 158-159.

[27] 戴璐, 宋迪. 高管股权激励合约业绩目标的强制设计对公司管理绩效的影响 [J]. 中国工业经济, 2018 (4): 117-136.

[28] 道格拉斯·诺思. 制度、制度变迁与经济绩效 [M]. 上海: 上海人民出版社, 2014.

[29] 杜兴强, 王丽华. 高层管理当局薪酬与上市公司业绩的相关性实证研究 [J]. 会计研究, 2007 (1): 58-65, 93.

[30] 方芳, 李实. 中国企业高管薪酬差距研究 [J]. 中国社会科学, 2015 (8): 47-67, 205.

[31] 方军雄. 高管权力与企业薪酬变动的非对称性 [J]. 经济研究, 2011, 46 (4): 107-120.

[32] 方竹兰. 人力资本所有者拥有企业所有权是一个趋势——兼与张维迎博士商榷 [J]. 经济研究, 1997 (6): 36-40.

[33] 冯根福, 刘虹, 冯照桢, 温军. 股票流动性会促进我国企业技术创新吗? [J]. 金融研究, 2017 (3): 41-43.

[34] 付强, 扈文秀, 康华. 股权激励能提高上市公司信息透明度吗——基于未来盈余反应系数的分析 [J]. 经济管理, 2019, 41 (3): 174-192.

[35] 高良谋, 卢建词. 内部薪酬差距的非对称激励效应研究——基于制造业企业数据的门限面板模型 [J]. 中国工业经济, 2015 (8): 114-129.

[36] 高敬忠, 周晓苏. 管理层持股能减轻自愿性披露中的代理冲突吗?——以我国 A 股上市公司业绩预告数据为例 [J]. 财经研究, 2013 (11): 123-133.

[37] 高敬忠, 周晓苏, 王英允. 机构投资者持股对信息披露的治理作用研究——以管理层盈余预告为例 [J]. 南开管理评论, 2011 (5): 129-140.

[38] 耿明斋. 高管薪酬与公司业绩关系的实证分析与对策思考 [J]. 经济体制改革, 2004 (1): 109-112.

[39] 谷书堂, 蔡继明. 按贡献分配是社会主义初级阶段的分配原则 [J]. 经济学家, 1989 (2): 100-108, 128.

[40] 郭峰, 熊瑞祥. 地方金融机构与地区经济增长——来自城商行设立的准自然实验 [J]. 经济学 (季刊), 2018, 17 (1): 221-246.

[41] 郭铁民. 马克思工资理论探讨 [J]. 当代经济研究, 1999 (1): 3-5.

[42] 韩立岩, 李慧. CEO 权力与财务危机——中国上市公司的经验证据 [J]. 金融研究, 2009 (1): 179-193.

[43] 韩晓梅, 龚启辉, 吴联生. 薪酬抵税与企业薪酬安排 [J]. 经济研究, 2016, 51 (10): 140-154.

[44] 何枫, 陈荣. 基于 SFA 测度的企业效率对企业绩效与企业价值的影响效果研究——来自于中国数个行业上市公司的证据 2002—2006 [J]. 金融研究, 2008 (9): 152-163.

[45] 侯东辰. 基于委托代理理论的经理人股票期权问题研究 [D]. 成都: 电子科技大学, 2009.

[46] 胡殿祺. 万科集团管理层股票期权激励案例分析 [D]. 南昌: 江西财经大学, 2017.

[47] 黄群慧, 李晓华. 中国工业发展 "十二五" 评估及 "十三五" 战略 [J]. 中国工业经济, 2015 (9): 5-20.

[48] 黄速建, 肖红军, 王欣. 论国有企业高质量发展 [J]. 中国工业经济, 2018 (10): 19-41.

[49] 贾珅, 申广军. 企业风险与劳动收入份额: 来自中国工业部门的证据 [J]. 经济研究, 2016, 51 (5): 116-129.

[50] 贾朋, 张世伟. 最低工资标准提升的溢出效应 [J]. 统计研究, 2013, 30 (4): 37-41.

[51] 姜付秀, 朱冰, 唐凝. CEO 和 CFO 任期交错是否可以降低盈余管理 [J]. 管理世界, 2013 (1): 158-167.

[52] 康士勇. 企业按"两个低于"原则自定工资总额的操作问题 [J]. 中国劳动科学, 1993 (5): 29.

[53] 孔东民, 徐茗丽, 孔高文. 企业内部薪酬差距与创新 [J]. 经济研究, 2017, 52 (10): 144-157.

[54] 厉以宁. 中国企业家的标准 [J]. 商业时代, 2000 (5): 26-27.

[55] 李春琦. 国有企业经营者的声誉激励问题研究 [J]. 财经研究, 2002 (12): 50-55.

[56] 李军林, 张英杰. 国有企业激励机制有效实施的制度基础——一种市场竞争与信号传递的分析视角 [J]. 经济学动态, 2009 (4): 81-84.

[57] 李绍龙, 龙立荣, 贺伟. 高管团队薪酬差异与企业绩效关系研究: 行业特征的跨层调节作用 [J]. 南开管理评论, 2012, 15 (4): 55-65.

[58] 李松龄. 劳动工资的性质和决定的理论分析与现实意义 [J]. 贵州社会科学, 2016 (10): 142-150.

[59] 李锡元, 倪艳. 上市公司职业经理人薪酬与企业绩效关系的实证研究 [J]. 经济管理, 2007 (6): 67-72.

[60] 李新春. 经理人市场失灵与家族企业治理 [J]. 管理世界, 2003 (4): 87-95, 154-155.

[61] 李燕萍, 孙红, 张银. 高管报酬激励、战略并购重组与公司绩效——来自中国 A 股上市公司的实证 [J]. 管理世界, 2008 (12): 177-179.

[62] 李增泉. 激励机制与企业绩效——一项基于上市公司的实证研究 [J]. 会计研究, 2000 (1): 24-30.

[63] 梁上坤, 张宇, 王彦超. 内部薪酬差距与公司价值——基于生命周期理论的新探索 [J]. 金融研究, 2019 (4): 188-206.

[64] 林浚清, 黄祖辉, 孙永祥. 高管团队内薪酬差距、公司绩效和治理结构 [J]. 经济研究, 2003 (4): 31-40, 92.

[65] 林青松, 李实. 企业效率理论与中国企业的效率 [J]. 经济研究, 1996 (7): 73-80.

[66] 刘春, 孙亮. 薪酬差距与企业绩效: 来自国企上市公司的经验证据 [J]. 南开管理评论, 2010, 13 (2): 30-39, 51.

[67] 刘贯春,陈登科,丰超. 最低工资标准的资源错配效应及其作用机制分析 [J]. 中国工业经济, 2017 (7): 64-82.

[68] 刘广生,马悦. 中国上市公司实施股权激励的效果 [J]. 中国软科学, 2013 (7): 110-121.

[69] 柳光强,孔高文. 高管海外经历是否提升了薪酬差距 [J]. 管理世界, 2018 (8): 130-142.

[70] 刘海建,陈传明. 企业组织资本、战略前瞻性与企业绩效:基于中国企业的实证研究 [J]. 管理世界, 2007 (5): 83-93.

[71] 柳建华,卢锐,孙亮. 公司章程中董事会对外投资权限的设置与企业投资效率——基于公司章程自治的视角 [J]. 管理世界, 2015 (7): 130-142.

[72] 刘慧龙,张敏,王亚平,吴联生. 政治关联、薪酬激励与员工配置效率 [J]. 经济研究, 2010, 45 (9): 109-121, 136.

[73] 刘军,刘小禹,任兵. 员工离职:雇佣关系框架下的追踪研究 [J]. 管理世界, 2007 (12): 88-95, 105, 172.

[74] 刘伟,苏剑. 供给、需求双宽松:经济下行压力加大下的宏观调控——2016年中国宏观经济形势分析与展望 [J]. 经济学动态, 2016 (3): 4-10.

[75] 刘小玄,李双杰. 制造业企业相对效率的度量和比较及其外生决定因素 (2000—2004) [J]. 经济学 (季刊), 2008 (3): 843-868.

[76] 刘子君,刘智强,廖建桥. 上市公司高管团队薪酬差距影响因素与影响效应:基于本土特色的实证研究 [J]. 管理评论, 2011, 23 (9): 119-127, 136.

[77] 鲁海帆. 高管团队内薪酬差距、合作需求与多元化战略 [J]. 管理科学, 2007 (4): 30-37.

[78] 鲁海帆. 内生性视角下高管层薪酬差距与公司业绩研究 [J]. 软科学, 2009, 23 (12): 22-29.

[79] 鲁海帆. 财务困境中CEO权力、高管层薪酬差距与公司业绩 [J]. 财贸研究, 2012, 23 (3): 116-124.

[80] 芦锐,柳建华,许宁. 内部控制、产权与高管薪酬业绩敏感性 [J]. 会计研究, 2011 (10): 42-48.

[81] 陆旸,蔡昉. 从人口红利到改革红利:基于中国潜在增长率的模拟 [J]. 世界经济, 2016, 39 (1): 3-23.

[82] 鲁晓东,连玉君. 中国工业企业全要素生产率估计:1999—2007 [J]. 经济学 (季刊), 2012, 11 (2): 541-558.

[83] 陆瑶,施新政,刘璐瑶. 劳动力保护与盈余管理——基于最低工资政策变动的实证分析 [J]. 管理世界, 2017 (3): 146-158.

[84] 吕长江, 赵宇恒. 国有企业管理者激励效应研究——基于管理者权力的解释 [J]. 管理世界, 2008 (11): 99-109, 188.

[85] 吕长江, 郑慧莲, 严明珠, 许静静. 上市公司股权激励制度设计: 是激励还是福利? [J]. 管理世界, 2009 (9): 133-147, 188.

[86] 梅洁. 国有控股公司管理层报酬的政策干预效果评估——基于"限薪令"和"八项规定"政策干预的拟自然实验 [J]. 证券市场导报, 2015 (12): 36-44.

[87] 马克思恩格斯全集 (第39卷) [M]. 北京: 人民出版社, 1974: 443.

[88] 马双, 张劼, 朱喜. 最低工资对中国就业和工资水平的影响 [J]. 经济研究, 2012 (5): 132-146.

[89] 年志远. 物质资本产权与人力资本产权契约 [J]. 吉林大学社会科学学报, 2009, 49 (5): 95-101.

[90] 潘颖. 股权激励、股权结构与公司业绩关系的实证研究——基于公司治理视角 [J]. 经济问题, 2009 (8): 107-109.

[91] 逄锦聚, 景维民, 何自力, 等. 中国特色社会主义政治经济学通论 [M]. 北京: 经济科学出版社, 2017.

[92] 师倩, 高雅妮. "沪港通"机制能够降低企业盈余管理吗?——基于双重差分模型的研究 [J]. 国际商务财会, 2018 (8): 77-84.

[93] 苏冬蔚, 林大庞. 股权激励、盈余管理与公司治理 [J]. 经济研究, 2010, 45 (11): 88-100.

[94] 孙菁, 鹿瑶. 股权激励与企业技术资本投资——基于倾向得分匹配法 (PSM) 的实证分析 [J]. 商业研究, 2018, 498 (10): 64-70.

[95] 苏联科学院经济研究所编. 政治经济学教科书 (增订第四版) [M]. 北京: 中国人民大学出版社, 1964.

[96] 缪毅, 胡奕明. 产权性质、薪酬差距与晋升激励 [J]. 南开管理评论, 2014, 17 (4): 4-12.

[97] 全毅. 两岸四地"老板"行为特征比较 [J]. 东南学术, 2002 (6): 93-98.

[98] 祁怀锦, 邹燕. 高管薪酬外部公平性对代理人行为激励效应的实证研究 [J]. 会计研究, 2014 (3): 26-32.

[99] 钱明辉, 李天明, 何滨舟. 我国中央企业上市公司薪酬差距与管理绩效关系研究 [J]. 软科学, 2017, 31 (4): 37-41.

[100] 钱雪亚, 胡琼, 邱靓. 工资水平的成本效应: 企业视角的研究 [J]. 统计研究, 2016, 33 (12): 17-27.

[101] 钱颖一. 克鲁格模型与寻租理论 [J]. 经济社会体制比较, 1988

(5)：17-18.

[102] 权小锋，吴世农. CEO权力强度、信息披露质量与公司业绩的波动性——基于深交所上市公司的实证研究 [J]. 南开管理评论，2010，13（4）：142-153.

[103] 沈仰东，白礼常. 关于企业经济效益概念和指标问题 [J]. 北方工业大学学报，1994（2）：1-10.

[104] 孙楚仁，田国强，章韬. 最低工资标准与中国企业的出口行为 [J]. 经济研究，2013（2）：42-54.

[105] 谭劲松，林雨晨. 机构投资者对信息披露的治理效应——基于机构调研行为的证据 [J]. 南开管理评论，2016，19（5）：115-226.

[106] 谭克虎，刘海涛，李霞，董卫敏. 奥利弗·哈特和本特·霍尔姆斯特伦：契约理论 [J]. 经济学动态，2016（12）：98-117.

[107] 谭庆美，李月，陈欣. 两任CEO权力差异对资本结构调整的影响研究 [J]. 软科学，2018，32（2）：67-70.

[108] 汤建影，张赛. 企业效益"绿色"评价指标体系的构建 [J]. 南开管理评论，2001（5）：56-58.

[109] 唐松，孙铮. 政治关联、高管薪酬与企业未来经营绩效 [J]. 管理世界，2014（5）：93-105.

[110] 唐松莲，陈伟. 声誉提升抑或利益结盟：关联证券分析师实地调研动因研究 [J]. 管理世界，2017（9）：178-179.

[111] 田松青. 初次分配中工资比例不足及其对经济社会的影响和对策探析 [J]. 新视野，2009（6）：62-63.

[112] 王怀明，史晓明. 高管—员工薪酬差距对企业绩效影响的实证分析 [J]. 经济与管理研究，2009（8）：25-29.

[113] 王克敏，陈井勇. 股权结构、投资者保护与公司绩效 [J]. 管理世界，2004（7）：127-133，148.

[114] 王涛，张雁，李姝. 管理认知对企业能力构建的影响 [J]. 经济管理，2012，34（3）：179-188.

[115] 魏芳，耿修林. 高管薪酬差距的阴暗面——基于企业违规行为的研究 [J]. 经济管理，2018，40（3）：57-73.

[116] 魏刚. 高级管理层激励与上市公司经营绩效 [J]. 经济研究，2000（3）：32-39，64-80.

[117] 魏众，王琼. 按劳分配原则中国化的探索历程——经济思想史视角的分析 [J]. 经济研究，2016，51（11）：4-12，69.

[118] 温忠麟，叶宝娟. 中介效应分析：方法和模型发展 [J]. 心理科学进

展, 2014, 22 (5): 731-745.

[119] 翁杰. 国际贸易、租金分享和工资水平——基于浙江制造业的实证研究 [J]. 国际贸易问题, 2008 (11): 58-67.

[120] 伍旭中. 马克思劳资关系理论时代化研究——基于我国私营经济劳资关系现实的考察 [J]. 河北经贸大学学报, 2018, 39 (2): 1-6.

[121] 巫强. 薪酬差距、企业绩效与晋升机制——高管薪酬锦标赛的再检验 [J]. 世界经济文汇, 2011 (5): 94-105.

[122] 夏纪军, 张晏. 控制权与激励的冲突——兼对股权激励有效性的实证分析 [J]. 经济研究, 2008 (3): 87-98.

[123] 肖永. 效率工资、效率工资增长模型 [J]. 数量经济技术经济研究, 2005, 22 (5): 58-66.

[124] 肖曙光, 杨洁. 高管股权激励促进企业升级了吗——来自中国上市公司的经验证据 [J]. 南开管理评论, 2018, 21 (3): 66-75.

[125] 谢千里, 罗斯基, 郑玉歆. 不同类型企业间技术开发活动要素配置的比较分析 [J]. 数量经济技术经济研究, 1993 (4): 35-47.

[126] 辛清泉, 谭伟强. 市场化改革、企业业绩与国有企业经理薪酬 [J]. 经济研究, 2009, 44 (11): 68-81.

[127] 熊胜绪. 国有企业经营者的精神激励机制探讨 [J]. 经济管理, 2003 (9): 50-52.

[128] 徐宁, 徐向艺. 监事股权激励、合谋倾向于公司治理约束——基于中国上市公司面板数据的实证研究 [J]. 经济管理, 2012 (1): 41-49.

[129] 徐细雄, 刘星. 放权改革、薪酬管制与企业高管腐败 [J]. 管理世界, 2013 (3): 119-132.

[130] 闫妍, 刘宜. 2016 年度诺贝尔经济科学奖获得者 Oliver Hart 与 Bengt Holmstrom 研究工作评述 [J]. 管理评论, 2016, 28 (10): 3-10.

[131] 杨青, 王亚男, 唐跃军. "限薪令"的政策效果: 基于竞争与垄断性央企市场反应的评估 [J]. 金融研究, 2018 (1): 156-173.

[132] 闫俊伊. 万科集团股权激励案例背景介绍 [J]. 经营与管理, 2019 (3): 29-31.

[133] 杨瑞龙, 周业安, 张玉仁. 国有企业双层分配合约下的效率工资假说及其检验——对"工资侵蚀利润"命题的质疑 [J]. 管理世界, 1998 (1): 166-175.

[134] 杨慧辉, 汪建新, 郑月. 股权激励、控股股东性质与信贷契约选择 [J]. 财经研究, 2019 (1): 75-86.

[135] 姚先国, 焦晓钰, 张海峰, 乐君杰. 工资集体协商制度的工资效应与

员工异质性——对杭州市企业调查数据的分析 [J]. 中国人口科学, 2013 (2): 49-59, 127.

[136] 叶林祥, 李实, 罗楚亮. 行业垄断、所有制与企业工资收入差距——基于第一次全国经济普查企业数据的实证研究 [J]. 管理世界, 2011a (4): 26-36.

[137] 叶林祥, 李实, 罗楚亮. 效率工资、租金分享与企业工资收入差距——基于第一次全国经济普查工业企业数据的实证研究 [J]. 财经研究, 2011b, 37 (3): 4-16.

[138] 尹美群, 盛磊, 李文博. 高管激励、创新投入与公司绩效——基于内生性视角的分行业实证研究 [J]. 南开管理评论, 2018, 21 (1): 109-117.

[139] 岳希明, 李实, 史泰丽. 垄断行业高收入问题探讨 [J]. 中国社会科学, 2010 (3): 77-93, 221-222.

[140] 曾志远, 蔡东玲, 武小凯. "监督管理层" 还是 "约束大股东"? 基金持股对中国上市公司价值的影响 [J]. 金融研究, 2018, 462 (12): 157-173.

[141] 张军扩, 罗雨泽, 宋荟柯. 突破 "制度高墙" 与跨越 "中等收入陷阱"——经验分析与理论研究结合视角 [J]. 管理世界, 2019, 35 (11): 1-7, 71, 230.

[142] 张建琦, 汪凡. 民营企业职业经理人流失原因的实证研究——对广东民营企业职业经理人离职倾向的检验分析 [J]. 管理世界, 2003 (9): 129-135.

[143] 张俊瑞, 张健光, 王丽娜. 中国上市公司股权激励效果考察 [J]. 西安交通大学学报 (社会科学版), 2009, 29 (1): 1-5.

[144] 张丽平, 杨兴全. 管理者权力、管理层激励与过度投资 [J]. 软科学, 2012, 26 (10): 107-112.

[145] 张楠, 卢洪友. 薪酬管制会减少国有企业高管收入吗——来自政府 "限薪令" 的准自然实验 [J]. 经济学动态, 2017 (3): 24-39.

[146] 张强, 王明涛. 机构投资者对企业创新的影响机制——来自中小创板上市公司的经验证据 [J]. 科技进步与对策, 2019, 36 (13): 1-10.

[147] 张维迎. 企业家与职业经理人: 如何建立信任 [J]. 北京大学学报 (哲学社会科学版), 2003 (5): 29-39.

[148] 张维迎. 博弈论与信息经济学 [M]. 上海: 上海格致出版社, 上海三联书店, 上海人民出版社, 2012.

[149] 张铁铸, 沙曼. 管理层能力、权力与在职消费研究 [J]. 南开管理评论, 2014, 17 (5): 63-72.

[150] 张维今, 李凯, 王淑梅. CEO 权力的调节作用下董事会资本对公司创

新的内在机制影响研究 [J]. 管理评论, 2018 (4): 70-82.

[151] 张兴亮, 夏成才. 非 CEO 高管患寡还是患不均 [J]. 中国工业经济, 2016 (9): 144-160.

[152] 张正堂. 高层管理团队协作需要、薪酬差距和企业绩效: 竞赛理论的视角 [J]. 南开管理评论, 2007 (2): 4-11.

[153] 张正堂, 李欣. 高层管理团队核心成员薪酬差距与企业绩效的关系 [J]. 经济管理, 2007 (2): 16-25.

[154] 赵国强, 徐晓辉, 梁启华, 刘冰. 裁员决策的经济理性分析 [J]. 南开管理评论, 2009, 12 (4): 136-142.

[155] 赵睿. 高管—员工薪酬差距与企业绩效——基于中国制造业上市公司面板数据的实证研究 [J]. 经济管理, 2012, 34 (5): 96-104.

[156] 郑秉文. "中等收入陷阱" 与中国发展道路——基于国际经验教训的视角 [J]. 中国人口科学, 2011 (1): 2-15, 111.

[157] 周方召, 贾少卿. 经济政策不确定性、投资者情绪与中国股市波动 [J]. 金融监管研究, 2019 (8): 101-114.

[158] 朱福民. 职业经理人伦理观念对企业绩效影响之实证研究 [D]. 上海: 复旦大学, 2010.

[159] 周建波, 孙菊生. 经营者股权激励的治理效应研究——来自中国上市公司的经验证据 [J]. 经济研究, 2003 (5): 74-82, 93.

[160] 周仁俊, 喻天舒, 杨战兵. 公司治理激励机制与业绩评价 [J]. 会计研究, 2005 (11): 26-31.

[161] 周维, 齐建国. 中国上市公司租金分享程度研究 [J]. 中国工业经济, 2014 (3): 107-120.

[162] 周云波, 赵红梅, 吴婷. 工资水平、工资结构与企业效益的协同效应研究——基于 2008-2010 年天津市 923 家企业面板数据的分析 [J]. 劳动经济研究, 2014 (6): 126-151.

[163] 周云波, 张敬文. 经理人股权激励可以提升企业价值吗？——来自中国 A 股上市公司的证据 [J]. 消费经济, 2020 (1): 26-34.

[164] 邹颖, 汪平, 张丽敏. 股权激励、控股股东与股权资本成本 [J]. 经济管理, 2015 (6): 98-109.

[165] Abeles R P. Relative Deprivation, Rising Expectations, and Black Militancy [J]. The Journal of Social Issues, 1976, 32 (2): 119-137.

[166] Abernethy M A, Kuang Y F, Qin B. The Influence of CEO Power on Compensation Contract Design [J]. The Accounting Review, 2015, 90 (4): 1265-1306.

[167] Acemoglu D, Finkelstein A. Input and Technology Choices in Regulated Industries: Evidence from the Health Care Sector [J]. Journal of Political Economy, 2008, 116 (5): 837-880.

[168] Acharya V V, Baghai R P, Subramanian K V. Wrongful Discharge Laws and Innovation [J]. Social Science Electronic Publishing, 2014, 27 (1): 301-346.

[169] Adams R B, Almeida H, Ferreira D. Powerful CEOs and Their Impact on Corporate Performance [J]. Review of Financial Studies, 2005, 18 (4): 1403-1432.

[170] Akerlof G A. Labor Contracts as Partial Gift Exchange [J]. The Quarterly Journal of Economics, 1982, 97 (4): 543-569.

[171] Akerlof G A. Gift Exchange and Efficiency - Wage Theory: Four Views. [J]. American Economic Review, 1984, 74 (2): 79-83.

[172] Akerlof G A, Yellen J L. The Fair Wage - Effort Hypothesis and Unemployment [J]. Quarterly Journal of Economics, 1990, 105 (2): 255-283.

[173] Aghion P, Bolton P. An Incomplete Contracts Approach to Financial Contracting [J]. The Review of Economic Studies, 1992, 59 (3): 473-494.

[174] Alchian A A, Demsetz H. Production, Information Costs, and Economic Organization [J]. IEEE Engineering Management Review, 1975, 3 (2): 21-41.

[175] Alexopoulos M. Shirking in A Monetary Business Cycle Model [J]. Canadian Journal of Economics, 2006, 39 (3): 689-718.

[176] Alexopoulos M. Growth and Unemployment in A Shirking Efficiency Wage Model [J]. Canadian Journal of Economics/Revue Canadienne Déconomique, 2010, 36 (3): 728-746.

[177] Almond D, Hongbin L, Zhang S. Land reform and sex selection in China [J]. Social Science Electronic Publishing, 2013 (6).

[178] Arianna H. Benedetti, Serena Chen. High CEO - to-worker pay ratios negatively impact consumer and employee perceptions of companies. Journal of Experimental Social Psychology, 2018 (79): 378-393.

[179] Ashbaugh - Skaife H, Collins D W, Lafond R. The Effects of Corporate Governance on Firms' credit ratings [J]. Journal of Accounting & Economics, 2006, 42 (1-2): 203-243.

[180] Atanassov J, Kim E H. Labor and Corporate Governance: International Evidence from Restructuring Decisions [J]. Social Science Electronic Publishing, 2010, 64 (1): 341-374.

[181] Backes - Gellner U, Pull K. Tournament Compensation Systems, Employee Heterogeneity, and Firm Performance [J]. Human Resource Management, 2013,

52 (3): 375 - 398.

[182] Banker R D, Bu D, Mehta M N. Pay Gap and Performance in China [J]. Abacus, 2016, 52 (3): 501 - 531.

[183] Barnard C I. The Functions of the Executive [M]. Cambridge, MA: Harvard University Press, 1938.

[184] Baumol W J. Speculation, Profitability, and Stability [J]. Review of Economics & Statistics, 1957, 39 (3): 263 - 271.

[185] Baumol W J. On the Theory of Expansion of the Firm [J]. American Economic Review, 1962, 52 (5): 1078 - 1087.

[186] Bebchuk L A. The Case against Board Veto in Corporate Takeovers [J]. The University of Chicago Law Review, 2002, 69 (3): 973 - 1035.

[187] Bebchuk L A, Fried J M, Walker D I. Managerial Power and Rent Extraction in the Design of Executive Compensation [J]. University of Chicago Law Review, 2002, 69 (3): 751 - 846.

[188] Benmelech E, Kandel E, Veronesi P. Stock - Based Compensation and CEO (Dis) Incentives [J]. Quarterly Journal of Economics, 2010, 125 (4): 1769 - 1820.

[189] Berle A A, Means G C. The Modern Corporation and Private Property [M]. New York: Macmillan, 1932.

[190] Bertrand M., Mullainathan A. Enjoying the quiet life? Corporate Governance and Managerial Preferences [J]. Journal of Political Economy, 2003, 111 (5): 1043 - 1075.

[191] Blair M. Ownership and Control: Rethinking Governance for the Twenty-first Century [M]. Washington D. C.: The Brookings Institution, 1995.

[192] Bloom M. The Performance Effects of Pay Dispersion on Individuals and Organizations [J]. The Academy of Management Journal, 1999, 42 (1): 25 - 40.

[193] Brian E. Becker, Mark A. Huselid. The Incentive Effects of Tournament Compensation Systems [J]. Administrative Science Quarterly, 1992, 37 (2): 336 - 350.

[194] Brown M, Falk A, Fehr E. Relational Contracts and the Nature of Market Interactions [J]. Econometrica, 2004, 72 (3): 747 - 780.

[195] Boyd B K. Board Control and CEO Compensation [J]. Strategic Management Journal, 2010, 15 (5): 335 - 344.

[196] Caner M and Hansen B E. Threshold Autoregression with a Unit Root [J]. Econometrica, 2001, 69 (6): 1555 - 1596.

[197] Caner, M. and Hansen, B. E. Instrumental Variable Estimation of a

Threshold Model [J]. Econometric Theory, 2004, 20 (5): 813-843.

[198] Carpenter M A, Fredrickson J W. Top Management Teams, Global Strategic Posture, and the Moderating Role of Uncertainty [J]. The Academy of Management Journal, 2001, 44 (3): 533-545.

[199] Cebon P, Hermalin B E. When Less Is More: The Benefits of Limits on Executive Pay [J]. Review of Financial Studies, 2015, 28 (6): 1667-1700.

[200] Chandler A D. The visible hand: The managerial revolution in American business [J]. Journal of Financial Economics, 1977, 3 (1): 305-360.

[201] Chen H, Kacperczyk, Marcin T, Ortiz-Molina, Hernan. Labor Unions, Operating Flexibility, and the Cost of Equity [J]. Journal of Financial & Quantitative Analysis, 2011, 46 (1): 25-58.

[202] Chen S S, Chou R K, Lee Y C. The Effects of Executive Compensation and Outside Monitoring on Firms' Pre-repurchase Disclosure Behavior and Post-repurchase Performance [J]. Review of Quantitative Finance and Accounting, 2020, 54 (1): 111-158.

[203] Cheng S. Board Size and the Variability of Corporate Performance [J]. Journal of Financial Economics, 2008, 87 (1): 157-176.

[204] Chhaochharia V, Grinstein Y. Corporate Governance and Firm Value: The Impact of the 2002 Governance Rules [J]. Journal of Finance, 2007, 62 (4): 1789-1825.

[205] Clark J B. Wages and Interest as Determined by Marginal Productivity [J]. Journal of Political Economy, 1901, 10 (1): 105-109.

[206] Clarkson, M B E. "A Risk-based Model of Stakeholder Theory" [Z]. Proceedings of the Toronto Conference on Stakeholder Theory, Toronto: Center for Corporate Social Performance and Ethics, University of Toronto, Canada, 1994.

[207] Combs J G, Jr D J K, Perryman A A, et al. The Moderating Effect of CEO Power on the Board Composition-Firm Performance Relationship [J]. Journal of Management Studies, 2010, 44 (8): 1299-1323.

[208] Connelly B L, Tihanyi L, Crook R, et al. Tournament Theory: Thirty Years of Contests and Competitions [J] Journal of Management, 2014, 40 (1): 16-47.

[209] Connelly B L, Tihanyi L, Ketchen D J, et al. Competitive repertoire complexity: Governance antecedents and performance outcomes [J]. Strategic Management Journal, 2017, 38 (5): 1151-1173.

[210] Cowherd D M, Levine D I. Product Quality and Pay Equity between

Lower - Level Employees and Top Management: An Investigation of Distributive Justice Theory [J]. Administrative Science Quarterly, 1992, 37 (2): 302 - 320.

[211] Cowling M. Fixed Wages or Productivity Pay: Evidence from 15 EU Countries [J]. Small Business Economics, 2001, 16 (3): 191 - 204.

[212] Crosby F. The Denial of Personal Discrimination [J]. American Behavioral Scientist, 1984, 27 (3): 371 - 386.

[213] Defusco R A, Johnson Z R R. The Association between Executive Stock Option Plan Changes and Managerial Decision Making [J]. Financial Management, 1991, 20 (1): 36 - 43.

[214] Demarzo P M, Sannikov Y. Learning, Termination, and Payout Policy in Dynamic Incentive Contracts [J]. Social Science Electronic Publishing, 2016, 84 (1): 16 - 31.

[215] Demsetz H. The Structure of Ownership and the Theory of the Firm [J]. Journal of Law & Economics, 1983, 26 (2): 375 - 390.

[216] Devaro J. Strategic Promotion Tournaments and Worker Performance [J]. Strategic Management Journal, 2006, 27 (8): 721 - 740.

[217] Dittrich M, Silvio Städter. Moral Hazard and Bargaining over Incentive Contracts [J]. Social Science Electronic Publishing, 2015, 69 (1): 75 - 85.

[218] Dohmen T, Falk A. Performance Pay and Multidimensional Sorting: Productivity, Preferences, and Gender [J]. American Economic Review, 2011, 101 (2): 556 - 590.

[219] Drucker W R. The management of trauma: imperatives for hospital cost containment [J]. Bulletin of the American College of Surgeons, 1984, 69 (10): 12.

[220] Ehrenberg R G, Bognanno M L. Do Tournaments Have Incentive Effects? [J]. Journal of Political Economy, 1990, 98 (6): 1307 - 1324.

[221] Eisenhardt K M, Bourgeois L J. Politics of Strategic Decision Making in High - Velocity Environments: Toward a Midrange Theory [J]. Academy of Management Journal, 1988, 31 (4): 737 - 770.

[222] Faleye O, Reis E, Venkateswaran A. The determinants and effects of CEO - Employee Pay Ratios [J]. Journal of Banking & Finance, 2013, 37 (8): 3258 - 3272.

[223] Falk A, Fehr E, Fischbacher U. On the Nature of Fair Behavior [J]. Economic Inquiry, 2003, 41 (1): 20 - 26.

[224] Fang H, Nofsinger J R, Quan J. The Effects of Employee Stock Option Plans on Operating Performance in Chinese Firms [J]. Journal of Banking & Finance,

2015, 54: 141-159.

[225] Florian M, Sandra P, Tao Z. Improving or Disappearing: Firm-level Adjustments to Minimum Wages in China [J]. Journal of Development Economics, 2018.

[226] Florian M, Sandra P, Tao Z. The Cleansing Effect of Minimum Wages [J]. Working Papers, 2014.

[227] Finkelstein S. Power in Top Management Teams: Dimensions, Measurement, and Validation [J]. Academy of Management Journal Academy of Management, 1992, 35 (3): 505-538.

[228] Franck E, Nüesch, Stephan. The Effect of Wage Dispersion on Team Outcome and the Way Team Outcome is Produced [J]. Applied Economics, 2011, 43 (23): 3037-3049.

[229] Fuerst O, Kang S H. Corporate Governance, Expected Operating Performance, and Pricing [J]. Corporate Ownership and Control, 2004, 1 (2): 13-30.

[230] Gert Jan Hofstede. Why Simulation Games Work-In Search of the Active Substance: A Synthesis, 2010, 41 (6): 824-843.

[231] Giannetti M, Liao G, Yu X. The Brain Gain of Corporate Boards: Evidence from China [J]. The Journal of Finance, 2015, 70 (4): 1629-1682.

[232] Goh S. K. Is Productivity Linked to Wages? An Empirical Investigation in Malaysia [R]. Mpra Paper, 2009.

[233] Golden B R, Zajac E J. When will Boards Influence Strategy? Inclination × Power = Strategic Change [J]. Strategic Management Journal, 2010, 22 (12): 1087-1111.

[234] Grund C, Westergård-Nielsen, Niels C. The Dispersion of Employees' Wage Increases and Firm Performance [J]. IZA Discussion Papers, 2004, 61 (4): 485-501.

[235] Grund C, Westergaard-Nielsen, Niels. Age Structure of the Workforce and Firm Performance [J]. International Journal of Manpower, 2008, 29 (5): 410-422.

[236] Hanlon M, Rajgopal S, Shevlin T J, et al. Are Executive Stock Options Associated with Future Earnings [J]. Journal of Accounting and Economics, 2003, 36 (1): 3-43.

[237] Hansen B E. Threshold Effects in Non-dynamic Panels: Estimation, Testing, and Inference [J]. Journal of Econometrics, 1999, 93 (2): 345-368.

[238] Hansen B E. Edgeworth Expansions for the Wald and GMM Statistics for Nonlinear Restrictions [J]. Econometric Theory & Practice, 2000: 9-35.

[239] Hanson R C, Song M H. Managerial Ownership, Board Structure, and the Division of Gains in Divestitures [J]. Journal of Corporate Finance, 2000, 6 (1): 55 – 70.

[240] Harder J W. Play for Pay: Effects of Inequity in a Pay-for-Performance Context [J]. Administrative Science Quarterly, 1992, 37 (2): 321 – 335.

[241] Harris M, Raviv A. Corporate Control Contests and Capital Structure [J]. Journal of Financial Economics, 1988, 20 (1 – 2): 55 – 86.

[242] Hart S L. A Natural – Resource – Based View of the Firm [J]. Academy of Management Review, 1995, 20 (4): 986 – 1014.

[243] Hay D, Louri H. Investment in Inventories: An Empirical Microeconomic Model of Firm Behaviour [J]. Oxford Economic Papers, 1994, 46 (1): 157 – 170.

[244] Heckman J J, Ichimura H, Smith J, et al. Sources of Selection Bias in Evaluating Social Programs: an Interpretation of Conventional Measures and Evidence on the Effectiveness of Matching as a Program Evaluation Method [J]. Proceedings of the National Academy of Sciences of the United States of America, 1996, 93 (23): 13416.

[245] Henderson A D, Fredrickson J W. Top Management Team Coordination Needs and the CEO Pay Gap: A Competitive Test of Economic and Behavioral Views [J]. The Academy of Management Journal, 2001, 44 (1): 96 – 117.

[246] Hildreth A K G, Oswald A J. Rent – Sharing and Wages: Evidence from Company and Establishment Panels [J]. Journal of Labor Economics, 1994, 15 (2): 318 – 337.

[247] Hildreth A K G. Rent – Sharing and Wages: Product Demand Or Technology Driven Premia? [J]. Economics of Innovation & New Technology, 1998, 5 (2 – 4): 199 – 226.

[248] Holmstrom B R, Tirole J. Chapter 2 The Theory of the Firm [J]. Handbook of Industrial Organization, 1989, 1 (1): 61 – 133.

[249] Howitt P. Looking inside the Labor Market: A Review Article [J]. Journal of Economic Literature, 2002, 40 (1): 125 – 138.

[250] Isaac L, Stryker M S. Political Protest Orientations Among Black and White Adults [J]. American Sociological Review, 1980, 45 (2): 191 – 213.

[251] Jerayr Haleblian, Sydney Finkelstein. Top Management Team Size, CEO Dominance, and Firm Performance: The Moderating Roles of Environmental Turbulence and Discretion [J]. Acaclemy of Management Journal, 1993, 36 (4): 844 – 863.

[252] Jensen M C, Meckling W H. Theory of the Firm: Managerial Behavior, Agency Costs and Ownership Structure [J]. Social Science Electronic Publishing, 1976, 3 (4): 305-360.

[253] Jensen M C, Murphy K J. Performance Pay and Top Management Incentives [J]. Journal of Political Economy, 1990, 98 (2): 225-264.

[254] John K, Knyazeva A, Knyazeva D. Employee Rights and Acquisitions [J]. Journal of Financial Economics, 2013, 118 (1): 49-69.

[255] John K, Qian Y, Mehran H. Regulation, Subordinated Debt, and Incentive Features of CEO Compensation in the Banking Industry [J]. Staff Reports, 2007, 18 (1): 16-21.

[256] Kahneman D, Knetsch J L, Thaler R H. Experimental Tests of the Endowment Effect and the Coase Theorem [J]. Journal of Political Economy, 1990, 98 (6): 1325-1348.

[257] Kahneman D, Knetsch J L, Thaler R H. Anomalies: The Endowment Effect, Loss Aversion, and Status Quo Bias [J]. Journal of Economic Perspectives, 1991, 5 (1): 193-206.

[258] Kahneman D, Knetsch J L, Thaler R H. The Endowment Effect: Evidence of Losses Valued More than Gains [J]. Handbook of Experimental Economics Results, 2008, 1, Part 7 (7): 939-948.

[259] Kaplan, Steven N. Top Executive Rewards and Firm Performance: A Comparison of Japan and the United States [J]. Journal of Political Economy, 1994, 102 (3): 510-546.

[260] Kirilenko A A. Valuation and Control in Venture Finance [J]. Journal of Finance, 2001, 56 (2): 565-587.

[261] Koenker R. Quantile Regression for Longitudinal Data [J]. Journal of Multivariate Analysis, 2004, 91 (1): 74-89.

[262] Krueger A B, Summers L H. Efficiency Wages and the Inter-Industry Wage Structure [J]. Econometrica, 1988, 56 (2): 259-293.

[263] Kuznets S. Economic Growth and Income Inequality [J]. American Economic Review, 1955, 45 (1): 1-28.

[264] Lambert R A, Weigelt L K. The Structure of Organizational Incentives [J]. Administrative Science Quarterly, 1993, 38 (3): 438-461.

[265] Lawrence B S. Perspective—The Black Box of Organizational Demography [J]. Organization Science, 1997, 8 (1): 1-22.

[266] Lazear, Edward P. Performance Pay and Productivity [J]. American Eco-

nomic Review, 2000, 90 (5): 1346 - 1361.

[267] Lazear E P, Rosen S. Rank - Order Tournaments as Optimum Labor Contracts [J]. Journal of Political Economy, 1981, 89 (5): 841 - 864.

[268] Lee, Shin - Ping, Chen, Hui - Ju. Corporate Governance and Firm Value as Determinants of CEO Compensation in Taiwan [J]. Management Research Review, 2011, 34 (3): 252 - 265.

[269] Lemos S. Minimum Wage Effects in a Developing Country [J]. Labour Economics, 2009, 16 (2): 224 - 237.

[270] MacKinnon, David P, Lockwood, Chondra M, Williams, Jason. Confidence Limits for the Indirect Effect: Distribution of the Product and Resampling Methods [J]. Multivariate Behavioral Research, 2004, 39 (1): 99 - 128.

[271] Maestri L. Bonus Payments versus Efficiency Wages in the Repeated Principal - Agent Model with Subjective Evaluations [J]. American Economic Journal: Microeconomics, 2012, 4 (3): 34 - 56.

[272] Malcomson, James M. Work Incentives, Hierarchy, and Internal Labor Markets [J]. Journal of Political Economy, 1984, 92 (3): 486 - 507.

[273] Maloney M T, Mccormick R E. The Response of Workers to Wages in Tournaments: Evidence From Foot Races [J]. Journal of Sports Economics, 2000, 1 (2): 99 - 123.

[274] Mark A. Huselid. The Impact of Human Resource Management Practices on Turnover, Productivity, and Corporate Financial Performance, 1995, 38 (3): 635 - 672.

[275] Martin, J. A Garbage Can Model of the Psychological Research Process [J]. American Behavioral Scientist, 1981, 25 (2): 131 - 151.

[276] Martin J. The Fairness of Earnings Differentials: An Experimental Study of the Perceptions of Blue - Collar Workers [J]. The Journal of Human Resources, 1982, 17 (1): 110 - 122.

[277] Martins P S. Rent Sharing Before and After the Wage Bill [J]. Applied Economics, 2009, 41 (17): 2133 - 2151.

[278] Martins P S, Yang Y. Globalized Labour Markets? International Rent Sharing Across 47 Countries [J]. British Journal of Industrial Relations, 2015, 53 (4): 664 - 691.

[279] Matthew S. Fritz, David P. MacKinnon. A Graphical Representation of the Mediated Effect [J]. Behavior Research Methods, 2008, 40 (1): 55 - 60.

[280] Mcguire J W, Chiu J S Y, Elbing A O. Executive Incomes, Sales and Profits [J]. American Economic Review, 1962, 52 (4): 753 - 761.

[281] Mckernan S M, Fender B L. Taming the Beast: Categorizing State Welfare Policies: A Typology of Welfare Policies Affecting Recipient Job Entry [J]. Journal of Policy Analysis and Management, 2005, 24 (2): 443-460.

[282] Mehran H. Executive Compensation Structure, Ownership, and Firm Performance [J]. Journal of Financial Economics, 1995, 38 (2): 163-184.

[283] Melton M, Zorn T S. An Empirical Test of Tournament Theory: the Senior PGA Tour [J]. Managerial Finance, 2000, 26 (7): 16-32.

[284] Meyer M, Milgrom P, Roberts J. Organizational Prospects, Influence Costs, and Ownership Changes [J]. Journal of Economics & Management Strategy, 1992, 1 (1): 27.

[285] Milgrom P., Roberts J. An Economic Approach to Influence Activities in Organizations [J]. American Journal of Sociology, 1988, 94: S154-S179.

[286] Miller D J. CEO Salary Increases May be Rational After All: Referents and Contracts in CEO Pay [J]. Academy of Management Journal, 1995, 38 (5): 1361-1385.

[287] Miller M. Debt and taxes [J]. Journal of Finance, 1977, 32 (2): 261-275.

[288] Min M, Chowdhury R H. Credit Rating Changes and Leverage Adjustments: Concurrent or Continual? [J]. Review of Pacific Basin Financial Markets & Policies, 2014, 17 (4).

[289] Mincer J. Unemployment Effects of Minimum Wages [J]. NBER Working Papers, 1974, 84 (4): 87-104.

[290] Mintzberg, H. Mintzberg on Management: Inside the Strange World of Organizations [M]. New York: Free Press, 1989: 98-99.

[291] Mueller D C. A Theory of Conglomerate Mergers [J]. Quarterly Journal of Economics, 1969, 83 (4): 643-659.

[292] Myers S. Determinants of Corporate Borrowing [J]. Journal of Financial Economics, 1977, 5 (2): 147-175.

[293] Modigliani F, Miller M H. The Cost of Capital, Corporation Finance and the Theory of Investment [J]. American Economic Review, 1958 (48): 261-297.

[294] Modigliani F, Miller M H. Corporate Income Taxes and the Cost of Capital: A Correction [J]. American Economic Review, 1963 (53): 433-443.

[295] Nielsen S, Review M I, Michael-Jörg Oesterle, et al. Top Management Team Internationalization and Firm Performance [J]. Management International Review, 2010, 50 (2): 185-206.

[296] Ntim C G, Lindop S, Thomas D A, et al. Executive Pay and Performance: the Moderating Effect of CEO Power and Governance Structure [J]. Social Science Electronic Publishing, 2017, 30 (1): 921 – 963.

[297] O'Reilly C A, Mainhe B G, Crystal G S. CEO Compensation as Tournament and Social Comparison: A Tale of Two Theories [J]. Administrative Science Quarterly, 1988, 33 (2): 257 – 274.

[298] O'Reilly C A, Wade J. Top Executive Pay: Tournament or Teamwork? [J]. Journal of Labor Economics, 1993, 11 (4): 606 – 628.

[299] Oswald S L, Jahera J S, Journal S M. The Influence of Ownership on Performance: An Empirical Study [J]. Strategic Management Journal, 2010, 12 (4): 321 – 326.

[300] Owens M F, Kagel J H. Minimum Wage Restrictions and Employee Effort in Incomplete Labor Markets: An Experimental Investigation [J]. Journal of Economic Behavior & Organization, 2010, 73 (3): 317 – 326.

[301] Palia D, Lichtenberg F. Managerial Ownership and Firm Performance: A Re-Examination Using Productivity Measurement [J]. Journal of Corporate Finance, 1999, 5 (4): 323 – 339.

[302] Pearce J A, Zahra S A. The Relative Power of CEOs and Boards of Directors: Associations with Corporate Performance [J]. Strategic Management Journal, 1991, 12 (2): 135 – 153.

[303] Rajgopal S, Shevlin T J, Zamora V. CEOs' Outside Employment Opportunities and the Lack of Relative Performance Evaluation in Compensation Contracts [J]. The Journal of Finance, 2006, 61 (4): 1813 – 1844.

[304] Rebitzer J B, Taylor L J. Efficiency Wages and Employment Rents: The Employer – Size Wage Effect in the Job Market for Lawyers [J]. Journal of Labor Economics, 1995, 13 (4): 678 – 708.

[305] Robbins P, Mary C. Management (9th) [M]. New Jersey: Prentice – Hall International, 2007.

[306] Robert C. Allen. American Exceptionalism as a Problem in Global History [J]. The Journal of Economic History, 2014, 74 (2).

[307] Roland M, Dudley R A. How Financial and Reputational Incentives Can Be Used to Improve Medical Care [J]. Health Services Research, 2015, 50: 2090 – 2115.

[308] Roll R. The Hubris Hypothesis of Corporate Takeovers [J]. The Journal of Business, 1986, 59 (2): 197 – 216.

[309] Rosenbaum P R, Rubin D B. The Bias Due to Incomplete Matching [J]. Biometrics, 1985, 41 (1): 103-116.

[310] Salop S C. A Model of the Natural Rate of Unemployment [J]. American Economic Review, 1979, 69 (1): 117-125.

[311] Shapiro C, Stiglitz J E. Equilibrium Unemployment as a Worker Discipline Device [J]. American Economic Review, 1984, 74 (3): 433-444.

[312] Shaw J D, Gupta N, Delery J E. Pay Dispersion and Workforce Performance: Moderating Effects of Incentives and Interdependence [J]. Strategic Management Journal, 2002, 23 (6): 491-512.

[313] Shue K, Townsend R R. How Do Quasi-Random Option Grants Affect CEO Risk-Taking? [J]. The Journal of Finance, 2017, 72 (12): 2551-2588.

[314] Sweeney P D, Mcfarlin D B, Inderrieden E J. Research Notes: Using Relative Deprivation Theory to Explain Satisfaction With Income and Pay Level: A Multistudy Examination [J]. The Academy of Management Journal, 1990, 33 (2): 423-436.

[315] Taussig F W, Barker W S. American Corporations and Their Executives: A Statistical Inquiry [J]. Quarterly Journal of Economics, 1925, 40 (1): 1-51.

[316] Thaler R. Mental Accounting and Consumer Choice [J]. Marketing Science, 1985, 4 (3): 199-214.

[317] Ting, HsiuI, Chueh, et al. CEO Power and its Effect on Performance and Governance: Evidence from Chinese Banks [J]. Emerging Markets Review, 2017, 33 (9): 42-61.

[318] Turnley W H, Bolino M C, Lester S W, et al. The Impact of Psychological Contract Fulfillment on the Performance of In-Role and Organizational Citizenship Behaviors [J]. Journal of Management, 2003, 29 (2): 187-206.

[319] Turnley W H, Feldman D C. The Impact of Psychological Contract Violations on Exit, Voice, Loyalty, and Neglect [J]. Human Relations, 1999, 52 (7): 895-922.

[320] Tversky A, Kahneman D. Judgment under Uncertainty: Heuristics and Biases [J]. Science, 1974, 185 (9): 1124-1131.

[321] Tzioumis K. Why do Firms Adopt CEO Stock Options? Evidence from the United States [J]. Journal of Economic Behavior & Organization, 2008, 68 (1): 100-111.

[322] Vauhkonen J. Financial Contracts and Contingent Control Rights [J]. The Finance, 2003.

[323] Vieito J P T. Gender, Top Management Compensation Gap, and Company Performance: Tournament versus Behavioral Theory [J]. Corporate Governance: An International Review, 2012, 20 (1): 46 –63.

[324] Wall M, Wadhwani S B. A Direct Test of the Efficiency Wage Model Using UK Micro-data [J]. Oxford Economic Papers, 1991, 43 (4): 529 –548.

[325] Wakeford J. The Productivity-wage Relationship in South Africa: an Empirical Investigation [J]. Development Southern Africa, 2004, 21 (1): 109 –132.

[326] Wascher N W. Minimum Wages, Labor Market Institutions, and Youth Employment: A Cross – National Analysis [J]. Industrial and Labor Relations Review, 2004, 57 (2): 223 –248.

[327] Weiss A W. Job Queues and Layoffs in Labor Markets with Flexible Wages [J]. Journal of Political Economy, 1980, 88 (3): 526 –538.

[328] Williamson O E. The Share Economy: Conquering Stagflation [J]. Journal of the Operational Research Society, 1986, 39 (1): 106 –107.

[329] Yu P, Van Luu B. Bank Performance and Executive Pay: Tournament or Teamwork [J]. Review of Quantitative Finance and Accounting, 2016, 47 (3): 607 –643.

[330] Zellner A, Theil H. Three – Stage Least Squares: Simultaneous Estimation of Simultaneous Equations [J]. Econometrica, 1962, 30 (1): 54 –78.

附录

附图A 企业层面薪酬变动趋势

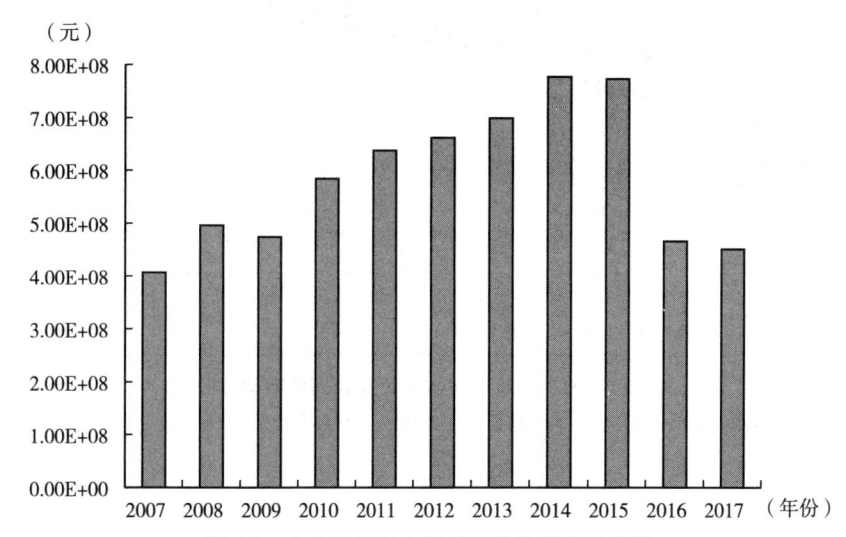

图A1 企业为员工支付的平均薪酬变动趋势

资料来源：根据2007~2017年国泰安数据库（CSMAR）数据绘制。

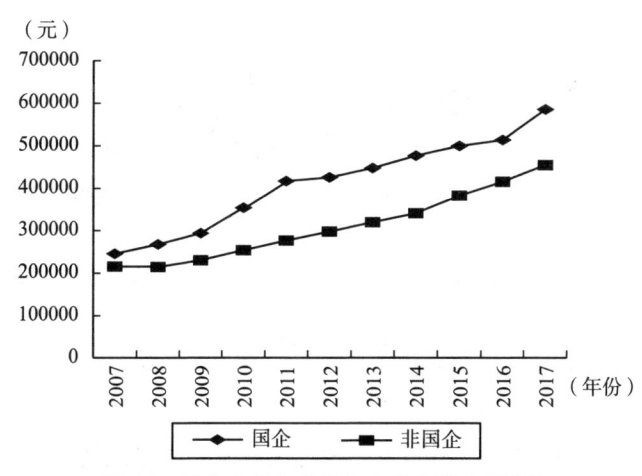

图A2 国有企业与非国有企业薪酬水平比较

资料来源：根据2007~2017年国泰安数据库（CSMAR）数据绘制。

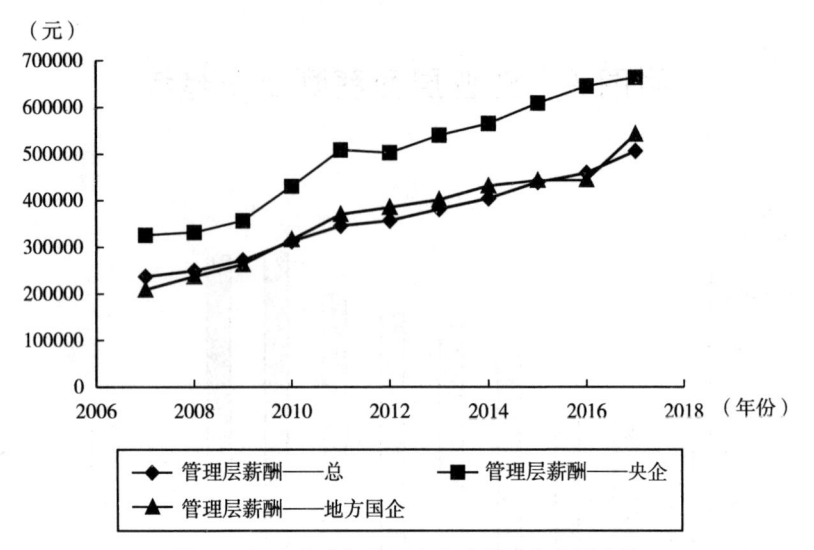

图A3　国有企业与非国有企业管理者薪酬比较

资料来源：根据2007~2017年国泰安数据库（CSMAR）数据绘制。

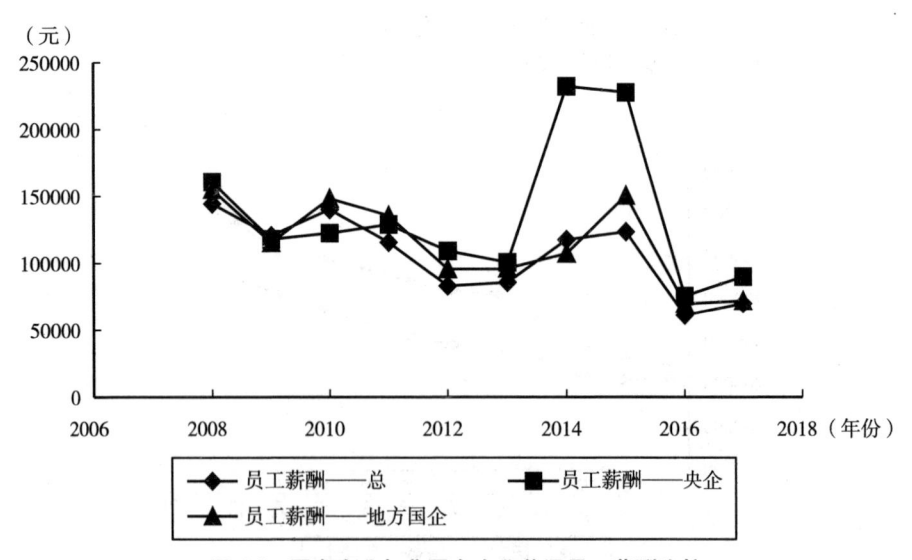

图A4　国有企业与非国有企业普通员工薪酬比较

资料来源：根据2007~2017年国泰安数据库（CSMAR）数据绘制。

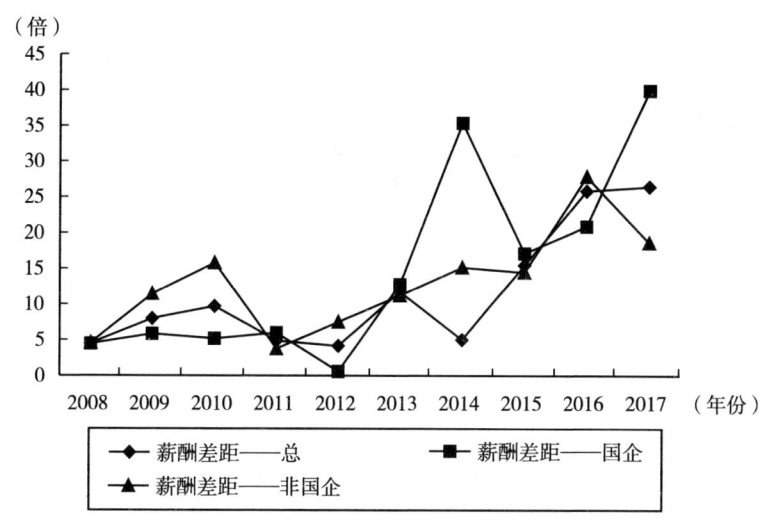

图 A5　国有企业与非国有企业薪酬差距比较

资料来源：根据 2007~2017 年国泰安数据库（CSMAR）数据绘制。

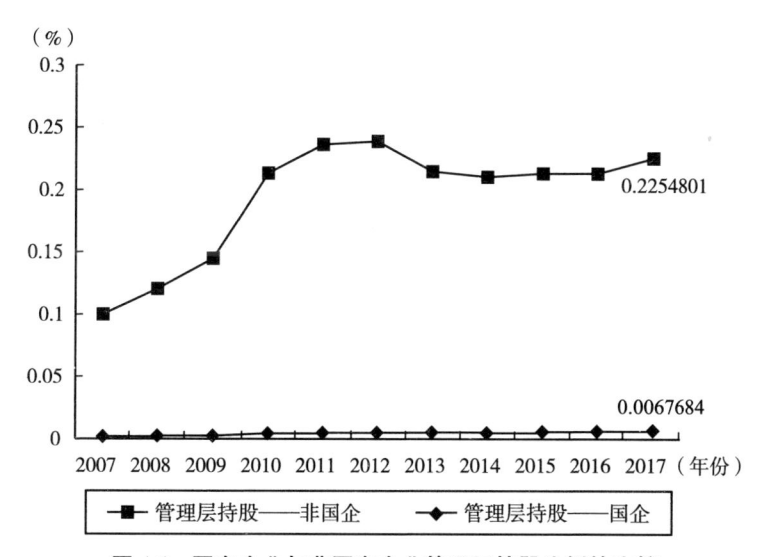

图 A6　国有企业与非国有企业管理层持股比例的比较

资料来源：根据 2007~2017 年国泰安数据库（CSMAR）数据绘制。

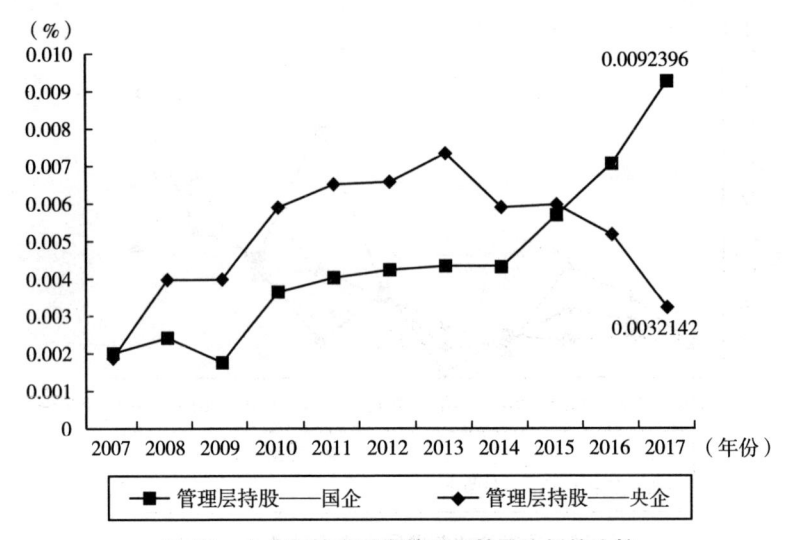

图 A7　央企和地方国企管理层持股比例的比较

资料来源：根据 2007~2017 年国泰安数据库（CSMAR）数据绘制。

附图 B　企业层面效益变动趋势

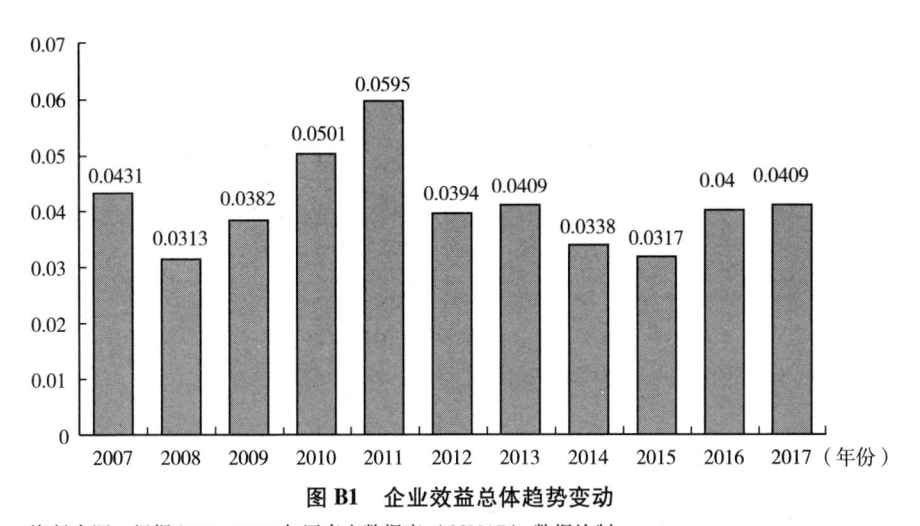

图 B1　企业效益总体趋势变动

资料来源：根据 2007~2017 年国泰安数据库（CSMAR）数据绘制。

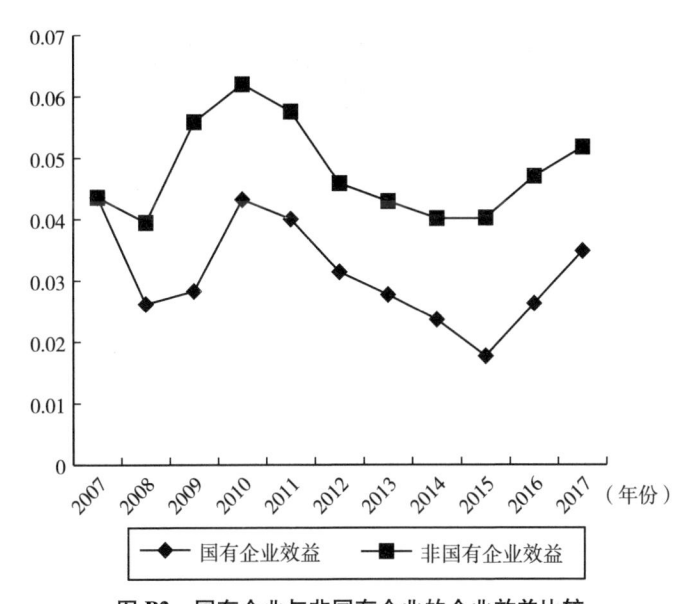

图 B2　国有企业与非国有企业的企业效益比较

资料来源：根据 2007~2017 年国泰安数据库（CSMAR）数据绘制。

附图 C 企业层面基尼系数变动趋势

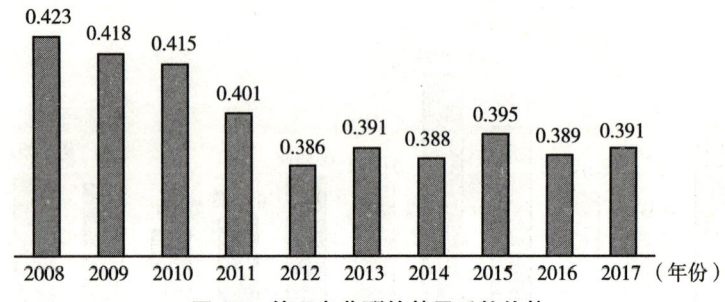

图 C1 管理者薪酬的基尼系数趋势

年份	2008	2009	2010	2011	2012	2013	2014	2015	2016	2017
基尼系数	0.423	0.418	0.415	0.401	0.386	0.391	0.388	0.395	0.389	0.391

资料来源：根据 2007~2017 年国泰安数据库（CSMAR）数据绘制。

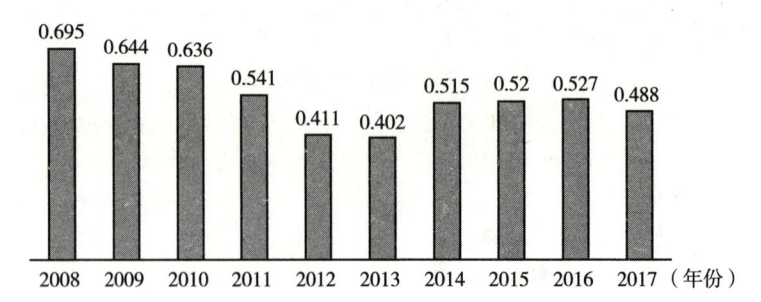

图 C2 普通员工的基尼系数趋势

年份	2008	2009	2010	2011	2012	2013	2014	2015	2016	2017
基尼系数	0.695	0.644	0.636	0.541	0.411	0.402	0.515	0.52	0.527	0.488

资料来源：根据 2007~2017 年国泰安数据库（CSMAR）数据绘制。

附图 D 门槛模型的似然比检验（LR）图

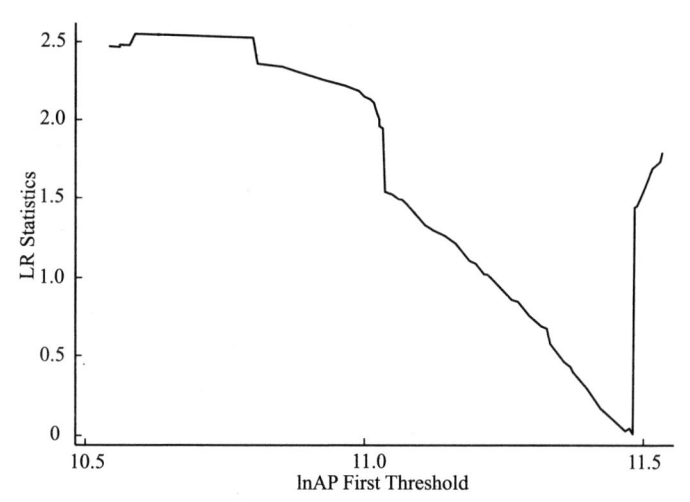

图 D1 门槛变量为企业平均薪酬的似然比检验

资料来源：根据 2007～2017 年国泰安数据库（CSMAR）数据绘制。

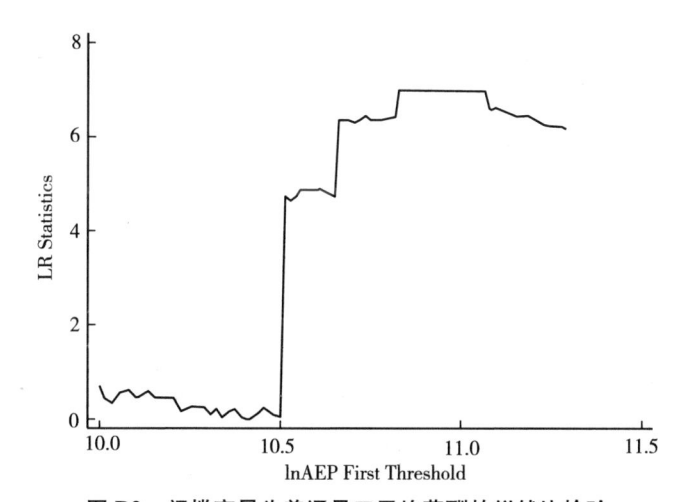

图 D2 门槛变量为普通员工平均薪酬的似然比检验

资料来源：根据 2007～2017 年国泰安数据库（CSMAR）数据绘制。

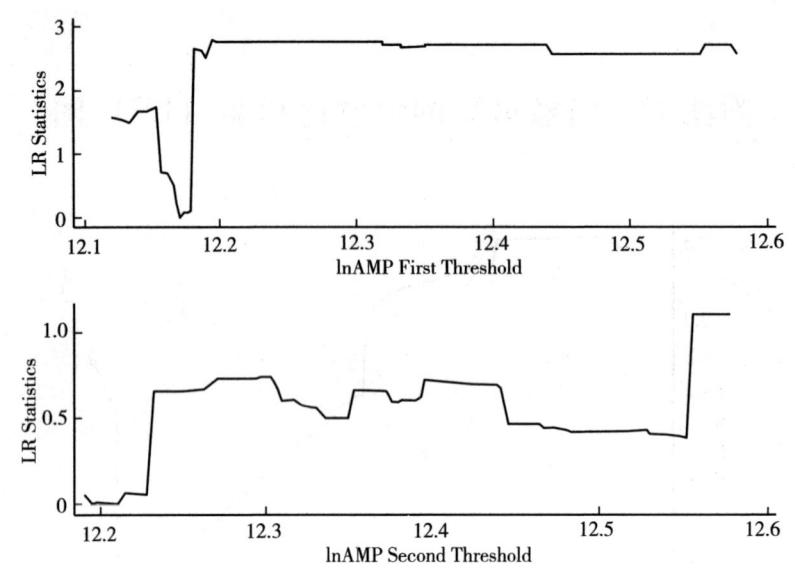

图 D3　门槛变量为管理者薪酬的似然比检验

资料来源：根据 2007~2017 年国泰安数据库（CSMAR）数据绘制。

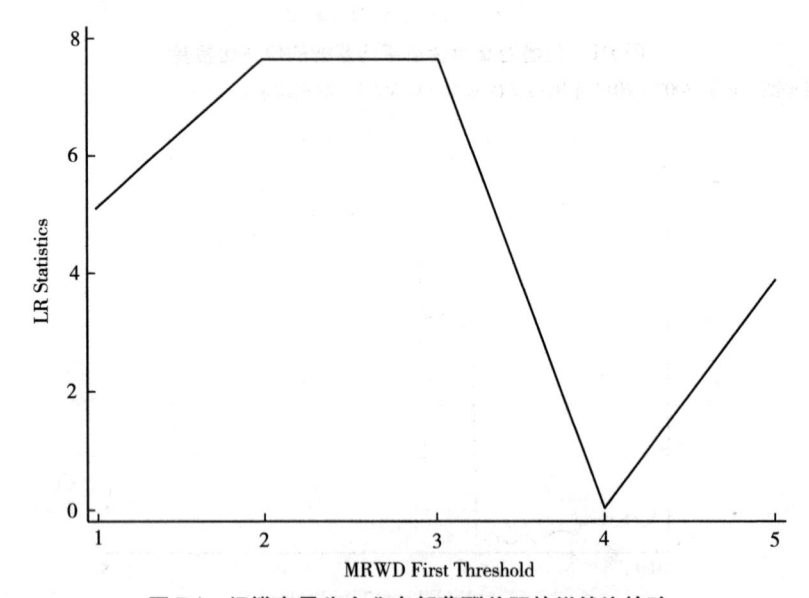

图 D4　门槛变量为企业内部薪酬差距的似然比检验

资料来源：根据 2007~2017 年国泰安数据库（CSMAR）数据绘制。

附表 A 行业层面平均薪酬变动趋势

表 A1 行业层面平均薪酬变动趋势

行业代码						C27					E48		
行业名称	专用设备制造业	仓储业	仪器仪表制造业	农副食品加工业	化学原料及化学制品制造业	医药制造业	卫生	印刷和记录媒介复制业	商务服务业	土木工程建筑业	家具制造业	广播、电视、电影和影视录音制作业
2015年	12.1869	12.63043	12.40878	12.37325	12.51904	12.639	11.85208	12.80964	13.05348	12.58822	13.06741	12.45303
2016年	12.71196	12.23006	12.54542	12.79529	12.78194	12.78748	13.16271	12.80424	13.52412	12.74489	13.03777	13.21569
2017年	12.73937	13.01577	12.64633	12.75335	12.66456	12.90318	13.29019	12.77795	13.11142	13.0494	12.73073	13.18467
变化趋势	上升，速度放缓	先降后升	缓慢上升	先升后降	先升后降	缓慢上升	上升，速度放缓	持续下降	先升后降	上升	持续下降	先升后降

行业代码	E50		K70	F51				G55				
行业名称	建筑装饰和其他建筑业	开采辅助活动	房地产业	批发业	文化艺术业	新闻和出版业	橡胶和塑料制品业	水上运输业	汽车制造业	煤炭开采和洗选业	电力、热力生产和供应业	电气机械及器材制造业
2015年	12.53134	12.35682	13.14467	12.72531	12.31765	12.78725	12.60414	13.26475	12.47769	12.63422	12.66411	12.43304
2016年	13.00967	13.05833	13.4144	12.87433	12.78609	13.21252	12.75086	12.99534	12.87542	12.40784	12.66216	12.64097
2017年	12.77615	13.26024	13.59145	13.18312		13.01894	12.67492	13.15832	12.94159	13.14843	12.8767	12.75903
变化趋势	先升后降	上升，速度放缓	上升，速度放缓	上升	上升	先升后降	先升后降	先降后升	上升，速度放缓	先降后升	先降后升	上升

续表

行业代码		C37		C30	
行业名称	金属制品业	铁路、船舶、航空航天和其他运输设备制造业	零售业	非金属矿物制品业	食品制造业
2015年	12.50535	12.38945	12.35435	12.42413	12.26177
2016年	12.37349	12.87165	13.09718	12.47101	12.71647
2017年	12.66695	12.84307	13.1058	12.92674	12.98757
变化趋势	先降后升	先升后降	上升	上升	上升

资料来源：根据2015~2017年国泰安数据库（CSMAR）数据计算所得。

附表 B 薪酬水平对企业效益影响的稳健性检验

表 B1　　　　　稳健性检验——资产收益率为替换指标

变量	(1) ROA	(2) lnAP	(3) ROA	(4) lnAP	(5) ROA	(6) lnAP	(7) ROA	(8) lnAP
lnAP	0.0043*** (4.07)		0.0385*** (4.77)		0.0385*** (4.84)		0.0385*** (4.84)	
ROA		0.1159*** (3.55)		8.0300** (1.97)		8.0300** (1.99)		8.0300** (1.99)
Size	-0.0020** (-1.99)		0.0041** (2.24)		0.0041** (2.27)		0.0041** (2.27)	
Rd_staff		0.0168*** (9.19)		-0.0315 (-1.20)		-0.0315 (-1.22)		-0.0315 (-1.22)
常数项	0.0584* (1.76)	10.0967*** (26.91)	-0.4197*** (-3.56)	5.5045* (1.88)	-0.4197*** (-3.60)	5.5045* (1.90)	-0.4197*** (-3.60)	5.5045* (1.90)
控制变量	控制	控制	控制	控制	控制	控制	控制	控制
年份固定效应	是	是	是	是	是	是	是	是
行业固定效应	是	是	是	是	是	是	是	是
可决系数	0.0870	0.0870	-0.2410	-0.2410	-0.2410	-0.2410	-0.2410	-0.2410
观测值个数	3000	3000	3000	3000	3000	3000	3000	3000

注：***、**、*分别代表统计显著水平为1%、5%与10%。
资料来源：根据2015~2017年国泰安数据库（CSMAR）数据计算所得。

表 B2　　　　　稳健性检验——全要素生产率为替换指标

变量	OLS		2SLS		3SLS		3SLS_iter	
	(1) TFP	(2) lnAP	(3) TFP	(4) lnAP	(5) TFP	(6) lnAP	(7) TFP	(8) lnAP
lnAP	0.0393*** (7.84)		0.0991*** (2.78)		0.1155*** (3.34)		0.1240*** (3.50)	

续表

变量	OLS		2SLS		3SLS		3SLS_iter	
	(1) TFP	(2) lnAP	(3) TFP	(4) lnAP	(5) TFP	(6) lnAP	(7) TFP	(8) lnAP
TFP		0.5204*** (7.25)		0.4229** (2.06)		0.4229** (2.06)		0.4229** (2.06)
Size	0.0057 (0.88)		0.0165* (1.80)		0.0170* (1.90)		0.0173* (1.88)	
Rd_staff		0.0110*** (6.48)		0.0110*** (6.47)		0.0110*** (6.48)		0.0110*** (6.48)
常数项	-0.7678*** (-4.32)	13.5809*** (27.14)	-1.6017*** (-3.06)	13.5577*** (26.97)	-1.8028*** (-3.54)	13.5577*** (27.01)	-1.9064*** (-3.66)	13.5577*** (27.01)
控制变量	控制	控制	控制	控制	控制	控制	控制	控制
年份固定效应	是	是	是	是	是	是	是	是
行业固定效应	是	是	是	是	是	是	是	是
可决系数	0.1620	0.1620	0.1180	0.1180	0.0777	0.0777	0.0440	0.0440
观测值个数	2800	2800	2800	2800	2800	2800	2800	2800

注：***、**、*分别代表统计显著水平为1%、5%与10%。
资料来源：根据2015~2017年国泰安数据库（CSMAR）数据计算所得。

表B3　　　　　　　　　稳健性检验——滞后模型

变量	OLS		2SLS		3SLS		3SLS_iter	
	(1) Profit	(2) lnAP	(3) Profit	(4) lnAP	(5) Profit	(6) lnAP	(7) Profit	(8) lnAP
LaglnAP	0.0061* (1.74)		0.0061* (1.74)		0.0066** (2.23)		0.0073** (2.12)	
LagProfit		0.0165** (2.44)		0.0165** (2.44)		0.0164** (2.47)		0.0164** (2.47)
Size	-0.0038 (-1.19)		-0.0038 (-1.19)		-0.0040 (-1.27)		-0.0043 (-1.36)	

续表

变量	OLS		2SLS		3SLS		3SLS_iter	
	(1) Profit	(2) lnAP	(3) Profit	(4) lnAP	(5) Profit	(6) lnAP	(7) Profit	(8) lnAP
Rd_staff		0.0163*** (8.02)		0.0163*** (8.02)		0.0162*** (8.13)		0.0162*** (8.12)
常数项	1.0688*** (11.15)	10.0472*** (23.80)	1.0688*** (11.15)	10.0472*** (23.80)	1.0678*** (11.30)	10.0022*** (24.03)	1.0662*** (11.29)	9.9344*** (23.87)
控制变量	控制	控制	控制	控制	控制	控制	控制	控制
年份固定效应	是	是	是	是	是	是	是	是
行业固定效应	是	是	是	是	是	是	是	是
可决系数	0.0911	0.0911	0.0831	0.0831	0.0919	0.0919	0.0910	0.0910
观测值个数	2700	2700	2700	2700	2700	2700	2700	2700

注：***、**、*分别代表统计显著水平为1%、5%与10%。

资料来源：根据2015~2017年国泰安数据库（CSMAR）数据计算所得。

附表 C 薪酬结构对企业效益影响的稳健性检验

表 C1　固定薪酬对企业效益影响的稳健性检验——替换因变量

变量	(1) G_Profit	(2) G_Profit	(3) G_Profit	(4) G_Profit	(5) G_Profit	(6) G_Profit
Fc	1.9461*** (0.1324)	1.4488*** (0.1589)	1.4007*** (0.1447)	1.4682*** (0.1588)	1.4202*** (0.1445)	1.3936*** (0.1453)
lnScale						-0.0001* (0.0001)
Education						-1.0465 (1.9493)
Staff						-0.0007 (0.0063)
常数项	-3.1342*** (0.6532)	-1.6917*** (0.6459)	0.7331 (26.4810)	-1.1214 (0.9024)	2.1171 (26.4580)	2.6288 (26.4838)
年份固定效应	—	否	否	是	是	是
行业固定效应	—	否	是	否	是	是
可决系数	0.0724	0.0431	0.2118	0.0474	0.2161	0.2178
观测值个数	2769	2769	2769	2769	2769	2769

注：①***、**、*分别代表统计显著水平为1%、5%与10%；②括号内数值为标准误差值；③第(1)列为普通最小二乘（OLS）回归结果，第(2)列为没有使用固定效应的面板估计结果，第(3)列为使用时间固定效应的面板估计结果，第(4)列为使用行业固定效应的面板估计结果，第(5)列为使用年份固定效应和行业固定效应的面板回归结果，第(6)列为逐渐加入控制变量的双向固定效应模型回归结果。

资料来源：根据2008~2010年天津市滨海新区923家企业追踪调查数据计算所得。

表 C2　固定薪酬对企业效益影响的稳健性检验——滞后模型

变量	(1) Lag_Profit	(2) Lag_Profit	(3) Lag_Profit	(4) Lag_Profit	(5) Lag_Profit	(6) Lag_Profit
Lag_lnFc	1.2463*** (0.0537)	1.2478*** (0.0768)	1.2779*** (0.0772)	1.2549*** (0.0775)	1.2829*** (0.0778)	1.3077*** (0.0778)

续表

变量	(1) Lag_Profit	(2) Lag_Profit	(3) Lag_Profit	(4) Lag_Profit	(5) Lag_Profit	(6) Lag_Profit
lnScale						0.3816 (0.2469)
Education						0.5588* (0.3086)
Staff						-0.0014** (0.0006)
常数项	0.0895* (0.0535)	0.0894 (0.0546)	0.8030 (0.7769)	-0.0136 (0.1197)	0.7025 (0.7886)	-1.9094 (1.8030)
年份固定效应	—	否	否	是	是	是
行业固定效应	—	否	是	否	是	是
可决系数	0.2991	0.2863	0.2967	0.2873	0.2973	0.3094
观测值个数	1263	1263	1263	1263	1263	1263

注：①***、**、*分别代表统计显著水平为1%、5%与10%；②括号内数值为标准误差值；③第(1)列为普通最小二乘(OLS)回归结果，第(2)列为没有使用固定效应的面板估计结果，第(3)列为使用时间固定效应的面板估计结果，第(4)列为使用行业固定效应的面板估计结果，第(5)列为使用年份固定效应和行业固定效应的面板回归结果，第(6)列为逐渐加入控制变量的双向固定效应模型回归结果。

资料来源：根据2008~2010年天津市滨海新区923家企业追踪调查数据计算所得。

表C3　　　　可变薪酬对企业效益影响的稳健性检验——替换因变量

变量	(1) G_Profit	(2) G_Profit	(3) G_Profit	(4) G_Profit	(5) G_Profit	(6) G_Profit
lnVc	5.6259*** (0.3813)	4.2026*** (0.4572)	4.0649*** (0.4162)	4.2580*** (0.4568)	4.0441*** (0.4180)	4.0441*** (0.4180)
lnCapital					-0.0001* (0.0001)	-0.0001* (0.0001)
Education					-1.0424 (1.9484)	-1.0424 (1.9484)
Staff					-0.0006 (0.0063)	-0.0006 (0.0063)

续表

变量	(1) G_Profit	(2) G_Profit	(3) G_Profit	(4) G_Profit	(5) G_Profit	(6) G_Profit
常数项	-3.1202 *** (0.6517)	-1.6955 *** (0.6433)	0.7318 (26.4694)	-1.1265 (0.9006)	2.6168 (26.4725)	2.6168 (26.4725)
年份固定效应	—	否	否	是	是	是
行业固定效应	—	否	是	否	是	是
可决系数	0.0729	0.0438	0.2125	0.0481	0.2184	0.2184
观测值个数	2769	2769	2769	2769	2769	2769

注：①***、**、*分别代表统计显著水平为1%、5%与10%；②括号内数值为标准误差值；③第(1)列为普通最小二乘（OLS）回归结果，第(2)列为没有使用固定效应的面板估计结果，第(3)列为使用时间固定效应的面板估计结果，第(4)列为使用行业固定效应的面板估计结果，第(5)列为使用年份固定效应和行业固定效应的面板回归结果，第(6)列为逐渐加入控制变量的双向固定效应模型回归结果。

资料来源：根据2008~2010年天津市滨海新区923家企业追踪调查数据计算所得。

表 C4　　可变薪酬对企业效益影响的稳健性检验——滞后模型

变量	(1) Lag_Profit	(2) Lag_Profit	(3) Lag_Profit	(4) Lag_Profit	(5) Lag_Profit	(6) Lag_Profit
Lag_lnVc	0.5513 *** (0.0690)	0.3935 *** (0.0864)	0.3903 *** (0.0866)	0.3939 *** (0.0875)	0.3905 *** (0.0877)	0.3810 *** (0.0881)
lnCapital						0.0029 (0.2942)
Education						0.3909 (0.3688)
Staff						-0.0006 (0.0007)
常数项	0.1060 * (0.0628)	0.1101 * (0.0643)	1.3143 (1.0635)	0.2269 (0.1414)	1.5393 (1.0844)	1.4247 (2.2562)
年份固定效应	—	否	否	是	是	是
行业固定效应	—	否	是	否	是	是
可决系数	0.0488	0.0312	0.0339	0.0328	0.0359	0.0389
观测值个数	1247	1247	1247	1247	1247	1247

注：①***、**、*分别代表统计显著水平为1%、5%与10%；②括号内数值为标准误差值；③第(1)列为普通最小二乘（OLS）回归结果，第(2)列为没有使用固定效应的面板估计结果，第(3)列为使用时间固定效应的面板估计结果，第(4)列为使用行业固定效应的面板估计结果，第(5)列为使用年份固定效应和行业固定效应的面板回归结果，第(6)列为逐渐加入控制变量的双向固定效应模型回归结果。

资料来源：根据2008~2010年天津市滨海新区923家企业追踪调查数据计算所得。

表 C5　　管理者股权激励效应的稳健性检验——因变量为利润率

变量	(1) Profit	(2) Profit	(3) Profit
MH_ratio	0.1092 *** (0.0349)	0.8899 *** (0.1254)	0.5086 *** (0.1093)
Size	1.1113 *** (0.0066)		1.2050 *** (0.0193)
Tobinq	0.0580 *** (0.0028)		0.0792 *** (0.0045)
LEV	-1.5958 *** (0.0360)		-1.5841 *** (0.0713)
Duality	-0.0164 (0.0144)		0.0027 (0.0237)
Indratio	-0.7546 *** (0.1109)		-0.2691 (0.1868)
Top1	-0.0006 (0.0005)		0.0069 *** (0.0013)
Top10	0.0097 *** (0.0005)		0.0083 *** (0.0010)
TFP	0.7287 *** (0.0183)		0.7804 *** (0.0280)
常数项	-5.3196 *** (0.1457)	18.3319 *** (0.0341)	-7.5244 *** (0.4105)
年份固定效应	—	是	是
行业固定效应	—	是	是
可决系数	0.7005	0.1228	0.4134
观测值个数	19543	13403	13014

注：①***、**、*分别代表统计显著水平为1%、5%与10%；②括号内数值为标准误差值；③第(1)列为普通最小二乘（OLS）回归结果，第(2)列为没有使用年份固定效应和行业固定效应的面板回归结果，第(3)列为逐渐加入控制变量的双向固定效用模型回归结果。

资料来源：根据国泰安数据库（CSMAR）的数据计算所得。

表 C6　　管理者股权激励效应的稳健性检验——因变量为净利润率

变量	(1) Net_Profit	(2) Net_Profit	(3) Net_Profit
MH_ratio	0.1608 *** (0.0364)	0.8560 *** (0.1316)	0.4339 *** (0.1167)
Size	1.1136 *** (0.0069)		1.2037 *** (0.0206)
Tobinq	0.0601 *** (0.0029)		0.0800 *** (0.0048)
LEV	-1.7501 *** (0.0377)		-1.6798 *** (0.0763)
Duality	-0.0241 (0.0150)		0.0012 (0.0253)
Indratio	-0.7630 *** (0.1158)		-0.3085 (0.1996)
Top1	-0.0010 * (0.0006)		0.0066 *** (0.0014)
Top10	0.0103 *** (0.0006)		0.0091 *** (0.0011)
TFP	0.7446 *** (0.0191)		0.7940 *** (0.0299)
常数项	-5.5313 *** (0.1522)	18.1160 *** (0.0359)	-7.6822 *** (0.4380)
年份固定效应	—	是	是
行业固定效应	—	是	是
可决系数	0.6805	0.1068	0.3814
观测值个数	19485	13355	12968

注：①*** 、** 、* 分别代表统计显著水平为1%、5%与10%；②括号内数值为标准误差值；③第(1)列为普通最小二乘（OLS）回归结果，第(2)列为没有使用年份固定效应和行业固定效应的面板回归结果，第(3)列为逐渐加入控制变量的双向固定效用模型回归结果。

资料来源：根据国泰安数据库（CSMAR）的数据计算所得。

表 C7　　管理者股权激励效应的稳健性检验——门槛模型

变量	(1) FE panel model	(2) single threshold model	(3) single threshold model	(4) single threshold model
MH_ratio	0.4905** (0.2008)			
0b._cat#c.mh_ratio		0.9098** (0.4348)	1.2849*** (0.3202)	1.2900*** (0.3235)
1._cat#c.mh_ratio		1.3512*** (0.4895)	0.9087*** (0.3169)	0.9112*** (0.3175)
Size	1.0966*** (0.0254)	0.8237*** (0.0660)	1.0520*** (0.0894)	1.0299*** (0.0903)
Age	-0.0109* (0.0057)	-0.0125 (0.0121)	-0.0462*** (0.0146)	-0.0442*** (0.0145)
Tobinq	0.0073 (0.0102)		0.1116*** (0.0163)	0.1104*** (0.0161)
Tfp	0.3107*** (0.0426)		0.8342*** (0.1441)	0.8325*** (0.1447)
LEV	-0.9226*** (0.1041)		-1.1048*** (0.3374)	-1.1118*** (0.3414)
Indratio	-0.3798 (0.2379)		-0.3918 (0.4659)	-0.4097 (0.4630)
lnAP				-0.1086* (0.0630)
lnAEP				0.1186* (0.0605)
常数项	-5.2641*** (0.5012)	1.0847 (1.3251)	-3.0495* (1.6635)	-2.6977* (1.5909)
可决系数	0.7091	0.3472	0.4411	0.4424
观测值个数	2740	2740	2740	2740

注：①***、**、*分别代表统计显著水平为1%、5%与10%；②括号内数值为标准误差值；③第(1)列为面板回归结果，第(2)列至第(4)列为逐渐加入控制变量的门槛估计结果。

资料来源：根据国泰安数据库（CSMAR）的数据计算所得。

表 C8　　管理者股权激励效应的稳健性检验——联立方程模型

变量	OLS	2SLS	3SLS	3SLS_iter
	(1) ROA	(2) ROA	(3) ROA	(4) ROA
MH_ratio	0.0476 *** (19.26)	0.4805 *** (35.43)	0.4805 *** (35.43)	0.4805 *** (35.43)
Size		0.0222 *** (26.23)	0.0222 *** (26.24)	0.0222 *** (26.24)
Tobinq		-0.0005 *** (-5.16)	-0.0005 *** (-5.16)	-0.0005 *** (-5.16)
常数项	0.0347 *** (59.22)	-0.5041 *** (-25.34)	-0.5041 *** (-25.34)	-0.5041 *** (-25.34)
可决系数	0.0167	-1.394	-1.394	-1.394
观测值个数	22000	22000	22000	22000

注：①***、**、*分别代表双尾检验的统计显著水平为1%、5%与10%；②括号内数值为t值，标准误为稳健标准误；③第（1）列为OLS回归结果；第（2）列为2SLS的回归结果；第（3）列为3SLS的回归结果；第（4）列为迭代3SLS的回归结果。

资料来源：根据国泰安数据库（CSMAR）的数据计算所得。

附表 D 管理者持股比例对企业效益的异质性影响

表 D1　　　　　管理者持股比例的异质性——描述性统计

变量	N	Mean	Sd	Min	p25	p50	p75	Max
t40401	25603	0.0422	0.181	-5.259	0.0155	0.0390	0.0688	22.01
MH	21899	0.124	0.202	0	2.38e-06	0.000630	0.199	0.897
Bddihldn ratio	16995	0.738	0.336	0	0.566	0.911	0.997	1
Bsuphldn ratio	16673	0.104	0.231	0	0	0.00202	0.0848	1
Excuhldn ratio	16976	0.529	0.381	0	0.134	0.541	0.949	1
Size	25606	21.97	1.368	14.94	21.01	21.79	22.70	30.89
Staff	23055	5866	25279	7	831	1839	4326	1.640e+06
LEV	25603	0.447	0.829	0.00708	0.265	0.430	0.598	96.96
Tobinq	24341	2.502	7.159	0.0456	0.983	1.765	3.054	965.0
Duality	22757	1.753	0.431	0	2	2	2	2
Indratio	22992	0.371	0.0549	0.0909	0.333	0.333	0.400	1
Largestholderratio	24158	35.89	15.45	0.290	23.64	34	46.57	100
Toptenholderratio	24158	59.01	16.32	1.320	47.56	60.01	71.40	101.2

资料来源：根据国泰安数据库（CSMAR）的数据计算所得。

表 D2　　　　　　董事会持股比例对企业效益的影响

变量	(1) ROA	(2) ROA	(3) ROA	(4) ROA	(5) ROA
Bdir_ratio	0.0028** (0.0013)	-0.0106*** (0.0031)	-0.0110*** (0.0041)	-0.0072** (0.0029)	-0.0070*** (0.0027)
Size	0.0103*** (0.0005)				0.0262*** (0.0015)
Tobinq	0.0009*** (0.0001)				0.0033*** (0.0003)

续表

变量	(1) ROA	(2) ROA	(3) ROA	(4) ROA	(5) ROA
LEV	-0.1169*** (0.0025)				-0.1395*** (0.0055)
Tfp	0.0471*** (0.0013)				0.0462*** (0.0022)
Duality	-0.0012 (0.0010)			-0.0020 (0.0019)	0.0002 (0.0018)
Indratio	-0.0275*** (0.0078)			-0.0158 (0.0158)	-0.0130 (0.0147)
Top1	-0.0001* (0.0000)			0.0001 (0.0001)	0.0005*** (0.0001)
Top10	0.0005*** (0.0000)			0.0012*** (0.0001)	0.0002*** (0.0001)
常数项	-0.1506*** (0.0103)	0.0527*** (0.0023)	0.0714*** (0.0043)	0.0019 (0.0089)	-0.4709*** (0.0321)
年份固定效应	—	否	是	是	是
行业固定效应	—	否	是	是	是
可决系数	0.2510	0.0008	0.0232	0.0747	0.1781
观测值个数	16171	16994	11265	10990	10736

注：①***、**、*分别代表统计显著水平为1%、5%与10%；②括号内数值为标准误差值；③第（1）列为普通最小二乘（OLS）回归结果，第（2）列为不使用年份固定效应和行业固定效应的面板回归结果，第（3）列为使用年份固定效应和行业固定效应的基准面板回归结果，第（4）列至第（5）列为逐渐加入控制变量的双向固定效用模型回归结果。

资料来源：根据国泰安数据库（CSMAR）的数据计算所得。

表 D3　　　　　　　　监事会持股比例对企业效益的影响

变量	(1) ROA	(2) ROA	(3) ROA	(4) ROA	(5) ROA
Bsuphldn_ratio	0.0005 (0.0019)	0.0073* (0.0041)	0.0107** (0.0054)	0.0095* (0.0053)	0.0139*** (0.0051)
Size	0.0104*** (0.0005)			0.0042*** (0.0014)	0.0087*** (0.0014)

续表

变量	(1) ROA	(2) ROA	(3) ROA	(4) ROA	(5) ROA
LEV	-0.1176*** (0.0025)			-0.2034*** (0.0075)	-0.2348*** (0.0075)
Tfp_liao	0.0476*** (0.0013)				0.0390*** (0.0032)
Tobinq	0.0009*** (0.0001)				-0.0042*** (0.0004)
Duality	-0.0016 (0.0010)				
Indratio	-0.0267*** (0.0079)				
Largestholderrate	-0.0001** (0.0000)				
Toptenholdersrate	0.0005*** (0.0000)				
常数项	-0.1486*** (0.0103)	0.0441*** (0.0007)	0.0422*** (0.0009)	0.0377 (0.0299)	-0.0396 (0.0311)
年份固定效应	—	否	是	是	是
行业固定效应	—	否	是	是	是
可决系数	0.2505	0.0002	0.0004	0.0769	0.1214
观测值个数	15863	16672	11025	11006	10772

注：①***、**、*分别代表统计显著水平为1%、5%与10%；②括号内数值为标准误差值；③第(1)列为普通最小二乘（OLS）回归结果，第(2)列为不使用年份固定效应和行业固定效应的面板回归结果，第(3)列为使用年份固定效应和行业固定效应的基准面板回归结果，第(4)列至第(5)列为逐渐加入控制变量的双向固定效用模型回归结果。

资料来源：根据国泰安数据库（CSMAR）的数据计算所得。

表 D4　　　　　　　　　高管持股比例对企业效益的影响

变量	(1) ROA	(2) ROA	(3) ROA	(4) ROA	(5) ROA
Bexc_ratio	0.0014 (0.0012)	0.0051** (0.0023)	0.0064** (0.0030)	0.0055** (0.0023)	0.0052** (0.0021)

续表

变量	(1) ROA	(2) ROA	(3) ROA	(4) ROA	(5) ROA
Size	0.0103 *** (0.0005)				0.0262 *** (0.0015)
Tobinq	0.0009 *** (0.0001)				0.0033 *** (0.0003)
LEV	-0.1170 *** (0.0025)				-0.1397 *** (0.0056)
Tfp_liao	0.0469 *** (0.0013)				0.0453 *** (0.0022)
Duality	-0.0011 (0.0011)			-0.0007 (0.0021)	0.0015 (0.0019)
Indratio	-0.0267 *** (0.0078)			-0.0148 (0.0158)	-0.0120 (0.0148)
Top1	-0.0001 ** (0.0000)			0.0001 (0.0001)	0.0005 *** (0.0001)
Top10	0.0005 *** (0.0000)			0.0011 *** (0.0001)	0.0002 *** (0.0001)
常数项	-0.1484 *** (0.0102)	0.0422 *** (0.0013)	0.0619 *** (0.0035)	-0.0059 (0.0089)	-0.4802 *** (0.0322)
年份固定效应	—	否	是	是	是
行业固定效应	—	否	是	是	是
可决系数	0.2493	0.0003	0.0237	0.0754	0.1768
观测值个数	16150	16975	11242	10964	10710

注：① ***、**、* 分别代表统计显著水平为1%、5%与10%；②括号内数值为标准误差值；③第（1）列为普通最小二乘（OLS）回归结果，第（2）列为不使用年份固定效应和行业固定效应的面板回归结果，第（3）列为使用年份固定效应和行业固定效应的基准面板回归结果，第（4）列至第（5）列为逐渐加入控制变量的双向固定效用模型回归结果。

资料来源：根据国泰安数据库（CSMAR）的数据计算所得。